홀로코스트의 공모
나치 독일의 교회들과 대학들

신의 생명사 시리즈 01

홀로코스트의 공모: 나치 독일의 교회들과 대학들

지은이 / 로버트 P. 에릭슨
옮긴이 / 김준우
펴낸이 / 김준우
펴낸날 / 2024년 7월 5일
펴낸곳 / 도서출판 한국기독교연구소
등록번호 / 제8-195호(1996년 9월 3일)
경기도 고양시 일산동구 고봉로 32-9, 331호 (우 10364)
전화 031-929-5731, 5732(Fax 겸용)
E-mail: honestjesus@hanmail.net
Homepage: http://www.historicaljesus.co.kr
인쇄처 / 조명문화사 (전화 498-3018)
제본 / 국일문화사

이 책의 한국어판 저작권은 Cambridge University Press를 통한 저자와의 독점계약으로 한국기독교연구소가 소유합니다. 저작권법에 따라 국내에서 보호받는 저작물이므로 무단전재와 무단복제를 금합니다.

Complicity in the Holocaust: Churches and Universities in Nazi Germany
by Robert P. Ericksen
Copyright © 2012 Robert P. Ericksen. All rights reserved.
Korean Translation copyright © 2024 by Korean Institute of the Christian Studies. The Korean Translation is published by arrangement with Cambridge University Press.

ISBN 979-11-93786-03-1 93230
값 17,000원

홀로코스트의 공모
나치 독일의 교회들과 대학들

Complicity in the Holocaust

로버트 에릭슨 지음　김준우 옮김

한국기독교연구소

Complicity in the Holocaust

Churches and Universities in Nazi Germany

by

Robert P. Ericksen

Cambridge University Press, 2012.

Korean translation by Kim Joon Woo

이 책은 변형섭 선생님(하늘씨앗교회)의
출판비 후원으로 간행되었습니다.

Korean Institute of the Christian Studies

목차

감사의 글 / 7
서문 / 11

1장. 학살의 세기에서 왜 홀로코스트가 문제가 되는가? __ 19

2장. 교회들과 히틀러의 등장 __ 51

3장. 대학들과 히틀러의 등장 __ 105

4장. 동의와 협조: 1945년까지의 교회들 __ 151

5장. 지적인 수단: 1945년까지의 대학들 __ 217

6장. 과거에 대한 수정: 탈나치화와 그 유산 __ 255

7장. 괴팅겐대학교의 탈나치화 __ 291

8장. 함축적 의미들 __ 345

참고문헌 / 357

옮긴이의 말 / 373

홀로코스트의 공모

나치 독일의 어두운 측면 가운데 하나로서, 교회들과 대학들은 일반적으로 존경받는 기관들이지만, 나치 이데올로기를 받아들이고 지지했다. 로버트 에릭슨은 어떻게 발전하고 교육 수준이 높았던 기독교 국가가 홀로코스트라는 범죄를 자행할 수 있었는지를 설명한다. 이 책은 어떻게 독일의 지식인들과 영적 지도자들이 열렬히 히틀러 체제의 파트너가 되어, 유대인들을 박해하고 결국에는 홀로코스트에 적극 참여했는지를 설명한다. 에릭슨은 또한 독일의 뿌리 깊은 결점이었지만 전쟁 후에 그 기관들에서 어떻게 탈나치화/나치 청산 정책이 성공했는지를 검토한다. 이 책은 교회와 대학에서 히틀러를 열광적으로 지지한 것이 독일인들에게 나치 체제에 참여할 것을 효과적으로 허락했다고 주장한다.

로버트 에릭슨은 퍼시픽 루터란 대학교의 홀로코스트 연구 책임자이며 역사학 교수다. 그는 또 알렉산더 폰 훔볼트 재단의 펠로우이기도 하다. 그는 잡지 ≪현대교회사Kirchliche Zeitgeschichte≫와 ≪현대 교회 역사학회Association of Contemporary Church Historians≫의 편집위원이다. 에릭슨은 ≪히틀러 치하의 신학자들: 게르하르트 키텔, 파울 알트하우스와 에마누엘 허쉬Theologians Under Hitler: Gerhard Kittel, Paul Althaus and Emanuel Hirsch≫(1985)의 저자이며, ≪배반: 독일 교회와 홀로코스트Betrayal: German Churches and the Holocaust≫(1999)의 공동편집자이다.

감사의 글

나는 먼저 2004년, 케이프타운대학교의 카플란 홀로코스트 강좌에 나를 초대해 준 밀턴 셰인 교수에게 감사드리고 싶다. 그의 환대를 통해 나는 놀라운 경험을 했으며, 그 강좌를 준비하면서 정리한 생각들을 마침내 이 책으로 펼칠 수 있게 되었다. 나는 또 오랜 친구이며 동료인 크리스토퍼 브라우닝에게도 빚을 졌다. 우리는 2005년에 "홀로코스트 교육재단"의 지원을 받아 소수의 학자가 모여 회의를 열었는데, 여기서 "홀로코스트 연구의 미래 방향"에 대해 논의한 것이 나의 생각을 이끌어주었다. 크리스는 몇 년 전 나에게 "서양 독일학회" 제3차 연차총회에 참석할 것을 제안했다. 우리는 존 콘웨이와 같은 방에 묵었는데, 그는 또 한 사람의 중요한 학자이며 친구로서, 우리는 "서양 독일학회"가 오늘날처럼 성장하는 것을 지켜보았다. 그처럼 크고 인상적인 학회의 연차총회는 많은 친분을 쌓게 했을 뿐 아니라 나의 논문을 발표할 기회도 주었고, 그 연구 분야의 발전도 섭렵할 수 있게 도와주었다. 1987년, 게르하르트 베시어가 나를 ≪현대교회사 Kirchliche Zeitgeschichte≫의 제1차 편집운영회 모임에 참여하여 존 콘웨이를 비롯한 여러 학자와 함께 일하도록 초대했다. 이 잡지는 이제 매우 성공한 잡지로서, 함께 일하는 동료 중에는 많은 옛 친구들이 있고, 그 연례회의는 내 생각들을 검증할 기회와 다른 동료들의 연구를 배울 기회를 제공한다. 2001년에 나는 미국 홀로코스트 박물관의 교회 관계 위원회에 합류했다. 이 모임은 나에게 중요한 학자들과 만날 기회를 주었고 또한 홀로코스트 당시부터 현재까지 기독교인과 유대인 사이의 관계에 대해서도 배울 기회를 제공했다. 나는 ≪현대 교회사학회Association of Contemporary Church Historians≫ 편집위원회에 참여했는데, 이 잡지는 온라인 계간지로서 존 콘웨이가 15년 동안 혼자서 유지해 왔던 온라인 월간 뉴스레터에 영감을 받은 것이다. 여기서도 나는 이 책에서 다룬 주제와 관련된 학자들을 만날 수 있었다.

그 밖에 나의 생각과 연구하는 기쁨에 기여한 친구들과 동료들 이름을 모두 열거하기에는 너무 많다. 수십 년 동안 나는 많은 사람으로부터 많은 것을 배웠다. 그러나 내가 나의 연구를 함께 나누고 함께 회의에 참여하고 대화를 나누었던 가까운 친구들 몇몇은 언급해야겠다. 거의 20년 동안 가깝게 작업했던 수잔나 헤셸은 지금 다트머스대학의 유대학 교수로 재직하고 있다. 그녀의 우정과 지원은 기쁨이었고, 우리는 20세기 독일 신학자들이 여러 출판물과 현장에서 발언한 것에 대한 공통의 관심을 나누었다. 다른 두 명의 학자와도 친구가 되었으며, 나치 독일의 교회들에 대한 비판적 재평가에서 중요한 참여자가 되었다. 한 사람은 도리스 버겐으로서 그녀는 지금 토론토대학교 총장이며 홀로코스트 연구 교수이다. 또 한 사람은 빅토리아 바네트로서 미국 홀로코스트 박물관의 교회 관계 위원장이다. 이 세 명의 학자 수잔나, 도리스, 비키는 현재 나치 독일의 교회들에 대한 평가와 "유대인 문제"에 대한 교회의 관련성에 대한 우리의 비판에서 핵심적 학자들이다. 한스 요아킴 담스를 만난 것은 나에게 또 하나의 행운이었다. 우리는 괴팅겐대학교 문서보관소에서 만났는데 우리 각자는 나치의 상징인 스와스티카swastika로 뒤덮은 문서들에 초점을 맞추고 있음을 알아차렸다. 우리는 정기적으로 괴팅겐에서 만났으며, 함께 회의에서 발표했고, 공동으로 출판작업을 했으며, 베이징이나 시안처럼 멀리 떨어진 곳에서도 만났다. 그를 통해 나치 독일의 대학들에 관해 배운 것은 수잔나, 도리스, 비키를 통해 교회들에 대해 평가할 수 있었던 것만큼이나 큰 도움이 되었다.

나는 독일에서 연구하면서 여러 차례 알렉산더 폰 훔볼트 재단의 큰 도움을 받았다. 두 차례 괴팅겐에 있는 막스 플랑크 역사연구소에서 연구할 기회를 얻었는데, 탁월한 학자 하르트무트 레만의 지도를 받았다. 그와 그의 아내 실케는 이제 좋은 친구들이며 동료들이다. 하르트무트는 나를 만프레드 가일루스에게 소개해 주었는데, 나치 독일의 교회들에 관한 그의 중요한 책은 나의 연구에 도움이 되었다. 훔볼트 재단의 지원으로 나는 하이델베르크와 드레스덴에서 게르하르트 베시어와 함께 연구할 수 있었다. 2003년에는 미국 홀로코스트 박물관의 홀로코스트 연구센터에서 연구했다. 나는 찰스 레브슨 연구기금의 지원을 받았고 그 센터 소장 폴 샤피로의 안내뿐 아니라 탁월한 직원들(Victoria Barnett, Suzanne Brown-Fleming, Robert Ehrenreich, Wendy Lower)의 도움을 받았다. 나는 많은 시간을 괴팅겐대학교 문서보관소에서 보냈는데 소장 울리히 헝거의 도움을 받았다. 나는 또 하노버에 있는 주정부 문서보관소에서 니더작센의 탈나치화/나치 청산작업denazification 기록들을 검토했으며, 하노버 지방의 교회 문서보관소와 베를린의 중앙교회 문서보관소의 다양한 교회 기록을 살펴보았다. 독일의 다른 친구들 중에는 게르하르트와 시빌레 히르슈펠, 외르크와 레나테 올레마허가 있다. 그들은 기억에 남는 식사를 대접했으며 중요한 대화를 나누었다. 퍼시픽 루터란대학교에서 연구기금을 받은 것은 커트 메이어와 그 가족, 낸시 파월과 그 가족이 낸 기금이었다. 내가 홀로코스트학 학과장을 맡아 지난 몇 년 동안 여행하고 연구하는 데 큰 도움을 받았다. 이 모든 개인과 기관들에게 큰 빚을 졌다.

많은 친구와 동료들이 이 책의 원고의 부분들을 읽고 도움이 되는 논평을 해주었다. 케임브리지대학교 출판부의 세심한 검토가 있었으며, 앞에서 말한 것처럼 바네트, 버겐, 브라우닝, 담스, 헤셸도 원고를 읽어주었다. 웨인 카프, 브라이언 던, 오드리 에일러, 존 에일러, 루이스 그래햄, 필립 노키스트, 필립 샤퍼, 데이비드 토렌도 원고를 읽고 일반적인 논평을 해주었다. 그러나 이 책의 결점에 대해서는 그들 중 누구에게도 책임이 없다. 오직 내 책임이다. 케임브리지 출판사의 루이스 베이트만은 참을성 있게 나와 연락을 취했다. 이 작업의 편집자 에릭 크라한은 민첩하고 용기를 북돋아 주었으며 현명했다. 그의 조수 아비가일 조바우는 모든 세부사항에서 효율적으로 작업해 주었다. 뉴겐 지식 총서의 출판담당자 중에 자야쉬르 프라브후와 아만다 메이스는 많은 도움을 주었다. 주디스 메이어스는 이 감사의 말에서 "첫째가 꼴찌가 된" 사람이다. 나의 삶과 생각에서 첫째인 그녀는 매우 놀라운 비평가이자 조력자로서 나의 글을 수정해 주었기 때문에, 아킴, 수잔나, 크리스보다 훨씬 더 나에게는 행운이었다.

서문

2004년에 나는 밀턴 셰인 교수의 초청을 받아 케이프타운대학교에서 2년마다 개최하는 카플란 홀로코스트 강좌를 했다. 그 강연은 내가 처음 공식적으로 독일 교회들과 대학들에 대한 나의 관심을 결합한 것이다. 또한 내가 이 두 기관, 곧 독일 교회들과 대학들과 홀로코스트의 공모 문제를 분명하게 고려하기 시작한 강연이었다. 그다음 여름에 크리스토퍼 브라우닝과 나는 워싱턴주 긱 하버에서 "홀로코스트 연구의 미래 방향"을 주제로 작은 회의를 주최했다.[1] 제브 바이스와 "홀로코스트 교육재단"이 후원한 이 회의에서 나는 보다 심각한 질문을 고려하기 시작했는데, 그것은 만일 우리가 홀로코스트의 공모를 밝히려면, 우리가 어떻게 공모하지 않을 수 있는지도 밝혀야 한다는 뜻인가 하는 질문이다. 홀로코스트에 대한 연구는 홀로코스트의 "교훈"을 찾을 권리, 심지어 의무를 포함하는 것인가?

홀로코스트 교육에 익숙한 사람들은 누구나 보통 이런 교훈에 대한 생각을 인정할 것이다. 아이들에게 남을 괴롭히지 말라고 가르치거나 어른들에게 관용의 가치와 불의에 반대하도록 가르치거나 하는 교훈처

---

[1] 2005년 7월에 열린 회의에는 Omer Bartov, Yehuda Bauer, Doris Bergen, Christopher Browning, Robert Ericksen, Saul Friedländer, Peter Hayes, Dagmar Herzog, Susannah Heschel, Steven Katz, Claudia Koonz, Peter Longerich, Michael Marrus, Dan Michman, John Roth, 그리고 Zev Weiss 등이 참석했다.

럼 말이다. 이런 교훈들을 찾는 것은 가치 있는 목표다. 그러나 홀로코스트에 대해 신앙적으로 반응하는 것은 감상적이며 지나치게 단순하게 만드는 것일 수 있다. 최악의 경우, 그런 반응이 홀로코스트 사건들을 사소하게 취급하고 이해를 방해할 수 있다. 홀로코스트는 우리의 이해를 뛰어넘을 정도로 끔찍했으며, 그 용어 자체만으로는 "의미"를 제대로 전달하지 못한다. 더 나아가, 오늘날의 학문 규범에 익숙한 사람들은 홀로코스트 교육을 도구적으로 사용하는 데서 또 다른 문제를 발견할 것이다. 학자들 사이에는 객관성이 중요한 요소다.2) 그렇다고 해서 역사를 도덕적 판단, 또는 도덕적 교훈을 선언하는 것으로 바꿀 수 있는가? 19세기 독일의 레오폴드 랑케는 역사가들을 위한 규범을 정하면서, 우리는 역사를 "사실 그대로," 우리의 현재 관심이나 관점이 개입하지 않은 채 설명해야 한다고 주장했다.

나는 이런 역사적 객관성을 기대하는 분위기 속에서 훈련받았다. 그러나 나치 독일의 교회에 관해 심각한 첫 책을 쓰면서 어려운 질문에 봉착했다. 즉 우리는 정말로 아돌프 히틀러를 도덕적 중립성의 태도로 보아야 하는가? 물론 히틀러와 홀로코스트에 관해 어느 정도 도덕적 비판에 빠지지 않은 글을 찾기는 어렵고, 그것은 정당하다. 게르하르트 키텔에 관한 나의 첫 논문과 나의 첫 책 ≪히틀러 치하의 신학자들≫에서,

---

2) 내가 말하는 것은 계몽주의의 합리주의 전통에 뿌리내린 "현대"(modern) 학문의 규범에 관한 것이다. 그와 대조적으로 "현대 이후"(postmodern) 학문은 중립적 객관성과 "역사적 진리" 개념을 거부한다. 이것은 히틀러에 대한 찬양과 저주, 홀로코스트가 발생했다는 주장과 발생하지 않았다는 주장 사이의 구별에 대해 마음 내켜하지 않는 입장을 허락할 수 있다. 나는 J. Richard Evans, *In Defense of History* (New York: Norton, 1999), 206-10의 주장, 즉 이런 지나친 상대주의 hyperrelativism는 그 유용한 공헌과 더불어 현대 이후 사상의 심각한 결점을 보여 준다는 주장에 동의한다. 훌륭한 역사가는 진실이란 매우 파악하기 어려운 것이라는 인식에도 불구하고 진실을 추구해야만 한다. 홀로코스트가 발생했다는 것을 인정하는 것은 부인할 수 없는 진실 가운데 하나다.

나는 다른 주제들과 함께, 그 신학자들이 얼마나 노골적으로 또한 열정적으로 히틀러, 나치당, 나치의 세계관을 지지했는지를 평가하는 입장을 취했다.3) 나는 1945년 이후 우리가 되돌아보는 시선은 히틀러가 악했다는 사실을 분명히 보여준다고 주장했다. 우리가 홀로코스트와 나치의 여타 범죄를 단죄하는 것은 옳다. 나치 이데올로기와 정책들을 단죄하는 것도 옳다. 어떤 신학자들이 도대체 왜, 그리고 어떻게 히틀러와 나치즘을 찬양했는지를 분석하고, 그들의 입장에서 역사적이며 지적인 결정요인들을 분석하는 데서 객관성은 적합할 것이지만, 우리로서는 나치의 사상과 행태를 열렬하게 칭찬한 입장은 근본적인 잘못이었다고 주장할 권리가 있다.

이 책에서 나는 유대인들과 무고한 남녀노소를 살해한 것은 악행이었다는 도덕적 판단에서 시작할 것이다. 이 판단에 동의하지 않는 사람은 별로 없을 것이다. 나는 또 나치는 처음부터 잘 확립된 법적 권리와 시민의 권리를 침해하는 난폭한 말과 잔인한 정책을 통해 자신들의 정치에 대한 기본 입장을 보여주었다고 주장했다. 1933년부터 1939년까지 각각의 급진적 조치는 독일 대중에게 알려졌는데, 그중에는 1933년의 아리안 조항Aryan Paragraph, 1935년의 뉘른베르크 인종법Nuremberg Racial Law, 1938년의 "깨진 유리의 밤Reichskristallnacht" 학살이 포함된다. 우리는 그 점들을 연결할 수 있으며, 이런 정책들의 완성이 "살 가치가 없는 생명들"의 학살을 포함한다는 것에 대해 완전히 놀라지 않을 수 있다. 이동학살부대가 유대인들을 대규모 무덤가에 일렬로 세워놓고 머리에 총알을 발사한 것, 그리고 1941년 12월에 유대인들을 효과적으

---

3) Robert P. Ericksen, "Theologian in the Third Reich: The Case of Gerhard Kittel, *Journal of Contemporary History*, 12 (1977), 595-622, 특히 595-96; and *Theologians under Hitler: Gerhard Kittell, Paul Althaus and Emanuel Hirsch* (New Haven: Yale University Press, 1985), especially 177-91.

로 죽일 목적으로 여러 곳에 절멸수용소를 만든 것에 대해서도 놀라지 않을 수 있다. 이런 행동들에 대해 도덕적으로 중립을 유지할 필요 없이, 나는 도대체 누가 이런 행동들을 가능하게 만들었는지에 대해 질문하는 것이 적절하다고 생각한다.

콘라드 야라우쉬는 독일의 법률가, 교사, 엔지니어들에 관해 쓰면서, 그런 질문을 하는 것이 적절하다면서 이렇게 말했다.

> 이런 전문직을 가진 사람들이 현대 생활에 공헌한 것은 근본적으로 모호하다. 한편으로는 법체계를 발전시키고, 배움을 넓히고, 기계를 발전시킨 것이 정의, 깨달음, 위로를 증가시켜 전문가들은 대중의 감사와 물질적 보상을 얻었다. 다른 한편으로는 이 똑같은 전문가들이 냉담한 불의를 영속화했으며, 사람을 망치는 세뇌에 종사했고, 자신들의 만족과 이익을 위해 죽음의 엔진들을 만들었다. … 아마도 20세기에 프로페셔널리즘의 가장 극적인 타락은 독일의 전문가들이 국제적인 존경을 받던 것에서부터 나치 범죄의 장식품으로 전락한 것일 거다.[4]

"냉담한 불의," "사람을 망치는 세뇌," "프로페셔널리즘의 타락" 같은 말들은 확실히 가치 판단을 보여준다. 비록 야라우쉬는 몇몇 전문가 집단을 다루지만, 나는 이와 비슷한 판단을 목사들과 교수들에게도 할 수 있다고 믿는다.

야라우쉬의 다른 관찰들도 연관성이 있다. 예를 들어, 그는 "비록 최근 독일 역사의 파국에 관해 도덕적 입장에서 보려는 유혹이 압도적이

---

[4] Konrad Jarausch, *The Unfree Professions: German Lawyers, Teachers, and Engineers, 1900-1950* (New York: Oxford University Press, 1990), vii.

지만, 지나치게 쉬운 교훈을 끌어내는 것에는 저항해야 한다"고 지적했다. 이어서 그는 "물론 20세기 전반부의 격변에 대해 기계처럼 '객관적' 방식으로 접근하는 것도 역시 잘못이다. 역사가와 독자의 가치가 반드시 해석에 개입되는 이유는 인간이 로봇이 아니기 때문이다"5)라고 말했다. 그는 논의에서 가치를 포함할 필요성을 옹호하면서 그 자신의 가치 판단을 이렇게 시사한다. "경쟁적이며 개인적으로 괜찮은 대학 졸업자들이 도대체 어떻게 집단적으로 오스트리아 상병(히틀러의 별명-옮긴이)에게 홀딱 반할 수 있었는가? 이 전문가들이 제3 제국의 비인간성에 협력하기 위해 어떤 물질적이며 윤리적인 대가를 지불했는가?"

이 책은 "오스트리아 상병에게 홀딱 반한" 결과 "제3 제국의 비인간성"에 협력한 많은 목사와 교수를 설명할 것이다. 그들은 독일이 아돌프 히틀러 치하에서 "새로 탄생한 것"에 대해 크게 선전했으며, 심지어 히틀러의 반유대인 적개심이 명백했음에도 불구하고 승인했다. 그뿐 아니라 이런 열광적 찬양은 단지 몇몇 목사들과 교수들의 메시지였던 것이 아니라 교회와 대학 전체의 지배적 메시지였다. 결국에는 이 두 존경받는 기관의 아무도 나치즘에 대한 그들의 초기 승인을 철회하지 않았고, 자신들의 지위에서 의미 있는 저항의 사례를 내놓지 않았다. 몇 차례 저항이 있었지만, 그 저항자들은 십중팔구 단죄받고 따돌림당하기 쉬웠지, 그 기관 내에서 축하받거나 흉내를 내려고 하지 않았다. 바로 이런 이유 때문에 내가 교회와 대학의 공모complicity라고 부르는 것이다. 나치 국가에 대한 교회와 대학의 승인이 그처럼 공개적으로 표현되었고 결코 철회되지 않았기 때문에, 나는 그 승인이 당시 독일인들이 감지한 일차적 인상을 남겼다고 믿는다. 교회 신자들과 대학 졸업자들을 포함해서

---

5) Ibid., ix.

평범한 독일인들에게 나치 국가가 끔찍한 짓을 하도록 요구했을 때, 그들은 자기 목사들과 교수들에 의해 그런 짓을 하도록 허락을 받았다고 생각할 권리가 있다고 생각했다. 사람들은 히틀러를 독일에 대한 하느님의 선물로 찬양했다. 나치의 지배는 독일 역사의 놀라운 절정으로 칭송되었다.

히틀러와 나치즘에 대한 이런 수준의 승인을 오늘날에는 상상하기 힘들다. 그 이유는 부분적으로 독일인들이 1945년 이후 망연자실한 가운데, 그처럼 승인했던 것을 부인했기 때문이다. 또한 아이러니하게도 1945년 이후, 나치 체제에 대한 거의 보편적인 단죄로 인해 우리로서는 1945년 이전의 승인을 상상하기 어렵게 되었기 때문이다. 히틀러를 존경하고 옹호하는 네오 나치는 그 사상을 논의할 가치조차 없는 분노한 변두리 집단에 불과하다. 따라서 우리로서는 히틀러를 깡패라기보다는 영웅으로 생각했던 나치 시대의 독일인 지도자들의 두뇌 속에 들어가는 것이 어렵게 되었다.

내가 확신하는 것은 우리가 오늘날 비판하는 "착한 독일인들," 즉 스스로 존경받는 학자이며 교회 지도자라고 간주한 사람들은 우리가 그들의 사상과 가치를 기꺼이 단죄할 것임을 상상하지 못했을 것이라는 점이다. 그러나 그들이 실제로 히틀러를 거리낌 없이 찬양한 말을 우리가 읽을 때, 그들이 위험할 정도로 나빴다고 단죄하는 것은 쉽다. 나는 이런 판단을 내리면서 기뻐한다. 그럼에도 불구하고, 나의 일차적인 목표는 랑케의 충고를 따라 독일 목사들과 교수들의 세계를 "사실 그대로" 설명하는 것이다. 1945년 이후 나치의 사상과 행태에 대한 폭넓은 단죄를 걸러내야만 한다는 말이다. 그런 단죄의 수준은 그처럼 나쁜 짓을 지지할 수 있었던 "착한 독일인들"을 상상하기 어렵게 만든다. 그것은 그들을 의심하게 만들어, 그들도 나치의 잔인한 행동에 관해 실제로 우리처럼 느꼈지만 단지 그렇게 말할 수 없었을 거라고 생각하게 만든다. 이것은 분명히 당시 일부 독일인들에게 적용된다. 그러나 내가 확신하는 것은 그들 대다수가 히틀러를 하늘에 닿도록 찬양할 때 정직했거나, 안전을 위해 필요한 수준을 넘어 열광적으로 찬양했다는 사실이다.

이런 사실 때문에 나는 다시 홀로코스트의 교훈에 관한 질문으로 돌아온다. 나치 시대의 그런 "착한 독일인들"의 잘못을 밝히는 것이 적절하다면, 우리는 오늘날 그와 비슷한 잘못들, 비슷한 맹점들도 밝혀야 하는가? 미래 세대는 되돌아보면서 우리의 도덕적 둔감성에 경악하고, 우리가 주장하는 가치들의 모순을 인식하지 못하는 무능력에 대해 경악할 것인가? 야라우쉬는 "최근의 독일 역사의 파국"에 대해 "지나치게 쉬운 교훈을 끌어내려는 것"에 대해 경고했다. 나도 이에 동의하며 교훈을 찾는 것은 일차적으로 이 책의 독자들에게 맡기려 한다. 그러나 우리가 역사로부터 배울 수 있다는 생각은 우리가 홀로코스트를 연구하는 데서 적합한 요소임이 분명하다.

내가 2004년에 카플란 홀로코스트 강연을 준비하면서, 하나의 이슈가 떠올랐다. 히틀러를 열광적으로 지지했던 목사들과 교수들은 모두 특히 강력한 민족주의가 두드러졌다. 더 나아가, 이런 민족주의는 그들 마음속의 많은 타협된 가치들을 정당화했다. 위기의 때에 민족주의가 독일을 강하게 만든다면, 책을 불태우고, 교수들을 해고하고, 독일의 유대인들을 공격하고, 이웃 국가들을 공격하는 것은 모두 필요하며 적절한 것으로 합리화될 수 있었다. 이처럼 히틀러를 지지한 사람들은 매우 독일인의 눈을 통해 세계를 바라보았고, 그렇게 하는 것을 자랑스럽게 여겼다. 따라서 그들은 독일의 힘과 번영을 새롭게 하는 데 필요한 것으로 간주한 모든 행동을 정당화했으며, 심지어 과거의 규범을 심각하게 훼손하는 행동들조차 정당화했다. 외국에서 비판하는 말들이 그들의 귀에 들렸을지라도 그들은 정당화나 합리화할 수 있었다. 그들은 독일에 가해진 불의를 지적하거나, 독일은 무력을 사용할 권리와 세계에서 자신의 마땅한 위치를 보호할 권리를 주장하곤 했다. "옳든 그르든 나의 민족"이라는 말이 그처럼 적절한 격언이 될 수 있으리라고 상상하기는 어렵다. 독일인의 경험에 비추어 보면, 나는 그 격언이 경고를 위한 하나의 원인이었다고 보고 싶다.

내가 이 책을 쓰게 된 그 강연을 하면서, 나의 청중은 학생들, 학자들, 그리고 교육을 받은 대중이었다. 나는 아직도 내 마음속에 그 청중을 기억한다. 독자들은 이 책에서 "착한 독일 여성들"이 큰 역할을 하지 않는다는 점을 주목할 것이다. 여성들이 관련되지 않았다거나 중요하지 않았던 것이 아니다. 그러나 나의 초점은 교회와 대학의 대표자들로서 그 기관들에 대한 공적인 얼굴이 되었던 사람들에게 맞추어져 있다. 그 기간에 그들은 주로 남성들이었다. 끝으로 독자들은 내가 예로 든 많은 사람이 괴팅겐대학교 출신이라는 사실을 주목할 것이다. 유명하며 존경받는 그 대학교는 1737년에 설립되어, 오토 폰 비스마르크의 모교로서, 1920년대에는 세계에서 수학과 물리학을 연구할 최상의 장소라는 명성을 얻었으며, 다른 많은 분야에서도 매우 확고한 명성을 얻었다. 내가 괴팅겐대학교 도서관들과 문서보관소들을 30년 동안 들락거린 이유는 독일인의 경험을 대표하는 곳이라 믿었기 때문이다. 나는 또한 내가 이 책에서 제시한 논증들이 대서양 양편의 학자들이 더욱 찾아낸 증거들과 일치한다고 확신한다.

로버트 P. 에릭슨
워싱턴주 긱 하버에서 2011년 5월

1장

학살의 세기에서 왜 홀로코스트가 문제가 되는가?

 이 책이 전제하는 것은 홀로코스트가 현대 역사에서 단지 유대인들과 독일인들에게만 중차대한 사건이 아니라, 인간의 행동과 본성, 그리고 인류 사회의 미래를 염려하는 모든 이들에게도 중요한 사건이라는 점이다. 독일인들이 약 6백만 명의 유대인과 홀로코스트의 다른 희생자 5백만 명을 살해한 것(제2차 세계대전에서 죽은 수천만 명 외에도)은 분명히 인류 역사에서 가장 끔찍한 시점을 보여주며, 그 세부사항들은 특별히 끔찍하다.[1] 가스실에서의 대량학살로부터 인간에 대한 의학적

---

[1] 정확한 숫자는 알 수 없지만, 독일이 홀로코스트 기간에 최소한 1천1백만 명의 무고한 남녀노소를 살해했다는 결론은 폭넓게 받아들여지고 있으며, 과장된 것이 아님이 거의 확실하다. 그 숫자에는 전쟁에서 죽은 수백만 명은 포함되지 않는다. 즉 독일이 시작한 전쟁에서 죽은 군인들이든 "부수적 피해"로 죽은 수백만 명의 민간인들이든 포함되지 않는데, 그 민간인 숫자에는 260만 명의 2/3 이상의 소련 민간인 희생자가 포함될 것이다. 홀로코스트 기간에 독일인들이 살해한 사람들이 1천1백만 명이었다는 주장에는 나치 이데올로기가 "살 가치가 없는 생명"으로 개인들과 집단들, 즉 유대인들, 폴란드 지식인, 소련 전쟁포로들, 가난한 외국인들(Sinti and Roma), 장애인들, 동성애자들, 그리고 나치 국가에 반대한 다양한 정치적 또는 종교적 반대자들이 포함된다. 이 책에서는 그 희생자들이 무고한 사람들이었다고 전제한다. 또한 그들이 살해된 이유는 유대인들, 장애인들, 정치적 반대자들, 또는 "인간 이하"로 간주된 범주의 사람들의 단순한 살 권리를 인정하기를 거부한 나치의 잔인한 이데올로기 때문이었다고 전제한다. 끝으로, 아돌프 히틀러와 나치 국가를 열광적으로 찬양하고 지지했던 사람들이 구체적으로 반유대주의적이었거나 아니었을 수 있지만, 나치 국가는 말과 정책 모두에서 잔인했다고 전제한다. 그것은 나치 운동의 일관되며 스스로 선언한 자기 정체성이었으며, 모두에게 명백했다.

실험까지, 아이들의 뇌에 총알을 발사한 것에서부터 나이 많은 랍비의 수염을 완전히 뽑아버린 일까지, 우리에게 전해진 이야기들은 도대체 어떻게 인간들이 그처럼 냉혹하며 그처럼 잔인할 수 있었는지 의아하게 만든다. 많은 생존자는 "결코 두 번 다시는 안 된다"고 맹세했지만, 나치가 자행한 홀로코스트 이후 또다시, 한 번 이상, 종족학살이 **발생했다**는 사실이다.[2] 이것은 우울하게 만드는 주제이며, 우리가 20세기 초부터 21세기의 시작까지 죽음의 발자국을 추적할 때 특히 그렇다.

이런 자료들의 우울하게 만드는 특성에도 불구하고, 이 책은 홀로코스트가 우리가 주목해야 할 주제임을 강력하게 전제한다. 우리가 홀로코스트에 대해 더 많이 알수록, 우리 시대의 종족학살 행태들이나 위협의 끔찍함에 대해 더 예민하게 될 것이다. 뉘른베르크 재판을 통해서 유엔과 국제사법재판소, 세계는 인류에 대한 전쟁범죄를 단죄했다. 홀로코스트에 대한 이런 반응은 때로 미지근하며 효과가 없지만, 미래에 대한 희망을 제공할 수 있다. 아마도 더욱 중요한 점은 홀로코스트에 대한 인식을 높이는 것이 개인적으로든, 국가로서든, 국제사회의 일원으로서든 우리 자신의 행동과 경향성을 고려할 경고 조치를 제공할 수 있다는 점이다. 홀로코스트를 우리의 현실과 완전히 떨어진 하나의 사건이며 일련의 행동으로 보기가 매우 쉽다. 그러나 최선의 역사적 탐구는 우리

---

[2] "홀로코스트"라는 용어는 이 책에서 독일이 제2차 세계대전 기간에 유대인들과 기타 다른 사람들을 살해한 사건을 묘사하는 용어로 사용된다. 그 용어는 "불로 파괴된"이라는 뜻이다. 그 용어의 기원이 그리스어라는 점, 그리고 더욱 중요한 점은 희생제사의 의미를 포함한다는 점이 그 용어의 약점이다. 고대 종교의식에서 희생제사로 바쳐진 번제가 "불로 파괴된" 것이다. 어떤 사람들은 "쇼아"(*Shoah*)라는 용어를 선호하는데, 이 히브리어는 오직 끔찍한 파괴를 뜻한다. "홀로코스트"라는 용어는 때로 다른 대량학살의 사례를 뜻하며, 냉전 시대에는 잠재적인 핵 전쟁을 뜻하는 것으로 사용되기도 했다. 나는 이처럼 폭넓게 사용되는 용어의 명확성을 위해서, 일차적으로 독일인들이 자행하여 유대인들과 기타 희생자들이 고난을 겪은 사건을 묘사하는 용어로 사용할 것이다. 다른 대량학살 사례를 가리킬 경우에는 "학살" 또는 "종족학살"이라는 용어를 사용할 것이다.

로 하여금 과거의 복잡성에 더 접근하게 만들고, 또한 다른 사람들과 시대를 전적으로 "타자"로 무시하는 것을 더욱 어렵게 만든다.

그 복잡성을 강조하기 위해서 나는 보통 폭넓게 존경받는 두 기관인 교회와 대학에 초점을 맞추었다. 교회는 영적이며 윤리적 통찰을 고무시킨다. 대학은 지적인 예리함을 계발한다. 두 경우 모두에서 우리는 이런 기관들의 지도자들이 아돌프 히틀러와 나치의 행동강령에서 도덕적이며 지적인 결함을 발견했을 것으로 기대하지만, 반대했다는 증거는 별로 없고, 지지했다는 증거는 많다. 나치 시대의 목사들과 교수들은 자신들의 입장이 경멸받을 수 있다는 점을 결코 상상하지 못했다. 그들은 우리가 그들의 사상과 행동을 돌아보면서 단죄하게 될 것을 결코 생각하지 못했을 수 있다. 많은 사람, 또는 대부분은 자신들의 행동이 도덕적이며 명예로운 것이라고 믿었으며, **심지어 아돌프 히틀러를 지지하면서도** 자신들은 이상주의에 근거해서 행동하고 있다고 믿었다. 그것이 현실이었기 때문이다.3) 우리가 "착한 독일인들"이었을 것으로 예상할 수 있는 많은 사람 또는 대부분은 매우 열정적으로 나치 체제를 따랐으며, 그 원칙을 승인했고, 그 조치들을 지지했다. 그들이 그렇게 행동한 것은 자신들이 더 나은 독일에 헌신한다고 확신했기 때문이다. 피터 프리체의 표현대로, "독일인들이 나치가 된 이유는 자신들이 나치가 되기를 원했기 때문이며, 또 나치가 자신들의 이해와 의향을 너무 잘 대변하기 때문이었다는 점을 분명하게 진술해야만 한다."4) 이 책은 목사들과 교수들

---

3) 이처럼 "히틀러를 지지한 이상주의"는 이 책 전체에 묘사된 많은 지지 선언에서 암묵적이다. 그것은 탈나치화 재판 기간에 극도로 전형적이었는데, 개인들은 이상주의에 근거해서 나치당에 가담하고 지지했다고 주장했다. Claudia Koonz, *The Nazi Conscience* (Cambridge, MA: Harvard University Press, 2003)을 보라.

4) Peter Fritzsche, *Germans into Nazis* (Cambridge, MA: Harvard University Press, 1998), 8.

이 나치의 이상을 수용한 것을 설명하려는 시도이며, 또한 그들의 역사적 역할이 갖는 의미를 성찰하려는 것이다.

종족학살 가운데 홀로코스트는 현대 서양에 깊이 뿌리내린 민족과 문화가 자행한 것이기 때문에, 오늘날 미국과 기타 서방 국가들과 상당히 비슷한 민족과 문화가 자행한 것이다. 그뿐 아니라 목사들과 교수들은 우리의 최상의 가치를 반영할 것으로 대부분 기대하는 사람들을 대표한다. 현대의 매우 교육 수준이 높은 기독교인들의 독일이 아돌프 히틀러를 만들어냈으며 홀로코스트를 자행했다. 1942년 반제회담에 둘러앉아 학살과정을 계획한 독일인 열네 명 중에, 일곱 명은 박사학위 소지자였다. 마이클 빌트는 국가보안본부(RSMO) 지도자들이 "살인 기관을 설계하고 이데올로기적 정당성을 제공하고, 대량학살의 실행을 감독하면서" 특수작전집단 *Einsatzgruppen*과 특수작전특공대 *Einsatzkommando*라는 (민간인 대상) 학살 부대를 이끌었다고 묘사했다.5) 그는 이들의 매우 높은 교육 수준을 지적했다. 그가 조사한 221명 가운데, 대략 2/3는 대학 졸업자였고, 1/3은 박사학위 소지자였다. 법학도의 경우, 1/3은 박사학위 소지자였고, 인문학부 졸업자의 2/3는 박사학위를 취득했다.6) 이것은 홀로코스트를 가능하게 만든 젊은이들이 고학력자들이었음을 잘 보여준다. 나는 우리가 홀로코스트를 가장 잘 이해할 수 있는 길은 우리가 대학과 교회의 역할을 인식하는 길이며, 또한 이 가해자들이 우리와 매우 비슷한 사람들임을 인식할 때라고 주장하는 것이다. 그래야만 우

---

5) Michael Wildt, *An Uncompromising Generation: The Nazi Leadership of the Reich Security Main Office*, trans. Tom Lampert (Madison: University of Wisconsin Press, 2009), 18. Götz Aly and Susanne Heim, *Architects of Annihilation: Auschwitz and the Logic of Destruction*, trans. A. G. Blunden (Princeton, NJ: Princeton University Press, 2003)을 보라.

6) Wildt, *An Uncompromising Generation*, 38.

리는 도대체 무엇이 그들에게 급진적 조치를 취하게 만들었는지를 이해할 수 있으며, 또한 아마도 어떤 상황이 우리를 비슷한 방향으로 나아가도록 유도할 수 있는지도 깨닫게 할 것이다.

독일인들은 1920년대와 1930년대에 비상한 위기들에 직면했다. 즉 당시의 군사적, 경제적, 정치적, 문화적인 위기들은 민족 전체의 미래를 위협한다고 대다수 독일인이 간주했다. 현대 서양인들이 그런 위기들을 직면한 적이 있었는가? 우리는 그런 위기들을 다루면서 인권과 시민의 자유에 대한 우리의 믿음을 포기하지 않을 수 있으며, 우리의 민주주의 원칙들을 제쳐두지 않을 수 있는가? 우리들 자신이 나치 시대의 "착한 독일인들" 세계에서 살고 있다고 상상하면, 우리의 최상의 예방약이 될 것이다. 당시의 "착한 독일인들"은 50년 뒤에 우리가 자신들의 신문을 자세히 읽어보고 자신들을 악당들이라고 부를 것이라고는 거의 확실하게 생각하지 않았을 것이다. 우리는 지금부터 50년 뒤, 역사가들이 단죄하게 될 우리의 행동들을 이해하려고 애쓰지 않게 되길 희망해야 한다.

학살의 세기

20세기에 태어난 우리는 모두 죽임의 낙인을 지니고 있다. 비록 일부 사람들은 그것을 무시하려고 할 테지만 말이다.[7] 20세기 후반부의 중산층으로서 안락함과 서양의 풍요를 누리던 사람들은 당시가 목가적 시대라고 생각할 수 있으며, 좋았던 시절, 문화적 성취, 인간의 안락함과 상대적 안전을 기억할지 모른다. 특히 냉전에서 서구에 속한 유럽인들은 제1차 세계대전과 제2차 세계대전의 폐허에서 살아남아, 반세기 동안의

---

[7] 당시 유럽에서 이 문제를 다룬 책은 Mark Mazower, *Dark Continent: Europe's Twentieth Century* (New York: Vintage, 2000)을 보라.

전례가 없던 평화와 번영을 창조하고, 베를린 장벽이 무너지고 냉전이 끝나게 된 희열에 도취하였을지 모른다. 그 기간에 미국인들은 로큰롤 음악을 만들고, 아스팔트를 깔고, 더 큰 자동차와 소형 컴퓨터를 만들고, 현기증 나는 기계들을 만들거나 수입해서 편하게 소통하게 되었다. 전쟁의 영향을 직접 겪지 않은 미국인들은 20세기 후반부의 끔찍한 사건들을 오직 신문, 책, 텔레비전을 통해서만 목격했다.

학살의 세기의 후반부만 경험한 사람들, 그리고 남들을 통해서 가장 폭력적인 부분에 접근했던 사람들은 비아프라의 굶주림으로 죽어가는 아이들로부터 계속 발생하는 종족학살까지 상당히 끔찍하다고 인식할 수 있다. "종족학살genocide"이라는 말은 20세기 중반에, 나치 홀로코스트에서 도망친 라파엘 렘킨Raphael Lemkin이 독일인들이 저지른 짓을 묘사할 용어가 필요하다고 생각해서 만든 말이다. 그는 새로 만들어진 유엔이 분명한 입장을 취하도록 했다. 유엔은 종족학살 회의를 승인하여, 1948년 이후 민족 전체를 살해하거나 파괴하려는 시도를 단죄했다. 그러나 학살은 멈추지 않았다. 우리가 20세기 전체를 되돌아보면, 종족학살이 반복되고 있음을 보게 된다. 20세기 첫 10년 동안의 헤레로 학살부터 마지막 10년 동안의 르완다 학살까지, 튀르키예에서 벌어진 아르메니아인 학살로부터 발칸반도에서의 "인종청소"까지, 유대인 홀로코스트에서부터 캄보디아의 킬링필드까지 반복되었다.

20세기 전반부는 두 차례 세계대전으로 인해 전례가 없던 대학살이 벌어졌다. 유럽인들이 세계대전을 시작했을 때는 적어도 현대전의 공포를 이해하는 데서 거의 순진한 상태였다. 영국군은 프랑스의 솜Somme 전투에서 독일군 참호에 접근할 때 마치 아무도 없는 지역에 축구공을 차서 그 전투가 게임처럼 보이듯 비현실적 시도를 했다. 그러나 1916년 7월 1일, 첫날 공격에서 영국군 6만 명이 풀처럼 쓰러졌다. 그처럼 엄청난 인명 손실과, 되돌아보면 독일군 기관총과 대포를 향해 직접 돌격한 광기에도 불구하고, 헤이그 장군은 군인들을 계속 아무도 없는 지역으로 내보내 마침내 공격부대가 짓밟히고 낭비되다가 결국 11월의 비와 진흙 속에 중지되었다. 양편의 인명 손실에서 거의 백만 명이 죽거나 부상당했지만, 전선의 위치는 거의 변화가 없었다. 불행하게도 솜 전투는 서부 전선의 끝도 없는 참호전의 처음도 아니었고 마지막도 아니었다. 폭스바겐처럼 무거운 폭탄이 폭우처럼 퍼붓는 현대의 참호전은 진흙 속에서 쥐들이 들끓는 속에 치러졌다. 양편 모두 독가스를 사용해서 겨자가스나 염소가스는 눈과 폐의 부드럽고 젖은 조직을 태워 희생자들은 눈이 멀거나 불구자가 되거나 죽었다. 그러나 양편 어느 쪽도 승리를 전망할 수 없었다.

제1차 세계대전에서 거의 9백만 명의 군인이 죽었고, 그보다 더 많은 군인이 불구자가 되었다. 이런 인명 손실은 상상할 수 없을 정도였으며, 참전국의 가족 가운데 피해를 당하지 않은 가족이 거의 없었다. 오늘날 우리는 독일, 오스트리아, 러시아, 이탈리아, 프랑스, 영국 전역의 도시와 마을에서 기념비를 볼 수 있는데, 거기에는 많은 사망자의 이름이 새겨져 있고, 흔히 한 가족에서 여러 명의 이름이 포함되어 있다. 당시 독일 인구가 약 6천만 명이었는데 그중 사망자가 2백만 명이었다고 추정한다면, 그 숫자는 오늘날 미국 인구 3억 명 가운데 약 천만 명에 해당한다. 이와는 대조적으로 미국인들은 베트남 전쟁에서 5만 8천 명이 죽었으며, 한국 전쟁에서는 3만 7천 명이 죽었고, 제2차 세계대전 당시 유럽과 태평양 전투에서 40만 명 이상이 죽었다. 제1차 세계대전에서는 11만 5천 명이 죽었으며, 남북전쟁에서는 남북 모두 60만 명이 죽었다. 독립전쟁, 1812년의 전쟁, 멕시코와 미국의 전쟁, 인디언 전쟁, 스페인-미국 전쟁, 이라크와 아프가니스탄 전쟁에서 사망한 사람들은 비교적

극미한 셈이다. 따라서 200년 이상의 전쟁에서 죽은 미국인 전체 숫자는 150만 명이 안 되지만, 미국인들은 당연히 애도한다. 제1차 세계대전이 끝난 후 독일의 슬픔을 상상해 보라.

많은 역사가는 1914년까지는 20세기가 실제로 시작되지 않았다고 말한다. 그해에 전쟁이 시작됨으로써 학살의 세기가 시작되어, 공포와 환멸 모두를 초래했는데, 이것은 레마르크의 소설 ≪서부 전선 이상 없다≫와 같은 전쟁 문학을 통해 볼 수 있다. 그러나 이 끔찍한 전쟁은 단지 더욱 끔찍한 전쟁의 서막일 뿐이었다. 제1차 세계대전이 끝나고 20년 후에 히틀러는 유럽을 두 번째 전쟁 속에 몰아넣어 이번에는 최소한 5천만 명이 죽었다. 그뿐 아니라 제1차 세계대전에서는 사망자 대부분이 전투원이었고, 학살된 아르메니아인들과 전투 지역에서 사망한 민간인들은 예외적이었다. 전쟁터 이외 지역에서 사망한 민간인들은 최소한 제2차 세계대전과 비교해서 별로 없었다. 그러나 제2차 세계대전에서는 비전투원들이 전례가 없을 정도로 많이 죽었다. 공중폭격이 많은 사상자를 냈다. 예를 들어, 연합군이 독일의 도시들을 폭격해서 50만 명의 민간인이 사망했는데, 이 숫자는 제2차 세계대전에서 미군의 전체 사망자보다 많은 것이다. 소련의 희생자는 이보다 훨씬 많아, 민간인과 군인 사망자는 2천6백만 명에 이르는 것으로 추산된다. 제2차 세계대전에는 물론 홀로코스트가 포함된다. 독일인들은 약 6백만 명의 유대인과 기타 5백만 명을 살해했는데, 그중에는 소련의 전쟁포로, 폴란드인, 집시, 장애인, 동성애자, 그리고 다양한 정치적 반대자들이 포함된다.

20세기의 죽임의 기록에는 이오시프 스탈린과 마오쩌둥의 수백만 명의 희생자도 포함되는데, 그 희생자는 각각 천만 명 이상이었다. 그들은 굶어 죽거나, 정치범 수용소에서 잔혹 행위로 죽거나 처형되었는데, 교조주의적 이데올로기와 엄청난 피해망상증에 의해 계급과 정치에 근거해서 선택된 희생자들이었다. 스탈린과 마오의 파괴는 결코 부인하거나 무시할 수 없으며, 종족학살 역시 마찬가지다. 1906년의 헤레모 학살부터 1990년대의 르완다와 발칸반도의 종족학살, 그리고 21세기에 벌어진 콩고와 수단의 종족학살까지 결코 부인할 수 없다. 그러나 이런 범죄의 극악무도함에도 불구하고, 이 책은 20세기의 학살 역사에서 독일인들이 자행한 홀로코스트는 특별한 위치를 차지해야 한다고 주장한다.

독일인들의 홀로코스트와 서양의 문화

종족학살에 대한 비교연구에 관심이 늘어나면서 죽임에 관한 충격적인 이야기가 전해짐으로써 우리는 그 용어의 정의에 대해 약간의 논쟁을 하게 되었다. 대부분의 관찰자는 이제 종족학살이라는 명칭을 홀로코스트 이외에도 대량학살에 적용하는데, 그중에는 캄보디아, 르완다, 보스니아, 콩고, 다푸르의 대량학살이 포함된다. 비통함이 많은 세계에서, 그리고 학살이 많았던 20세기의 그늘 속에서, 그 각각의 사건에서 고통과 불의의 수준을 측정하고 비교하는 일은 불가능하며 부적절해 보인다. 그럼에도 나는 독일인이 자행한 홀로코스트의 성격과 중요성에 관해 두 가지를 주장할 것인데, 이런 주장이 이 책을 쓰는 나의 목적 아래 깔려 있다. 첫째로, 독일인들이 상당히 많은 사람을 학살한 방법과 산업적 방식의 학살 방식은 다른 어느 종족학살에서도 없었다는 점이다. 그 학살과정에는 설계사, 화학자, 엔지니어, 의사, 법률가, 그리고 민간인과 군인들의 거대한 관료주의가 동원되었다. 정부의 분명한 목적이 그 과정을 뒷받침했으며, 그 과정이 극에 달한 것은 실제로 죽임의 공장들을 통해서였다. 이것은 현대의 기계화된, 합목적적 학살로서 많은 중요한 가해자들이 그 희생자들과 눈을 마주치지 않았지만, 그들은 대규모 학살 기계에서 필수적이며 책임이 있는 부속품들이었다. 나의 두 번째 주장은 첫 번째 주장에서 생겨나는 것으로, 현대의 교육 수준이 높고 기술적으로 발전한 서양에 뿌리내린 문화에 의해 자행된 다른 종족학살은 없었다는 점이다.

그러나 이런 두 가지 사실에도 불구하고, 나치 독일의 이야기는 보통 "타자/별종otherness"이라는 인식을 만들어냄으로써 우리 자신이 그 세계 속에 있다고 상상하는 것을 어렵게 만든다. 즉 나치는 흔히 괴물이나 악마로 묘사되어 왔다. 특히 아돌프 히틀러는 악 자체이며, 독일 민족을 집단최면시켰거나 그의 엄청난 범죄에 강제로 참여하게 만든 인물로 간주되어 왔다. 대니얼 골드하겐은 이런 "타자/별종" 개념을 다른 관점에서 설명했는데, 그의 설명은 훨씬 더 큰 길을 내었다. 그는 우리가 결코 독일인 학살자들을 우리와 같은 존재라고 생각해서는 안 된다고 주장했다. 오히려 그는 독일인들의 반유대주의는 특히 악하고 궁극적으로 몰살주의자eliminationist였다고 주장했다. 그는 15세기에 인신제사를 드리고 인육을 먹었던 아즈텍 사람들이 우리와 다른 사람들이었던 것처럼, 모든 독일인은 우리와 달랐다고 상상해야만 한다고 제안했다.[8]

그러나 나는 독일인들을 "타자/별종"으로 강조하는 것은 잘못된 전제와 부정확한 역사에 근거한 것이라고 주장하고 싶다. 예를 들어, 독일 대학들은 19세기 동안에 세계에서 최상의 대학들이었다. 레오폴드 폰 랑케와 막스 베버와 같은 독일인들은 우리가 알고 있는 현대적 학문을 만들었다. 현대 물리학을 만드는 데서 독일을 첨단 국가로 만든 교육 기반은 알베르트 아인슈타인, 막스 플랑크, 베르너 하이젠베르크 등의 경력에서 볼 수 있으며, 결과적으로 많은 독일인이 노벨상을 받았다. 독

---

8) Daniel Jonah Goldhagen, *Hitler's Willing Executioners: Ordinary Germans and the Holocaust* (New York: Alfred A. Knopf, 1996), 27-28.

일의 교육은 또한 엔지니어링과 과학의 기초를 놓게 했으며, 그로 인해 독일은 여전히 자동차 생산과 기타 하이테크 생산의 선도국이다. 19세기와 20세기 전반부 동안, 이런 똑같은 기술이 독일을 세계에서 최강 군사력을 지닌 국가들 가운데 하나로 만드는 데 도움을 주었고, 아마도 군인정신, 군사기술, 전쟁능력을 유지하려는 결심의 측면에서 볼 때, 가장 강력한 국가로 만들었을 것이다.

독일은 또한 예술에서도 매우 중요한 위치를 차지하여, 그 문화적 전통에서 바흐, 모차르트, 베토벤 같은 천재 작곡가들을 키워냈다. 괴테와 실러는 문학에서 그런 천재성을 드러냈다. 20세기 초에 이미 독일은 예술, 건축, 연극, 영화에서 선도적 위치를 인정받았다. 베를린은 1920년대에 문화적 메카가 되었다. 이것은 독일 문화가 현대세계에 공헌한 것이 폭넓고 깊었다는 또 하나의 증거였다. 종교에 관해서 말하자면, 독일의 마르틴 루터는 개신교 전통의 기초를 놓았다. 독일 개신교는 루터의 전통에 기초하여, 독일의 매우 발달한 학문과 연결했다. 19세기에 이미 독일 신학자들은 성서학을 이끌었고, 20세기까지 엄청난 신학적 영향력을 끼쳤다. 칼 바르트, 디트리히 본회퍼, 루돌프 불트만, 폴 틸리히 등은 모두 이런 독일 전통을 대표했으며, 그 신학자들 각각의 저술은 아직도 신학교에서 연구되고 있다. 심지어 게르하르트 키텔은 나치를 열렬하게 지지했지만, 여전히 성서학에서 중요한 위치를 차지하고 있는 것은 그의 방대한 책 ≪신약성서 신학 사전≫을 통해서다.[9]

아돌프 히틀러가 정권을 장악했을 때, 독일 인구의 97%는 스스로를 기독교인으로 간주했는데, 약 2/3는 개신교인이었고, 1/3은 가톨릭이었

---

9) 키텔에 관한 나의 연구는 Robert P. Ericksen, *Theologians under Hitler: Gerhard Kittel, Paul Althaus and Emanuel Hirsh* (New Haven, CT: Yale University Press, 1985), 28-78을 보라. ≪신약성서 신학사전≫(요단출판사, 1986).

다. 1933년에 유대인은 독일 인구의 1% 이하였으며, 그보다 약간 많은 사람이 이방인, 또는 불신자로 등록했다. 기독교인으로 등록한 전체 97%가 정기적으로 교회에 출석하거나 선명하게 기독교인 정체성을 유지했던 것은 아니다. 그러나 그들 모두는 교회세를 내는 데 동의했는데, 그들이 단순히 교회를 떠나면 저축할 수 있었을 돈이었다. 더 나아가 그들은 모든 독일 학교에서 종교교육을 받았으며, 이들 97%의 인구 중 많은 사람은 자신의 믿음에 열렬한 기독교인들이었다. 1930년대의 독일은 대표적으로 교회 출석과 기독교인의 헌신과 정체성에 대해 인식하고 있었음이 거의 확실하다. 오늘날 미국에서처럼 말이다.

이처럼 교육 수준이 높고 기술적으로 앞섰던 기독교 국가에서 많은 사람이 아돌프 히틀러에게 투표함으로써, 나치당은 유일하게 가장 강력한 당이 되었으며, 1933년에는 그를 총리로 임명하는 결과를 초래했다.[10] 그 후 독일인들은 그의 지도력을 따랐는데, 반유대주의라는 그의 악랄한 정치와 제2차 세계대전의 여러 단계에서 그를 추종했다. 독일에 관한 이런 모든 요인과 현대세계에서 독일이 차지한 위치는 우리가 홀로코스트를 생각할 때 주목할 가치가 있는 점들이다. 종족학살 행동이 발생한 많은 사건 중에서, 우리 자신의 희미한 거울 속 이미지를 볼 수 있는 가능성이 큰 것이 바로 독일인들이 자행한 홀로코스트다. 물론 우리 가운데 많은 사람은 이 거울을 들여다보고 싶어 하지 않거나, 아마도 우리 자신의 모습을 인식할 수 없을 것이다. 나는 그 유일한 이유가 바로 우리가 그 거울을 왜곡시켰기 때문이라고 주장한다.

---

10) 역자주: 히틀러는 제1차 세계대전에서 독일이 패전한 원인이 "유대인들과 좌파가 등 뒤에서 찌른 때문"이라는 군대 지휘관들의 책임회피용 음모론을 선전함으로써 대중의 분노에 편승했고, "법과 질서"를 내세워 공산주의자들에 대한 폭력 행사와 구금, 배상금 지불 거부, 재무장, 경제성장을 통해 "다시 강한 독일"을 약속하여 "독일의 구세주"로 칭송받게 되었다. Peter Hayes, *Why: Explaining the Holocaust* (New York, NY: W. W. Norton & Company, 2017), 60-61.

우리의 마음은 홀로코스트의 끔찍함을 인식하기에는 부족하며, 그것은 당연하다. 그 수많은 소름 끼치는 세부사항을 들여다보면서 역겨움을 느끼지 않는 것은 실질적으로 불가능하다. 홀로코스트 기간에 온갖 극악무도한 만행이 자행되었으며, 인간 잔혹성의 거의 모든 사례가 드러났다. 여윈 시체들을 불도저로 대규모 무덤 속으로 밀어 넣는 장면은 우리를 벼랑 끝으로 몰아가는 이미지일 것이며, 생존자가 특히 극심한 고통이나 치욕을 묘사하는 조용한 증언이 그럴 것이다. 이런 세부사항들은 고통스러울 뿐 아니라, 그 이야기에서 필수적인 것이기도 하다. 우리는 홀로코스트가 보여주는 끔찍함의 깊이를 결코 충분히 이해할 수 없다. 그러나 우리가 그런 세부사항들을 자세히 바라보지 않고, 그 수용소와 게토의 악취에 우리의 코를 갖다 대지 않는다면, 결코 홀로코스트에 대한 이해를 시작조차 할 수 없다.

홀로코스트를 연구하는 것이 어렵다면, 우리가 그 거울 속에서 우리 자신을 본다고 상상하는 일은 더 어렵다. 가장 편한 방법은 나치 학살자들을 소규모 괴물집단으로 치부하는 방법이다. 우리가 그들을 어떤 방법으로 우리의 세계 바깥으로 내던지든 말이다. 그들은 아마도 제1차 세계대전에서 자신들의 아버지를 잃은 상처를 지닌 세대일 것이다. 그들은 아마도 히틀러의 악한 천재성에 홀렸을 것이다. 아마도 전대미문의 사악한 반유대주의 형태에 노예가 되었을 것이다. 우리는 심지어 그들이 돌연변이거나 외계에서 온 외계인들로 상상할 수 있을 테지만, 또 다른 "아마도"를 고려하는 것이 나은 충고일 것이다. 아마도 그들은 우리가 믿고 싶어 하는 것보다 훨씬 더 우리와 닮은 사람들일 것이다. 그 가해자들이 우리처럼 인간이었다고 상상하면, 우리는 홀로코스트를 훨씬 더 이해할 수 있으며, 또한 그 끔찍함에서 더 많은 것을 배울 기회가 있을 것이다.

도대체 홀로코스트가 어떻게 발생할 수 있었는가?

홀로코스트의 끔찍함을 경험한 모든 사람에게 전형적으로 생기는 질문은 "도대체 홀로코스트가 어떻게 발생할 수 있었는가?" 하는 것이다. 1980년대에 역사가들은 두 가지 설명을 놓고 논쟁을 벌였다.[11] "의도주의Intentionalism"는 그 책임을 아돌프 히틀러와 그를 지지하는 측근 집단에 돌리면서, 그들은 단순히 유대인들을 살해할 계획을 세우고 실행했다고 주장한다. 이런 설명의 장점은 악을 밝히고 책임을 지우는 것이다. 특정한 사람들이 살해할 결정을 했으며, 그들을 단죄할 수 있다는 것이다. 이런 설명은 또한 아돌프 히틀러, 하인리히 힘러, 아돌프 아이히만, 요제프 괴벨스 같은 사람들이 나치 국가에서 강력한 지위를 차지했고 종족학살로 이끈 현실을 설명해 준다.

그러나 의도주의는 너무 많은 것을 주장한 것 때문에 비판을 받았다. 예를 들어, 루시 다비도비치는 그녀의 책 ≪유대인들에 대한 전쟁≫에서 제2차 세계대전의 모든 것은 유대인을 학살하거나 그렇게 한 구조를 본질적으로 은폐한다고 주장했다.[12] 만일 독일이 유대인들 대다수가 살았던 폴란드와 소련을 침공하지 않았다면, 홀로코스트가 수백만 명의 유대인을 살해할 수 없었을 것이라는 점은 분명한 사실이다. 더 나아가, 전쟁은 학살과 긴급상황의 분위기를 만들어, 살해할 "원수들"의 목록이 많아지게 하고, 심지어 비전투원들도 이데올로기상 위험한 존재에 포함

---

11) Christopher R. Browning, *The Path to Genocide: Essays on Launching the Final Solution* (New York: Cambridge University Press, Canto Edition, 1995), 특히 86-121; Michael R. Marrus, *The Holocaust in History* (Hanover, NH: University Press of New England, 1987)을 보라.
12) Lucy Dawidowicz, *The War Against the Jews, 1933-1945* (New York: Holt, Rinehart and Winston, 1975).

된다. 그리고 실제적인 학살은 군대가 지키는 곳에서 군사적 필요성이라는 전제 아래 벌어진다. 그러나 대부분의 역사가는 제2차 세계대전의 기원을 설명할 때 반유대주의 이외에도 여러 원인을 제시할 것이다.

유대인들을 학살할 "의도"가 언제 발전했는가 하는 질문에는 또 다른 문제가 관련된다. 1930년대에 나치 체제는 유대인들이 독일을 떠나게 강제하는 프로그램을 만들었다. 전쟁의 초기 단계에서 친위대(SS)는 독일이 유럽의 유대인들을 보낼 장소로 아프리카의 섬 하나를 프랑스로부터 획득하려는 희망을 갖고 "마다가스카르 계획"을 발전시켰다(미국의 "인디언 보호구역"처럼-옮긴이). 나치의 목표가 항상 유대인들을 학살하는 것이었다면, 그런 프로그램은 말이 되지 않는 것처럼 보였다. "기능주의Functionalists"는 홀로코스트가 서서히 특히 전쟁 기간에 발전되었다고 주장하기 시작했다. 매우 다양한 행동가들과 기관들은 풀어야 할 몇 가지 구체적인 질문들에 직면했는데, 흔히 히틀러가 선호했던 것, 또는 이언 커쇼가 묘사한 것처럼, "총통을 향한 작업"[13]을 예상하는 목표와 관련한 질문이었다. 이런 분석에 따르면, 홀로코스트는 특수한 상황에서 복잡한 사회가 "기능함으로써" 발전했다.

기능주의는 홀로코스트의 복잡성, 즉 반유대인 조치들이 악화된 복잡한 순서를 포함해서 그 복잡성을 잘 보여주었다. 그것은 또 홀로코스트를 자행한 매우 많은 가해자와 더불어 홀로코스트가 얼마나 곳곳에서 보편적으로 자행되었는지를 보여주었다. 그러나 기능주의의 잠재적 위험성은 6백만 명의 유대인과 5백만 명의 다른 사람들을 학살한 책임을 아무에게도 묻지 않을 수 있다는 점이다. 그것은 어느 범죄자의 아동기와 배경을 자세히 살펴보면, 죄의 개념이 사라지는 것과 약간 비슷하다.

---

[13] Ian Kershaw, *Hitler, the Germans, and the Final Solution* (New Haven: Yale University Press, 2008), 특히 1장을 보라.

그러면 실제로 그 범죄자의 잘못이 아니라, 그의 부모나 친구, 이웃이나, 그의 생애에서 어느 측면의 박탈감을 비난하게 된다.

이제 대부분의 역사가는 의도주의와 기능주의를 통합시켜, 개인의 결정과 행동에 책임을 지울 뿐 아니라 학살이 정책으로 발전된 복합한 과정도 인식한다. 복잡성과 여러 원인을 분석하는 것은 훌륭한 역사 서술에 항상 필요하다. 훌륭한 역사 서술은 또한 예외적인 것을 경계한다. 홀로코스트를 하나의 예외적인 사건으로 설명하여, 나치 체제를 1933년에 시작해서 1945년에 끝난 연대기적 상자 속에 넣는 것은 편리할 것이다. 그처럼 과거와 미래로부터 단절시키는 역사 서술은 독일인들에게 좋을 수 있다. 만일 그들이 히틀러의 등장에 대한 책임이나 그의 지도력을 따른 책임을 지고 싶지 않다면 말이다. 나치가 1933년에 완전히 권력을 장악한 것은 독일 역사에서 하나의 일탈이었으며, 그 후 1945년은 독일 역사의 0시 *Stunde Null*로서 독일이 완전히 새롭게 탄생했다는 생각은 독일인들을 나치 체제와의 연결성으로부터 앞뒤로 단절시킨다. 이 접근방식은 나머지 우리에게도 가장 편안한 방법일 수 있다. 나치가 그 조상들이나 후손들이 없는 괴물들과 닮았다고 강조할수록, 그들은 우리와 그만큼 닮지 않은 집단이 되고, 우리가 그들을 닮을 수 있다는 염려를 그만큼 덜 하게 되기 때문이다. 그러나 이것은 엉터리 역사다.

우리가 홀로코스트를 더 큰 역사적 맥락에서 파악하면, 몇 세기에 걸쳐 증거를 캐낼 수 있다. 이미 1941년에 발행된 ≪루터로부터 히틀러까지≫는 독일인들의 성격과 문화는 불가피하게 나치로 발전할 무엇인가가 있었다고 주장했다.14) 다른 학자들은 독일의 민족국가가 (다른 유럽 국가보다) 뒤늦게 발전하게 된 것을 지적했는데, 독일 민족국가는 1871년

---

14) William Montgomery McGovern, *From Luther to Hitler: The History of Fascist-Nazi Political Philosophy* (New York: Houghton Mifflin, 1941).

에야 비로소 오토 폰 비스마르크의 "철혈blood and iron" 정치 아래 등장했다.15) 그 기간에 독일은 열등감 때문에 고통을 받았는가? 그래서 독일은 영국과 프랑스 같은 국가들이 누리던 권력과 특권의 세기를 따라잡기 위해 너무 빨리 서둘렀는가? 이런 추측은 유용할 수 있다. 그러나 이렇게 추측하는 사람들은 자신들이 그런 질문을 하기 전에 이미 답을 알고 있다는 의심을 받게 되며, 또한 독일 이외에 다른 국가들의 결점을 찾는 데서도 비슷한 기준을 적용하지 않았다는 의심을 받는다. 예를 들어, 우리는 독일 문화에서 유대인들에 대한 적대감이 오랫동안 깊은 역사를 갖고 있었다고 지적할 수 있는데, 이런 적대감은 홀로코스트의 기원을 찾기 시작할 분명한 지점이다. 그러나 우리는 대부분의 서방 기독교 문화에서도 매우 비슷한 반유대주의 전통을 찾을 수 있다. 사실상 유대인들은 홀로코스트 이전 50년 동안 다른 국가들로부터 대규모로 독일로 이주했는데, 이것은 독일 문화가 유대인들에게 더 적대적 환경이라기보다는 덜 적대적 환경이라고 생각했음을 암시한다. 이처럼 홀로코스트의 역사적 원인을 찾기 위해 여러 세기를 살피는 것은 비록 중요하지만, 모호함과 불확실성이라는 중대한 문제를 안고 있다. 따라서 홀로코스트가 시작되기 이전 25년, 즉 제1차 세계대전부터 시작되는 격동의 시대를 자세히 살피는 것이 더 쉽고, 구체적이며, 직접적으로 연관성이 있는 방법인 것처럼 보인다.

---

15) 역사가 울리히 벨러 등이 주장한 '특수한 길'(*Sonderweg*) 테제는 독일이 19세기에 서구의 다른 민주 국가처럼 행동하지 못한 것에 초점을 맞춘다. 이 테제에 대한 비판은 Blackbourn and Geoff Eley, *The Peculiarities of German History* (New York: Oxford University Press, 1985)를 보라. 이 문제에 대한 평가는 George Steinmetz, "German Exceptionalism and the Origins of Nazism: The Career of a Concept," in Ian Kershaw and Moshe Lewin, eds., *Stalinism and Nazism: Dictatorships in Comparison* (Cambridge: Cambridge University Press, 252-84를 보라.

제1차 세계대전은 모든 참전국에 엄청난 부담을 안겨주었다. 실질적으로 한 세대 전체가 징집되어 참호 속에서 지옥을 경험했고 전장에서 죽거나 큰 부상을 입는 대학살 이외에 민간인들의 삶도 육체적으로만이 아니라 감정적으로도 큰 혼란을 겪어야 했다. 어머니들은 자기 아들을 바쳐야 했고, 젊은 여인들은 무기 공장에서 일하거나 농장에서 남성들이 담당했던 기계 노동을 해야 했다. 모든 사람은 놋그릇이나 현금을 바쳐야 했거나, 육식을 포기해야 했다. 특히 독일에서는 많은 사람이 굶주렸다. 그리고 각국은 선전부를 설치해 전쟁을 위한 시민들의 열광을 조절하고 통제했다. 모두가 곤경을 겪었지만, 영국인들과 프랑스인들은 승전국의 이익을 차지한 반면, 독일인들은 패배를 받아들여야 했고 자신들의 노력과 희생에 대한 보상으로 온갖 곤경을 겪게 되었다.

전쟁 기간에 뉴스를 통제했기 때문에 독일인들은 마지막 주까지 자신들의 대규모 노력에 대한 승리를 기대했다. 그러나 결국 몇 달 이내에 베르사유 평화조약(1919년 6월)으로 막을 내린 패배의 충격 때문에 독일인들은 분개하여 그것을 "강요된 평화"라고 불렀다. 그들의 불만 가운데 일부는 분명히 당시의 감정을 과장한 것이었다. 그러나 모든 식민지를 영국과 프랑스에 양도한 것(독일인들은 식민지를 갖기에는 충분히 문명화되지 않았다는 이유로), 동부 유럽의 영토를 폴란드와 체코슬로바키아에 넘기고, 서부 유럽의 영토를 프랑스에 넘긴 것, 매우 많은 배상금을 지불하게 된 것(생각했던 것보다 덜 부담이 된 이유는 적은 분할금으로 나누어 지불해도 되었기 때문에), 독일 군대를 제한한 것(병력 10만 명 이내로, 탱크, 항공기, 기타 현대적 무기의 권리 없이), 그리고 소위 전쟁 죄 항목(베르사유 조약 231조로서 연합국의 피해에 대한 독일의 책임을 확증한 것인데, 그 이유는 전쟁이 "독일과 그 연합군의 공격으로 시작되었기 때문이다")은 전후 조치의 본보기들로서 정치적 입장과 상관없이 모든 독일인을 매우 원통하게 만들었다.16) 독일인들은 전쟁에서 패배했고, 이제 그들의 적국들은 자신들의 전후 존재를 강요했는데, 필요하다면, 독일 내 병력에 대해서도 강요했다.

군사적 패배와 카이저 빌헬름 2세의 퇴위에 대한 반응으로 나타나게 된 정치체제는 전후의 압력과 가혹한 평화체제 아래에서는 작동할 수 없었다. "바이마르 공화국"(1918, 11/9-1933, 3/23)으로 알려진 이 새로운 체제는 승리한 서방 세력들이 선호한 모든 민주주의 원리를 포함했다. 그러나 그 체제는 심각한 문제들을 겪게 되어, 고작 14년 동안만 유지되다가 결국 1933년에 히틀러와 나치당이 장악해 버렸다. 그 체제 자체에는 결함이 있을 수 있었는데, 여러 당파의 등장과 정부의 분열 가능성이 농후했다. 헌법의 비상조치 조항은 노년의 대통령 폰 힌덴부르크와 그 참모들이 그 체제를 악용하도록 해주었다. 이로 인해 결국 힌덴부르크는 히틀러를 총리로 지명했다. 비록 나치는 의회에서 다수당이 아니었지만 그렇게 지명했다. 우리는 바이마르 정부가 이런저런 선택을 다르게 했다면, 히틀러의 등장과 그 이후의 모든 사태를 막을 수 있었을 것이라고 상상할 수 있을 것이다. 그러나 이 정부가 직면했던 정치적 문제는 헌법의 복잡한 조항들을 훨씬 넘는 문제들이었다.

바이마르 체제는 아무리 현명하게 발전시켰다 하더라도, 프랑스, 영국, 미국 안의 최근 적들과의 연관성 때문에 피해를 입었을 것이다. 독일 헌법의 기초를 놓은 사람들은 최근의 적들과 연관된 이상들을 통합시키지 않은 채로는 민주적 정부를 만들 수 없었다. 더 나아가 미국 대통령 우드로 윌슨은 그의 "열네 가지 요점"에서 구체적으로 독일은 새롭고

---

16) 베르사유 조약이 제1차 세계대전을 시작한 책임을 독일에만 물었다는 생각은 이제 오해인 것으로 알려졌다. 예를 들어, 똑같은 문장이 튀르키예, 오스트리아, 헝가리와 맺은 조약에도 들어 있었다.

유익한 전후 관계를 시작하기 위해 민주주의를 채택해야만 한다고 주장했다. 보수적이며 민족주의적인 독일인들은 바이마르 체제를 마지막까지 경멸했으며, 그 체제는 독일의 배신자들이 반역을 목적으로 만들었다고 주장하곤 했다.

히틀러는 바이마르 정치인들을 "독일의 등에 칼을 꽂은" 자들이라고 비난했던 많은 우파 가운데 하나였다. 그 이론은 모든 증거와는 반대로, 독일이 제1차 세계대전에서 승리할 수 있었지만, 독일 내의 좌파, 특히 유대인들과 사회주의자들이 전쟁 노력을 약화시켰다는 주장으로 시작했다. 좌파는 조심하고 타협할 것을 충고한 때문에 전쟁의 사기를 떨어뜨렸다고 비난받았고, 또한 식량 폭동을 비롯한 불만 사태에 대해서는 소위 유대인 부당이득자들의 행동 때문이라고 비난받았다.[17] 이 동일한 "배신자들"은 독일이 강력하고 전체주의적 지도력이 필요한 시대에 독일을 약화시킬 구체적 목표로 자유주의적이며 민주적 정부를 만들었다고 비난받았다. 바이마르 정부가 베르사유 조약에 서명하고(강압에 의해), 전후 독일의 많은 문제, 특히 경제적 위기를 해결할 수 없었다는 사실 때문에, 위기가 닥쳤을 때 이 정부를 지지한 사람들은 거의 없었다. 동시에 전형적인 속죄양 찾기 scapegoating로 인해 많은 독일인은 그 문제들의 어느 것도 자신들의 잘못이 아니라고 생각했고, 책임은 배신자들, 좌파, 또는 유대인들에게 있다고 생각했다.

바이마르 시대의 경제 위기는 더욱 절박감을 증폭시켰는데, 그 시작은 굶주림, 실업, 전쟁 직후 일반적인 거주지 이동(뿌리뽑힘) 상태였다.

---

[17] Belinda J. Davis, *Home Fires Burning: Food, Politics, and Everyday Life in World War I Berlin* (Chapel Hill: University of North Carolina Press, 2000); Roger Chickering, *The Great War and Urban Life in Germany: Freiburg 1914-1918* (Cambridge: Cambridge University Press, 2009)는 제1차 세계대전이 독일의 한 도시에 끼친 연구다.

1922-1923년에 독일은 역사상 최악의 인플레이션 위기를 겪어서, 빵한 덩이가 1마르크 하던 것이 단 몇 달 사이에 1조 마르크로 올랐다. 이런 인플레이션의 영향을 쉽게 상상할 수 있는 것은 평생의 안전을 보장할 것으로 여겼던 은행 잔고의 가치 수준이었다. 예를 들어, 500억 달러의 돈을 갖고 더 이상 우표 한 장도 살 수 없게 되었을 때의 느낌을 상상해 보라. 저축, 생명 보험, 현금 상속 등으로 비교적 안락한 생활에 필요한 돈을 쌓아두었던 모든 독일인이 실제로 한순간에 그 가치가 사라져 버린 것을 지켜보았다. 예를 들어, 주택할부금을 갚아야 하는 개인이나 팔아야 할 상품을 가진 농부처럼 일부는 인플레이션으로 이익을 보았지만, 일반적으로는 금융 파국에 대한 인식이 우세했다. 이런 사태에 대해 책임을 지울 수 있는 사람들—서방 연합국과 그들의 전쟁 배상금 요구, 바이마르 정부의 무능력, 또는 국제 금융을 장악한 유대인들에 대한 전형적 비난이든—은 엄청난 분노를 예상할 수 있었다. 두 번째 경제 위기인 대공황Great Depression은 1930년대에 독일을 강타하여 1933년까지 악화하다가 자포자기의 분위기를 만들었다. 하나의 결과는 점차 더욱 많은 독일인이 나치당과 기존 질서에 대한 나치당의 급진적 비판을 지지해서 투표하는 위험을 감수하게 되었다는 점이다. 해결하기 어려운 경제공황은 히틀러의 속죄양 찾기 수사학을 더욱 강력하게 만들어, 바이마르 정부의 무능력과 독일의 적국들의 술수를 지적하고, 유대인들이 어떤 방식으로든 책임이 있다고 뒤집어씌웠다.[18]

바이마르 정부에 대한 불만은 정치와 경제 영역을 뛰어넘었다. 어떤

---

[18] 역자주: 집단적 증오와 적개심의 대상은 (1) 눈에 잘 띄어야 한다. (2) 성공한 사람들이어야 한다. (3) 소수자여야 한다(조너선 색스, 김대옥 역, 《랍비가 풀어내는 창세기》, 199). 인구 1% 미만의 유대인은 독일 전체의 가장 부유한 가족의 31%였고, 전체 백화점 주인의 80%, 금속상의 70%, 변호사의 15%, 의사의 6%였다. Peter Hayes, *Why?: Explaining the Holocaust*, 29, 50.

사람들은 "광란의 20년대" 즉 문화적 규범이 빠르게 변하고 전통 가족과 가족의 가치에 도전한 시대에 대한 반응으로 불만을 토로했다. 서구의 다른 국가들에서와 마찬가지로, 1920년대의 독일은 특별히 여성의 역할이 바뀐 시대였다. 이것은 제1차 세계대전에서 여성의 역할이 어느 정도 바뀐 때문이기도 했지만, 현대 경제의 멈출 수 없는 논리 때문이기도 했다. 모든 농업사회, 산업화 이전의 시골 사회에서는 여성들이 작물 생산을 돕고, 많은 자녀를 낳아 키우는 전통적 역할을 맡았다. 이런 자녀들에게는 돈이 적게 들고, 자녀들은 부모에게 도움을 주었다. 그러나 모든 현대적이며 산업적인 도시 사회에서는 여성들이 다른 역할을 맡아서, 더욱 많은 여성이 가정 바깥에서 일하고, 높은 교육을 받아 좋은 경력을 쌓을 수 있고, 결혼을 늦춰서 자녀를 적게 낳는다. 현대의 중산층 사회에서는 자녀에게 많은 돈이 들고, 또한 초중등학교에 다니는 동안 보살피고, 대학교육을 받는 동안도 뒷바라지를 하지만, 부모에게 별로 도움이 되지 않는다. 많은 문화적 변화는 현대 사회에서 여성의 이런 역할 변화와 일치하는데, 이런 변화에서는 여성의 정치적 권리가 민주주의 원리와 일치하며, 성 윤리에서 이중 잣대에서 벗어나야 한다는 여성들의 주장과도 일치한다.

이런 변화에는 민주주의적 이상들이 큰 역할을 했다. 민주주의는 개인의 자유와 선택이라는 사상을 뒷받침했기 때문이다. 갑자기 바이마르 독일에서 여성들은 새로운 정체성을 찾을 수 있었다. 그리고 유대인들을 포함한 다른 소수자 집단도 사회 안에서 완전한 권리를 주장할 수 있었다. 이런 집단과 개인들은 또한 사상과 표현의 자유를 약속한 정치 체제의 보호 아래, 무대에서든, 책이나 예술, 그리고 정치적 집회에서든 자기 생각을 표현할 수 있었다. 독일의 많은 보수적 집단에는 분명히 교회와 대학의 전통적 수호자들이 포함되었는데, 이들은 그런 변화에 위협을 느꼈고 또한 그런 변화에 반대했다.

이런 문화적 위기는 제1차 세계대전이 끝났을 때 독일인들이 겪었던 군사적 치욕에 비해 관심을 덜 받았을 테지만, 바이마르 공화국이 해결하지 못한 명백한 정치적 위기와 반복되는 경제적 위기는 정상적 생활을 방해하여 불만을 더욱 키웠다. 강력한 국가 중에 그처럼 단기간에 극심하게 정치적, 경제적, 문화적 위기를 겪은 나라는 없었으며, 군사적 패배의 그늘 속에서 외국이 국경선의 위치를 지시하고, 군대의 규모와 범위를 정하고, 과거 적국들에 금융적인 의무를 지운 나라는 없었다. 독일인들은 전에 강력하고 현대적인 국가를 세워 칭찬받을 많은 업적을 이루었지만, 제1차 세계대전 이후에는 특이하게 극심한 위기들이 집중된 현실에 직면했다.[19] 우리는 이런 현실을 기억한 채, 독일인들이 아돌프 히틀러와 같은 분노와 공격성, 급진적인 정치인들의 지도력에 기꺼이 동조한 과정을 살펴야 한다.

지난 30년 이상 동안 역사적 연구를 통해, 많은 독일인이 이런 상황과 선택에 직면했다는 사실은 그들이 히틀러에게 자신들의 운명을 기꺼이 맡기게 된 원인이었음을 점차 분명하게 보여주었다. 나치가 자신들을 독일인들에게 맡긴 것이 아니라, 오히려 독일인들이 히틀러를 환영했으며, 히틀러가 제공한 경제적 성공과 새로운 통일성과 힘을 감사했기 때문에 그의 정책들에 협조할 준비가 되어 있었음이 판명되었다. 협조의 한 극단적 사례는 크리스토퍼 브라우닝의 ≪아주 평범한 사람들≫에서 찾아볼 수 있다.[20] 브라우닝은 한 집단(예비경찰대)이 폴란드의

---

[19] 역자주: 엄청난 상이군인과 전몰자 유가족 지원비뿐 아니라 전쟁을 위해 발행했던 국채(415억 달러)와 베르사유 조약에 의한 전쟁 배상금(125억 달러) 등 독일 정부가 갚아야 하는 부채상환액은 1918년부터 1931년까지 13년 동안 연간 국가 전체 수입의 38%에 달했다. Peter Hayes, *Why: Explaining the Holocaust*, 57-58.

[20] Christopher R. Browning, *Ordinary Men: Reserve Police Battalion 101 and*

작은 도시들에서 유대인들을 불러내 학살하도록 지시받는 것을 묘사한다. 어떤 경우에는 희생자의 등 뒤에서 목에 총알을 발사하고 대규모 무덤 속으로 밀어 넣는 것이었는데, 흔히 피와 뇌의 물질이 학살자의 제복과 얼굴에 튀는 매우 개인적인 과정이었다. 다른 경우에는, 그들이 단순히 유대인들을 묶어 기차에 태워 죽임의 수용소로 보내는 일이었다. 두 가지 방법을 통해 101 예비경찰대대 병력 5백 명이 약 8만5천 명의 유대인들(노인, 여인, 아이들을 포함해서-옮긴이)을 죽인 책임이 있었다.

브라우닝이 "평범한"이라는 단어를 사용한 것이 매우 중요하다. 전에는 역사가들이 나치 학살자들은 나치 국가 안에서 청소년기와 성년기에 도달하여, 완전히 나치의 교육과 훈련의 영향을 받은 젊은이들이라고 생각했었다. 더 나아가, 그들을 열렬한 나치로서 나치당 회원이었으며 이데올로기적으로 가장 철저한 친위대원들로 간주했다. 그러나 브라우닝의 책에 등장하는 학살자들은 나이가 들어서 친위대는 말할 것도 없고 나치당에도 가입할 가능성도 적었으며, 전쟁이 시작된 지 거의 2년 동안 집에 머물면서 군대나 나치 조직의 의무를 피하던 사람들이었다. 이처럼 평범한 사람들이 폴란드 전선 배후에서 설명되지 않은 의무를 수행하기 위해 예비경찰에 징집되었다. 더 나아가, 처음 학살 명령을 설명할 때, 마음에 거리끼면 참여하지 않아도 된다는 말을 들었다. 브라우닝은 이들 중 10~15%가 학살 작전에서 빠지는 걸 선택했다고 추산하는데, 이것은 이 평범한 사람들의 약 85%는 조직적으로 학살했으며, 때에 따라 명령이 떨어질 때마다 의욕적으로 학살했다는 뜻이다(예비경찰대대는 130개 대대가 있었다-옮긴이).

---

the Final Solution in Poland (New York: Harper Collins, 1992). 이진모 역, ≪아주 평범한 사람들: 101 예비경찰대대와 유대인 학살≫(책과함께, 2023). 넷플릭스에서 같은 제목의 다큐멘터리를 볼 수 있다.

오메르 바르토프는 그의 책 ≪히틀러의 군대≫21)에서 두 번째 협조 사례를 보여준다. 전쟁 후 몇십 년 동안, 독일 국방군 Wehrmacht은 홀로코스트로부터 고립되어 있었고 나치의 범죄로부터 비교적 깨끗했다는 평판을 누렸다. 바르토프와 그 이후 많은 역사가는 그런 표상에 구멍을 뚫었다. 예를 들어, "국방군 전시"22)로 알려진 기록들에는 국방군 군인들이 대규모 무덤 끝에 서 있는 민간인 유대인들을 총살하는 사진들이 포함되어 있다. 그 이후에 사울 프리들랜더, 리처드 에반스, 피터 롱게리히, 티머시 슈나이더 등의 중요한 연구들은 모두 독일 국방군이 다양한 방식으로 홀로코스트를 도왔으며 참여했음을 당연하게 간주했다.23)

1939년 10월에 군 지휘관들은 히틀러로부터 직접 이런 말을 들었다. "민족주의자들의 힘든 투쟁은 어떠한 법적 제약도 허락하지 않는다. 그 방법은 우리의 원칙과 양립하지 않을 것이다. …[그러나] 옛 영토와 새로운 영토에는 유대인, 폴란드인, 그리고 천민이 없어야만 한다."24) 1941년 6월, 독일의 장군들은 히틀러의 "정치위원 명령"을 받아 전파했는데, 그 명령은 (소련) 적군 Red Army의 정치위원들과 "철저히 볼셰비키화된 자들"을 총살해야 한다는 명령이었다. 피터 롱게리히는 사령관들

---

21) Omar Bartov, *Hitler's Army: Soldiers, Nazis, and War in the Third Reich* (New York: Oxford University Press, 1992).
22) 나는 이 전시를 2003년에 독일의 페네문데에서 보았다. 그 전시는 "국방군의 범죄: 말살 전쟁의 차원, 1941-1944"라는 이름이었다.
23) Saul Friedländer, *Nazi Germany and the Jews, 1939-1945; The Years of Extermination* (New York: Harper Collins, 2007); Richard Evans, *The Third Reich at War: 1939-1945* (London: Penquin, 2009); Peter Longerich, *Holocaust: The Nazi Persecution and Murder of the Jews* (Oxford: Oxford University Press, 2010); Timothy Snyder, *Bloodland: Europe between Hitler and Stalin* (New York: Basic Books, 2010).
24) Friedländer, *Nazi Germany and the Jews*, 12에서 재인용. 1939년 10월 17일, 히틀러가 소집한 군 장교들과 당 관리들의 회의에서 히틀러가 한 이 말은 그 회의에 참석한 한 장교가 녹음했다.

이었던 발터 폰 라이헤나우, 에리히 폰 만슈타인, 칼 하인리히 폰 쉴프나 겔의 말을 인용했는데, 이들 각각은 1941년에 유대인들에 대해 부당한 말을 하면서 "철저히 볼셰비키화된" 적들과 "유대인들"은 실질적으로 똑같은 존재들이라는 명령을 내렸다. 예를 들어, 폰 라이헤나우는 "범죄자들, 볼셰비키파, 그리고 주로 유대인들에 대한 필수적 처형"을 말했다. 롱게리히는 이렇게 침울한 결론을 내렸다. "유대인 민간인을 몰살시키는 데서 국방군의 역할은 결코 몇몇 지나친 사례나, 처형하는 동안 친위대와 경찰을 지원한 사례들로 끝나지 않았다. 국방군 부대는 … 사실상 친위대와 경찰과 매우 긴밀하게 협조했기 때문에, 이런 상황에서 조직적인 협력과 분업이 이루어진 것으로 보는 것이 적절하다."25) 요약하자면, 폴란드와 소련을 공격한 것은 다른 종류의 전쟁을 시작한 것으로서,26) 독일 장교들은 부하 병사들에게 중부 유럽과 동부 유럽의 주민들, 특히 유대인들을 무제한의 폭력과 경멸로 다루게 했다. 따라서 국방군이 동부 전선의 범죄에 깊이 연루되었고, 진정 "히틀러의 군대"였다는 점에서, 독일 직업군인들의 손이 깨끗하지 않았다는 점은 명백하다.

한편 독일 국내 전선에 관해서는, 나치 독일의 악명높은 비밀경찰 게

---

25) Longerich, *Holocaust: The Nazi Persecution and Murder of the Jews*, 242-43.
26) 역자주: 히틀러는 마르크스의 계급투쟁 대신에 종족투쟁을 역사의 지배 원리로 믿었다. 나치즘은 "독일의 교만과 미래에 관한 불안을 결합하여 무제한적 공격성으로 실천했다." 독일의 행복과 부강을 위해 히틀러가 유대인들의 권리 박탈과 추방에서부터 대량학살로 정책 목표를 바꾸게 된 과정은 세 단계를 거쳤다. (1) 1933년 히틀러의 총통 임명과 1938년 오스트리아 합병까지는 제3 제국이 독일 유대인들을 박해해도 다른 국민들과 외국으로부터 심각한 반대가 없었다. (2) 1938년부터 1941년 6월 소련을 침공하기까지, 그 영토로부터 유대인들을 완전히 추방/제거할 수 있었다. (3) 소련 침공에서부터 그해 가을까지 다섯 달 동안, 히틀러와 하인리히 힘러는 유럽의 모든 유대인을 살해할 동기와 수단과 기회를 갖고 있음을 깨달았다. 전쟁 막바지에 병력 수송 열차가 부족해도 유대인들을 죽음의 수용소로 보낼 열차를 계속 운영한 것이 바로 "다른 종류의 전쟁을 시작한" 때문이다. Peter Hayes, *Why? Explaining the Holocaust*, 62, 75.

슈타포에 대한 로버트 젤라텔리의 연구를 볼 수 있다. 그는 게슈타포의 대다수 활동이 그 조직 자체의 스파이 활동에서 온 것이 아니라 독일 시민들의 고발에서 비롯된 것임을 지적했다.27) 이 조직은 독일을 나치의 통제 아래 경찰국가로 바꾼 것으로 추정되었다. 그러나 만일 우리가 게슈타포가 전체 민족을 공포에 사로잡히게 했다고 추정한다면, 젤라텔리는 게슈타포 요원이 매우 소수였다는 점을 보여주었다. 오히려, 평범한 독일인들이 스스로 감시하고, 유대인들을 돕거나 그들에 대해 좋은 말을 하는 이웃들, 또는 히틀러에 대해 농담하거나 비판하는 이웃들을 밀고했던 것처럼 보인다. 젤라텔리는 나치의 경찰국가는 독일인 대다수가 스스로 초래한 것이라고 주장했다. 그들은 나치 체제와 그 정책들을 승인했고 그에 참여했다.28)

브라우닝, 바르토프, 프리드랜더, 롱게리히, 에반스, 젤라텔리와 기타 최근 학자들의 저술에서 한 가지 공통분모는 이런 인식이다. 즉 나치 국가의 정책을 실시한 것은 어디를 보아도, 많은 수의 독일인들이 자발적으로 참여했음을 보게 된다는 점이다.29) 우리가 예를 들어 의사, 변호사, 판사, 또는 사회학자를 살펴보아도, 똑같은 이야기가 적용된다. 이런 집단들 각각의 경우에도 대다수가 히틀러의 정책에 동조했으며, 흔히 열렬하게 동조했음을 발견하게 된다. 나는 개신교 신학자들을 연구했으며, 같은 결론에 도달했다.30) 도리스 버겐은 친나치 독일 기독교인들

---

27) Robert Gellately, *The Gestapo and German Society: Enforcing Racial Policy 1933 to 1945* (New York: Oxford University Press, 1990).

28) Gellately, *Backing Hitler: Consent and Coercion in Nazi Germany* (New York: Oxford University Press, 2001)도 보라.

29) Götz Aly는 이런 자발성에 대한 흥미 있는 설명을 덧붙였는데, 그는 나치가 유대인들과 유럽의 나머지를 약탈한 것이 대중의 지지를 획득한 것은 독일인들에게 경제적 이익과 물질적 안락함을 주었기 때문이라고 주장한다. *Hitler's Beneficiaries: Plunder, Racial War, and the Nazi Welfare State* (London: Picador, 2008).

(DC)은 과거에 인정했던 것보다 훨씬 더 중요한 위치를 차지했음을 보여주었다.31) 수잔나 헤셸의 책 ≪아리안 예수≫는 나치 기독교인들이 기꺼이 예수의 유대성Jewishness을 부인했음을 밝혀주었는데, 그것이 극에 달한 것은 그들이 역사적 현실을 왜곡시켜 나치의 반유대주의에 열중했다는 점이다.32) 지난 20년 동안 역사 연구에서 나타난 이런 궤적은 하나의 분명한 방향을 가리킨다. 즉 우리가 특정한 독일인 집단을 살펴볼 때마다, 아돌프 히틀러와 나치 이데올로기에 대한 예상 밖의 높은 지지와 헌신을 발견한다는 점이다.

나치, 독일인, "착한 독일인," 그리고 괜찮은 인간

나치 국가에 대한 연합국의 일부 해석은 두 범주만의 단순한 흑백 인식으로서, 나치와 괜찮은 인간으로 구분하는 경향이었다.33) 이것은 물론 전쟁 기간의 감정에서 비롯된 것이며, 또한 전시 통일성을 필요로

---

30) Ericksen, *Theologians under Hitler*.
31) Doris L. Bergen, *Twisted Cross: The German Christian Movement in the Third Reich* (Chapel Hill: University of North Carolina Press, 1996). 역자주: 독일 기독교 운동 또는 게르만 기독교 운동으로 부르는 이 운동은 1932년부터 1945년까지 기독교 신앙과 나치즘의 반유대주의, 인종차별주의, 총통의 원리를 결합한 대중 운동으로서, 도리스 버겐에 따르면, 그 회원은 50만-60만 명에 달했다. 즉 전체 개신교 인구의 2% 미만이었지만, 나치 시대 개신교회 안에서 거의 모든 중요한 직책을 차지하여 큰 영향력을 발휘했다. 229.
32) Susannah Heschel, *The Aryan Jesus: Christian Theologians and the Bible in Nazi Germany* (Princeton: Princeton University, 2008).
33) Michaela Hoenicke Moore, *Know Your Enemy: The American Debate on Nazism, 1933-1945* (New York: Cambridge University Press, 2009). 이 책은 미국인들이 전쟁 이전과 전쟁 동안의 태도가 양면적이었다고 주장한다. 이것은 독일인들을 향한 문화적 친밀감에 근거한 것으로서, 미국이 전쟁에 헌신한 데서 덜 명확했다는 뜻이다. 또한 전쟁 후의 냉전에서 미국이 빠르게 서독을 자연스러운 동맹국으로 삼은 이유를 보여준다.

한 때문이기도 한데, 이런 필요성은 미군을 위해 프랑크 카프라가 제작한 영화로 오늘날에는 약간 당혹스러운 "우리가 싸우는 이유Why We Fight" 시리즈에서 볼 수 있다. 가장 혹독한 버전은 독일인들이 일반적으로 나치 행동에 기우는 경향이 있었다거나, 그들의 성격이나 문화에 결함이 있어 나치 국가에 맹목적으로 복종했기 때문에, 괜찮은 인간들은 오직 연합국 편에서만 발견할 수 있다고 상정했다. 또 다른 버전은 진짜 나치의 숫자는 적었을 것이며, 진짜 나치는 전체주의 국가에서 그 이웃들을 통제하기 충분한 권력을 행사했다는 주장을 받아들였다. 이것은 전후 상황에서 연합국이 인간의 본성에 대한 믿음을 유지하고 또한 새로 깨끗한 독일을 건설할 기초 인적 자원을 찾기 위해서 "착한 독일인들"을 필요로 하게 되었다는 논리를 열어주었다. 이런 논리로 "괜찮은 인간"에 속하는 독일인들을 찾아내야 했다.

 최근의 연구는 우리의 해석을 두 가지 점에서 복잡하게 만들었다. 첫째로, 많은 또는 대다수 "착한 독일인"이 더 이상 과거처럼 착해 보이지 않는다는 점이다. 내가 이 책의 6장과 7장에서 주장할 것이지만, 상당히 많은 독일인이 자신이 과거에 나치당과 연결되었거나 나치당을 지지했다는 것을 부인하는 걸 배웠으며, 연합국은 그들의 부인을 받아들이는 걸 배웠다. 1945년 이후 모든 직업이 실제 이상으로 좋은 평판을 누리게 되어 최근에 수행된 연구에서는 모든 직업의 약점이 드러날 수 있게 되었다. 많은 해골이 장롱 속에 감추어졌다가 요란하게 쏟아져나왔다. 최근 연구의 또 다른 측면은 "나쁜 독일인들"이 더 이상 과거처럼 나쁘게 보이지 않게 되었다는 점이다. 그들의 행동이 덜 악했다는 것이 아니라, 더 복잡했음을 깨닫게 된 것이다. 이 연구는 나치를 다른 인간들, 즉 인간 가족의 독일 민족이라는 부류에 넣는 경향이 있다. 이것은 우리가 당연히 단죄하는 방식으로 특정한 역사적 상황에 반응한 것일 수 있지만, 정확한 역사적 지식은 그 행동을 더 잘 이해하도록 돕고, 또한 그 행동을 우리 자신과 우리의 상황과 연결해 주도록 돕는다.

크리스토퍼 브라우닝의 ≪아주 평범한 사람들≫은 이런 두 번째 경향의 좋은 사례다. 자신이 연구한 사람들의 학살 행동을 이해하기 위해 애쓰면서, 그는 전후 미국에서 행해진 심리 실험을 검토했다. 예를 들어, 스탠리 밀그램Stanley Milgram은 정상적인 많은 미국인이 타인에게 전기 충격을 가할 것임을 보여주었다. 실험자가 그 피해자의 비명을 듣고 심지어 그를 죽일 위험의 순간까지 전기 충격을 가하는 이유는 흰색 가운을 입은 권위자가 그에게 지시하고 책임을 지기 때문이다. 필립 짐바르도Philip Zimbardo는 스탠포드대학교에서 행한 감옥 실험 역할극에서, 미국인에게 죄수나 간수 역할을 맡겼다. 실험에 참가한 미국인들의 행동이 너무 빠르게 또 위험스럽게 악화했기 때문에 짐바르도는 실제로 누군가 심각한 피해를 입게 될까 염려하여 실험을 일찍 중단했다. 이런 실험들은 인간이 특수한 상황에서 우리가 생각했던 것보다 훨씬 더 잔인하게 행동할 수 있다는 사실을 보여준다.

무엇을 공모했는가?

전후 초기에 독일인들은 연합국이 "집단적 죄" 혐의를 제기한 것에 대해 심하게 반발했다. 연합국은 결코 실제로 독일인들에게 집단적 죄가 있다고 주장하지 않았고, 특정 범죄자는 특정 범죄에 대해 법의 재판을 받아야 한다는 교훈을 따랐다.34) 그러나 이것에 대해서 동의하지 않는 여지가 컸다. 독일인들은 단지 소수의 나치 지도자만이 홀로코스트

---

34) 탈나치화의 더 복잡한 상황에 대해서는 이 책의 6장과 7장을 보라.

라는 범죄에 책임이 있다고 주장하려 했다. 나머지 모두는 단지 압박을 받으며 일을 했을 뿐이기 때문에 자신은 "단지 명령에 따랐을 뿐"이라 책임이 없다고 주장했다. 이런 논리의 이상적인 버전은 모든 책임을 히틀러와 힘멜에게 지울 것이지만, 그들은 이미 죽었다. 그러나 연합국은 명령에 따랐든 아니든 간에 전쟁 범죄와 인도에 반하는 죄crimes against humanity를 자행한 사람들에게 책임이 있다고 주장했다.

특정 범죄인가 무죄인가 하는 질문 외에도 훨씬 더 복잡한 공모와 책임의 문제가 있다. 도리스 버겐은 한 교사 집단에게 "누가 안네 프랑크를 죽였는가?"라고 질문한 워크숍을 설명했다.35) 각 사람에게 이름 하나, 또는 특정 개인에 대한 설명을 적은 종이를 한 장씩 나누어주고, 가장 큰 책임이 있는 사람(그 이름이 적힌 종이를 든 사람)이 줄 맨 앞에 서게 하고, 각자(그 인물) 그 줄에서 어디에 위치하는지 순서대로 서게 했다. 버겐은 아돌프 히틀러가 제일 앞에 서거나, 프랑크의 은신처를 밀고한 사람들이 앞에 나올 것으로 예상했다. 그러나 한 사람에게는 일요일 아침에 유대인들의 악을 설교한 목사에 대한 설명지를 주었다. 그 사람은 맨 앞으로 걸어 나갔고, 다른 사람에게 자리를 양보하지 않았다.

분명히 책임질 사람의 순서에 대해서는 모호한 연속성이 있다. 이 책은 교회와 대학이 독일인들의 생활에서 중요한 기관들이었으며, 목사들과 교수들은 대중의 태도와 행동을 형성하는 데 상당한 영향을 끼쳤다고 전제한다. 교회와 대학의 전체 역사와 정체성에는 그들의 자명한 전제, 즉 자신들이 중요하며, 사회 구성원들에게 영향을 끼친다는 전제가 포함된다. 만일 그렇지 않았다면, 목사들과 교수들은 자신들의 의도에서 분명히 실패했을 것이다. 그렇다고 해서 폴란드에 가서 유대인들을 학

---

35) 도리스 버겐은 "히틀러 치하의 신학자들"이라는 제목의 책에 근거하여 스티븐 마틴이 만든 영화(2005)에서 이 실험을 묘사했다.

살한 "아주 평범한 사람들"에 대해서도 목사들과 교수들의 책임을 인정해야 한다는 뜻인가? 이것은 이 책에서 근본적인 질문이다.

단지 말로 가르친 사람들이 이 책에서 다룬 개인들 대부분이었는데, 그들에게 특정한 책임을 묻는다는 것은 어렵거나 불가능하다. 일부 예외는 있다. 교회와 대학에 속했던 인물 가운데 단지 말로 가르치는 것을 넘어 학살과정에 직접 참여한 사람들의 책임을 묻는 것은 비교적 쉽다. 그러나 교회와 대학의 대표자 대부분에 대해서는 당시 이슈들에 대한 그들의 말과 반응의 관점에서만 조사할 수 있다. 그들은 히틀러의 등장에 대해 어떻게 반응했는가? 그들이 나치 체제를 지지했는가? 그들이 나치 국가의 반유대주의 정책을 승인했는가?

이 책의 나머지 부분에서 우리는 교회와 대학의 지도자들의 행동과 그들이 표명했던 생각을 살펴볼 것이다. 나는 이런 개인들이 존경받는 위치에 있었으며 그만큼 중요한 인물들이었다는 전제를 갖고 이 책을 쓴다. 교회에서의 주일날 설교와 학교에서의 종교교육은 실질적으로 독일 전체 인구의 마음을 움직였으며, 독일 학교의 나머지 교육 기구는 포괄적으로 대학에서 수행된 교육과 연구에 의존했다. 이 책에서 설명할 그들의 행동 대부분에 대해 사람들은 결코 범죄로 간주하지 않을 것이지만, 아마도 도움을 주고 선동했다는 약한 형태의 범죄로 간주할 수는 있을 것이다. 그러나 평범한 독일인이 나치 국가의 학살자가 된 것이 자기 교회나 대학으로부터 허락을 받았다고 느꼈을 가능성은 있는가? 교회와 대학의 "착한 독일인들"이 공모한 것에 대한 탐구는, 도대체 어떻게 정말로 그렇게 끔찍한 홀로코스트가 발생할 수 있었는지에 대해 더 많은 통찰력을 발전시키려는 우리의 노력에서 반드시 필요한 것으로 보인다.

2장

교회들과 히틀러의 등장

아돌프 히틀러가 권력을 장악했을 때, 독일에는 두 개의 중요한 교회가 있었다.[1] 독일인의 약 2/3가 속했던 개신교회에는 루터파(독일 중부에서 우세했다)와 더 작은 개혁파 집단(서쪽 라인란트 지방에서 강했다)이 있었다. 두 교회는 많은 것을 공유했지만, 16세기에 마르틴 루터와 장 칼뱅이 처음 주장했던 교리적 차이 때문에 계속 분리되어 있었다. 개신교회의 상황이 더 복잡하게 된 것은 19세기 초 프로이센 왕의 조치

---

[1] 이 두 교회에는 남성뿐 아니라 여성도 포함되어 있었지만, 이 장에서 다룰 이야기의 상당 부분은 남성의 말과 행동에 초점을 맞출 것이다. 당시에 남성이 목사, 감독, 종교학 교수를 맡았기 때문이며, 이 연구의 중요한 관심은 교회와 대학의 대중적 얼굴과 연관된 것이다. 그러나 여성도 여러 가지 방식으로 중요한 역할을 수행했다. 이 점을 설득력 있게 논증한 책은 Doris L. Bergen, *Twisted Cross: The German Christian Movement in the Third Reich* (Chapel Hill: University of North Carolina Press, 1996)이다. 특히 7장 "남성 운동 속의 여성들"에서 버겐은 여성들이 독일 기독교인 운동에서 맡았던 중요한 역할과 이런 사실을 남성적 이데올로기 속에 넣는 일의 어려움을 설명한다. 그리고 10장 "전쟁에서 그리스도의 신부"는 "자비와 겸손을 피하고 강인함과 공격성을 경축하는 남성적" 교회가 되기를 원하면서도 "독일에서 기독교인들 대부분에게 교회가 무엇인지를 정의하고 또한 교회가 무엇을 해야 하는지를 정의한 것은 양육, 돌봄, 순수성의 유지처럼 정확히 여성적인 것으로 간주된 자질들" 사이의 모순을 탐구한다. "교회를 그 여성적 본성에 대한 인식과 밀접하게 연결된 것으로 이해했던 때에 도대체 그들이 어떻게 교회를 남성의 일로 둔갑시킬 수 있었는가?"(192). Claudia Koonz, *Mothers in the Fatherland: Women, the Family and Nazi Politics* (New York: St. Martin's, 1987)는 교회의 여러 기관에서 여성들의 중요성을 설명한다.

때문이었다. 교리적 분열에 지쳤고, 교회가 관료주의 문제에서 마찬가지였기 때문에, 그는 명령을 통해 이 두 개신교회를 "옛 프로이센 연합"으로 통합했다. 이 개신교 변종은 당시 독일 북부와 동부의 크고 인구가 많은 프로이센 지역에서 우세했는데, 비록 그 연합 내부에는 계속해서 서로 다른 정체성이 존재했다. 일부 루터파와 개혁파는 이런 식의 강제 결혼에 의한 교리적 경솔함을 결코 받아들일 수 없었기 때문이다.

16세기 루터의 종교개혁과 17세기 가톨릭의 반종교개혁은 영적인 무기와 군사적 무기로 싸웠으며 30년 전쟁(1618-1648년)에서 극에 달했다. 독일의 남부와 서부의 큰 지역, 특히 남부 바이에른(바바리아) 지방과 서부의 라인란트 지방에서는 계속해서 가톨릭에 충성했으며, 다른 지역에서도 영향을 끼쳤다. 가톨릭 주교, 사제, 교구 신자들은 독일 내 기독교 공동체에서 강력한 소수자들로 머물렀다. 히틀러가 1938년에 오스트리아를 "병합"한 후(당시 많은 오스트리아인이 환영했지만, 1945년 이후에는 대체로 부인했다), 오스트리아인들이 가톨릭에 유입되어, 가톨릭은 전체 인구의 약 40%에 이르게 되었다.

1933년은 독일 국가만이 아니라 교회에도 극적인 해였다. 교회는 새로운 파트너와 춤을 추는 것을 배웠다. 개신교와 가톨릭 모두 새로운 체제와 험난한 관계를 맺게 될 변화의 갈등을 거치게 되었다. 많은 부분은 물론 여전했다. 각각의 교회는 국가 교회로 머물렀고, 국가는 계속해서 교회세를 징수했으며, 그 비용을 지불했다. 더 나아가, 신학 교수들은 계속해서 국가가 대학을 지원하는 체제 아래 존속했으며, 학교 안에서 종교교육은 계속되었다. 1933년의 이야기는 잠재적으로 험난한 관계가 부드러워졌고, 또한 각 교회가 새로운 독일 국가와 춤추는 방법을 배우게 된 이야기다. 처음에는 이런 일이 벌어질 것처럼 보이지 않았다.

개신교 "교회의 투쟁"과 "유대인 문제"

개신교인들은 "교회의 투쟁Kirchenkampf"이라는 말을, 1933년에 불타올라 그 후 나치 기간에 계속 연기가 나고 때로 불꽃이 튀었던 사건들에 적용했다. 1945년 이후 몇십 년 동안 "교회의 투쟁"이라는 말과 생각이 만들어 낸 교회 이미지는 나치 국가에 반대하여 나치 시대의 기관 가운데 가장 영웅적이며 변질되지 않은 이미지였다. 두 사람의 탁월한 개인 이름과 이야기는 이런 견해를 확립하는 데 도움을 주었다. 베를린의 목사 마르틴 니묄러Martin Niemöller는 1933년의 투쟁에서 큰 역할을 했으며, 1937년에 체포되어 투옥되었다. 그는 나치 감옥에서 8년을 보냈고, 그의 이름은 해외에서 나치의 억압에 대한 표어가 되었다. 또한 디트리히 본회퍼Dietrich Bonhoeffer는 당시에 비록 젊고 덜 알려졌지만, 교회의 투쟁에 처음부터 참여했다. 그는 더욱 강력하게 반대하여 결국 히틀러를 타도할 음모에 참여함으로써 1943년에 체포되어, 1945년 4월 9일, 전쟁이 끝나기 한 달 전에 처형되었다.

오늘날 대다수 역사가는 니묄러와 본회퍼의 영웅적 행위를 인정하지만, 그런 인정은 교회 이야기를 왜곡시킨다고 주장한다. 그 두 사람은 나치 국가에서, 많은 것을 좋아했던 큰 교회의 작고 급진적 진영을 대표했을 뿐이다. 교회의 투쟁 양편에는, 히틀러를 옹호하고 나치 국가를 지지했을 뿐 아니라 니묄러와 본회퍼 같은 급진주의자를 비판한 사람들이 있었다. 따라서 "교회의 투쟁"을 가장 잘 이해하는 방법은 그것을 교회 내부의 갈등, 즉 주로 신학적이며 교회와 관련된 질문을 놓고 싸웠던 라이벌을 이룬 분파 사이의 갈등으로 보는 것이다. 그것은 결코 나치 국가에 직접 반대한 싸움이 아니었다. 비록 몇몇 급진주의자들은 그런 싸움을 원했을지 모르지만 말이다.2)

"교회의 투쟁" 첫 단계는 현재 우리의 유리한 관점에서 되돌아볼 때 장래가 촉망되는 것처럼 볼 수 있다. 우리는 유대인에 대한 박해와 학살이 나치의 범죄 가운데 가장 엄청난 것이며, 독일의 명성에 가장 큰 오점임을 알고 있다. 1933년에 교회의 질문들 중심에는 유대인이 있었고, 개신교회의 큰 분파는 유대인 편을 들었던 것처럼 볼 수 있다. 그러나 이런 모습은 사실이 아니다.3)

1933년 9월에 마르틴 니묄러는 "목사 비상 동맹"을 만들 것을 요청했다. 몇 주 내에 독일 개신교 목사들의 1/3 이상이 서명했고, 회원 카드를 받았다. 그들은 교회 문제에 "아리안 조항Aryan Paragraph"을 부과한 것에 항의했던 것으로서, 소수 유대계 기독교인 목사나 교회 직원들이 그들의 유대계 배경 때문에 쫓겨나는 것은 있을 수 없는 일이라고 항의했다. 아리안 조항의 적용을 주장한 것은 나치 국가가 아니었다. 비록 이런 조건은 4월에 도입된 나치의 "독일 공무원의 회복과 정화를 위한 법"에 포함되었지만 말이다. 국가가 월급을 주는 교회 직원들은 따라서 공무원이었지만, 나치 체제는 이 문제를 놓고 교회와 얽히거나 교회의 자기관리에 개입하기를 원하지 않았다. 그럼에도 불구하고 독일 기독교(DC)에 가입한 열광적인 나치 목사들과 평신도들은 새로운 국가에서 교회는 충성하는 곳임을 증명하고 싶어 했다. 그들은 기독교의 믿음과 나치의 믿음을 병합시키기로 작정하고, 개신교회가 자발적으로 아리안 족에게만 (목사와 교회 직원을) 국한하는 조치를 취하도록 외치기 시작

---

2) '교회의 투쟁'에 대한 역사적 평가는 Robert P. Ericksen and Susannah Heschel, "The Churches and the Holocaust," in Dan Stone, ed., *The Historiography of the Holocaust* (London: Palgrave Macmillan, 2004), 296-318을 보라.
3) 역자주: 마르틴 루터는 죽기 직전까지도, 개종하지 않는 유대인들을 강제노동에 처하고 유대교 회당을 불태울 것을 촉구했다. 반면에 칼뱅은 유대인들을 신앙의 조상들로 존중했다. 조너선 색스, 김준우 역, 《하나님 이름으로 혐오하지 말라》, 120ff; Peter Hayes, *Why? Explaining the Holocaust*, 12-13.

했다. 1933년 9월 5일, DC 대표자들이 프로이센 시노드 회의에서 그런 결의안을 통과시키자 이에 대해 마르틴 니묄러는 반격했다. 그가 목사 비상 동맹을 만든 것은 유대계 기독교인 목사들은 단순히 기독교인들이며, 교회의 눈으로 볼 때 다른 기독교인과 동등하게 여겨야 한다는 생각을 위해 싸울 목적 때문이었다. 니묄러는 또한 누구에게 목사 안수를 주고 누구를 고용하는지에 대한 교회의 결정에 대해 교회 밖의 정치적 고려는 개입할 수 없다고 주장했다.

두 번째 "유대인 문제"는 마르틴 니묄러와 그의 지지자들이 반유대주의에 맞섰다는 인상을 더욱 강화시켰다. 독일 기독교(DC)는 자신들의 종교적 신앙이 철저하게 유대인 뿌리를 갖고 있다는 사실을 인정하는 것이 어렵고 매우 당혹스럽다고 생각했다. 그들은 시간과 장소를 불문하고 유대인 혈통에 대한 증오를 포함한 나치 이데올로기에 철저하게 헌신했기 때문에, 기독교의 유대적 기원을 이해하려는 것이 인지 부조화를 일으킨 것도 사실이다. 따라서 그들은 기독교 전통에서 유대적 요소를 바꾸기 시작했다. 11월에 베를린 스포츠 궁전에서 2만 명이 모인 집회에서 한 DC 지도자는 기독교 성서에서 구약성서를 제거할 것을 요청했다. 그는 또 신약성서의 상당 부분을 쓴 바울을 공격했지만, 바울이 유대인 출신임을 부인할 수는 없었다. 성서에서 바울의 편지들을 제거하면 마르틴 루터의 근거를 없애는 것이다. 루터는 믿음만으로 구원받는다는 생각을 바울의 로마서에 기초했기 때문이다. 이처럼 DC가 이단으로 나아간 것은, 가장 곡예를 부리던 기독교인을 제외하고는 모두 생각할 수 있었을 것이지만, 많은 전통주의자가 DC에서 떠나 니묄러의 비상 동맹에 가입하도록 만들었다.[4]

---

4) 고백교회(CC)와 그 기원에 대한 연구는 John S. Conway, *The Nazi Persecution of the Churches, 1933-1945* (London: Weidenfeld and Nicolson, 1968); Klaus

이런 상황에서 두 가지 잘못된 인상을 받을 수 있다. 하나는 목사 비상 동맹이 국가가 부과한 아리안 조항과 나치 국가 자체를 반대했다는 인상이다. 그러나 그것이 사실이 아닌 이유는 그런 정책을 도입하려는 시도가 개신교 안의 DC 회원들에게서 나온 것이지 국가로부터 나온 것이 아니기 때문이다. 두 번째 잘못된 인상은 니묄러와 그 동료들이 유대인들을 위해 맞섰다는 인상이다. 그와는 반대로 그들은 기독교인들과 기독교 전통 안의 두 가지 매우 중요한 최후 보루를 위해 맞섰다. 첫째로 성서의 정경성canonicity은 두말할 필요가 없다. 초기 공의회들은 기독교 성서의 범위와 형태를 확립했고, 교회는 오랫동안 이 성서를 하느님의 영감을 받은 말씀으로 받아들였으며, 목사 비상 동맹 회원들은 구약성서를 제거함으로써 그 오랜 전통을 바꾸기를 원하지 않았다. (그러나 반유대주의가 더욱 확산하여 주변의 압력이 커지자, 많은 목사가 예배에서 구약성서 봉독을 줄이거나 빼버렸다.)

기독교의 또 다른 중요한 보루는 세례와 연관되었다. 전통적 기독교인은 세례를 중요한 사건으로 방어해야 했다(목사 안수 문제 역시 여기서 중요한 역할을 했다). 그들은 피에 근거한 물질적 실재보다 영적인 실재의 우선성, 그리스도의 몸 안으로 들어감을 주장했다. 나치 시대에

Scholder, *The Churches and the Third Reich, Volume 1: Preliminary History and the Time of Illusion 1918-1934* (Philadelphia: Fortress Press, 1988, originally published as *Die Kirchen und das Sritte Reich. Bd. 1: Vorgeschichte und Zeit der Illusionen 1918-1934*, Berlin: Ullstein Verlag, 1977); and Klaus Scholder, *The Churches and the Third Reich, Volume 2: The Year of Disillusionment: 1934 Barmen and Rome* (Philadelphia: Fortress Press, 1988, originally published as *Die Kirchen und das Dritte Reich, Bd. 2*, Berlin: Ullstein Verlag, 1986); Victoria J. Barnett, *For the Soul of the People: Protestant Protest Against Hitler* (New York: Oxford University Press, 1922); and Manfred Gailus, *Protestantismus und Nationalsozialismus: Studien zur national-sozialistischen Durchdringung des prostestantischen Sozialmilieus in Berlin* (Cologne: Böhlau, 2001).

"유대인들"을 위해 일어선 기독교인 대다수는 항상 유대인 자손으로 태어난 기독교인들을 위해 일어섰음을 주목하는 것이 중요하다.5) 그들은 기독교인이었지 전혀 유대인이 아니었다. 단지 나치가 주장한 인종 범주에서만 유대인이었다. 나치 독일에서 **유대계 기독교인**을 지지하면 곤란을 겪을 수 있었다. 그러나 기독교인들이 **일반적인 유대인**을 지지한 것과 유대계 기독교인을 지지한 것은 매우 달랐으며, 그 차이는 당시에 무시할 수 없는 것이었다. 탈나치화 과정에서 많은 독일인은 자기가 친구로 삼았거나 알던 모든 유대인 명단을 제출했다. 많은 경우에, 이들은 유대인 공동체의 구성원들이 아니었으며, 목사 비상 동맹도 아리안 조항을 놓고 실제 (인종적 및 종교적) 유대인들을 방어한 것이 아니었다.6)

니묄러가 1933년에 조직한 목사 비상 동맹은 그다음 해에 고백교회 Bekennede Kirche(BK)로 발전하여, 독일 개신교회 안의 또 다른 운동이 되었다. 니묄러, 본회퍼 등이 연관된 이 조직은 전후에 매우 적극적인 평판을 얻었다. 고백교회에는 진정한 영웅들이 있었다. 그들 중 몇몇은 실제로 나치 국가에 반대했으며, 일부는 실제로 유대인들을 돕기 위해 애를 썼고, 또한 일부는 위험을 무릅쓴 것 때문에 투옥되었거나 심지어 처형되었다. 그러나 반유대주의 문제에서는 고백교회의 명성이 상당히 줄어들었다.

1933년 이전에 베를린 브란덴부르크 교회의 감독을 맡았던 오토 디

---

5) Thomas Pelelow Kaplan, *The Language of Nazi Genocide: Linguistic Violence and the Struggle of Germans of Jewish Ancestry* (New York: Cambridge University Press, 2009)는 나치의 단어 선택과 그 의미를 탐구한다.

6) 역자주: 나치는 대중에게 자신감과 희망을 심어주기 위해 약육강식이라는 정글의 법칙, 혈통에 근거한 민족주의와 반유대주의, 국가의 영광을 위해 폭력 사용과 전쟁을 정당화했다는 점에서 분명히 반기독교적이었다. "나치는 유대-기독교 윤리를 대신하려고 했다기보다는 그것을 무효로 만들고 폐지하려 했다. … 나치가 요구한 인식은 삶의 유일한 지배 원칙이 정글의 기본적 법칙이며, 선의 유일한 잣대는 육체적 생존이라는 인식이다." Peter Hayes, *Why? Explaining the Holocaust*, 9.

벨리우스Otto Dibelius를 살펴보자. 그는 나중에 고백교회의 지도자 중 한 사람이 되었다. 전후 시기에 그는 유명인사가 되어 독일 개신교회 의장에 선출되었고, 심지어 세계기독교교회협의회WCC 의장이 되기도 했다. 바로 이 인물이 1928년 부활절에 자기가 돌보는 목사들에게 편지를 보내, 민족운동으로 알려진 독일 민족주의 요소에 대해 말했다. 민족 *Volk*이라는 말은 보통 "국민people"으로 번역될 수 있지만, 독일 민족주의자들에게는 그 단어가 인종적 의미를 담고 있으며, "참된 독일인들"을 뜻하는 심원한 영적 실재를 나타내는 것으로 생각되었다. "민족*Völkisch*"을 강조하는 것은 나치당의 기초였으며, 독일 안에서 유대인들은 받아들일 수 없는 낯선 성격임을 강조하는 말이다. 디벨리우스는 1928년 부활절 편지에서 이 모두를 분명하게 밝혔다.

> 나의 친애하는 형제들이여! 우리 모두는 민족운동 배후의 최종적 동기를 이해할 뿐 아니라 완전히 동조합니다. 많은 경우에 반유대주의라는 단어가 지닌 악한 의미에도 불구하고, 나는 항상 나 자신을 반유대주의자로 간주해 왔습니다. 유대교가 현대 문명을 타락시키는 모든 현상에서 주도적 역할을 한다는 사실은 부인할 수 없습니다. 하느님께서 우리 기독교인들과 우리의 부활절 선포를 축복하시길 간구합니다.

"악한 의미"를 인정함으로써 디벨리우스는 자제하고 있음을 보이는 것 같지만, 그는 자신을 반유대주의자로 이름 붙이는 것에 대해 행복해한다. 5년 후에 우리는 그의 접근방식의 또 다른 사례를 보게 된다. 1933년 4월 1일, 나치 체제는 유대인 상점들에 대한 전국적 보이콧을 조직했다. 이것은 독일에서 유대인들이 환영받지 못하며, 히틀러와 그 정부의 표적이 될 것임을 처음 극적으로 보여준 것이었다. 그 후 일주일도 지나기 전에 "아리안 조항"이 포함된 새로운 공무원법이 발표되었는데, 이 법은 독일이 교직과 기타 공직에 고용된 수천 명의 유대인을 해고함으로써 "정화"하려는 시도였다. 4월 1일의 보이콧은 국제적 분노를 일으켜, 독일 수출품에 대한 보이콧이 조직되기도 했다. 디벨리우스는 자기 정부와 그 조치를 옹호했다. 4월 4일, 그는 베를린의 ≪복음주의 주일신문≫에 이렇게 썼다. "독일에서 지난 14년간 유대인의 영향력을 비상한 정도로 키웠습니다. 영향력 있는 지위를 차지한 유대인 판사, 유대인 정치가, 유대인 공무원이 상당히 증가했습니다. 대중의 감정은 이것에 반대합니다." 4월 6일에 방송된 라디오 연설에서, 디벨리우스는 외국 신문에 나타난 "해괴한 뉴스 보도"에 대해 불평하면서, 새로운 제국이 실시한 가혹한 조치들을 불명예스럽게 묘사했다고 말했다. 이런 뉴스 때문에 "여러 국가에서 유대인 공동체가 독일에 반대하는 선동을 [시작]했기에" 독일은 유대인 보이콧으로 대응했다고 주장했다. 그는 보이콧에서 드러난 자제를 칭찬했는데, 그중에는 보이콧이 단 하루 지속되었고, "유혈사태가 한 건뿐이었음"도 포함되었다. 이어서 4월 7일에 공무원법이 발표될 것을 내부 정보를 통해 미리 알고 이렇게 말했다.

> 덧붙여서, 정부는 유대인들을 공직에서, 특히 사법부에서 추방하는 작전을 진행하고 있습니다. 독일에서 유대인은 1%도 되지 않습니다. 사법부에서 그들의 비율은 다시 과거처럼 되어야만 합니다. 기독교 교회는 기사도와 사랑을 대표합니다. 교회는 폭력이 더 이상 필요하지 않고, 새로운 국가 질서가 사랑과 정의의 여지를 허락하는 때가 조속히 오기를 간절히 원합니다. 그것은 외국이 독일에 대한 선동을 멈추느냐 아니냐에 달려 있습니다. 이런 이유로 본인은 교회

의 종으로서 미국에 사는 나의 기독교인 친구들에게 그들이 영향력을 행사하여 독일에 관한 거짓 뉴스가 더 이상 유포되지 않고 사람들이 그런 것을 믿지 않게 되기를 진심으로 촉구합니다.7)

여기서 첫 번째 문제는 디벨리우스가 불평한 외국의 뉴스보다 자기 국가를 자동으로 방어하는 데서 나타난 보다 큰 거짓이었던 것으로 보인다. 4월 1일의 유대인 상점 보이콧에서 그가 인정했던 것보다 훨씬 큰 폭력이나 위협이 분명히 있었다. 돌격대(SA)가 갈색 유니폼을 입고 유대인 상점 앞에 서서 협박을 통해 보이콧을 하도록 만들었다. 상점 창문에 스와스티카(나치 상징)와 반유대인 표어를 페인트로 칠한 것 역시 협박의 또 다른 형태였다. 그뿐 아니라 디벨리우스는 보이콧에서 폭력이 최소한이었다고 주장했음에도 불구하고, 그는 독일 안의 유대인 문제라고 설명한 것에 대한 대응으로 폭력이 필요하다는 점을 받아들였다. 그는 나치 국가라는 "새로운 질서"에서 "사랑과 정의"가 현재 불가능하다는 점을 인정함으로써, 미래에 그런 사랑과 정의가 돌아올 때를 희망했다. 그다음에 그는 사랑과 정의가 없는 책임을 독일의 행동에 반대하는 외국의 저항자들에게 뒤집어씌우려 했다. 디벨리우스는 유대인들에 대한 자신의 뿌리 깊은 적대감을 기독교 전통, 즉 타자를 향한 품위와 심지어 형제애를 요청하는 기독교 전통에 대한 자신의 인식과 조화시키려 했던 것이 분명해 보인다. 그래서 그는 독일 안에서 문제가 된 유대인 "문제problem"에 대해 말했다.

디벨리우스의 냉혹한 말과 분석은 몇 주 후에 독일 개신교회의 또

---

7) 이 자료와 인용의 출처는 Wolfgang Gerlach, *And the Witnesses were Silent: The Confessing Church and the Persecution of the Jew*, translated and edited by Victoria J. Barnett (Lincoln: University of Nebraska Press, 2000), 14-15.

다른 지도자로서 튀빙겐대학교의 유명한 신학자였던 게르하르트 키텔 Gerhard Kittel의 더욱 냉혹한 말에서 되풀이되었다. 그의 아버지 루돌프 키텔은 구약성서의 히브리어 본문을 비평적으로 펴낸 "키텔 성서"로 명성을 얻었다. 아버지의 뒤를 이어 게르하르트 키텔도 히브리어를 배워 유대 자료를 연구했지만, 신약성서 연구에 몰두하여, 예수의 가르침과 당시 다른 유대교 가르침 사이의 폭넓은 구조적 연결성을 밝혔다. 1920년대에 게르하르트 키텔은 유대인과 유대 전통을 학문적으로 존중했던 것처럼 보였다. 그러나 그는 바이마르 공화국을 한탄했고, 독일의 도덕적 퇴폐와 정치적 연약함을 슬퍼했다. 그는 히틀러를 열광적으로 환영했으며, 1933년 5월에 나치당에 가입하여 자기 입장을 굳혔다. 6월 1일, 그는 튀빙겐에서 "유대인 문제The Jewish Question"라는 제목의 대중 강연을 했으며, 그 강연 원고는 곧바로 출판되었다.

키텔은 이 글에서 자신의 목적을 분명히 했다. 그는 당시 독일에서 그처럼 영향을 끼친 냉혹하고 인종적인 반유대주의와 관련해서 적절한 기독교인의 입장을 밝히기를 원했다. 그는 "유대인들에 반대하는 그런 급진적 법들이 필요하며 정의로운지 … 그런 법들이 윤리적이며 기독교적인 관점에서 정당화될 수 있는지, 또는 외부 세계에서 우리에 관해 말하는 것처럼, 야만적인 잔인성이 정말로 아닌지" 하는 질문들을 지적했다. 그는 덧붙여서 일부 기독교인들, 특히 가장 진지한 기독교인들이 "유대인 문제에 관해 생각할 때 양심 불량이라고 말하게 되는 경향"[8]을 지적했다. 그러나 키텔은 그의 청중에게 이렇게 확신시켰다.

유대인들과의 싸움은 의식적이며 명백한 기독교의 기준에서 진행할

---

8) Gerhard Kittel, *Die Judenfrage*, 1st ed. (Stuttgart: Kohlhammer, 1933), 7-8.

수 있습니다. 이 전투를 인종적 관점이나 현재의 태도에 근거하는 것은 충분하지 않습니다. **사실상 완벽한 대답을 찾을 수 있는 것은 우리가 유대인 문제에 종교적 근거를 제시하여, 유대인들과의 전투를 기독교적으로 해석하는 데 성공할 때입니다.** 우리는 독일인답게, 또한 기독교인답게 생각하고 행동할 명백한 길을 찾아야만, 모호하지 않은 결정을 내릴 수 있습니다.9)

키텔은 자기가 지지하는 단호한 결정이 유대인들에게 매우 냉혹한 영향을 끼쳐, 그 곤경이 많은 기독교인에게 동정심을 유발할 것이라는 점을 인정했지만, "그런 고려 때문에 감상적인 연약함과 마비에 이르면 결코 안 됩니다"10)라고 했다. 더 나아가, "전 세계가 우리를 향해 야만성과 과거로 회귀한다고 외친다고 해서 우리가 절뚝거려서는 안 됩니다. … 독일 민족이 자신의 문화적 문제를 어떻게 정리하는가 하는 문제에 대해서는 세상에서 누구도 신경을 쓰지 않습니다."11)

키텔은 독일 기독교인들의 양심을 달래주기를 원했다. 그는 이 강연에서뿐 아니라 나치 기간을 통한 그의 거의 모든 글에서, 유대인들을 냉혹하고 잔인하게 대하는 것이 유대인들의 "위험"에 대한 필요한 대응이라고 정당화했다. 그는 자기가 독일과 기독교 문명을 수호하기 위해 주장하는 것이라고 말했다. 1933년 6월의 이 강연에서 이미 키텔은 독일인 유대인들의 시민권을 박탈할 것을 주장했으며, 그들을 의학, 법, 교육, 저널리즘, 곧 독일인의 삶의 모든 중요한 영역에서 추방하고, 비유대인들과의 결혼이나 성적인 관계를 금지하는 특별법을 만들 것을 주장

---

9) Ibid., 8.(강조는 원문에 있던 대로다).
10) Ibid., 62.
11) Ibid., 39.

했다. 여기서 그는 정부보다 2년 앞섰다. 정부가 뉘른베르크 인종법을 도입하여 유대인들의 독일 시민권을 박탈한 것은 1935년이었다. 키텔이 독일 개신교회의 중요 인물이며 유명한 신학자로서, 많은 글을 쓰고 자주 설교했으며, 다음 세대 개신교 목사들의 상당수를 훈련시킨 인물임을 기억하는 것이 중요하다. 그는 독일에서 기독교인들의 폭넓은 정서를 대표했으며, 자신과 동료 기독교인들을 위해, 나치의 명백히 냉혹한 수사학과 정책을 기독교적 사랑과 자비라는 부드러운 음조와 조화시키는 과제를 떠맡았다. 키텔은 한 번도 유대인을 사랑해야 할 "이웃"의 범주에 넣은 적이 없었다. 나치를 포함해서 모든 반유대주의자가 받아들인 의미대로, 그에게 유대인들은 오직 "문제"로만 존재했다.

이처럼 "유대인 문제"라는 깊게 뿌리내린 편견과 언어는 1933년 내내 독일의 중요한 루터교 주간신문 ≪복음주의 루터교 교회 공동신문 AELKZ≫에서도 발견할 수 있다. 1868년에 창간되어 라이프치히에서 발행된 이 신문은 전국에 독자를 갖고 있었으며, 스스로 전통적인 루터교 신앙을 재활성화할 목적을 가진 "새로운 루터교"의 목소리로 간주했다. 1933년에는 그 목적 가운데 바이마르 공화국을 모욕하는 것이 포함되었는데, 그 민주주의 체제가 독일의 전통이라는 확고한 기초 없이, 또한 독일인을 위한 하느님의 기대를 인식하지 못한 채, "모래 위에 세운 것"이라고 주장했다. 그리고 반유대주의적 표현이 나왔다. 즉 "심지어 그것(바이마르 공화국)이 창조된 역사는 분명한 표징인데, 그 수수께끼가 풀린 것은 유대인 법학 교수의 이론을 통해, 독일 역사와 독일의 본질과는 멀리 떨어진 것이었다."[12] 이 신문은 새로운 공무원법도 열렬히 환영했는데, 그 법은 독일의 공직에서 "적합하지 않은 요소들,"[13] 즉 사

---

[12] "Wochenschau," *Allgemeine-Evangelisch-Lutherische Kirchenzeitung* (다음부터는 *AELKZ*) 66/15 (Leipzig, April 14, 1933), 353.

회주의자와 유대인들을 추방할 것이었다.

5월 말까지 이 신문은 고대 세계에서 반유대주의를 분석한 글을 9페이지에 걸쳐 게재했는데, 그것은 1회분이었고 계속 이어졌다. 그 필자인 요하네스 레이폴트는 구약성서를 기독교 성서의 한 부분으로 옹호하고, 기독교가 유대교 맥락 속에서 성장했음을 인정했지만, 고대 세계에서 유대인들에 대한 증오심은 폭넓은 현상이었고, 기독교인들도 빠르게 그들을 증오했다고 설명했다. "종교 역사에서 기독교가 사실상 유대 문화 한복판에서 성장했지만, 매우 빠르게 그 나름의 반유대주의를 만들었다는 것은 주목할 정도다. 따라서 이것은 그 자체로 설명해 준다."14)

그다음 회에서 레이폴트는 초기의 폭넓은 반유대주의에 대한 설명을 찾으려고 노력하면서, 그의 글(1200 단어) 대부분을 인종을 다룬 훨씬 짧은 기사에 사용했다. 그는 "사람들은 오늘날 무엇보다 인종에 근거해서 반유대주의를 갖는 경향이 있다"고 인정했다. 더 나아가, "고대 세계에서 유대인은 우리가 오늘날 관찰하는 몸의[즉 인종적] 특징을 드러냈다고 생각할지 모른다." 이어서 레이폴트는 유대인들이 순수한 셈족이 아니라 혼합 인종이었다고 주장했다. (혼합 인종이란 인종적 순수성에 집착하는 민족에게는 항상 부정적인 존재들이었다). 그는 유대인들이 애초부터 "가장 눈에 잘 보이는 신체의 특징, 곧 매부리코hooked nose"를 갖고 있었다고 덧붙였다. 그는 당시 인종에 대한 고정관념을 받아들이고 그것에 역사적 적법성을 부여하면서, 자신의 다음 글에 발표할 결론을 향해 가면서 이렇게 지적했다. "인종적 차이는 고대 세계에서 반유대주의에 대한 설명으로 적절하지 않다." 오히려 그는 종교적이며, 정치적,

---

13) Ibid.
14) Johannes Leipoldt, "Antisemitismus in der alten Welt," *AELKZ* 66/21 (May 26, 1933), 482-90(인용은 484).

경제적 이유를 찾을 것이다.15)

그다음 회에서 레이폴트는 자기의 개인적 결론을 이렇게 설명했다. "반유대주의의 종교적 근거는 가장 중요한 것처럼 보인다." 이로써 그는 게르하르트 키텔의 입장과 비슷하게, 반유대주의가 유대인에 대한 완전한 공격적 의미를 갖고 있음을 받아들이고, 반유대주의를 설명할 권리를 생물학이 아니라 자신의 영역인 신학과 역사학에서 찾았다. 그런 신중함이 유대인들에게 유리한 것은 아니었다. "유대인들의 종교적 특수성은 실제로 불쾌한 반응을 불러일으켰는데, 유대인들이 이런 차이점(특수성)을 자랑스러워했다는 점에서 더욱 그랬다."16) 레이폴트가 사용한 "차이점"이라는 다소 부드러운 단어는 기독교인들이 오랜 세월 유대인들에게 가졌던 적대감에 비하면 턱없이 부족한 단어다. 레오폴트가 "유대인들이 이런 차이점을 자랑스러워했다"고 불평할 때, 그것은 유대인들이 기독교로 개종하기보다 유대인으로 남아 있기로 선택했다는 뜻이었지만, 그런 선택은 기독교인들이 다른 종교에 대해 가졌던 편견과는 비교가 되지 않을 정도로 유대인을 향해 가졌던 신랄함의 원천이었다. 유대인들이 예수를 메시아로 받아들이지 않았다는 것이 기독교인들에게는 자신들의 핵심적 믿음을 직접 공격한 것을 뜻했고, 또한 유대인들이 기독교인들보다 유대 전통을 더 잘 이해했다(그래서 예수를 메시아로 받아들이지 않았다—옮긴이)는 받아들일 수 없는 주장을 뜻했다.

레이폴트는 이어서 고대 세계에서 종교적, 정치적, 경제적 이유로 유대인들을 증오한 사례를 찾겠다고 했는데, 그중에는 다른 사람들이 유대인을 "사업상 믿을 수 없는" 자들로 재빨리 인식하게 되었다는 고정

---

15) Leipoldt, "Antisemitismus in der alten Welt, II, Die Gründe," *AELKZ* 66/22 (June 2, 1933), 512-14.
16) Leipoldt, "Antisemitismus in der altem Welt, III," *AELKZ*, 66/23 (June 9, 1933), 534-36. 인용문은 534.

관념도 포함되었다.17) 우리는 이 글 전체에서 불공정한 논평을 보게 되는데, 그의 글은 매우 학문적인 것처럼 자처했지만, 유대인 문제를 루터교의 관점에서 성찰한 그의 많은 글에서 유대인들에 대한 공감의 단어는 하나도 찾을 수 없다. 히틀러 체제의 첫해에 유대인들이 겪은 공격과 불의에 대해, 레오폴트는 예수가 기독교인들에게 사랑하라고 명령했던 "이웃"이 바로 유대인들이었음을 전혀 인식하지 못하고 있었다.

이와는 대조적으로 디트리히 본회퍼Dietrich Bonhoeffer는 오늘날 우리에게 나치 시대에 독일에서 가장 명석하고 윤리적으로 용감한 기독교인 가운데 한 사람으로 보인다. 따라서 우리는 그를 디벨리우스, 키텔, 레이폴트가 표현한 반유대주의에서 예외적인 인물로 보려는 경향이 있다. 그와 그의 가족은 독일에서 기독교인 대부분 가운데 좌파로서, 바이마르 공화국의 민주주의 원리를 받아들였고, 아돌프 히틀러에게 전혀 매력을 느끼지 않았으며, 그는 실제로 기독교 설교자들이 잔인성은 용납할 수 없고 합리화할 수도 없으며 은폐해서는 안 되는 것으로 믿었다. 이처럼 본회퍼는 개신교의 반유대주의에 대한 분석에서 중요한 대척점을 보여주었다. 1933년 4월, 그는 유대인 상점들에 대한 보이콧과 새로운 공무원법에 포함된 아리안 조항에 대해 "교회와 유대인 문제"라는 글을 발표했는데, 이 글은 많은 청중에게 전달되었고 6월에 출판되었다. 이 글은 유대인들을 용기 있게, 외롭게 옹호한 글로서, 기독교인은 고통을 겪는 모든 사람의 상처에 대해, 국가 행동의 수레바퀴 아래 뭉개진 모든 사람과 연계될 의무가 있다고 지적했다. 그는 불길한 이미지를 사용하여, 교회 역시 그 수레를 멈추게 만들기 위해 "바큇살 속에" 교회를 넣도록 요청받고 있을 것이라고 주장했다. 본회퍼는 결국 자신의 충고

---

17) Leipoldt, "Antisemitismus in der altem Welt, VII," *AELKZ*, 66/27 (July 7, 1933), 632, 634.

를 따라서 나치 체제에 맞서 저항했고, 그 궁극적 값을 치렀다. 1933년 초에 발표한 이 공개적 진술은 유대인 문제에 관한 그의 진실하고 진지한 입장과 도덕적 명료성을 보여주었다. 그러나 이 이야기에는 또 다른 측면이 있었는데, 이 똑같은 진술에서 찾아볼 수 있었다.

우리는 심지어 본회퍼조차 당시의 풍조에 영향을 받았음을 볼 수 있다. 즉 유대인에 대한 기독교인들의 오랜 적대감과 유대인들이 독일 안에서 "문제a problem"라는 당시의 생각에 영향을 받았다.18) 그가 유대인 문제라는 제목으로 기꺼이 글을 쓰려 했다는 점에서 반유대주의자들에게 이용당했는데, 특히 본회퍼가 유대인 문제가 있다는 사실을 부인하지 않았다는 점 때문이다. 더 나아가, 그는 국가가 이 문제를 다룰 권리가 있음을 받아들였다. 교회는 고난받는 사람들의 상처를 싸매주어야 하지만, 국가의 일에 개입해서는 안 되었다. 여기서 본회퍼는 루터의 두 가지 분리된 영역이라는 전통적 관점, 즉 교회와 국가가 서로의 일에 개입해서는 안 된다는 관점을 받아들이고 있었다. 그는 또한 유대인들이 오랜 세기 동안 고난을 받아왔던 비통한 역사를 주목했다는 점에서 전통적인 기독교인이었다. 그는 이런 고난을 정의로운 하느님의 행동에 돌렸다. 즉 유대인들이 다르다는 이유로 기독교인들이 불의하게 처벌했다는 더 분명한 설명 대신에, 유대인들이 예수를 십자가에 처형한 것에 대해 하느님이 처벌했기 때문으로 돌렸다. 끝으로 그는 유대인 문제와 유대인의 고난이 해소될 수 있는 유일한 길은 유대인들이 옳은 일을 하고 예수를 메시아로 받아들일 때라는 자신의 믿음을 표현했다. 이것은 본회퍼가 (적어도 당시에는 그랬으며, 나중에 자신의 견해를 바꿨다고

---

18) 예를 들어, Kenneth Barnes, "Dietrich Bonhoeffer and Hilter's Persecution of the Jews," in Robert P. Ericksen and Susannah Heschel, eds., *Betrayal: German Churches and the Holocaust* (Minneapolis: Fortress Press, 1999), 110-28에서 이 문제를 다룬 것을 보라.

볼 수 있다) 기독교의 전통적인 대체주의supersessionism를 확신했음을 보여준다. 이 입장은 하느님이 더 사랑하는 종교로서 기독교가 유대교를 대체했다는 주장이다. 그 이후 예수를 믿는 기독교인들은 하나님의 사랑 안에 있지만, 유대인들은 그렇지 못했다. 오늘날의 기준으로 볼 때, 심지어 디트리히 본회퍼조차 1933년에는 반유대주의라고 볼 수 있는 생각을 표현하고 있었다.

오랜 세월 동안 기독교인들의 반유대주의라는 복잡한 주제를 오늘날 평가하는 일은 이 제한된 지면에 모두 담을 수 없다. 그러나 몇 가지 배경은 언급해야만 하겠다. 첫째로, 많은 사람은 기독교인의 반유대주의 antisemitism가 존재한다는 사실을 부인하고, 반유대교anti-Judaism의 기독교적 버전이라고 부르기를 선호한다. "반유대주의"라는 용어를 1879년 이전의 상황에 적용하는 것은 시대착오적인 것이 사실이다. 이 용어가 그해에 만들어졌기 때문이다. 또한 현대의 반유대주의자들이 자신들의 견해를 사이비 과학 이론, 즉 유대인들이 악한 것은 악이 그들의 핏속에 뿌리내리고 있기 때문이라는 인종차별주의자의 이론에 기초했다는 것 역시 사실이다. 유대인에 대한 기독교인의 적대감은 피보다는 종교에 뿌리내리고 있을 것인데, 이것 때문에 일부 기독교인은 기독교의 과거를 반유대교라는 덜 도발적인 포괄적 용어로 설명했다. 반유대주의라는 용어가 그처럼 평판이 나빠졌고 역사적 오점을 지닌 용어가 되었기 때문에 때로는 유대인을 가장 끔찍하게 혐오했던 사람들조차도 자신이 그 용어로 불림으로써 오명을 쓰고 싶지 않았다. 반유대교라는 용어는 사람이 단지 자기 종교(기독교)에 진심이라는 뜻을 함축할 것이다.

그러나 유대인들에 대한 기독교인들의 적대감은, 유대인들이 예수를 메시아로 받아들이기를 거부했다거나, "유대인들"이 예수를 살해했다는 지나치게 과장된 주장에 근거한 순전히 종교적 불평 때문이었던 적은 거의 없었다. (예수를 살해한 것은 로마인들이 아니었는가? 모든 유대인이었는가? 당시의 모든 유대인? 지금까지의 모든 유대인이 예수를 살해했는가?) 이런 적대감에는 아웃사이더, 즉 음식, 옷차림, 예배에 관한 지역의 관습을 받아들이기를 거부한 소수자에 대한 증오심이 덧씌워졌다. 또한 오늘날 반유대주의자들의 상투적 고정관념, 즉 유대인들은 부자거나, 끼리끼리 뭉친다거나, 속임수에 능하다는 고정관념과 거의 비슷한 사회경제적, 문화적 고정관념도 덧씌워졌다. 서양의 기독교 역사 전체를 통해서, 유대인을 경멸의 적절한 대상으로 삼고, 또한 그 증오심을 정당화할 고정관념을 만들어낸 사람들이 다름 아닌 기독교인들이었다는 사실은 확실해 보인다. 유대인을 증오할 가치가 있는 존재로 선택한 것은 기독교인들이었다. 현대의 인종적 반유대주의자들은 유대인을 증오하고 싶지만 그 종교적 근거가 더 이상 적절하지 않다는 사실을 깨닫고, 보다 현대적인 사이비 과학이 설명하는 근거, 즉 피에 근거하여 증오했다. 그러나 현대의 반유대주의자들은 자기의 기독교인 조상들로부터, 유대인들은 증오할 존재들이라는 생각을 물려받았다.

기독교인들의 반유대주의에 대한 이야기는 독자들을 매우 불편하게 만든다. 현대의 민주주의 사회에 사는 사람들은 반유대주의를 단죄하며, 관용과 시민권의 가치를 배웠다. 1933년 독일에서는 점차 맹렬한 반유대주의가 풍미했고, 당시 기독교인들—어느 정도까지는 디트리히 본회퍼를 포함해서—은 유대인들이 문제이며 또한 그들의 시민권을 강제로 박탈할 수 있다는 기본적 주장을 받아들였다. 그들의 반유대주의적 반응을 받아들이지 않은 채, 우리는 적어도 그 역사적 맥락에 주목해야 한다. 예를 들어, 독일에서 기독교인들이 유대인들을 학대하는 반응을 보인 것은 오늘날보다 시민권에 대한 의식이 낮은 시대에 벌어진 일이다. 20세기 중반에 민권 운동과 반식민주의 운동이 적어도 부분적으로는 제2차 세계대전이라는 "인종차별주의에 맞선 싸움"에 상징적 뿌리를 내리고 등장하기 이전에는, 미국, 유럽, 그리고 유럽의 식민지에서 별다른 죄의식이나 분노 없이 시민권을 유린하는 일이 흔히 자행되었다. 당시 독일인들은 민주주의를 결코 폭넓게 경험하지 못했던 상황에서, 시민권에 대해 더욱 좁게 인정했을 것이다. 그들의 사상적 세계의 또 다른 부분은 오랜 세월 동안의 기독교적 반유대주의를 포함했는데, 그 점은 이 장의 앞에서 시사했던 점이다. 그러나 반유대인 정책에 대한 기독교인들의 반응은 더 폭넓은 관점, 즉 아돌프 히틀러와 나치 국가의 등장에 대한 기독교인들의 반응이라는 관점에서 이해해야만 한다.

독일의 기독교인들이 히틀러에게 매력을 느낀 것은 **일차적으로** 그의 반유대주의 때문이 아니었음은 거의 확실하다. 기독교인들은 나치가 반유대주의를 강조한 것이 너무 폭력적이며 야비하다고 생각했을 수도 있다. 이런 힌트를 보여준 것은 디벨리우스가 "그 단어가 지닌 악한 의미"라고 에둘러 말한 것, 그리고 게르하르트 키텔이 새로운 독일에서 자신의 반유대주의 경력을 십분 활용하면서 자신의 더 영적이며 문화적 의미와 비교해서 일부 나치의 "천박한 반유대주의"를 비방한 데서 알 수 있다. 그러나 기독교인들은 아돌프 히틀러에게 매력을 느꼈다. "교회의 투쟁"은 한때 히틀러에 대한 반대 이야기로 설명되었지만, 그 투쟁의 양편 모두에서 발견할 수 있는 것은 깊게 뿌리내린 반유대주의였다.[19] 그 투쟁에는 히틀러에 대한 폭넓은 열광도 포함되었다. 이런 열광은 자신을 독일 기독교인(DC)이라고 불렀던 나치의 열렬한 지지자들뿐 아니라 고백교회(BK)의 많은 회원에게서도 찾아볼 수 있었다.

---

[19] 역자주: 반유대주의는 18세기까지 기독교와 라이벌 종교(미개한 신앙) 문제였고 해결책은 개종과 분리였다. 18세기 이후에는 문화와 전통(퇴보적 문화)의 문제였고 해결책은 해방과 흡수였다. 19세기 이후에는 인종과 혈통(박테리아) 문제였고, 해결책은 격리와 말살이었다. Peter Hayes, *Why? Explaining the Holocaust*, 8.

개신교 교회의 투쟁과 히틀러의 등장

에를랑겐대학교 신학 교수로서 당시 아마 가장 중요한 루터 전문가였던 파울 알트하우스Paul Althaus는 1933년에 이렇게 말했다. "우리 개신교회는 1933년의 전환점을 하느님의 선물과 기적으로 환영했다."20) 이 말에 들어 있는 열광주의를 주목하는 것이 중요하다. 히틀러는 단지 당시의 적절한 정치인이나 최고의 선택만이 아니라 하느님의 선물이며 심지어 하느님의 기적을 대표한다는 말이었다. 알트하우스는 개신교인 일반을 위해 말한다고 주장했다는 점에서 거의 확실하게 정확했다는 점을 주목하는 것도 중요하다. 투표에서 나치당을 찍은 사람이 특히 많았던 지역은 적극적인 개신교회들이 매우 강했던 지역이었다.21) 조만간 목사 비상 동맹을 이끌게 된 마르틴 니묄러도 나치당을 찍었고 히틀러의 등장을 환영했다. 역시 목사였던 그의 동생 빌헬름은 히틀러를 찍었을 뿐 아니라 이미 1923년에 나치당에 가입하여, 초기의 지지자가 되었다. 두 형제 모두 바이마르 공화국 초기에 우파였던 자유군단freikorps 운동에서 싸웠는데, 이 사실 역시 급진적 우익에 동조했음을 보여준다.22) 이 밖에도, 나치 체제를 열광적으로 선언한 교회 조직의 진술은 많았다.

---

20) Paul Althaus, *Die deutsche Stunde der Kirche*, 3rd ed. (Göttingen: Vandenhoek & Ruprecht, 1934), 5.

21) Hartmut Lehmann, *Prostestantische Weltsichten, Transformationen seit dem 17. Jahrhundert* (Göttingen: Vandenhoek & Ruprecht, 1998), 특히 7장, "Hitlers evangelische Wähler," 130-52를 보라.

22) Robert P. Ericksen, "Wilhelm Niemöller and the Historiography of the Kirchenkamp," in Hartmut Lehmann and Mansfred Gailus, eds., *National-protestantische Mentalitäten, Konturen, Entwicklungslinien und Umbrüche eines Weltbildes* (Göttingen: Vandenhoek & Ruprecht, 2005), 433-51, 특히 433-34를 보라. 또한 James Bentley, *Martin Niemöller 1892-1984* (Oxford: Oxford University Press), 특히 24-25, 39-43; Jürgen Schmidt, *Martin Niemöller im Kirchenkampf* (Hamburg: Leibniz Verlag, 1971)도 보라.

앞에서 인용한 전국 루터교 주간신문 *AELKZ* 사설은 당시 개신교인들의 정치적 태도를 보여준다. 1933년 1월 6일자 사설은 히틀러 등장 이전의 분위기를 보여준다. 그것은 예레미야서를 인용하여 "여름도 지나고 추수도 끝났건만 우리는 이제 살아나갈 길이 없습니다"(8:20)라는 말로 시작한다. 또한 이사야서의 이미지를 빌려와, 전체 민족이 "매를 맞고 굶주렸으며" "거리마다 고통이 돌아다닌다"고 주장했다.

민족이 오늘날처럼 어두운 밤에 처했던 적은 결코 없었다. … 세계대전이 끝났을 때, 최악은 지났다고 믿었다. 우리는 평화만을 염원했고, 평화를 외쳤으며, 어떤 대가를 치르더라도 평화를 위해 베르사유 조약을 체결했다. 그러나 그 조약은 평화가 아니라 전쟁, 축복이 아니라 저주를 위한 조약이었다. 패배와 궁핍에도 불구하고, 전쟁은 평화의 철iron의 시대에 비하면, 황금시대였다. 이 철의 시대는 민족 위에 타작하는 철 기계처럼 굴러 생명을 짓밟고, 번영을 파괴하며, 힘을 박살 낸다. 그것은 하느님의 타작 기계였다. 하느님은 회개를 요청했지만, 아무도 오려 하지 않았다. 해마다 그것은 더 깊어져 상황은 더 절망적이 되며, 더 난감하게 되고, 더 혼란스럽다.[23]

비록 이 사설은 우울한 역경의 시대를 말하지만, 바이마르 공화국의 정치와 1920년대의 문화적 변화에 대해서도 가혹한 입장이다.

하느님이 집에 계시지 않는 곳에서는, 사람들은 모래 위에 집을 짓는 것이 아니라 무너지는 폐허를 짓는다. 그러나 몰락은 더 일찍 자

---

23) "Vorwort," *AELKZ* 66/1 (January 6, 1933), 1-2. 이 사설의 필자는 밝히지 않았지만, 아마도 편집자였던 Wilhelm Laible이 썼을 것이다.

랑스러운 제국에 찾아왔다. 남아 있는 힘은 자기 민족의 동지들에게 호통치고, 싸우고, 증오하고, 분노하며, 도둑질하고, 살인하고, 암살하고, 악을 쓸 힘뿐이다.24)

또한 러시아의 볼셰비키로부터 독일의 지식인들에 이르는 좌파에 대한 공포심도 컸다.

만일 그것이 러시아에만 국한된다면 우리는 더 논의할 필요가 없을 것이다. 그러나 앞에서 말했던 것처럼, 무신론자들의 전선은 세계를 정복하기 원한다. 그것은 웅대하고 거의 환상적인 계획이라 할 수 있다. 그러나 이 계획은 이미 완전히 실행 중이다. 볼셰비즘은 독일, 오스트리아, 영국, 프랑스 등지에서, 그리고 아메리카, 아프리카, 아시아에서 터를 잡았다. 어느 정부도 그것을 받아들이지 않을 것이다. 모두가 아는 것처럼, 볼셰비즘은 종교가 없어서 도덕이 땅에 떨어지고, 종교와 도덕이 없는 국가는 파멸을 향해 내달릴 뿐이다. 세계 역사는 그것을 충분히 분명하게 증명한다. 그러나 어느 세관 직원, 어느 요새나 어느 탱크도 볼셰비즘을 막을 수 없다. 흑사병처럼 그것은 모든 사람을 [보호하는] 장벽을 타고 넘는다.

무신론자들의 정규 군대와 더불어 긴밀하게 연결된 비밀 군대가 있다. 무기 없이, 군대 없이, 이 비밀 군대는 앞으로 전진하여, 신문, 잡지, 라디오, 강연과 집회, 축제를 통해 세포를 조직하고 자유 시간을 만든다. 그것은 학문이 준 탁월한 무기고를 마음대로 사용하며, 최근에만 그런 것이 아니다. 오랫동안 학문은 하느님, 성서, 교회에

---

24) Ibid., 3.

대한 믿음을 갉아먹었다.[25]

이 사설은 독일만이 아니라 승전국가들도 고난을 겪는다는 사실에서 기쁨을 찾았다. "부유한 미국이 가난한 미국이 되기 시작했고, 강력한 영국은 그 패권이 사라지고 있다." 또한 죄의식도 평가한다. "하느님의 맷돌은 천천히 갈고 있다. 세계대전은 범죄였고, 평화조약도 범죄였다. … 그들은 패배한 민족의 가슴에 칼을 찔러넣어 결코 빠지지 않게 할 수 있다고 생각했지만, 칼끝이 그들 자신의 가슴을 찔렀다."[26] 우리가 독일의 자기 의로움, 즉 연합국을 비난하고 자기들에 대해서는 단지 바이마르 시대의 문화적 및 정치적 선택의 실수만 비난하는 태도를 간파한다면, 이 신문이 아돌프 히틀러와 나치당을 지지하는 사람들에게 배달될 것이라고 예상할 것이다. 그다음 주부터 이어진 사설들은 이런 예상을 증명했다.

1933년 2월 10일에는 이런 논평이 실렸다. "우리는 1월 30일에 초래된 대전환점 앞에 vor der grossen Wende 여전히 놀란 채 서 있다. 그 사건의 전체 효과를 평가하기 위해서는 과거 13년 내지 14년의 기간을 돌아보아야만 한다. … 이제 민주주의와 그 모든 그늘은 그 자체의 무기에 의해 파괴되었고, 우리는 [그 지지자들의] 실망을 충분히 상상할 수 있다."[27] 국회 의사당 화재사건 이후, 한 칼럼은 이렇게 논평했다. "국회 의사당 화재가 유감스러운 일이며 그 결과를 아는 것이 불가능한 것처럼, 아마도 이 불길은 그 인상적 힘을 통해, 우리가 사는 시대가 얼마나

---

25) Ibid., 5.
26) Ibid., 3.
27) "Wochensachau," *AELKZ* 66/6 (Februaru 10, 1933), 138. 이 논평은 사회민주당이 민주주의의 가장 큰 수혜자들이었고 그것이 붕괴되어 가장 실망한 사람들임을 정확히 묘사했다.

심각한지를 독일 안팎의 동시대인들에게 눈을 뜨도록 요구하는 것 같다." 이어서 그 논평은 히틀러의 해석을 반복한다. 즉 "그것이 광신자한 사람만의 작업이 관련되었을 것 같지는 않다." 독일인들은 "치밀하게 계획된 테러리스트들의 행동이 우리 앞에 놓여 있으며, 러시아 테러리스트들의 모델을 따르는 비슷한 행동들이 조만간 재발할 수 있다는 것"을 예상해야만 한다. 이것은 이틀 후 3월 5일의 선거가 특별히 중요하다고 말한다. 즉 "선거는 우파와 좌파 사이의 선택이며, 1918년 11월의 세력과 각성한 국가주의적 독일 세력 사이의 선택이다"라는 선언으로서, *AELKZ*의 입장을 분명히 밝힌 선언이었다. 그 칼럼은 이어, 최근의 민주주의에 대한 "승리"에 비추어 이렇게 덧붙였다. "선거가 어떻게 판가름 나든, 정부는 계속 돌아갈 것이다. 제국 대통령, 군대, 히틀러, 그리고 [우파 정당들의] 연립 투쟁의 집중된 권력을 버티기에는 의회가 더 이상 충분히 강하지 않기 때문이다." 어떤 사람들은 히틀러 정부나 나치 혁명에 관한 모든 것을 좋아하지 않을 테지만, 우리가 사로잡히지 말아야 할 것은 "정부의 이런저런 개별적 결정에 대한 작은 비판, 또는 우리가 덜 좋아하는 이런저런 정치인에 대한 작은 비판이다. 우리는 우리의 가슴으로부터 이 위대한 실험이 성공할 것이라고 희망할 수 있을 따름이다."28)

4월에는 *AELKZ*가 나치 프로그램의 어떤 측면은 모든 사람을 기쁘게 하지 않을 수 있다는 주제로 되돌아가면서, 다음과 같은 지지 선언을 결합했다.

우리를 불쾌하게 만들지 모르는 작은 일에 집착한다면, 하느님이 그

---

28) "Wochenschau," *AELKZ* 66/9 (March 3, 1933), 210.

들[나치]을 통해 우리 민족을 위해 행하신 위대한 일의 가치를 평가하지 못한 채, 더 이상 앞으로 나아가지 못한다. 아니면 그것(그 위대한 일을 행한 주체)이 하느님이 아니라, "오래된 악한 원수"였는가? 전체 민족, 아니면 적어도 민족 대다수가 몇 년 동안의 영적인 사슬을 부수고 다시 자유롭고 정직하고 청결한 민족이 되고자, 폭풍 속으로 뛰어오른 것은 인간 혼자 한 것이 아니다. 여기에는 더 높은 권능이 작용하고 있다. "악한 원수"는 청결한 민족을 원하지 않으며, 종교도, 교회도, 기독교 학교도 원하지 않는다. 그가 원하는 것은 그 모두를 파괴하는 것이다. 그러나 국가사회주의 운동은 그 모두를 일으켜 세우길 원한다. 그들은 그것을 프로그램으로 구체화했다. 이것이 하느님이 일하시는 것이 아닌가?29)

도리스 버겐이 주장한 것처럼, 교회 지도자들의 잘못을 언급만 했어도 찬반의 균형을 이룸으로써, 아마도 이 문제를 스스로 평가할 평신도 기독교인들에게 전반적으로 승인할 신뢰성을 주었을 것이다.30)

한 주 후에 이 루터교 신문은 수권법/전권위임법Enabling Act과 새 공무원 정화법에 나타난 새 체제의 권위주의적 입장을 찬양했다.31) 4월 말에는 민주주의의 붕괴를 찬양했는데, "다수를 이루게 된 개인들의 큰 집단이 사회계약을 만들고 실행할 권리를 갖는다"는 생각은 이제 감사하게도 민족의 사상으로 대체되었는데, 그 사상은 "그 언어와 특징에서 거룩한 권리와 거룩한 의무"를 갖고 있다.32) 그리고 우리는 바이에른

---

29) "Kirche und Nationalsozialismus," *AELKZ* 66/14 (April, 1933), 328.
30) Doris Bergen, "Nazism and Christianity: Partners and Rivals? A Response to Richard Steigmann-Gall, *The Holy Reich, Nazi Conceptions of Christianity*," *Journal of Contemporary History* 42/1 (2007), 25-33.
31) "Wochenschau," *AELKZ* 66/15 (April 14, 1933), 353.

교회에 대한 보고를 보게 되는데, 여기에는 그 지역의 모든 개신교회에서 읽을 선언이 포함되어 있다.

하느님의 명령에 따라 다시 통치를 시작한 국가는 박수갈채를 기대할 뿐 아니라 교회의 기쁜 협동도 기대할 것이다. 감사와 기쁨으로 교회는 어떻게 이 새로운 국가가 강력해진 손으로 신성모독에 맞서 보호하며, 부도덕을 저지하고, 기율과 질서를 유지할 것인지를 파악한다. 그것은 하느님에 대한 두려움을 요청하며, 결혼을 거룩하게 유지하고, 청년들은 영적으로 교육받게 되기를 원하며, 아버지의 역할을 다시 명예롭게 하며, 민족과 조국에 대한 뜨거운 사랑이 더 이상 멸시당하지 않고 수천 명의 가슴에 불을 붙일 것이다.33)

이 신문은 교회의 특권과 루터교 신앙고백을 주의 깊게 보호했다. 구약성서에 대한 공격에서 방어했으며, 독일 기독교(DC)의 지나침을 비판했다. "'독일 기독교'는 교회의 다수가 그들 뒤에 서지 않는다는 점을 알고 있다. 그 차이는 어디에 있는가? 분명히 새로운 제국에 대한 감사와 기쁨의 헌신에 있지 않다. 그 점에서는 거의 모두가 통일되어 있다. 아직 함께 갈 수 없는 사람 숫자는 매우 적다. 차이는 국가적 영역이 아니라 종교적 영역에 있다."34)

5월에 이 신문의 편집자 빌헬름 레이블이 "혁명"이라는 단어를 사용한 것에 대해 어느 독자가 우려를 표했다. 그 독자는 혁명이라는 단어가

---

32) D. Zoellner, "Die Bedeutung der Reformation für das deutsche Volkstum," *AELKZ* 66/16 (4-21-33), 367.
33) "Kirchliche Nachrichten," *AELKZ* 66/16 (April 21, 1933), 379.
34) "'Deutsche Christen' und 'Deutsche Evangelische Reichskirche,'" *AELKZ* 66/17 (April 28, 1933), 396.

오직 폭력과 연관되며 로마서 13장의 불복종과 연관되는데, 로마서 13장은 국가 권위에 복종할 것을 명령한다고 지적했다. 레이블(1856-1943)은 제1차 세계대전 이전부터 이 신문 편집자로서, 루터교 교리에 대한 그의 방어로 잘 알려져 있었다. 1913-1914년에 그는 이 신문에서, 현대의 회의주의자들에 맞서서 전통적 가르침을 옹호한 일련의 기사를 작성했다. 그 후에 그는 책 한 권을 편집했고, 곧이어 영어로 번역되었는데, 제목은 ≪사도신경의 진리: 독일의 열두 신학자의 해설≫이었다.35) 레이블은 혁명에 관한 그 독자의 우려에 대해 프랑스 혁명과 러시아 혁명이 잔혹 행위로 가득했다는 점을 인정했다. 그러나

> 그것들과 현재의 "민족적 혁명"은 다르다. 살벌한 교수형 집행인이 없고, 기존 정부에 맞서 주먹을 들지도 않고, 모든 것이 법과 질서의 조용한 경로에서 일어났다. 그것이 이 타도의 멋진 점이며, 그것은 하느님이 손으로 역사하시어, 옛 "적법한 것"이 무너지고 새로운 "적법한 것"의 등장을 보여주는 표징들에 속한다. 아돌프 히틀러는 아직 그의 운동이 시작 단계에 있었을 때 그의 추종자들에게 "오직 적법하게!"라는 좌우명을 주었다. 우리가 감탄할 기율을 통해, 국가사회주의자들은 이것을 확고한 좌우명으로 삼았다. 그들이 무기 없이 거리를 걸어간 것은 무기를 소지하는 것이 불법이었기 때문이며, 또한 야생동물처럼, 무기를 소지한 반대자들이 총을 쏘도록 스스로 허락했다. 총에 맞아 죽은 사람의 숫자는 백 명이 넘고, 부상당한 사람은 천 명에 이르렀다. 몇 사람은 그 좌우명을 무시했지만, 그

---

35) Wilhelm Laible, DD, editor, and Charles E. Hay, DD, translator, *The Truth of the Apostles' Creed: An Exposition by Twelve Theologians of Germany* (Philadelphia: The Lutheran Publication Society, 1916). 루터교 교리에 관한 이 책은 여전히 구할 수 있으며, 2008년에도 재인쇄되었다.

운동 전체는 엄격하게 이 "적법한 것"을 지켰는데, 그들의 유일한 무기는 말, 생각, 자유롭고 도덕적으로 순수하며 종교에 근거한 새로운 제국의 이상이었다. 하느님은 이 "적법한 것"을 축복하셨다. 거리에서는 싸움이 없었고, 엄청난 영적 투쟁이 변화를 초래했고, 일어섰다. 폭력 없이 여러분의 총통은 제국 총리의 높은 자리에 올랐으며, 그는 이제 과거 어느 총리도 갖지 못했던 권력을 가졌다. 아니, 그것은 과거의 의미에서 혁명이 아니었다. 더 순수하고 더 위대한 혁명, 민족이 자유에 눈 뜨고, 노예의 사슬을 끊어내고, 결코 상상해 본 적이 없던 방식으로 민족이 일어선 혁명이다.36)

이처럼 히틀러의 합법적 등장에 대한 최고의 찬사는, 나치 돌격대가 거리를 행진하고, 적들을 협박하고, 큰 소리로 외치며 위협한, 증거를 잘 보여주는 이미지와는 전혀 달랐다. 그러나 히틀러는 총리로 지명되었으며, 그의 수권법은 법적 절차를 밟았다. 더 나아가, 이 루터교 주간 신문의 독자들 대부분에게 "혁명"은 저주할 것으로서, 좌파와 연결된 것이며, 증오하는 프랑스 혁명과 러시아 혁명과 연결되었을 뿐 아니라 1918-1919년의 실패로 끝난 독일 혁명과 연결된 것이었다. 레이블에게 중요한 것은 혁명이라는 개념의 "비기독교적" 의미를 씻어내는 것이었고, 그래서 아마 그는 자신이 정직하다는 인식을 갖고 글을 썼을 것이다. 그는 또한 자기 독자들이 사건들에 대한 자신의 해석을 인정할 것이라는 믿음을 갖고 썼음에 틀림없는데, 오늘날의 역사가들은 그의 글이 사탕발림이라고 생각할 것이다.37) 똑같은 신문에서 레이블은 "총통"에 대

---

36) Wilhelm Laible, "Nationale Revolution," *AELKZ* 66/18 (May 5, 1933), 424.
37) Richard Evans, *The Coming of the Third Reich* (London: Penguin, 2004); *The Third Reich in Power* (London: Penguin 2006)은 그의 3부작의 첫 두 권으로서, 나치의 악랄한 폭력을 묘사한다.

한 자신의 논평을 이렇게 말했다. "수상이 또다시 [그의] 연설을 마치면서 하느님을 불렀을 때, 그의 입에서 분명히 뜻한 것은 단순히 연설을 끝마치는 효과적 방식 이상으로서 '하느님이시여, 우리는 당신이 떠나가시도록 내버려두지 않을 것입니다. 이제 우리의 자유를 위한 투쟁, 그리고 우리 독일 민족과 조국을 위한 투쟁을 구원하시옵소서' 하고 말할 때, 깊은 인상을 받지 않을 수 있는 사람이 누가 있겠는가."38)

1933년의 기독교인들의 관점을 보여주는 또 다른 사례는 "어느 국가 사회주의자의 고백"이라는 성명서에서 볼 수 있는데, 이것은 레이블이 1933년에 발표한 것이다. 이 나치주의자는 "나는 하느님이 세워주신 곳에 서 있음에 감사합니다"라고 시작한다. 이어서 그는 이렇게 말한다.

나는 인간이 만물의 척도였던 세상으로부터 떠났습니다. 나는 개인이나 다수가 거짓과 올바름, 옳고 그름에 대한 척도 없이 나름대로 결정하는 세상으로부터 떠났습니다. 나는 결국 허무로 귀결될 세상으로부터 떠났습니다. 내가 하느님께 감사하는 것은 나의 민족이 나에게 요구할 수 있다는 것을 안다는 것입니다. 나는 이런 요구에 굴복하며, 정확히 이런 요구에 굴복하는 데 나의 자유가 있음을 압니다. …
나는 교회가 하느님의 거룩한 뜻에 묶이기를 원합니다. 더 나아가 나는 하느님의 말씀에서 이빨이 빠진 말씀으로는 도움을 받지 않는다고 말씀드립니다. 나는 나에게 요구하실 수 없는 하느님의 도움을 받지 않습니다. …
나는 여기에 서 있을 것입니다. 나는 남자로서 나의 하느님과 그분

---

38) "Wochenschau," *AELKZ* 66/18 (May 5, 1933), 425.

의 진리를 눈으로 직접 볼 것입니다. 내가 약해지지 않는다면 나는 이 길이 골고다의 십자가로 이끌 것임을 압니다. 내가 갈 이 길은 나보다 먼저 루터, 에른스트 모리츠 아른트, 프라이헤르 폼 슈타인과 비스마르크가 택했던 길입니다.

나는 구세주의 십자가 아래 감사함과 남자다운 신실함으로 서 있을 것입니다. 그분은 누구와도 견줄 수 없는 희생의 길에서 나의 죄를 짊어지셨으며, 하늘에 계신 내 아버지의 가슴에 이르는 길을 나에게 열어주셨습니다.

나는 이곳이 내 인생과 내가 묶여 있는 모든 것의 모든 이기심에 대한 심판의 장소인 것을 압니다. 그러나 나는 또한 나를 심판하지 않으시는 하느님은 나를 인도하실 수 없고, 구원하실 수도 없다는 것을 압니다. …

나는 인민에게 아편인 종교를 원하지 않습니다. 따라서 나는 하느님을 하느님 되게 하지 않는 모든 종교를 배격합니다. 그러나 하느님이 하느님 되시도록 허락되는 곳, 곧 주님이 되시도록 허락되는 곳에서는 종교가 마약이 아니라 다이너마이트임을 압니다. …

나는 단지 나 자신만을 위한 기독교 신앙을 원하지 않습니다. 나는 기독교인 개인이 단지 자신만을 위해 인생을 살 수 없음을 압니다. 따라서 나는 교회를 원합니다. 내가 원하는 교회는 하느님의 구원을 모든 세대에 가져오는 교회입니다. 내가 원하는 교회는 하느님이 맡겨주신 진리를 분명한 신실함의 언어로 말하는 교회입니다. 나는 정확히 이 점에서 나의 총통 아돌프 히틀러와 완전히 동의하는 것이 기쁩니다. 내가 원하는 교회는 자신이 그 민족에게 묶여 있음을 아는 교회, 성령이 역사하며 성령의 도구인 교회로서, 우리의 집이며 우리가 언제나 지지하는 교회입니다.[39]

헌신적 나치이며 헌신적 기독교인의 가슴에서 용솟음치는 이 선언, 그리고 1933년에 명백하게 드러난 아돌프 히틀러에 대한 개신교회의 광범위한 열광주의 물결을 우리는 어떻게 평가해야 할까? 몇 가지 주의 사항을 고려해야만 한다. 예를 들어, 그해에는 어느 독일인도 미래를 완전히 알 수 없었다. 나중에 자행된 종족학살의 잔인한 정책을 포함해서 말이다. (일부 지각이 있는 개인들은 분명히 그 위험성을 인지했다).40) 히틀러에 대한 초기의 열광주의는 시간이 지나면서 색이 바랬을 수 있기 때문에, 그 체제에 대한 태도를 평가하는 데는 구체적 단계, 즉 뉘른베르크 인종법 이후, "깨진 유리의 밤*Kristallnacht*"41)의 폭력과 잔인성 이후, 독일의 거리에서 유대인들이 사라지기 시작한 이후(처음에는 외국으로 이주를 강요하다가, 나중에는 공개적으로 체포해서 기차에 태워 동부로 보냈다), 그리고 마지막으로, 동부에서 유대인들을 학살하는 증거가 독일에 몰래 들어오기 시작한 이후 등 구체적 단계를 검토하는 것이 중요하다. 1945년 후에는 거의 모든 초기 나치들이 자신들의 이상주의 때문에 그 운동에 가담했거나 지지했던 것이지, 자신들의 이상주의를 배반한 체제의 범죄에 참여한 것은 아니라고 주장했다. 단지 "초기의 이상주의"를 고백한 많은 사람은 1935년과 1938년, 그리고 그 이후의 시험을 잘 통과하지 못하지만, 일부는 통과한다. 그러나 이런 주제는 나중에 탐구할 것이다. 나치 시대의 나중 단계에 어떤 주의사항이 있든지

---

39) "Bekenntnis eines Nationalsozialisten," *AELKZ* 66/25 (June 23, 1933), 592-93.
40) 예를 들어, 1932년에 Theodor Heuss가 쓴 *Hitlers Weg*가 그렇다. 그는 1949년에 독일연방공화국의 초대 대통령이 되었다.
41) 역자주: 1938년 11월 7일, 파리에서 폴란드 유대인 학생이 독일 외교관을 사살한 후, 히틀러와 괴벨스가 돌격대와 독일인들을 선동하여 11월 9-10일에 벌어진 이 학살로 인해 유대인 91명이 살해되었고, 유대교 회당 1천여 곳 파괴, 유대인 상점 7,500곳의 유리창이 파괴되었고, 유대인 남성 3만여 명이 체포되어 수용소로 끌려갔다. https://www.britannica.com/event/Kristallnacht

간에, 개신교 기독교인들이 1933년에 아돌프 히틀러를 열광적으로 폭넓게 지지했다는 사실은 그 자체로 고려할 필요가 있다.

1933년에 기독교인들이 히틀러를 지지한 것을 강조하는 데는 두 가지 이유가 있다. 첫째로, 일단 히틀러가 총리 지명을 받아들이자, 그는 자기의 인기를 이용해서, 자기를 자신들의 목적에 이용할 수 있을 것으로 생각했던 힌덴부르크 대통령과 기타 정치인들 주변에서, 원을 그리며 춤을 추었다. 오히려 그는 두 달 이내에 정부에 대한 자신의 통제력을 굳혔으며, 1945년 4월 그가 자살할 때까지 그 통제력을 결코 포기하지 않았다. 히틀러의 "등극"은 결정적인 것으로 판명되었기 때문에, 그를 권력에 앉히고 그의 권력을 승인한 것은 엄청나게 중요하다. 둘째로, 1933년에 기독교인들이 어떤 형태의 "이상주의" 때문에 히틀러에게 매력을 느꼈는지를 고려하는 것이 중요하다.

히틀러를 지지했던 개신교인들의 이상주의에는 시간의 시험을 통과하지 못하는 태도들이 포함된다. 예를 들어, 민주주의에 대한 그들의 단호한 반대가 포함된다. 기독교인 대부분은 빌헬름 시대(1888-1918)의 권위주의를 고맙게 생각했다. 그 체제에서는 국가가 교회를 뒷받침했고, "왕위와 설교단"은 최고의 권위를 대표했다. 그와 반대로, 민주주의는 과거에 지배적이었던 개신교인들만이 아니라 모든 국민이 권리와 잠재적 영향력을 갖는다는 뜻이었다. 즉 사회주의자, 유대인, 가톨릭도 충분한 유권자 연맹을 만들 수 있다면, 정부를 장악할 수 있었다. 그리고 바이마르 시기(1918. 11/9-1933. 3/23)의 상당 기간 동안, 사회주의자, 유대인, 가톨릭이 상당한 영향력을 유지했다. (우파들의 선전은 사회주의를 볼셰비키와 연결시켜, 러시아 혁명과 같은 혁명이 독일에서도 조만간 일어날 수 있다고 주장했다는 사실을 주목할 필요가 있다. 더욱 부정확하게, 그들의 선전은 사회주의자와 볼셰비키를 유대인들과 연결했다.42)

이것은 히틀러가 등장한 이후 정부 선전의 표준이 되었고, 이 선전은 독일 개신교인들의 편견과 일치했으며, 또 거의 정확하게 그들의 의식 속에 침투했다.) 더 나아가, 민주주의는 언론자유를 뜻했고, 사회주의자, 유대인 등이 자신들의 견해를 신문, 무대, 정치적 집회에서 발표할 권리를 뜻했다. 그것이 기독교인들의 마음을 상하게 만들든 아니든 말이다. 민주주의는 여성들에게도 권리를 부여했고, 현대 여성들이 문화 속에서 새로운 역할을 선택하려는 성향을 지지했다. 민주주의는 문화 속에서의 그런 자유로운 표현이, 중산층 독일인이 중요하다고 간주했던 취향의 경계선을 밀어붙인다는 뜻이었고, 상당수가 중산층이었던 독일 개신교인들은 분노와 문화적 불안으로 반응했다.

바이마르 공화국은 "아웃사이더들"을 "인사이더들"로 만들었는데, 피터 게이의 책이 이런 사실을 시사한다.43) 바이마르 공화국은 적어도 작은 방식으로 틈을 내어 현대의 다원적 국가의 문을 열었는데, 독일 개신교 주류 바깥의 세력에게 더 많은 정치적 및 문화적 권위를 부여했기 때문이다. 다원주의는 지배적인 다수에 속한 사람들의 자기 이익에 결코 적합하지 않다. 그 이유는 그들이 많은 권력과 권위를 결코 다시 행사할 수 없기 때문이다. 확고한 개신교인 오토 폰 비스마르크가 독일 제국을 건설한 후, 개신교인들이 지배했다. 따라서 민주주의와 다원주의에 수반된 권력의 공유를 개신교인들이 환영할 리 없었다. 그들이 독일

---

42) 역자주: 히틀러와 독일 국민 대다수가 러시아 볼셰비키 혁명을 가장 큰 위협으로 보고, 유대인들과 연결한 가장 큰 이유는 그 혁명 지도자 중에 레프 트로츠키 같은 유대인들이 많았고, 또한 1918-19년에 독일과 헝가리의 혁명에도 로자 룩셈부르크, 쿠르트 아이스너, 쿤 벨러 등 유대인의 지도적 역할 때문이었다. Peter Hayes, *Why: Explaining the Holocaust*, 56.

43) Peter Gay, *Weimar Culture: The Outsider as Insider* (New York: W. W. Norton, 1961). Eric Weitz, *Weimar Germany: Promise and Tragedy* (Princeton, NJ: Princeton University Press, 2009)도 보라.

의 문화-정치적 변화에서 파악한 도덕적 타락에 맞서서 보호할 수 있는 가치가 불행하게도 히틀러가 내세운 가치들 속에 있다고 믿었다.44)

파울 알트하우스가 히틀러를 "하느님의 선물이며 기적"이라고 찬양할 때, 그는 히틀러가 기독교적 가치와 가족 가치를 옹호한다고 믿었다. 처음부터 나치당 프로그램 24조는 "적극적 기독교positive Christianity"를 독일 국가의 기반으로 내세웠다. 히틀러는 성매매, 포르노그래피, 동성애에 반대했고, 근대의 도덕적 타락을 유대인들에게 전가했으며, 독일을 전통적 가치로 되돌릴 것을 약속했다. 이것이 알트하우스를 비롯해서 그의 청중인 기독교인들에게 먹혀들어 갔다.

히틀러가 자신과 나치 안건에 대해 제시한 것 가운데 상당수는 오늘날 속임수였던 것으로 판명되었다. 예를 들어, 성매매와 포르노그래피에 대한 반대는, 전통적 기독교 경계선 바깥에서의 개방적 성윤리를 배제하지 않았으며, 심지어 생명의 원천 Lebensborn 프로그램(아리안족을 보존하기 위한 인간 교배 실험-옮긴이)에서는 젊은 미혼 여성들에게 총통을 위해 아기를 갖도록 장려할 정도였다. 기독교인들은 나치 국가에서 자신들을 기쁘게 할 측면들을 찾았으며, 히틀러가 이런 측면들을 만든 것으로 믿었던 것처럼 보인다. 또한 "지나친 것"은 부하들의 잘못 때문인 것으로, 흔히 "만일 총통이 알았더라면"이라는 말로 뭉개버린 것처럼 보인다. 많은 기독교인은 히틀러가 매일 독일 개신교인들이 폭넓게 사용한 경건 서적을 읽으며, 주머니에 신약성서를 갖고 다니며 매일 읽는다는 신화를 받아들이기까지 했다.45) 개신교인들이 ≪나의 투쟁≫에서 명백한 반

---

44) Claudia Koonz, *The Nazi Conscience* (Cambridge, MA: Harvard University Press, 2003). Richard Steigmann-Gall, *The Holy Reich: Nazi Conceptions of Christianity, 1919-1945* (New York: Cambridge University Press, 2003). 이 책은 과거에 파악되었던 것 이상으로 기독교적 믿음이 실제로 나치 지도력에 배어 있었다고 주장한다.

기독교적 입장을 읽었을 때조차도, 그들은 그것을 가톨릭교회에 대한 공격으로 읽었거나, 아마도 제도화되고 정치화된 교회에 대한 적절한 비판으로 읽었을 것이다.

    1933년에 기독교인들이 승인한 "가치들"은 유대인을 비롯해 탐탁하지 않은 사람들의 동등한 권리와는 전혀 상관이 없었다는 사실을 주목하는 것이 중요하다. 기독교인 대부분은 잔혹한 조치들을 불평 없이 받아들였다. 파울 알트하우스는 바이마르 공화국의 물렁하고 촌스러운 자유주의가, 엄격하고 법과 질서를 통해 기율과 엄한 처벌을 가하는 체제로 바뀐 사실을 경축했다. 게르하르트 키텔은 무자비함을 승인하고 기독교인들에게 부드럽고 감상적이 되지 말도록 장려했다. 1933년에는 잔인한 나치의 태도가 모두 드러났다. 더 나아가, 반유대인의 첫 번째 조치, 좌파 정치인들 체포, 다카우에 첫 번째 수용소를 설치한 것이 모두 1933년 여름에 이루어졌다. 1945년 이후 독일인들은 흔히 "우리는 전혀 몰랐다"고 말했다. 그런 말은 전혀 정확하지 않다. 일반적인 독일인들은 그 모든 세부사항, 예를 들어, 여섯 군데 절멸수용소의 정확한 위치나 정확한 학살 방법을 몰랐을지 모른다. 그러나 나치 체제의 처음부터, 모든 독일인은 오늘날 우리가 인권 침해와 범죄 행동으로 간주하는 폭넓은 행동 범위를 알고 있었다. 심지어 유대인들을 학살하고 있다는 사실은, 전쟁 이후에 대부분의 독일인이 인정하고 싶어 했던 것보다 훨씬 널리 알려졌다. 기독교인들이 1933년에 승인했던 가치들을 평가할 때, 그들이 이런 "가치들"을 찬양함과 동시에, 우리가 단죄하는 일련의 행동을 알고 있었으며 또한 받아들였다는 사실을 기억할 필요가 있다.

---

45) Gerhard Kittel이 이런 주장을 한 것은 1937년 케임브리지대학교에서 교수들이 그에게 나치 체제를 지지한 것에 도전했을 때였다. 나에게 이 말을 해준 사람은 1937년 케임브리지에서 키텔을 접대했던 Richard Gutteridge였다.

1933년의 로마 가톨릭교회

1933년 독일에서 가톨릭의 입장은 개신교회의 입장과 매우 달랐다. 그러나 많은 점에서 똑같기도 했다. 이런 모순의 양쪽 측면 모두를 유념해야만 그 이야기를 제대로 파악할 수 있다. 한편으로 나치당과 가톨릭교회 사이의 적대감은 매우 심해서, 1933년 이전에는 주교들이 신자들에게 나치당에 가담하지 말라는 정책을 하달할 정도였다. 일부 가톨릭 사제들은 나치가 유니폼을 입은 채로는 교회 장례식이나 기타 예배에 참석하는 것을 허락하지 않았다. 더 나아가 히틀러가 어린 시절의 가톨릭 신앙에서 떠나 "성직자주의"를 공격한 것은 그 의도와 결과 모두에서 반가톨릭적인 것처럼 보였다. 다른 한편으로 가톨릭교회는 1933년 초에 그 어조를 바꾸어 나치 당원 가입 금지를 철회하고, 가톨릭 주교를 포함해서 신자들이 나치 국가의 "가치들"을 위한 열광주의를 허락함으로써 그런 풍조가 만연하게 되었다.

1930년 9월 14일의 선거 이후 발전하기 시작한 가톨릭교회의 나치당에 대한 초기의 반대와 적대감은 몇 가지 요인들이 설명해 준다. 그때는 나치 운동이 군소 정당의 역할을 떠나 진지하게 간주되던 때였다. 나치 이데올로기의 기본이 가톨릭 관점에서 보기에는 너무 인종차별적이며 유물론적이었다. 가톨릭은 (게르하르트 키텔과 그의 동료 개신교인들처럼) 실재에 대한 견해에서 영적인 기반을 강조하고 싶어 했기 때문이다. 더 나아가, 일부 극단적인 나치는 알프레드 로젠베르크Alfred Rosenberg를 추종했는데, 그는 기독교를 "유대인 종교"로 단죄하고, 구체적으로 독일적 이교German paganism, 곧 오래전의 튜톤(게르만)족 신들에게 되돌아갈 것을 요청했다. 그것은 가톨릭과 개신교 모두에게 저주였다. 또한 친나치 독일 기독교(DC)의 열광주의에는 독일에 단 하나의 교회만 있어야 한다는 주장, 그리고 새로 나타난 정치적 통일성과 총통에 대한 강조가 포함되어 있었다는 점을 주목할 필요가 있다. 그런 목표가 우세해진다면, 그 한 교회는 물론 독일 기독교 운동이 의도한 것처럼 지배적인 개신교가 될 것이었다. 끝으로 아마 가장 중요한 요인이었을 텐데, 독일 가톨릭교회는 자체 정당을 갖고 있었다는 점이다. 바이마르 공화국 기간에, 이 중앙당은 가톨릭 교계와 유권자의 지원을 받을 수 있었고, 그래서 중요한 역할을 할 수 있었다. 나치당은 당연히 라이벌로 간주되었고, 의회에서 경쟁하는 관계였다. 따라서 가톨릭교회가 아돌프 히틀러와 나치의 세계관을 반대한 데는 영적인 관심사뿐 아니라 정치적 이유들도 있었다.

또한 가톨릭이 아돌프 히틀러를 좋아한 데는 많은 이유가 있었다. 개신교인들과 마찬가지로 그들 역시 나치당이 전통 가치를 옹호하고 도덕적 타락을 반대한 것에 매력을 느꼈다. 나치 시대에 성장한 젊은 가톨릭 신자 카를 에이머리는 나중에 교회가 너무 쉽게 항복한 것을 한탄하면서, 자신이 어렸을 때 나치 이데올로기가 제시한 가치들은 "가톨릭 환경"을 위해 거의 저항할 수 없는 호소력을 가졌다고 주장했다. 히틀러가 초점을 맞추었던 힘든 노동, 기율, 정확성, 질서, 청결, 반공, 독일인의 민족적 자존심 등은 모든 가톨릭 신자가 원할 수 있었던 것이다.[46] 데렉 해스팅스는 나치 운동 초기에 특히 분명했던 나치즘에 대한 가톨릭의 친근성을 보여주었다. 결국 나치당이 발전한 것은 가톨릭 신자들이 특히 많았던 뮌헨에서였고, 해스팅스는 뮌헨 가톨릭교회의 사제와 평신도 가운데 많은 사람이 열광적으로 나치당을 지지했다고 묘사했다.[47] 비록

---

46) Carl Amery, *Die Kapitulation, order, Der real existierende Katholizismus* (Munich: Süddeuchtscher Verlag, 1963, 1988).

47) Derek Hastings, *Catholicism and the Roots of Nazism: Religious Identity & National Socialism* (New York: Oxford University Press, 2010).

이런 친근성은 1923년 (뮌헨의) 맥주홀 폭동(히틀러의 반란) 이후 감소했지만, 다시 1933년에 가톨릭이 나치당을 지지할 준비가 되어 있었음을 설명하는 데는 이런 친근성이 분명히 도움을 줄 수 있다.

"독일성Germanness"의 문제에 관해서는, 가톨릭이 히틀러를 지원할 마음을 먹은 것이 흔히 과잉보상 행동이었다고 학자들은 생각했다. 즉 비스마르크는 독일을 프로이센 국가로 통일하면서 그 기반을 개신교에 두었다. 그는 바이에른 지방을 비롯한 기타 지역의 가톨릭을 나쁜 독일인이라고 비난했는데, 그들이 독일 국가보다 교황에게 일차적으로 충성한다는 비난이었다. 1870년대에 그는 "문화 투쟁"을 시작하면서, 가톨릭을 협박하고, 일부 가톨릭 조직을 금지하고, 몇몇 가톨릭 지도자를 체포하고, 가톨릭 중앙당의 권력을 완전히 해체하려 했지만 실패했다. 당시 독일 가톨릭은 자신들이 독일 국가에 충성하고 있음을 증명하려고 했다. 제1차 세계대전은 큰 기회였던 것처럼 보였다. 즉 독일 주교들은 자신들이 독일 국가의 대의에 하느님이 축복하신다고 주장했으며, 가톨릭 신자들은 개신교인들처럼 참호에서 피를 흘리며 죽을 수 있음을 증명했다. 그러나 제1차 세계대전은 단지 패배와 치욕만 남겨주었다.

바이마르 공화국이 민주주의를 실험한 것은 일부 독일인을 해방했다. 즉 자유주의자들은 민주적 과정을 옹호했으며, 예술가들은 검열에서 해방되었고, 새로 힘을 얻은 사회주의자와 여성들은 새로운 권리와 투표권의 혜택을 보았으며, 유대인들도 새로운 기회를 인식했다. 그러나 많은 가톨릭 신자와 독일 가톨릭 조직은 이런 변화를 불안하게 지켜보았다. 그들은 "무신론적 공산주의"를 두려워했는데, 특히 1917년 러시아의 볼셰비키 혁명을 최근의 그런 조짐으로 보았다.[48] 그들은 민주주

---

[48] 가톨릭과 개신교 모두 "무신론적 공산주의"에 대한 적대감을 표현했다. 그러나 히틀러가 스탈린과 불가침조약을 맺은 것(1939년 8월부터 1941년 6월까지 유효)

의의 개방성도 신뢰하지 않았으며, 1920년대의 사회적 변화를 도덕적 타락과 교회 권위에 대한 도전으로 간주했다. 이런 관심들에도 불구하고, 가톨릭 중앙당은 바이마르 공화국의 의회 체제 안에서 약진했다. 어느 당이나 집단도 강력한 다수를 유지할 수 없었기 때문에, 중앙당은 정부의 거의 모든 연립에서 필요한 파트너가 되어, 내각의 장관, 때로는 총리를 내기도 했다. 1920년대에 히틀러의 나치당은 매우 작은 정당이었기 때문에, 훨씬 막강한 중앙당은 나치당을 무시했다.

가톨릭 조직이 나치를 파악하면서, 그들은 나치당이 프로그램 24조에서 "적극적 기독교"를 독일의 당연한 종교적 기반으로 승인한 것을 비판했다. 개신교인들은 이 조항을 찬성하는 경향이 있었지만, 가톨릭에게는 이 조항이 분명히 기독교가 모든 또는 대부분의 독일인을 품을 수 있는 너무 큰 텐트를 친절하게 승인하는 것이었다. 이 개념에는 가톨릭 교회의 특수한 가르침, 즉 자신들이 하나의 참된 교회로서 자신들의 영성체에서 비가톨릭을 배제하는 입장을 보호할 것이 별로 없었다.49)

1930년 9월 14일의 선거까지는 이런 관심들이 거의 문제가 되지 않았다. 그러나 그 선거에서 나치당은 의회에서 겨우 12석을 차지했던 것에서부터 갑자기 18%의 투표를 얻어 모두 577석 가운데 107석을 차지했다. 1932년 7월 31일에는 나치당이 선거에서 가장 크게 성공하여, 전체 투표의 37.3%를 얻었다. 국회의원 608명 가운데 나치당이 230명이 됨으로써 제1당이 되었다.50) 이처럼 나치당이 급격히 성장한 기간에,51)

에 대해서는 교회가 항의하지 않았으며, 나치 국가에 대한 열광이 감소하지 않았다는 사실을 주목할 필요가 있다.
49) 나치당 프로그램에서 "적극적 기독교"를 명시적으로 승인한 것에는 사실상 가톨릭의 뿌리가 있었는데, 특히 뮌헨의 국가주의적이며 불만족스러운 가톨릭에 있었고, 가톨릭 신자들이 정치적 가톨릭을 의심했다는 것이 그 조항을 만드는 데 도움을 주었다. Hastings, *Catholicism and the Root of Nazism*, 1장과 2장을 보라.
50) Klaus P. Fischer, *Nazi Germany: A New History* (London: Constable and

독일 가톨릭 주교들은 점차 더욱 자신들의 반대를 표명했다. 교구에서는 질문들이 쏟아졌다. 스와스티카 휘장을 차고 돌격대(SA) 제복을 입은 자들이 교회 예배에 참석하는 것을 허락해야 하는가? 나치 기장을 단 가톨릭 신자의 장례식은 어찌할 것인가? 가톨릭 신자가 나치당에 속하는 것을 허락하며 여전히 성사(성례전)를 받게 할 것인가? 1930년에 히틀러 운동이 갑자기 중요한 당으로 등장하자, 이런 문제들을 더 이상 무시할 수 없었다. 더 나아가 그해에 알프레드 로젠베르크가 ≪20세기의 신화≫를 출판하여 가톨릭에 대한 두려움을 고조시켰다.52) 이 책은 구약성서와 기독교의 유대적 요소들을 공격했으며, 독일 인종과 독일의 과거에 뿌리내린 기독교를 주장했다. 로젠베르크는 나치당의 지적인 스승이 되고자 했다. 그가 "적극적 기독교"를 주장한 것이 히틀러의 입장이었다면, 가톨릭이 그것을 배격하는 것은 당연히 그다음 차례였다.

이미 1921년에 독일의 주교들은 신자들이 가톨릭 신앙에 적대적인 조직에 가담하는 것을 금지했다. 당시 그들이 유념하고 있던 적대 세력은 나치 운동이 아니라 사회주의와 프리메이슨이었다. 그러다 갑자기 1930년부터 나치당이 중요해지자, 주교들은 어떻게 사제와 신자들에게 충고할 것인지를 고려할 수밖에 없었다. 그해에 마인츠 교구는 나치당 가입을 금지했다. 즉 당원 카드를 지닌 사람은 성사를 받지 못하게 했다.53) 12월에는 버트램 대주교가 "적극적 기독교"의 양면성을 경고하고

Company, 1995), 227, 246, 262.
51) 역자주: 나치당의 득표율이 1928년 2.6%에서, 1930년 18.3%, 1932년 37.4%로 단 4년 민에 급성장한 원인은 1929년에 시작된 세계 대공황이 독일에서 1932년에 극에 달해 대형은행들이 파산하고 실업률이 36%에 이르러, 반유대주의가 훨씬 심해진 때문이었다. Peter Hayes, *Why? Explaining the Holocaust*, 55.
52) Alfred Rosenberg, *The Myth of the Twentieth Century*, originally published as *Der Mythus des 20. Jahrhunderts* (Munich: Hoheneichen, 1930).
53) 이 논의는 Scholder, *The Churches and the Third Reich*, Volume I, 134-35에

극단적인 국가주의를 받아들일 수 없다는 성명을 발표했다: "여기서 우리는 더 이상 정치적 질문을 다루는 것이 아니라, 온 힘을 다해 싸워야 하는 종교적 망상을 다룬다."54)

1931년 2월, 바이에른 교구 주교들은 나치 이데올로기에 대해 치열하게 경고하면서, "그것이 가톨릭의 가르침과 양립할 수 없는 문화적 견해와 정치적 견해를 그토록 오랫동안, 그리고 계속 주장하는 한"55) 맞싸울 수밖에 없다고 선언했다. 이것은 마인츠 교구처럼 가톨릭 신자의 나치당 가입을 거부한 것을 반복하지는 않았기 때문에, 주교들과 사제들은 개인적으로 자유롭게 결정할 여지를 남겨주었다. 그러나 그것은 강력한 성명이었음을 부인할 수 없으며, 독일 전역의 교구들이 반복했다. 1931년 8월, 풀다에서 모인 주교회의는 다른 과제들과 함께 모든 독일 가톨릭 신자들을 위해 나치당에 대한 정책을 확립하기를 희망했다. 처음에 그들은 합의할 수 없어서, "국가사회주의당은 … 기독교의 근본적 진리와 분명하게 충돌한다"는 강한 선언을 거부했다. 그러나 약간 모호한 선언에는 합의해서, "급진주의에 맞서는 싸움, 즉 극단적 국가주의와 사회주의, 공산주의에 맞서는 싸움은 신앙의 관점에서 해야지, 당파적 정치의 관점에서 하면 안 된다"56)고 했다. 이 선언은 1931-1932년에 독일 대부분의 기관들이 했던 선언에서보다 나치 이데올로기에 대해 훨씬 강력한 비판이었다. 비록 이 선언이 장차 기꺼이 타협할 준비가 되어 있음을 드러냈기는 했지만 말이다.

상황이 극적으로 바뀐 것은 1933년 초 몇 달 동안이었다. 힌덴부르

근거했다.
54) Guenter Lewy, *The Catholic Church and Nazi Germany* (New York: McGraw-Hill, 1964), 8에서 재인용.
55) Scholder, *The Churches and the Third Reich, Volume 1*, 132에서 재인용.
56) Lewy, *The Catholic Church and Nazi Germany*, 13, 14에서 재인용.

크 대통령은 정치적 위기에 직면하여 히틀러를 총리로 임명하기로 결정했다. 독일국가인민당(DNVP)의 가톨릭 정치인 프란츠 폰 파펜은 국민의 지지를 얻을 수 없었으며 정치적 불안정의 위기를 해결할 수 없었다. 따라서 파펜은 히틀러를 총리에 추천했고, 자신은 히틀러의 부총리가 되어 그를 조종하려 했다. 그러나 히틀러는 8학년 교육이 전부였으며, 강렬한 야심을 품었고, 놀랍게 효과적인 정치 기술을 알고 있어서, 이런 사람들을 부릴 줄 알았다. 그는 결코 공개 선거에서 다수를 얻은 적이 없지만, 합법적으로 권력을 장악하게 되었다. 그의 정치는 분명하게 대다수 독일인의 필요와 욕망을 충족시켰으며, 국가적 자존심과 통일성을 강조했고, 그의 재군사화 프로그램은 경제를 부흥시키는 데 도움이 되었다. 또한 그는 베르사유 조약(1919년)의 제한 조치를 호전적으로 거부했다. 독일 가톨릭교회 지도자들은 처음에 히틀러를 의심했지만, 그와 새로운 독일을 지지하기로 결정했다.

3월 23일 치러진 결정적인 의회 선거는 본질적으로 히틀러에게 독재 권력을 부여했다. 2월에 방화범에 의한 의사당 건물 화재를 이용해서 그는 독일 공산당 지도자들을 체포할 핑계로 삼았고, 의회 내 공산주의자들의 세력을 분쇄하려 했다. 이런 상황에서 히틀러는 자기에게 유리하도록 3월 5일에 새로 선거를 치르도록 요청했다. 그러나 히틀러는 44%를 얻어, 나치당이 정부를 지배할 다수당이 되기에는 여전히 부족했다. 따라서 그는 새로 선출된 의회 개회식에서 "수권법"을 요구했다 (반대할 공산당원은 거의 체포된 상태였다–옮긴이). 이것은 그에게 의회 승인 없이 강력하고 신속하게 통치할 권력을 허락할 법이었다. 나치는 항상 민주 정부의 "유약한" 실천, 느린 과정, 팽팽한 투표, 타협과 협상을 혹평했었다. 수권법은 그 모두를 바꿀 것이었으며, 그 근거는 위기에 처한 독일이 논쟁과 지체를 참을 여유가 없다는 것이었다. 이 법은 바이마르 헌법을 바꿀 것이었기 때문에 의원 2/3의 찬성을 요구했다. 그러나 나치당과 국가인민당의 연합으로도 부족했다. 여기서 가톨릭 중앙당은 결정적 역할을 맡았다. 사회주의자와 공산주의자는 수권법을 전혀 지지하지 않을 것이기 때문에, 히틀러가 극적으로 권력을 확장할 희망이 성공하느냐 실패하느냐는 중앙당 의원들에게 달렸다. 그들은 히틀러가 원한 것을 주기로 결정했다. 이런 방식으로 민주주의로부터 히틀러의 독재 통치로 바뀐 것은 독일 가톨릭의 손에서 이루어졌다.

도대체 왜 가톨릭교회와 중앙당의 정치인들은 히틀러를 지지하기로 결정했는가? 나치당에 대한 가톨릭 주교들의 금지와 나치 이데올로기와 가톨릭 사상과의 명백한 충돌에도 불구하고, 중앙당과 나치는 전에 서로 어울렸다. 1932년 8월과 1933년 1월에, 이 두 당파는 연립정부를 구성하려 했지만 모두 실패했다.57) 이제 히틀러는 다시 협상해서, 수권법에 대한 지지를 확보하는 데 성공했다.58) 히틀러는 이 흥정을 확실히 하기 위해, 3월 23일 의회 개회 연설에서 자신의 약속을 증명하고, 또한 기독교인 일반에게 호소하기 위해 이렇게 말했다.

> 국가 정부는 기독교 신앙고백 두 가지를 우리 민족 문화를 보전하기 위해 가장 중요한 요소로 간주합니다. … 그들의 권리는 침해받지 않을 것입니다. … 국가 정부는 기독교 신앙고백이 학교와 교육 문제에서 합당한 영향력을 끼치도록 보장할 것입니다. … 제국 정부가 기독교를 우리 민족의 삶과 도덕의 흔들릴 수 없는 기초로 간주했던 것과 마찬가지로, 로마 교황청과의 친밀한 관계를 키우고 확장하는

---

57) Lewy, *The Catholic Church and Nazi Germany*, 21, 27.
58) 이 협상을 설명한 글은 Rudolf Morsey, "Die deutsche Zentrumspartei," in E. Matthias and R. Morsey, eds., *Das Ende der Parteien 1933* (Düsseldorf: Droste, 1960), 358ff.

것을 가장 중요한 문제로 간주할 것입니다. 교회의 권리는 제한되지 않을 것이며, 교회와 국가의 관계도 변하지 않을 것입니다.59)

히틀러는 부정직했지만 효과적인 연설을 통해 자신의 목적을 달성했다. 많은 기독교인이 나치당은 반기독교 정당임을 입증할 것이라고, 즉 알프레드 로젠베르크의 인도를 따를 것이라고 두려워했던 것을 가라앉혔다. 그들은 비록 나치당에는 일부 급진주의자가 있지만, 적어도 총통은 자기들 편이라고 판정했다. 히틀러가 공개적 약속을 자신의 언어로 표현했다는 사실에도 불구하고 중앙당 역시 그의 제스처를 받아들였다. 궨터 루이는 이것을 가톨릭 지도자들이 "히틀러의 부드러운 말을 엄청나게 과대평가하고 오해한" "원망사고wishful thinking의 나쁜 사례"라고 불렀다. 히틀러는 예를 들어, 교육 영역에서 교회가 갖고 있던 "기존의 권리들"에 대한 약속을 하지 않은 채, 단지 "합당한" 권리만 약속했다.60) 이 연설에 반응하여, 중앙당은 히틀러의 수권법에 승리를 안겨줌으로써 독재에 투표했다.

이 수권법의 통과가 매우 중요했던 것은 히틀러의 독재를 위한 법적 근거를 마련해주었기 때문이다. 이 법이 통과되지 않았다면, 그의 전략은 훨씬 많은 문제에 봉착했을 것이다. 아마도 그는 매번 입법을 위해 의회의 지지를 얻어야 하는 정상적인 민주적 절차를 거쳐야 했을 것인데, 이것은 민주주의의 지지부진하고 쓸데없는 반대가 많다는 나치의 비판과 상충되는 전략이었을 것이다. 그것이 아니면, 히틀러가 대통령령을 통해 통치하려 했을 것인데, 의회를 우회하는 이 방법은 1933년 이전

---

59) Peter Matheson, ed., *The Third Reich and the Christian Churches* (Grand Rapids: Eerdmans, 1981), 9에서 재인용.
60) Lewy, *The Catholic Church and Nazi Germany*, 35.

에 브뤼닝과 폰 파펜 총리가 자주 사용했던 방법이다. 그러나 이 방법은 늙은 대통령 힌덴부르크의 손에 상당한 권위를 남겨줄 것이었고, 그는 당시 히틀러의 급진주의에 제동을 걸 것으로 기대된 인물이었다. 끝으로, 히틀러는 독재하기 위해 폭력을 사용했을 것인데, 이런 방법은 독일 대중 사이에서 반대와 불평이 일어날 가능성이 매우 높았을 것이다. 결국 중앙당이 민주적 수단을 통해 히틀러에게 독재를 허락함으로써 그 모든 불편한 선택으로부터 히틀러를 구해주었다. 도대체 왜?

가톨릭 중앙당의 결정에 대한 어떤 설명도 그들이 히틀러 정부에 만족했던 것이 아닌가 하는 의심에서 벗어날 수 없는 것처럼 보인다. 많은 독일인이 1933년의 불안정과 위기에 대해 두려워했다. 민주주의 체제는 실패한 것 같았고, 가톨릭 신자들은 그 출신과 경향에서 민주주의를 좋아하지 않았던 것 같다. 가톨릭은 우파의 혁명보다 좌파의 혁명을 더 두려워했다. 가톨릭 역사가 하인즈 휘르텐은 중앙당이 수권법을 지지한 이유는 히틀러가 다른 방법을 택하기보다 의회에서 나치당의 역할을 확장하는 것을 선호했기 때문이라고 주장했다.[61] 그러나 직업 정치인들에게 명백했을 것은 히틀러에게 독재 권력을 주면, 의회의 중대한 역할을 없애버리게 된다는 점이었다. 만일 독일의 가톨릭이 나치당을 적으로 파악했다면, 중앙당은 나치당(NSDAP, 국가사회주의 독일 노동자당)과 8월에, 또는 1월이나 3월에, 협상할 필요가 없었을 것이다. 전쟁이 끝난 후에 가톨릭이 실제로 1933년에 국가사회주의를 적으로 간주했다는 주장은 이 의회 투표 결과를 볼 때, 의심스럽다. 나치는 분명히 중앙당의 정치적 반대자였을 것이며, 바람직하지 않은 요소들과 특성을 갖고 있었을 것이다. 그러나 중앙당 대표들이 1933년, 수권법에 반대할 기회가

---

[61] Heinz Hürten, *Kurze Geschichte des deutschen Katholizismus, 1800-1960* (Mainz: Matthias Grunewald, 1986), 211-12.

있었을 때, 그래서 히틀러가 전권을 휘두를 기회를 박탈하거나 늦출 기회가 있었을 때, 그들은 오히려 그를 지지하기로 결정했다.62)

중앙당의 투표는 가톨릭의 변화를 보여주는 하나의 표시에 불과했다. 독일 가톨릭 주교들은 히틀러가 3월 23일에 행한 회유 연설을 포함해서 3월에 벌어진 사건들에도 반응했다. 그들은 닷새 후에 가톨릭 신자들이 나치당에 가입하는 것을 금지했던 규정을 폐지했다. 비록 이 금지가 1931년부터만 존재했으며, 결코 엄격하게 실행된 적은 없었지만, 국가사회주의를 승인하지 않는다는 공식적 입장을 보여준 것이었다. 히틀러의 인기, 3월 23일의 연설에서 드러난 그의 부드러움, 그리고 그 이후 중앙당의 입장은 주교들로 하여금 자신들의 입장을 뒤엎도록 조장했다.63) 그 소식은 빠르게 퍼져나갔고, 독일의 많은 가톨릭 신자는 자신들의 새로운 자유를 환영했으며, 서둘러 나치당에 가입하고, 나치 운동을 열광적인 수사학으로 승인했다.

개신교인들이 이런 가톨릭을 공격하는 데 지체하지 않았다는 사실은 당시에 존재했던 일반적 적대감을 보여준다.64) "교회와 국가사회주의자들"이라는 제목으로 발표한 글에서 *AELKZ*는 과거 가톨릭의 입장, 즉 국가사회주의를 "단죄"하고 나치당원에게 성사를 거절했던 입장을 강조했다. 나치는 비록 그 주교들의 입장이 잘못이었음을 지적하려 노

---

62) 중앙당이 히틀러를 지지한 것이 협약에 관한 밀약이 있었기 때문인지에 관한 논쟁이 있다. 이 논쟁에서 Scholder와 Lewy가 한 편이며, 두 명의 가톨릭 역사가, 즉 Hürten과 Konrad Repgen은 반대편이다. *Hitlers Machtergreifung und der deutsche Katholizismus Versuch einer Bilanz* (Saarbruchen: Raueiser, 1967). 이런 상반되는 주장 가운데 어느 것도 나의 주장, 즉 수권법의 투표는 히틀러와 국가사회주의를 받아들일 수 있다는 믿음에 근거했다는 주장을 배제하지 않는다.

63) Scholder, *The Churches and the Third Reich, Volume 1*, 251-53.

64) Doris Bergen이 가톨릭과 개신교의 경쟁과 그 의미를 평가한 글은 "Catholic, Protestants, and Christian Antisemitism in Nazi Germany," *Journal of Central European History* 27/3 (1994)이다.

력했지만, 그 기사에 따르면, 주교들은 듣지 않으려 할 것이다. "로마는 자기에게 가르치는 것을 허용하지 않는다. 로마는 그 역사에 속하며, 자기에게 가르치는 것을 허용하지 않는다. 루터와 교황 레오 10세를 보라." 그리고 히틀러는 3월 23일에 연설했고, 주교들은 자신들의 입장을 번복했다.

> 우리는 그것을 명예로운 후퇴라고 부를 수 없다. 히틀러가 의회에서 말한 것, 그가 이미 말했던 것(심지어 그의 책 ≪나의 투쟁≫에서 말한 것)은 … 국가사회주의자들이 많은 선거 연설에서 말했던 것과 똑같은 것이며, 그들이 신문에 발표했던 것이다. 주교들은 결코 듣고 싶어 하지 않았다. 그러나 이제 그들이 들은 이유는 "제국 총리"와 전쟁하고 싶지 않기 때문이다. 그들이 비난했던 자에게 손을 내밀고, 비록 차갑게 손가락 끝을 내밀었다 해도, 그들은 이전의 발걸음에서도 옳았다는 짧은 말을 한 것이다.[65]

시간의 시험을 견디어낸 마지막 논평에서 가톨릭에 대한 이런 조롱은 이어졌다. "개신교회가 그런 후퇴에서 보호받은 것은 교회 지도자들의 분별력 덕분이었다." 즉 나치 운동을 비판하기를 꺼렸기 때문이다. 이처럼 그들은 히틀러의 손을 단지 손가락 끝이 아니라 따뜻한 손으로 악수할 준비가 되어 있었고, 또한 나치가 "오랫동안 하나의 정당으로부터 민족의 운동으로 성장했음"을 인정했다. "그들은 하느님의 인도 아래 민족운동을 민족 상승으로 격상시킬 수 있었다. 새로 각성된 독일의 역사는 그들의 이름과 뗄 수 없을 것이다."[66] 돌이켜 보면, 독일과 독일인

---

65) "Kirche und Nationalsozialisten," *AELKZ* 66/15 (April 14, 1933), 325-26.
66) Ibid., 326.

은 1945년 이후 "나치"라는 이름과 연결되어 고난을 겪었지만, 전쟁 이후에 개신교인들은 재빠르게 이런 연결성을 부인하려고 했다.

1933년 3월의 사건들 가운데 바티칸의 긴밀한 주목과 상당한 영향 없이 발생한 사건은 하나도 없다. 독일 주교들이 그렇게 행동한 것은 자신들의 새로운 입장이 교황을 기쁘게 할 것이라는 확신에서였다. 그들은 또 자신들이 바티칸과 새로운 독일 정부 사이에 협약을 진척시킬 주도권을 갖게 되기를 예상했을지 모른다. 가톨릭교회와 세속 정부 사이의 협약은 조약으로서, 양편 모두가 인정하는 권리와 특권에 관한 자세한 내용을 밝힌다. 독일이 교황청과 협약을 체결하는 것은 가톨릭의 특별한 관심이었는데, 그 이유는 1918-1919년의 독일 혁명과 민주적인 바이마르 공화국이 교회를 위협한 것처럼 보였기 때문이다. 바이마르 정부의 사회민주주의자들은 교회와 국가의 분리를 주장했고, 교회가 누렸던 과거의 특권을 없애려 했다. 이처럼 위협을 받은 특권들에는 공적 기금(정부가 징수한 교회세를 교회에 분배하여 월급, 건물 유지, 기타 비용에 사용했다)과 가톨릭 학교의 지속, 그리고 세속 학교에서 종교교육을 실시할 권리가 포함되었다.

바이마르 공화국 기간에는 바티칸과의 협약이 이루어지지 않았다. 독일의 선출된 대표자들의 관점과 교회의 입장이 너무 달랐기 때문이다. 그러나 1929년에는 무솔리니의 파시스트 정부와 교황청 사이에 협약이 체결되었다. 또한 바티칸과 독일에서 가톨릭 인구가 가장 많은 세 개의 주(바이에른, 바덴, 프로이센) 사이에도 협약이 체결되었다. 히틀러가 등장하자, 바티칸은 이 개별적 세 개의 주와 체결된 협약이 무효가 되지 않도록 확실히 하기를 원했으며, 또한 독일 전체와 조약을 맺는 더 큰 목표를 달성하기를 희망했다. 히틀러로서는 초기에 바티칸과 외교적인 성과를 내는 명성과 명예에 만족했을 것이며, 또한 수권법이 통과된 후 더 이상 의회의 다수를 만족시키기 위해 협상할 염려가 없어지는 이득이 있었다.

히틀러의 부총리였던 프란츠 폰 파펜이 이 과업의 밀사로 등장했다. 그는 가톨릭 신자로서 "십자가와 독수리"라는 새로운 조직의 회장이었는데, 가톨릭을 친독일, 친나치 관점으로 돌려놓을 계획을 마련했다. 헤르만 괴링이 로마에 동행함으로써 대표단의 무게를 더 했고, 그 둘이 협상 과정을 주도하여 성공을 이끌어냈다. 히틀러의 일차적인 목표는 가톨릭교회를 독일의 정치 세력에서 제거하는 것이었다. 따라서 그는 협약에서 사제들이 더 이상 정당 활동을 하거나 정당에 가입하지 못하게 하는 조항을 주장했다. (여기서 정당은 교회 대표자가 주도적 역할을 했던 중앙당을 뜻했다. 당원을 금지하는 것에 대한 이런 관심이 조용히 사라지게 된 것은 유일한 정당이 나치당이 되었을 때였고, 사제들의 나치당 가입이 허락되었다). 히틀러는 또한 자신이 특정한 종교 활동 이외에는 교회의 기능을 금지하는 방식으로 교회의 기능을 확실히 보장하도록 만들려 했다. 교회로서는 독일 안에 존재할 권리, 그리고 아마도 가장 중요한 것은 가톨릭학교, 신학교, 신학 교수진을 유지할 권리를 확보하는 일이었다. 교황청과의 협약 이후, 학교에서 종교교육을 할 권리는 실제로 증가했으며, 또한 나치 체제가 교회를 재정적으로 지원한 것은 제3제국 시대 동안 계속되었다. 1933년 7월 20일, 최종 문안에 서명하자, 나치즘과 가톨릭 사이에 평화가 달성된 것처럼 보였다.[67]

1933년 7월까지 독일에서 많은 일이 벌어졌다. 3월의 수권법 통과

---

67) Lewy, *The Catholic Church and Nazi Germany*, 57-93; Scholder, *The Churches and the Third Reich, Volume I*; Conway, *The Nazi Persecution of the Churches*; Ludwig Volk, *Das Reichskonkordat vom 20. Juli 1933: Von den Ansätzen in der Weimarer Republik bis zur Ratifizierrung am 10. September 1933* (Mainz: Matthias Grunewald, 1972)을 보라.

이후, 4월에는 유대인 상점 보이콧과 첫 번째 중요한 반유대인 입법인 공무원 정화법이 발표되었다. 공무원 "정화"에는 단지 유대인들만이 아니라 "정치적으로 믿을 수 없는" 자들도 포함되었는데, 이것은 가톨릭 신자들에게도 영향을 끼칠 수 있었다. 이 때문에 곧바로 가톨릭 신자들 사이에서 불평이 터져 나왔다. 사실상 가톨릭에 대한 나치의 박해가 강화된 것은 바티칸과의 협약을 논의하던 중이었다. 더 나아가, 정당에 대한 압박은 6월 말과 7월 초에 정당 해산으로 극에 달했는데, 때로는 명령으로, 때로는 자발적 선택으로 해산되었다. 가톨릭 바이에른 인민당은 7월 4일 해산을 결정했고, 중앙당은 7월 5일 해산했다. 7월 14일에는 나치당 이외의 모든 정당을 금지하는 법이 통과되었다.

이 모든 표징과 경고에도 불구하고, 바티칸은 히틀러 체제와 엄숙한 협약을 체결했다. 물론 가톨릭 집단이 품었던 희망은 그 협약이 과거 몇 달 동안 가톨릭 신자들과 기관들이 겪었던 학대로부터 보호해 줄 것이라는 희망이었다. 그러나 되돌아보면, 그 흥정은 몇 가지 점에서 의심스러웠다. 예를 들어, 그 문서는 교회가 종교 활동을 유지할 수 있다고 명시했지만, 종교 활동에 대한 어떤 정의도 교회의 견해를 보호하지 않았다. 대신에 "모두에게 적용할 수 있는 법 테두리 안에서," "그들의 사목 직분의 모든 문제에서," "그들의 권한 내에서"와 같은 말은 나중에 나치 국가가 그 협약을 자신의 이해관계에 따라 협소하게 해석할 수 있게 만들었다.[68] 또한 그 협약에 의해 보호받게 된 가톨릭 기관의 명단은 합의를 볼 수 없게 되어, 이 중요한 측면을 나중에 협상하게 되었지만, 사실상 해결하지 못했다. 국제적 관찰자들은 즉시 히틀러가 바티칸이라는 대외 정책의 중요 당사자와 관계를 맺음으로써 대성공을 얻었다고

---

[68] Lewy, *The Catholic Church and Nazi Germany*, 80.

간주했다. 협약의 이런 명성을 이용하여 나치 체제는 가톨릭교회가 나치 국가를 승인했다고 공개적으로 해석했다.

도대체 왜, 어떻게 바티칸은 이런 입장으로 기울었는가? 그 협약은 1918년 이후 가톨릭의 목표에서 정점을 찍은 것이었다. 더 나아가, 4년 전에 바티칸이 무솔리니의 이탈리아와 최종 협약을 맺은 것은 적극적 모델인 것처럼 보였다. 이런 이유들로 바티칸은 경고하는 표징들을 간과했을 것이다. 그러나 1933년에는 바티칸 내부에 나치 독일을 맹신한 사람들이 있었다는 사실을 주목할 필요가 있다. 2월에 뮌헨의 대주교 파울하버가 로마를 방문한 후, 그는 교황 비오 11세가 "총리 아돌프 히틀러가 공산주의에 맞선 것에 대해 공개적으로 찬양했다"고 보고했다.[69] 베를린의 한 관찰자였던 조지 슈스터는 로마 교황 대사 체사레 오르세니고가 히틀러의 권력 장악에 대해 "솔직히 환호했다"고 보고했다.[70] 교황청의 중요 인물들, 즉 비오(Pius) 11세, 오르세니고, 나중에 교황 비오 12세가 된 교황청 국무장관 대주교 파첼리 모두 공산주의보다 파시즘을 선호했고, 스탈린의 러시아보다 히틀러의 독일을 선호했으며, 스페인 공화국보다 프랑코의 스페인을 선호한 것에 대해 의심할 이유가 별로 없다.[71] 전쟁 이후 많은 관찰자는 바티칸이 1933년에 악한 체제와 협약을 맺은 것이 악보다 선을 더 많이 얻을 수 있을 것이라는 희망을 품고, 그 진정한 본능에 반대해 행동했다고 보려는 유혹을 받았다. 이런 유혹을 받는 것은 특히 나치 국가에 대한 전후 평가에서 뒤늦은 생각을

---

69) Ibid., 30-31.

70) Ibid., 27.

71) Hilari Raguer, *Gunpower and Incense: The Catholic Church and the Spanish Civil War* (Abingdon, UK: Routlege, 2006). 이 책은 바티칸과 스페인 가톨릭교회가 내전 초기에 스페인 공화국에 대해 흔히 생각했던 것보다 훨씬 유연했다고 주장한다. 비록 가톨릭 신자들 대부분은 프랑코의 승리를 환영하고 지지했다는 것은 사실로 남아 있지만 말이다.

받아들였기 때문이다. 그러나 1933년에 바티칸은 히틀러와의 관계를 필요악이 아니라 적극적 선으로 보았다고 상상할 수도 있다.72)

1933년 7월 말까지는, 가톨릭이 나치 체제를 반대하던 것에서부터 지지하는 것으로 돌아선 다섯 달 동안의 전환이 완성된 것처럼 보였음이 틀림없다. 이런 "동굴 탐험"은 다음 두 가지 조건에서는 설명할 수 없는 것처럼 보인다. 우리가 (1) 만일 가톨릭교회가 도덕적 기본 가치를 옹호했다고 생각한다면, 그리고 (2) 만일 나치 체제의 부도덕과 범죄에 대한 나중의 인식과 민감성에 영향을 받는 조건에서는 그것을 설명할 수 없다. 그러나 만일 우리가 1933년의 가톨릭의 눈으로 보려 한다면, 그 전환점과 히틀러 체제를 받아들인 것이 덜 놀라울 것이다. 가톨릭 중앙당이 수권법을 승인함으로써 히틀러의 독재를 열어준 행동, 독일 주교들이 나치당에 대한 단죄를 철회한 행동, 그리고 바티칸이 나치 체제와 협약을 맺은 행동 모두를 이해하기 위해서는, 나치당과 히틀러의 지도력에는 가톨릭교회에 매력적 요소들이 포함되어 있었다는 사실을 인식해야만 한다. 이 세 집단 가운데 어느 하나도 나치를 감당할 수 없게 비난하고 싶지는 않았다. 세 집단은 각각 나치 체제와 공동으로 일하기를 주저하게 만드는 것을 누그러뜨릴 충분히 매력적인 특징들을 발견했다. 그런 현실을 인정하고 이해해야만 그 세 가지 사건이 말이 된다. 우리가 나중에 판단해 볼 때 그들은 악마와 놀고 있었다. 그러나 당시 그들의 관점은 그렇지 않았다.

---

72) 바티칸과 히틀러 및 나치 국가의 관계에 대한 연구는 매우 많고, 열정적이며, 요약하기가 거의 불가능하다. Gerhard Besier, *The Holy See and Hitler's Germany* (London: Palgrave Macmillan, 2007, 원제는 *Der Heilige Stuhl und Hitler-Deutschland*, Munich: Deutsche Verlags-Anstalt, 2004). Michael Phayer, *Pius XII, the Holocaust, and the Cold War* (Bloomington: Indiana University Press, 2007); *The Catholic Church and the Holocaust, 1930-1965* (Bloomington: Indiana University Press, 2001).

1933년에 가톨릭과 개신교 사이에는 많은 차이점이 있었음을 지적할 수 있다. 가톨릭은 독일에서 소수였다(비록 몇몇 지역에서는 가톨릭이 큰 소수로서 다수의 지위를 누렸다).73) 이들 가톨릭은 국제적 조직의 멤버들이었고, 가톨릭 교회는 나치 운동의 특정 강령에 반대하는 입장을 취했다. 개신교인들은 그들의 입장에서 철저히 자랑스러운 독일인이었고, 마르틴 루터를 독일 민족의 영혼의 심지라고 주장했다. 그들은 나치당의 등장에 대해 훨씬 개방적이었으며, 신자들이 당원이 되는 것을 방해하지 않았다. 그러나 1933년의 사건들에 대한 그들의 반응에서는 가톨릭과 개신교 사이에 차이가 없었다. 그들 각각은 나치의 정치적 선물꾸러미의 큰 요소들을 승인할 준비가 되어 있었다. 그들 각각은 우파 체제는 환영했지만, 좌파로 기우는 것은 반대했다. 그들 각각은 반공을 장담하는 거의 모든 체제를 지지할 태세였다. 아무도 개방적이며 민주적이며 다원적인 바이마르 공화국에 대해 폭넓게 공감하지 않았다. 아돌프 히틀러의 호전적인 군사주의를 환영한 이들 기독교인들은 제1차 세계대전의 결과와 그 여파로 인해 고통을 겪고 있었으며, 나치 이데올로기의 노골적이며 공격적인 반유대주의에 대해 전혀 심각한 범죄처럼 느끼지 않았다. 로마 교황 대사 체사레 오르세니고뿐 아니라 독일의 대다수 기독교인도 1933년의 사건들에 대해 환호했던 것처럼 보인다.

---

73) 앞에서 지적한 것처럼, 가톨릭은 독일 인구의 약 1/3이었으며, 오스트리아 병합 이후에는 약 40%였다. 또한 독일의 특정 지역에서는 가톨릭이 다수였기 때문에 독일에서 가톨릭의 소수자 지위는 일차적으로 프로이센의 매우 많은 개신교 인구 때문이었음을 지적할 필요가 있다. 이와 반대로 1% 미만의 유대인은 말 그대로 소수였다.

3장

대학들과 히틀러의 등장

사람들은 흔히 대학은 좌파라고, 즉 좌파 교수들과 사회운동가 학생들의 특징적인 입장이라고 생각한다. 이런 고정관념은 특히 1960년대 미국과 유럽의 캠퍼스 운동 사례들에 뿌리 박은 것으로서, 결코 전적으로 정확했던 적은 없으며, 캠퍼스, 지역, 국가, 시대에 따라 많이 달랐다. 그러나 제1차 세계대전 이후 독일 대학들의 경우에는 그것과 다른 고정관념에서 출발하는 것이 나을 것이다. 독일 교회와 마찬가지로, 대학들도 대부분 우파 입장으로서, 기존 질서, 특권 계급, 보수적 민족주의를 대표했다. 많은 교수는 빌헬름 황제 치하에서 자신들의 경력을 시작했다. 그러나 새로 임용된 교수들조차 흔히 독일 국가의 지배층과 동일시하는 개인들로서, 1918년의 냉혹한 절망적 분위기에서 권리를 침해당했다고 느꼈고, 고통을 겪는 독일의 다른 애국자들과 함께 어울렸다.[1] 그들 중 많은 교수는 빌헬름 2세 치하(1888-1918)의 "황금시대"에 대한 기억을 간직했으며, 바이마르 공화국의 민주주의적 이상을 찬양한 교수는 별로 없었다. 학생들 역시 특권 계급, 즉 높은 학업성취의 좁은 문을 통

---

1) 예외도 있었다. 예를 들어 수학과 자연과학 분야에서는 이데올로기가 덜 흔들었다. 또한 바이마르 공화국의 보다 자유로운 문화적 정치로 다른 분야에서도 덜 보수적인 교수 임용이 있었다. 이것은 나중에 나치 정부가 많은 교수를 해임한 것을 설명해 준다.

과한 집단이지만, 보통 가족의 특권과 돈으로 성공한 집단을 대표했다.

대학의 이런 보수적 집단이 나치당을 의심의 눈으로 바라본 것이 당연했을 것이다. 히틀러 자신은 고작 8년의 교육을 받았을 뿐이다. 더군다나 나치의 세계관은 노골적으로 사상보다 행동을, 합리적 탐구보다 감정을 추켜세웠다. 나치들은 "상아탑의 지식인들"을 비판했으며, 또한 그들이 권력을 장악했을 때, 대학생들과 젊은 교수들에게 군사 훈련과 이데올로기 훈련과 더불어 고된 육체적 문화를 단련시키는 엄격한 야영 교육을 제도화하기 시작했다.2) 그러나 나치 운동에는 반지성주의가 있었음에도 불구하고, 우리는 독일 대학들에서 아돌프 히틀러에 대한 엄청난 열광주의를 발견한다. 심지어 히틀러가 권력을 장악하기 전부터 학생조직들은 흔히 나치로 돌아섰고, 1933년에는 상당수 교수가 히틀러의 권력 장악을 환영했다. 다른 각도에서 보면, 우리는 대학들에서 반대한 증거를 거의 찾을 수 없다. 아마도 가장 유명한 사례는 뮌헨대학의 "백장미단White Rose"으로서, 이들은 용감하지만 작고 비효과적인 저항자 집단이며, 나중에 5장에서 살펴볼 것이다. 1933년에 독일 대학의 가장 중요한 이야기는 독일의 "재탄생"3)에 대한 열광적 이야기다.4)

---

2) 그런 야영 훈련에 관해서는 Hans-Joachim Dahms, "Einleitung," in Heinrich Becker, Hans-Joachim Dahms, Cornelia Wegeler, eds., *Die Universität Göttingen unter dem Nationalsozialismus*, 2nd, enlarged edition (Munich: K. G. Saur, 1998), 50-51을 보라.
3) 역자주: "재탄생"에서 중요한 것은 베르사유 조약의 조건을 수정하는 것, 독일의 영광을 되찾기 위한 경제성장과 재무장, 유대인들의 영향력을 제거하는 것, 좌우-노사 대결과 사회적 혼란을 없애는 것이었는데, 히틀러는 이런 것들을 약속했다.
4) 나치 시대의 특정 대학교에 대한 연구에는 앞의 각주 1에서 말한 괴팅겐대학교에 대한 연구가 있는데, 그 연구에는 나도 참여했다. 그 후 대부분의 또는 많은 독일 대학교가 자신들의 나치 시대를 논문, 편집본, 또는 시리즈로 다루었다. 그런 책 가운데 영어로 된 중요한 책은 Steven Remy, *The Heidelberg Myth: The Nazification and Denazification of a German University* (Cambridge, MA: Harvard University Press, 2002)이다.

1933년의 배경: 대학에서의 독일 민족주의

나치의 모든 일이 그렇듯이, 제1차 세계대전의 용광로 속으로 들어가게 된 배경을 찾아보는 것이 도움이 된다. 1914년 8월, 전쟁이 처음 시작되자, 많은 애국적 대학생이 기쁨과 열광 속에 모병소로 몰려갔다. 그들은 1914년 가을에 너무 많이 죽었기 때문에, 어떤 사람들은 한 세대 전체를 잃었다고 말했다. 많은 젊은 교수도 학생들과 함께 군대와 최전선에 가담했다. 심지어 유명하며 완전히 중년 나이가 된 역사가 카를 브랜디Karl Brandi도 현역에 지원할 정도였다.

1868년 오스나브뤼크(독일 북서부 니더작센주) 인근에서 태어난 카를 브랜디는 1902년에 괴팅겐대학교 종신교수가 되었다.5) 그는 합스부르크 황제 찰스 5세의 전기를 써서 세계적인 인정을 받았으며, 1930년대 초에 국제역사학회 부회장으로 복무했다. 제1차 세계대전이 발발했을 때 그는 이미 46세였지만, 육군 장교로 지원하여 철십자 훈장 1급과 2급 모두를 받았다. 그의 문서들에는 최전선 배후에서 알자스와 로렌 지방을 방어할 임무를 받았을 때의 첫 반응을 기록한 21페이지짜리 일기가 들어 있다. 그 지역은 프랑스 영토였다가 1871년 프랑스-프로이센 전쟁으로 독일 영토가 되었다. 브랜디가 이 지역에 배치된 것에 대한 그의 생각은 우리에게 당시 독일인의 정체성과 유럽에서 독일의 위치에 대한 첫 번째 관점을 제공해 준다. 즉 그는 지역 사람들이 무엇을 선호하든 간에, 크고 강력한 독일을 원했다.

그래서 예를 들어, 우리는 브랜디가 1914년 가을에 알자스와 로렌

---

5) 괴팅겐대학교 도서관의 *Handschriftkammer*에서 Brandi *Nachlass* (이후에는 BN)를 보라. 이 정보는 파일 127,6에서 얻은 것인데, 여기에는 브랜디의 60회 생일에 관한 신문 기사도 포함되어 있다.

지방 주민들이 여전히 프랑스인 정체성을 지니고 있다는 것에 관심을 가졌음을 볼 수 있다. 그는 어느 소령과 함께 일흔 살 먹은 삐에롱 부인 집에 체류했는데, 그 부인은 그들에게 독일어로 말하려고 **노력조차** 하지 않았다. "이것이 독일 영토에서 여전히 벌어지는 일이다."6) 자기 부대에 관해서는, "그들이 여전히 독일 안에 있다는 사실을 완전히 파악하지 못하는 이유는 우리 주변에 모두가 프랑스어만 말하는 사람들이 있기 때문이다"라고 썼다.7) 그는 독일의 미래를 위해 철강 산업이 중요하다고 보았지만, 그것을 완전히 독일의 문화 영역 안에서 확보할 수 있을지 의아해했다. "국적을 바꾸는 문제는 내가 보기에 처음부터 이 전쟁의 가장 중요한 질문이며, 그것으로부터 생겨날 새로운 상황의 문제인 것처럼 보였다."8) 그는 스위스처럼 하나 이상의 언어가 소통되는 국가들에 관해 생각했지만, 자의식적이며 자신들의 유산에 대해 자부하는 프랑스 국민의 강력한 문화적 영향을 두려워하기도 했다. 그는 예를 들어, 인근 마을의 늙고 부유한 미망인 대지주를 묘사했다. 알자스와 로렌이 마지막으로 프랑스 영토였던 1870년에 그녀는 스무 살이었지만, 그녀의 모든 문화적 기반은 프랑스에 속했다. 그녀는 여행도 많이 했고, 논리적이며, 인상적이었지만, 문화적 색조는 여전히 자기 공동체에 속해 있었다. "독일 행정부는 그런 영향에 맞서서 무엇을 시작할 수 있겠는가?"9)

브랜디는 결론짓기를, 알자스와 로렌 주민을 독일인으로 바꾸는 데 몇 세대가 걸릴 것이라고 했다. 더 나아가, 그는 독일 국민 모두가 그 과제를 수행하기에 적합하다고 확신하지 못했다. 그는 약간 어수선하게

---

6) Karl Brandi, BN 127,2, *Privattagebuch*, I.
7) Ibid., 4.
8) Ibid., 9.
9) Ibid., 10.

"나의 소령은 오랫동안 말을 타지 않았고, 내 옆에서 매우 불안해하면서 말을 탔다"고 썼다.10) 그는 그 지역에 처음 배치된 바이에른(독일 중남부) 출신 군인들을 개탄하면서, 그 지역 주민들이 고통을 겪은 것은 "바이에른 사람들이 … 마치 외국 땅에 온 것처럼 느껴서, 우리는 처음에 그 상처들을 치유해야만 했다"고 썼다.11) 그러나 그는 낙관적이었다.

그러나 전쟁은 이런 상황에 맞서는 것이며, 기적을 일으킨다. 가족들과 아이들은 함께, 이번 주에 과거 몇 년보다 더 많은 독일어, 더 많은 독일적 감수성, 독일의 긍지를 배웠다. 그들은 우리 군대가 자신들의 장소와 들판을 보호하고 있음을 안다. 비록 다른 곳에서는 전쟁의 공포가 퍼져나가고 있지만, 그리고 심지어 그것이 자신들의 의지와 반대되는 것이라 할지라도, 그들은 이것이 축복임을 인정한다. … 전쟁 초기의 공포와 특히 바이에른 출신 젊은 군인들의 공포는 지나갔다. 북부 독일의 편안함과 안락함이 퍼지고 있다.12)

그는 알자스와 로렌으로부터 시야를 넓혀 전쟁 전체에 관해 이렇게 말한다.

다시 제국의 방대한 지역으로 시선을 돌리면, 적들이 없고 전쟁의 수고가 없이 깨끗하며, 우리의 무기가 성공한 것은 나에게 계속해서 특별히 감탄할 만하며, 전망도 풍성하게 보인다. … 제국과 오스트리아에서 독일 문화와 독일 국가를 보전할 방법은 이 전쟁을 마지막까

---

10) Ibid., 1.
11) Ibid., 4.
12) Ibid., 11.

지 싸우는 방법 외에는 없다. … 누가 권력을 장악하든 문화의 길을 지시하고, 그 모든 업무를 자유 안에서 성취할 수 있다.13)

제1차 세계대전 초기에 브랜디가 쓴 이 일기에서 우리는 어떤 의미를 발견할 수 있는가? 첫째로, 그는 성공한 역사가였다. 그는 매우 유명한 괴팅겐대학교에서도 가르쳤는데, 이 대학은 1737년에 설립되었고, 한 세기 후에는 "괴팅겐 7인"으로 유명해졌다. 이들은 그림Grimm 형제를 포함한 일곱 명의 교수로서, 하노버의 왕 에른스트 아우구스트와 학문적 자유와 정치적 자유를 놓고 언쟁을 벌여 순교자들이 되었다.14) 1920년대에 들어서는 괴팅겐대학교가 아마도 세계에서 가장 유명한 수학과 물리학 교수진을 가졌을 텐데, 록펠러 재단이 상당한 기금을 댄 것에서 알 수 있다. 다른 분야에서도 괴팅겐은 막강했다. 따라서 브랜디와 그의 대학은 독일 학계의 실질적인 대표자들로 볼 수 있다. 우리가 카를 브랜디의 전쟁 일기에 나타난 그의 애국심을 볼 때, 그것은 참전국 양편 모두의 군인들 사이에서 볼 수 있는 일반적 양상이었을 것이다. 우리는 지방에 대한 그의 편견, 즉 확고한 북부 독일인이 바이에른 지방 출신을 낮은 계층으로 간주한 것을 볼 수 있다. 또한 독일 국경지대를 다시 독일의 군사적 영토로 확장하려는 냉정함—비록 그 지역 주민들을 원래 사용하는 언어와 문화로부터 떼어내는 것에는 여러 세대가 걸릴 것이지만—도 볼 수 있다.

---

13) Ibid., 12-13.
14) 1837년, 에른스트 아우구스트는 하노버 왕국 군주가 되었다. 하노버 왕국의 법은 여성 통치자를 금했고, 따라서 적법한 계승자인 그의 질녀 퀸 빅토리아는 아버지인 영국의 윌리엄 4세의 왕위를 물려받지 못했다. 에른스트 아우구스트는 또 다른 퇴행적 조치로 1837년에 헌법을 폐지하여, 결국 하노버에 민주주의를 시작했다. "괴팅겐 7인"이 공개적으로 항의하자, 그들은 해직되어, 독일과 유럽 전역에서 학문적 자유와 정치적 권리의 상징이 되었고, 괴팅겐대학교는 곧 그 명성을 얻게 되었다.

브랜디는 독일 학계에서 혼자가 아니었다. 예를 들어, 다양한 분야의 교수들이 전쟁을 지원한 것은 1915년에 "곤경의 시대에 독일인의 연설"이라는 제목으로 출판되었다.15) 그 기고자들은 독일 정신의 위대함을 찬양하고, 독일 지도자들이 인류의 향상을 위한다고 주장하고, 독일인들이 유럽 대륙의 큰 중심부를 획득할 권리가 있다고 말했다. 나중에 독일이 전쟁에서 얻게 될 잠재적 열매를 고려한 교수들의 열광적인 환상을 설명하면서, 헬무트 하이버는 "노르망디(파리 북서 지방)와 켄트(런던 동남부 지방)는 빼앗을 국경선으로 추천하고 논의할 가치가 있다. 폴란드와 부르고뉴(프랑스 동부)처럼 인근 지역은 당연히 차지할 지역이었다"고 말한다.16) 이런 소모전이 2~3년 계속된 후, 양편의 시민들 가운데 일부는 전쟁보다 평화가 낫다고 주장하기 시작했다. 전투에서 손실과 참상을 경험했음에도 불구하고, 얻은 것은 전혀 없었다. 이들 평화 옹호자들은 평화 협상을 통해 단순히 유럽을 전쟁 이전의 국경선으로 되돌리면 −죽음의 냄새가 공기 중에 배어 있는 한 가능하다− 학살을 끝내고, 과거의 상황으로 되돌릴 수 있다고 주장했다. 평화 옹호자들은 대부분 좌파였지만, 이들을 큰 소리로 눌러버린 것은 승리의 열매를 상상하는 데 시선을 고정했던 정치인, 애국자, 학계의 "전문가들"이었다.

전후 베르사유 조약(1919년 6월)은 독일의 확장 계획을 되돌려, 알자스와 로렌 지방을 프랑스에 돌려주고, 독일의 식민지를 박탈하고, 폴란드를 다시 창조하고, 과거에 독일, 오스트리아, 러시아가 차지했던 땅을 체코슬로바키아 영토에 편입시켰다. 이런 영토 탈취는 단순히 앞에서 설명한 독일인들의 계획을 반영했다. 더 나아가, 베르사유 조약은 독일

---

15) *Deutsche Reden in schwerer Zeit*, Vol. 1-2 (Berlin: Carl Heymanns Verlag, 1915).

16) Helmut Heiber, *Universität unterm Hakenkreuz, Teil I, Der Professsor im Dritten Reich* (Munich: K. G. Saur, 1991), 31.

이 1년 전에 브레스트 조약에서 국경선을 새로 그리도록 강제했던 것에 맞먹을 정도였는데, 브레스트 조약에서 레닌의 새로운 소련은 제1차 세계대전에서 철수함으로써 평화를 위해 땅을 포기했다. 그러나 1920년대에는 호전적인 독일 학자들이 기억상실증에 걸려, 자신들의 공격적이며 팽창주의적 승리를 위한 계획을 망각했다. 대신 그들은 어떤 팽창주의 전쟁 목표에서도 독일은 죄가 없다고 선언하고, 베르사유 조약이 독일을 희생시킴으로써 유럽 국경선을 재조정했다고 공격했다. 베르사유 조약에 대한 이런 공격은 전쟁의 여파 속에 독일 전역의 충격과 분노 상황에서 놀랍지도 않고, 반드시 틀린 것도 아니었다. 학자들은 흔히 자기 국가를 방어하며, 역사가들도 흔히 증거를 걸러내고, 올림퍼스산 높이에서 바라보기보다는 한편의 주장을 옹호하기 위해 증거를 찾아냄으로써 주창자의 역할을 하도록 유혹을 받는다. 그러나 나치의 참상에 비추어 볼 때, 우리가 이 질문을 더 깊이 파고들고, 나중 사건들과의 연결점을 찾는 것은 정당하다.

50년 후, 즉 제2차 세계대전이 끝나고 20년이 지나고, 또한 브랜디가 그의 일기에서 제1차 세계대전의 의미를 숙고하고, 독일 교수들이 팽창을 위해 웅대한 계획을 마련한 후 오랜 세월이 지나, 프리츠 피셔는 놀라운 책을 발표했다. 이 책은 나중에 영어로 번역되어 ≪제1차 세계대전에서 독일의 목표≫[17]라는 제목으로 출판되었는데, 역사가들과 독일의 일반 대중 모두에게 큰 선풍을 일으켰다. 많은 사람이 격하게 반응하여, 본질적으로 피셔를 국가의 배반자라고 불렀다. 피셔는 제1차 세계대전 중에 독일 지도자들이 팽창을 승인했다는 증거를 인용했지만, 그것을

---

[17] Fritz Fischer, *Germany's Aims in the First World War* (New York: Norton, 1967). 원래는 *Griff nach der Weltmacht: Die Kriegszielpolitik des Kaiserlichen Deutschland 1914/1918* (Düsseldorf: Droset Verlag, 1961)로 출판되었으며, 그 제목에서 세계 패권을 위한 "장악"을 강조했다.

"세계 패권"을 향한 추세라는 맥락 속에 넣었다. 다시 말해, 그는 제1차 세계대전에서 독일의 목표와 제2차 세계대전에서 독일의 목표 사이의 연결성이라는 달갑지 않은 끈을 발견했다. 첫 번째에서 독일인들은 카를 브랜디와 그의 동료 교수들이 설명한 종류의 목표를 성취하기를 희망했다. 즉 독일은 제1차 세계대전을 이용해 영토를 장악하고 유럽에서 그 세력을 확장해야 한다는 것이었다. 피셔가 물의를 일으킨 것은 독일인들이 거의 50년 동안 그와 반대되는 것을 주장해 왔기 때문이다.

베르사유 조약이 연합국이 입은 "모든 손실과 피해를 초래한 책임"을 독일에 부과했을 때, 독일인들은 그것을 "전쟁죄 문구War Guilt Clause"라고 불렀다.18) 당시 독일 역사가들은 독일이 죄가 없으며, 팽창을 위해 공격적인 전쟁을 할 계획이 없었고, 단지 적국들 때문에 전쟁에 말려들었을 뿐이라고 주장하려고 했다. 1945년 이후, 독일인들은 이 주장을 밀어붙일 또 다른 동기를 찾았는데, 그들은 나치 시대의 공격과 팽창을 하나의 일탈로 고립시켜, 전형적으로 독일만 그런 것이 아니었다고 주장하고 싶어 했다. 이것은 또다시 제1차 세계대전에서 독일의 행동을 죄가 없는 것으로 만들 것을 요구했다. 만일 1945년 이후 독일인들이 나치 범죄로부터 자신들을 완전히 벗어나게 만들려면, 그들은 자신과 타인들에게 어떤 군사적 또는 공격적 정신이 독일인의 삶과 문화를 특징짓지 않는다는 점을 확신시킬 필요가 있었다.

프리츠 피셔는 그 모든 것에 대해 의문을 제기했다. 영국의 역사가 제임스 졸James Joll은 피셔의 책 영어판을 소개하면서, 그 논쟁이 약간 부풀려졌을 수 있다는 온건한 견해를 표명했다. 피셔는 사실상 독일에

---

18) 전쟁죄 문구와 기타 베르사유 조약 논란에 대한 분석을 위해서는 Sally Marks, *The Illusion of Peace: International Relations in Europe, 1918-1933*, 2nd ed. (New York: Palgrave Macmillan, 2003); Margaret MacMillan, *Paris 1919: Six Months that Changed the World* (New York: Random House, 2003)을 보라.

서 공격적인 제1차 세계대전의 목표에 대한 증거를 발견했으며, 이것은 전후에 죄가 없다는 주장과 반대되는 것이었다. 그러나 제임스 졸은 대영제국이나 기타 참전국들의 문서보관소를 비슷한 방식으로 면밀하게 조사하면, 호전성의 비슷한 사례들을 발견할 것이라고 주장했다. 전쟁은 단순히 흑백, 선악의 윤곽으로 뚜렷하게 그릴 수 없다. 제1차 세계대전과 연관된 죄와 위선은 많은 국가가 함께 나누어져야 할 만큼 충분했던 것처럼 보인다. 그러나 독일에서 그 후 일어난 사건들은 우리가 평가하는 데 중요한 차원을 덧붙여준다. 독일이 패전했기 때문에 달라진 환경에서 호전성이 사라지지 않았고, 또한 쓰라린 원한의 깊은 상처에서 호전성이 곪게 되었다. 더 나아가, 히틀러가 권력을 장악한 것이 독일에서였으며, 홀로코스트를 자행한 것이 독일인이었기 때문에, 카를 브랜디와 기타 대학교수들의 태도, 그리고 프리츠 피셔가 공격적인 전쟁 목표의 증거를 발굴한 것에 대해 우리가 특별히 주목하는 것이 마땅하다.

또다시 카를 브랜디 이야기는 흥미롭고 중요한 사례 연구를 제공해준다. 첫째로, 그는 이미 제1차 세계대전 이전에 원숙한 학자로서, 그의 저술은 세계적 명성을 얻었고, 괴팅겐대학교에서 지위를 확보한 상태였다. 그는 독일 역사학계 지도자로서 국제적으로도 매우 존경을 받았다. 끝으로 그는 놀랍도록 온건하며 심지어 민주주의적 입장을 가진 정치적 인물이었다. 그는 독일인민당(DVP)에 가입했는데, 이 당은 비록 보수적이며 민족주의적이었지만, 나치당의 좌편에 위치했다. 이 당은 예를 들어, 바이마르 공화국에서 기꺼이 연립정부에 참여하려 했다. 브랜디는 괴팅겐 지역의 당 지도자였으며, 선출된 대표로 주 의회에서 복무했다. 카를 브랜디가 예순네 살 때 히틀러가 권력을 장악했지만, 그는 여전히 지적으로 왕성했고, 그의 능력과 정치적 성향에서 나치 국가에 맞설 학자의 위치에 있었다. 그러나 그 이후의 사건들은 그가 그런 역할을 하지 않았음을 보여준다.

바이마르 시대 후기의 한 문제가 보여주는 그 연결성의 사례는 마침내 브랜디를 히틀러와 나치에게 더 가깝게 다가가도록 만든 사례였다. 그것은 브랜디가 초기에 알자스와 로렌 지방에 대해 생각했던 것과 흥미로운 비교를 보여주기도 한다. 그는 독일 군대가 그 영토를 점령한 후에 프랑스 문화 속에 사는 주민들을 강제로 독일인으로 만들었어야 했다고 주장했다. 그러나 그가 전쟁 후에 동부에서 똑같은 이론적 질문에 봉착했을 때, 그는 매우 다른 대답을 내놓았다. 새로 세워진 폴란드 국가는 최근까지 독일 영토였던 지역을 포함했으며, 독일인과 폴란드인 정체성이 복잡하게 뒤섞여 있었다. 이 경우에 브랜디는 그가 전체 독일, 또는 그가 이 주제에 대해 보여준 열정으로 볼 때 심지어 "거룩한 독일"로 계속 간주한 영토에서 폴란드가 폴란드어와 문화를 양육할 권리를 부정하는 데 열심이었다.

브랜디는 이제 폴란드의 통제 아래 편입된 과거 독일 지방들에 관한 재료들, 즉 지도, 신문, 팸플릿, 책을 포함해서 재료들을 수집했다.[19] 이런 재료들은 어느 신문이 이름 붙인 것처럼 "거룩한 동부 지방*Heilige Ostmark*"을 다룬 재료들이다. 그 신문은 1925년에 설립된 조직인 "독일 동부에서 최대의 비상사태 시대에"라는 조직을 위한 대변자였다. 브랜디는 그 재료들에 근거해서 "동부에 대한 우리의 권리"라는 강의를 준비해서 1927년 9월에 발표했다.[20] 1929년, 베르사유 조약 10주년에, 그는 그 조약을 기념하는 대중 강연을 괴팅겐에서 하도록 선택되었는데, 그의 목적은 기념이라기보다는 그 조약의 불의를 공격하는 것이었다.[21]

---

19) 이런 재료들이 담긴 상자는 BN 75이다.
20) BN 74, #2. 1927년 9월 24일 자, 손으로 쓴 15페이지 원고.
21) Karl Brandi, *Versailles 28. Juni 1919: Rede vor der Göttinger Studentenschaft*

그해에 브랜디는 자신과 같은 생각을 가진 동료를 역사학부 교수진으로 받아들였다.

퍼시 스람Percy Schramm은 1894년에 태어나 1929년에 괴팅겐에 왔는데, 거기서 그는 처음으로 위대한 카를 브랜디의 그늘에 섰다. 카를 브랜디는 27년 전에 괴팅겐에 왔다. 그러나 스람 역시 국제적 명성을 얻은 역사가가 되었다. 사실상, 그가 초기에 중세 문화와 정치사를 결합한 것은 그를 20세기 중세 연구의 중요한 학자로 만들었다.[22] 그는 또 영국 왕을 둘러싼 예복과 종교의례에 관심을 가진 것 때문에 1953년 엘리자베스 여왕의 대관식에 초대받았다. 그는 제2차 세계대전 중에 군대 고위 지휘부를 위해 "전쟁 일기"를 쓴 것으로도 유명해졌다. 스람은 30대 중반 나이에 괴팅겐에 젊은 교수로 부임한 후 곧바로 학생들 사이에서 인기를 증명했다. 이것을 매우 분명하게 보여준 것은 그가 카를 브랜디의 "동부 지방Ostmark" 버스에 올라탄 것이었다.

1931년 2월, 브랜디와 스람은 독일과 폴란드 관계에서 쓰라린 부분의 10주년을 주목했다. 1921년 3월 20일, 북부 실레시아(폴란드 남부 지방) 주민들은 자신들의 민족적 선호에 관해 투표할 기회가 주어졌는데, 60%는 독일과의 재결합을 선택했다. 그러나 당시 북부 실레시아 모두를 양도하지는 않았다. 오히려 양편 모두의 폭력과 복잡한 투표 결과에 근거해서 – 전체적으로는 독일인이 다수였지만, 어떤 지역에서는 폴란드인이 다수였다 – 국제연맹 이사회는 결국 그 영토의 약 1/3을 폴란드에게 주었는데, 가장 산업화되었고 석탄이 풍부한 지역이 포함되었다. 당시 많은 독일인이 분노하게 되었으며, 전체 국민투표 결과를 존중하

(Göttingen: Göttinger Studentenschaft, 1929).
22) 이 주장은 Norman Cantor, *Inventing the Middle Ages* (New York: William Morrow and Co, 1991).

지 않았다고 주장했다. 1931년에 브랜디와 스람은 그 투표 10주년을 맞아, 처음으로 "동부 지방 대학교 주간"을 설정하고, 브랜디가 주강사를 맡았다. 이것은 독일 학생들 사이에 "동부 지방에 대한 사랑과 충성"을 장려하고 "민족과 제국을 위한 동부 지방의 중요성"을 보여주기 위해 기획한 것이다. 한 대학 신문은 이 사건에 관해 호전적인 시를 게재했다.

"오데르(현재 체코)는 폴란드 국경이 될 것이다"
그러나 우리는 거룩한 아니오!를 외친다.
우리는 고향과 명예와 조국을 위해
분쟁 중인 형제 여러분에게 손을 내민다.
폐허에서 새로운 것이 솟아난다면
독일은 동부에서 결코 시들지 않을 것이다.
독일의 형제들은 단 하나의 명령만 듣고 있나니
동부를 구원하라, 동부 지방이 필요하다.[23]

이 첫 번째 기념식과 학습에서 많은 활동이 비롯되었다. 다른 대학교들도 그 아이디어를 이용해서 비슷한 주간을 설정했다. 그 후 스람은 1931년 8월 버스 투어를 계획하여, 과거 독일 영토였지만 당시 폴란드 영토가 된 지역 출신 학생 33명을 데리고 14일 동안 여행을 했다. 나중에 그가 작성한 보고서에서 그는 이렇게 말했다.

폴란드가 바다에 접근할 수 있는 지역을 "되찾았다"고 선전하는 것은 심각한 경고다. 만일 지금 대학들이 당면한 일에 복무한다면, 그

---

[23] *Göttinger Hochschul-Zeitung*, Feb. 1, 1931.

것은 동부[물론 독일인들에 의해]에서 감사함으로 환영받을 것이다. 그러나 단지 시작만 했을 뿐이다.24)

이어서 스람은 독일의 목표가 "모든 독일 학생이 한 번은 동부에!"가 되어야 한다고 주장했다. 교사들만 아니라 다른 직업인도 그런 투어를 이끌어야 한다. "이 여행 목표를 위한 선전은 사실상 훨씬 적극적으로 추진할 수 있다."25)

브랜디는 1932년 4월에 스람과 함께 당시 폴란드에 속한 글리비체를 여행했다. 한 독일어 신문은 그 둘의 큰 사진과 함께 그들의 방문을 축하하면서, 두 학자가 "동부 지방에 관한 지식을 전파하는 혁혁한 활동"을 했다고 치하했다.26) 두 학자는 동부의 잃어버린 영토에 초점을 맞추어 1932년 괴팅겐에서 연례 "역사가의 날"을 주관했다. 역사학계의 이 연례회의에 대한 역사는 그 결과를 이렇게 묘사했다. "괴팅겐의 강연 프로그램의 일방적 주제는 틀림없이 이 모임의 거의 가차 없는 정치화의 신호였다. 이 모임 이전에 어떤 역사가의 날도 '민족 전체에 대한 봉사,' 동부 지방에 대한 봉사를 위해 그처럼 준비된 적이 없었다."27)

두 달 후 1932년 후반에 브랜디가 쓴 편지는 동부에서 잃어버린 독일 지방에 대한 그의 의욕이 어느 정도였는지를 보여준다. 그는 그단스

---

24) "Bericht über die Ostpreussenfahrt Göttinger Studenten, vom I.-14, August 1931," in *Personalakten Schramm*, File I, p. 82, in the Göttingen University Archive.
25) Ibid.
26) "Oberschlesienreise von Geh.-Rat Dr. Brandi und Dr. Schramm, Göttingen," *Ostdeutsche Morgenpost*, 104 (4-15-1932). 나는 이 신문을 BN 74, #71에서 찾았다.
27) P. Schumann, "Die deutschen Historikertag vor 1893 bis 1937. Die Geschichte einer fach-historischen Institution im Spiegel der Presse," PhD diss., Marburg (1974).

크(폴란드)의 한 문서보관소 소장에게, 자신과 스람, 그리고 동부에서 "지도적인 인물들"이 기획한 책을 편집해 달라고 요청했다. 그는 학문적 가치가 있는 책의 편집작업이 그 진정한 목적을 방해하지 않아야 한다고 말했다. 그 책은 베르사유 조약의 조문들을 다루어야 하며, 전쟁 전과 후의 통계 자료를, 가능하면 독일인 인구와 폴란드인 인구를 구별해서 넣어야 한다고 말하고, 이어서 이렇게 말했다.

> 모든 자료와 더불어 그 책의 전투적 성격과 방어적 성격이 결정적입니다. 자료를 체계적 순서로 다루는 것은 그 자체에 목적이 있다기보다는 일차적인 논쟁적 세부사항들을 위장하는 것이어야 합니다. 따라서 예술과 과학 부문은 실제로 서술적이어야 한다는 뜻이 아니라 전체 독일 문화의 기초 위에 세워진 문화적 창조물로서 얼마나 중요하며 근본적인지에 대한 증거여야 한다는 뜻입니다.28)

카를 브랜디와 같은 수준급 역사가들이 이 편지처럼 의문스러운 편지를 남겼다는 것에 대해 유쾌할 수는 없다. 그는 분명히 학자로서의 자신의 명성과 능력을 이용하여 완전히 정치적 목적을 위해 인쇄한 책을 통해 학자적 **외관/겉모양**을 남기려던 중이었다. 그는 스스로 결정적 단어를 사용했다. 즉 학자적 외관/겉모양과 자격은 논쟁적 목적만을 위한 "위장*Tarnung*"으로 사용되어야 한다는 것이다.

브랜디의 민족 정체성 인식과 역사가로서 그의 역할의 관점에서 볼 때, 이 편지는 특정한 정치적 목표가 그의 학자적 양심보다 컸다는 증거다. 그는 학문 대신에 "위장"을 제안할 준비가 되어 있었다. 그처럼 학문

---

28) Brandi to *Staatsarchivdirector* Dr. Recke, Danzig, 29.10.32, in BN 74, #85.

을 정치화하는 것이 예외라기보다 규범이었다고 주장할 사람이 있을 것이다. 19세기 후반과 20세기 초반, 유럽과 미국 모두에서 학자들은 종종 자신들의 학문을 구체적인 정치적 목표를 위해 사용하곤 했다. 오늘날 포스트모더니스트들은 그것이 항상 그랬고 지금도 여전하다고 주장할 것이다. 그러나 학문은 레오폴드 폰 랑케가 주장한 것처럼 역사적 객관성이라는 목표도 갖고 있어서, 과거를 가능한 한, "사실 그대로" 보려고 해야 한다. 브랜디의 위장이라는 숨은 목적은 이런 학문의 이상적 목표 앞에서 허공으로 날아가 버리고 마는데, 그가 이런 점을 인지했던 것처럼 보이는 증거는 그가 학자의 **외관**이 정치적 목적을 위한 위장을 제공한다고 설명할 필요성을 느꼈다는 점이다. 더 나아가, 그의 저술에서 드러난 이처럼 특정한 정치화의 사례에 우리가 주목하는 이유는 나치 프로그램에서 가장 중심적인 요소 가운데 하나에서 그 첫 단계, 즉 동부로 진출하는 것을 승인했기 때문이다. 동부에 주거지를 확보할 목표는 히틀러의 ≪나의 투쟁≫에서 자부심이었고, 그와 연관해서 독일의 지방들을 되찾고 독일 국경선을 확장하기 위해서는 어떤 수단도 합법적이라는 것을 암시했다.

바이마르 독일 역사가들의 다양한 시각 가운데, 폴란드에 양도된 지방들을 향한 브랜디와 스람의 공격적 태도는 단지 온건한 입장이었다. 그들의 욕구는 1914년의 국경선으로 되돌리는 것에 초점을 맞추었거나, 아니면 아마도 북부 실레시아의 국민투표는 지역별로 구분할 것이 아니라 전체로서 계산했어야 마땅하다는 주장에 초점을 맞추었을 것이다. 그러나 동부에 대한 조사에서, 인종적 갈등, 우월한 독일 민족을 위한 거주지 확보, 그리고 1914년의 국경선을 훨씬 넘는 독일의 팽창이라는 생각에 근거해서 훨씬 더 공격적인 입장도 나타났다. 이런 입장에 대해 처음 설명한 사람은 영국 역사가 마이클 벌리였고 그 후 독일의 괴츠

알리와 수잔느 하임이 뒤를 이었는데, 이것은 역사가, 경제학자, 인구학자 등의 입장—알리와 하임이 "파괴의 설계자들Architects of Destruction"이라고 이름 붙였다—으로서 자신들의 학문과 급진적 정치 형태를 융합한 것이다.29) 이 학자들은 바이마르 기간에 주로 젊은 학자들로서 아직 대학에서 지위를 확보하지 못했고, 일차적으로 우파 민족주의 기관들의 지원을 받고 있었다. 히틀러가 등장하자, "민족사 *Volksgeschichte*"라는 그들의 상표, 즉 인종 공동체의 역사이지만 항상 독일 민족을 앞세운 상표는 국가의 막대한 지원을 받기 시작했다. 그리고 제2차 세계대전이 발발하자, 이 학자들은 독일이 동부에서 공격적 정책을 펼칠 경우를 연구하고 추천했으며, 그중에는 슬라브족과 유대인들에 대한 "인종청소ethnic cleansing"도 포함되어 있었다. 그래야만 독일인들이 그들의 땅을 차지할 수 있었기 때문이다.30)

역사가들과 나치의 동부 정책과의 관계 문제가 터져 나온 것은 1998년 독일의 "역사가의 날"에서였다. 독일 역사가들이 나치의 이상을 지원했던 역할이 대중에게 처음 알려졌는데, 두 명의 탁월한 전후 인물인 테오도어 시더와 베르너 콘즈가 나치의 작업 문서인 "동방 총괄 계획 *Generalplan Ost*"을 만드는 데 참여했거나 지원했다는 사실이 폭로된 것이다. 이 계획은 급진적 독일 민족주의자들이 오랫동안 주장했던 것처럼, 동방의 방대한 영토를 획득해야 하며, 그 주민들을 "독일인화" 해야

---

29) Michael Burleigh, *Germany Turns Eastwards: A Study of Ostforschung in the Third Reich* (Cambridge: Cambridge University Press, 1988); Götz Aly and Susane Heim, *Architects of Annihilation: Auschwitz and the Logic of Destruction* (Princeton, NJ: Princeton University Press, 2003, first published as *Vordenker der Vernichtung. Auschwitz und die deutschen Pläne für eine neue europäische Ordnung*, Frankfurt am Main, 1992.)
30) 예를 들어, Ingo Haar and Michael Fahlbusch, eds., *German Scholars and Ethnic Cleansing, 1920-1945* (NY: Berghahn Books, 2005)를 보라. 그 서문은 Georg C. Iggers가 썼다.

만 한다는 생각을 끌어들였다. 그 영토에 독일인들을 다시 정착시킬 필요가 있으며, 보다 중요한 것은 그 지역 주민 대다수를 사라지게 만들 필요가 있다!는 것이었다. 이 문서는 종족학살을 지시한 것이기 때문에, 1998년 "역사가의 날"에 대한 반응이 뜨거웠던 이유는 시더와 콘즈가 다음 세대의 중요한 역사가 상당수를 훈련시켰다는 사실 때문만은 아니었다. 일부는 시다와 콘즈를 비난했고, 일부는 옹호했다. 위르겐 코카는 이 이야기의 의미를 평가하려던 많은 탁월한 역사가 중 한 사람으로서, 나치 국가를 가능하게 만든 역사가들의 때로 미묘한 역할을 이렇게 묘사했다.

> 국가사회주의의 이익을 위한 역사가들의 "업적" 가운데 매우 중요한 것은 그들 중 많은 역사가가 그들의 가르침, 공개 논평, 그리고 그들이 개인적으로 접촉했던 집단 내에서, 기본적 지적 관점을 조장했다는 사실일 것이다. 그리고 이런 관점이 교육을 통해 젊은 남녀에게 영향을 끼쳤는데, 그들이 자유주의적 원칙들로부터 거리를 두게 만들고, 기본적인 인간의 가치들을 외국의 것으로 만들고, 무엇을 성취할 수 있을 것인지에 대해 부분적으로는 유토피아적이며 부분적으로는 허무주의적인 망상을 갖도록 준비시키는 방식으로 영향을 끼쳤다. 이런 요소들이 제2차 세계대전에서 정복, 추방, 말살의 정치학의 특성이 되었다.31)

카를 브랜디와 퍼시 스람은 1998년 "역사가의 날"에서 논의한 대상

---

31) Jürgen Kocka, "Zwischen Nationalsozialismus und Bundesrepublik. Ein Kommentar," in Winfried Schulze and Otto Oexle, eds, *Deutsche Historiker im Nationalsozialismus*, 2nd ed. (Frankfurt: Fischer, 2000), 345.

이 아니었다. 그들은 1931년과 1932년의 독일에서 아돌프 히틀러의 지지자들조차 아니었다. 두 사람은 각각 국제적 명성을 얻었던 학자로서, 스람의 경우는 여전히 초기 단계에 있었지만, 각각의 정치적 입장은 열광적인 우파 나치의 좌파에 있었다. 더 나아가, 브랜디와 스람이 다시 독일의 관할권 아래 두려고 했던 동방 지역들은, "동방 총괄 계획"에서 드러난 거대한 "거주지 확보" 계획이 아니라, 논쟁이 된 땅의 작은 부분에 불과했다. 1930년대 초에 괴팅겐대학교를 비롯한 여러 대학의 많은 교수는 대개 극보수적인 독일국가인민당(DNVP) 당원으로서, 훨씬 더 공격적인 독일 민족주의를 주장했고, 흔히 강한 반유대주의를 지지했다.32) 그러나 브랜디와 스람 밑에서 배운 학생들은 독일이 자랑스럽게 팽창하여 새로워지는 것이 극히 중요하며, 심지어 거룩한 노력이라고 배웠을 것임이 거의 확실한 것처럼 보인다. 이 학생들은 독일이 동부 지방을 점령한 곳, 적어도 베르사유 조약 이후 폴란드에 내어준 작은 지역에서 일하도록 직접 장려되었다.

비록 "동방 총괄 계획"은 브랜디와 스람이 중요하게 여겼던 거룩한 동방 지역을 훨씬 넘어 독일의 영토 욕구로 확대되었지만, 동부 지방을 다시 점령하자는 제안은 분명히 많은 독일인의 입맛을 자극하여 더 큰 정복을 꿈꾸게 했다. 또한 그 제안은 독일의 힘이 더욱 큰 지역에서 양육되어야 한다는 생각을 조장했는데, 이런 생각을 다른 국가가 반박하든 말든 상관없이 해야 한다는 것이었다. 위르겐 코카가 표현한 것처럼, 브랜디와 스람의 학생들은 적어도 독일이 할 수 있고 해야만 하는 것에

---

32) Barbara Marshall, "Der Einfluss der Universität auf die politische Entwicklung der Stadt Göttingen," *Niedersachsisches Jahr buch für Landesgeschichte* 49 (1977), 271ff.는 괴팅겐대학교 교수들의 정치적 행동주의를 강조하는데, 1920년에 36%가 정당들의 당원이거나 대변인이었다. 이 행동가들의 42%는 독일국가인민당(DNVP)이었고, 31%는 독일인민당(DVP), 25%는 독일민주당(DDP), 그리고 한 사람은 독일공산당(KPD)이었다. Dahm은 이 숫자를 "Einleitung," 35에 인용했다.

대한 "부분적으로는 유토피아적이며 부분적으로는 허무주의적인 망상"을 향해 첫걸음을 내딛도록 지시를 받았던 것처럼 보였다. 브랜디의 눈에는 민족적 열광과 민족적 원한이 객관적 학문보다 우선했다. 스람은 모든 독일 학생을 적어도 한번은 동부에 보내기를 원했는데, 이것은 그 지역에 대한 독일의 주장에 불길을 타오르게 하려는 선전의 형태였다. 다른 교수들은 바이마르 공화국을 타도하려는 욕망에서 훨씬 공격적이었지만, 이들 탁월한 학자들 가운데 아무도 아돌프 히틀러의 등장이나 그의 정책들에 대한 이후의 지지에 대해 문제를 제기하지 않았다. 거의 확실한 사실은 독일의 동부 지역 점령 계획에 대한 학자들의 입장은 히틀러의 등장을 매력적인 것으로 보게 만들었다는 점이다. 당시의 다양한 관점에 근거해서 볼 때, 정치에 대한 학자들의 온건한 입장은 십중팔구 의심을 잠재웠을 것이며, 나치 열광주의자들의 잠재적 기반을 확장했을 것이다.

1933년의 배경: 학생 운동

나치당은 스스로를 독일 청년들의 에너지와 이상주의에 발맞추는 젊은 운동으로 제시했다. 독일 전역의 많은 대학생은 이런 호소에 응답했는데 흔히 연장자들보다 그 숫자가 더 많았다. 이미 1931년에 국가사회주의 학생연맹이 독일 전역의 대학들에서, 히틀러가 권력을 장악하기 18개월 앞서서, 전국 차원의 나치 학생 운동을 장악했다.[33] 이것은 학생들 사이에 폭넓은 민족주의적 국가주의를 보여줄 뿐 아니라 맹렬한 반유대주의도 보여주는데, 이런 반유대주의는 수십 년 동안 독일 학생

---

33) Geoffrey Giles, *Students and National Socialism in Germany* (Princeton: Princeton University Press, 1985), 68–72.

클럽들에서 분명하게 나타났다. 예를 들어, 바이마르 공화국이 비교적 성공했던 시기인 1925년에 괴팅겐에서, 스물세 살의 화학과 학생 아힘 게르케Achim Gercke는 유대인 "문제"의 해결을 촉진하기 위한 전국 프로젝트를 시작했다. 그는 나치의 지역 지도자와 역사학과 명예교수 후고 빌리히의 도움을 받아서 "직업별 인종 통계 아키브"를 만들었는데, 그 목표는 독일에서 저명한 직위의 유대인들을 밝혀내고 제거하는 일이었다.

유대교 신앙을 지닌 독일 시민의 인구 조사는 19세기 후반부터 추적해 왔지만, 개인을 밝히지 않은 채 전체 숫자만 공개했다. 1913년(그리고 두 번째 판은 1929년) ≪편람Semi-Kürschner≫34)은 유대인을 개인별로 밝히기 시작했다. 그 부제목이 시사하듯이, 이 인명록은 "유대인, 유대인 연관자, 그리고 모든 시대와 국가에서, 특히 독일에서 유대인 적들, 그리고 그들의 가르침, 습관, 속임수 … 비밀 조직의 사전"을 만들려는 것이었다. 게르케가 보기에 ≪편람≫은 두 가지 약점이 있었다. 첫째로, 그것은 그 자료를 입증하지 못해서 황당한 실수를 초래했고, 또한 숨어 있는 동화된 유대인들을 적절하게 찾아내지 못했다. 게르케는 괴팅겐대학교 도서관 지하에 소장된 수천 권의 책을 조사하기로 했는데, 그 책들은 김나지움(독일의 초등학교와 대학교를 연결하는 8년제 중고등학교) 시험을 통과한 모든 개인 명단과 더불어 철학박사 학위를 마친 모든 사람의 이력서가 포함된 책들이었다. 두 경우 모두에서 학생 개인의 종교를 짐작할 수 있으며, 또 그 부모에 관한 정보도 얻을 수 있을 것이었다. 이것을 통해 게르케는 유대교 신앙을 가진 모든 사람을 찾아내고, 중고등학교

---

34) ≪편람Semi-Kürschner≫이라는 말은 19세기 후반부터 독일의 학자들과 저술가들의 명단을 정기적으로 발행한 인명록 편람인 Kürschners Literatur- und Gelehrtenkalender에서 따온 말이다.

와 대학 사이에 종교를 바꾼 사람, 그리고 부모의 기록에서 유대인 혈통을 시사하는 사람을 찾아낼 수 있었다. 그의 목표는 독일 전역의 모든 전문직을 추적하여, 유대교 신앙을 갖거나 혈통을 가진 모든 개인별 색인 카드를 만드는 것이었다.

게르케는 "독일 대학들에 끼친 유대인의 영향"에 집중하기 시작했다. 그 결과 유대인 교수들, 유대인과 결혼하거나 유대인과 "연결된" 교수들 명단을 여덟 권의 소책자로 출판했는데, 초점은 괴팅겐, 베를린, 쾨니히스베르크, 브로츠와프대학교에 맞춰졌다.35) 간혹 실수도 있었지만, 이 소책자들의 출판은 의학과 법학과 같은 특정 분야에서 유대인 교수의 비율이 매우 높다는 것을 보여주었다. 그것은 또 대중을 감시하는 자들의 주목을 받아서, 1933년 이전부터 학자들 사이에 공포 분위기를 만들기 시작했다. 게르케는 나중에 그의 색인 카드를 통해 1931년부터 1933년까지 뮌헨의 나치당 당사("갈색 집")에서 인종 통계부 책임자가 되었다. 그는 친위대(SS)의 비밀경찰(SD) 책임자 라인하르트 하이드리히가 유대인 아버지에게서 태어났다는 소문을 조사하여 논박했다. 그는 또 퇴역군인 조직인 "강철 헬멧"의 반유대인 우파 지도자였던 하인리히 뒤스터베르크의 유대인 "오점"에 대한 비난을 확인하고 물러나게 했다. 1933년에 게르케는 베를린으로 옮겨가서, 1935년까지 내무부에서 인종 전문가로 복무했다.36)

---

35) 예를 들어, *Der jüdische Einfluss auf den Deutschen Hohen Schulen. Ein Familienkundlicher Nachweis über die jüdischen und verjudten Universitäts- und Hochschulprofessoren. Heft I. Universität Göttingen* (Göttingen: Kreis der Freunde und Förderer der Deutschen Auskunftei, 1928)을 보라.
36) Dahms, "Einleitung," 31-32, 39를 보라. 나는 또한 Dahms의 미발표 논문 "The Professionalization of National Socialist Jewish Statistics: Preparation for the Holocaust"을 읽을 수 있게 해준 그에게 감사한다. 게르케가 하인리히 뒤스터베르크의 유대인 배경을 확증하는 데서 수행한 역할에 대해서는 Volker Berghahn, *Der Stahlhelm. Bund der Frontsoldaten 1918-1935* (Düsseldorf: Droste Verlag,

바이마르 공화국에서 자기 교수들의 인종과 정치에 관심을 둔 학생이 게르케 혼자만은 아니었다. 나치 학생들은 심지어 히틀러가 권력을 장악하기 전부터, 교수들을 주의 깊게 지켜보았고, 때로 수업을 보이콧했다. 유대인 교수들이 표적이 되었고, 교수 중에 민족주의와 급진적 나치 우파의 견해에 충분히 헌신하지 않는 교수도 마찬가지로 표적이 되었다. 귄터 덴Günther Dehn의 이야기는 민족주의 분위기를 거스르는 사람이 얼마나 위험할 수 있는지를 보여준다. 그는 바이마르 독일의 목사이며 신학자로서, 제1차 세계대전에서 기독교인들이 단순히 군사적 열정이 아니라 평화주의로 대응했을 수 있었다고 주장할 정도로 용기가 있었다.37) 그는 1928년, 마그데부르크에서 강연하면서, 기독교인들이 정말로 자기 교회에 전몰자를 위한 기념비를 세워야 하는지, 또는 전쟁에서의 "영웅적 죽음"을 기독교인들이 이해한 "희생적 죽음"에 해당하는 것으로 보아야 하는지에 의문을 제기했다.38) 그는 비록 반대편 주장,

---

1966)을 보라.

37) Günther Dehn의 자서전, *Die alte Zeit, die vorigen Jahre. Lebenserinnerungen* (Munich: Christian Kaiser Verlag, 1962)을 보라. 그는 제1차 세계대전 중 베를린의 노동자 구역의 교회에서 목사로 일했는데, 전쟁이 발발했을 때 그의 나이가 이미 서른두 살이었기 때문이다. 그는 평화주의자는 아니었지만, 노동자 계층의 고통을 목격했으며, 1914년 8월 초에 쓴 편지에서 "나는 왜 전쟁에 열광하는지 모르겠다"(190)고 했다. 그는 전시에 집에 있는 사람들을 위로하는 활동 이외에 1918년에 반년 동안 네덜란드에서 독일 군인들의 목사로 복무한 것이 전부였다. 그는 군목으로 지명받지 않고, 제복을 입지 않도록 조건을 제안해서 허락받았다(193). 그는 영국에 억류된 2,500명의 독일 군인과 2,500명의 민간인을 위해 목회했다. 영국과 독일은 각각 이런 방식으로 5,000명을 "해방하기로" 합의했고, 그들을 네덜란드에 머물게 했는데, 그는 이런 일이 제2차 세계대전에서는 불가능했을 것이라고 말했다(194). 그는 당시에 많은 목사가 설교단에서 했던 것과 달리, 자신은 결코 "하느님과 전쟁을 함께 연결 짓는" 설교를 할 수 없었다고 인정했다(196).

38) Dehn, *Die alte Zeit, die vorigen Jahre*, 250-53. 그는 강연하게 된 상황을 묘사했다. 즉 마그데부르크의 울리히교회 야코비 목사가 그를 초청해, 관심 있는 기독교인들에게 전쟁 복무에 관한 기독교인의 생각에 관해 강연하도록 했다. 그들이 전쟁 복무 문제가 대중적인 국가주의자들의 태도가 보여주는 것보다 훨씬 복잡한 문제임을 이해하는 데 도움을 주도록 하기 위해서였다.

즉 정당한 전쟁의 가능성과 기독교인들이 그런 전쟁에서 싸울 권리를 인정했지만, 그의 강연은 우파 민족주의자들의 분노를 불러일으켰다.39) 퇴역 장교 몇몇이 분노하여 독일 군인들에 대한 모욕으로 받아들였고, 그중 한 사람은 덴 목사가 모든 군인을 "살인자"로 몰았다고 주장했다. 이 퇴역 장교들은 실제로 그 강연에 참석하지 않았다는 것이 밝혀졌고, 다른 많은 비판자 역시 마찬가지였다. 이런 반응은 일차적으로 소문과 분노의 두꺼운 조직으로 이루어졌으며, 사람들의 입과 지역 신문이 그런 소문과 분노를 영구적인 것으로 만들었다.

그 강연에 실제로 참석한 한 젊은 여성은 나중에 덴 목사가 건물을 나가던 중에, 화를 내면서 그에게 다가와 "만일 전몰자들을 교회 안에 명판으로 기념하지 않는다면, 그들은 단순한 살인자들로 보일 거다"라고 소리를 질렀다.40) 이 여성은 "'전쟁죄라는 거짓말'이 제거되지 않는 한" 아무도 평화와 화해를 주장해서는 안 된다고 주장했다.41) 덴 목사는 그 여성의 주장을 "난센스"라고 불렀을 수 있다고 인정했다. 그러나 "살인자"라는 용어를 사용한 것이 그 여성이 아니라 덴 목사였다고 뒤집어씌움으로써 특히 민족주의자들을 자극했다. 지역 신문은 이 이야기를 실었고, 독일국가인민당(DNVP)은 공식적 개신교회에게 덴 목사의 입장과 관련해서 교회의 입장을 설명하도록 촉구했다.

브란덴부르크 장로회 Konsistorium는 그 영악한 신문에 대응해서 덴 목사에게 보고서를 요청했다. 그는 자기 강연 원고를 보냈는데, 그 원고는

---

39) Dehn, *Die alte Zeit, die vorigen Jahre*, 255는 독일연방공화국에서도 똑같은 생각을 표현했다가 비슷한 분노를 불러일으켰지만, 이번에는 그를 군사주의자라고 생각한 사람들의 분노였다는 점을 지적한다.

40) Ernst Bizer, "Der Fall Dehn," in Wilhelm Schneemelcher, ed., *Festschrift für Günther Dehn* (Neukirchen: Neukirchen Verlag, 1957), 242-43. 이 인용은 Dehn, *Die alte Zeit, die vorigen Jahre*, 256에 나온다.

41) Dehn, *Die alte Zeit, die vorigen Jahre*, 256.

그가 평화주의를 전쟁에 대한 기독교인들의 몇 가지 대응 가운데 하나일 뿐이며, 결코 군인들을 살인자들로 암시하지 않았음을 보여주었다. 교회협의회는 이 증거를 통해 "평판이 좋은" 사람들의 분노에 맞섰다. 특히 그들 가운데 퇴역 장교들은 귀족들이었고, 그 젊은 여성은 경제학 박사학위를 받은 여성이었다. 결국 교회는 덴 목사가 "유감스러운 오해로 이끈" 말을 사용했고, 그 어조가 부주의하게 "초조함과 수양 부족으로만 설명될 수 있을 뿐"이라서, "교회의 일반적 이해관계를 손상시켰다"고 결론지었다.42)

덴 목사는 나중에 자신이 신학자로서 말했다는 점, 자신이 그렇게 말할 권리가 있다는 점, 그리고 자신이 제기한 문제는 성서 본문을 정직하게 해석하려는 시도였다는 점을 교회가 지적할 수 있었으며 또한 그랬어야 했다고 주장했다. 그러나 공식적 교회는 논쟁으로부터 도망쳐서 그를 공중에 매달아 두었다. 이처럼 교회의 지지가 없었지만, 덴 목사는 1930년 12월에 하이델베르크대학교 신학 교수들이 만장일치로 그에게 실천신학 교수직을 제공했음을 알게 되었다. 그러나 우파의 ≪강철 편지Eisernen Blätter≫ 편집장 고트프리드 트라웁은 덴 목사가 군인들을 살인자로 불렀다는 거짓말을 포함해서 그에 대한 비난을 출판했다. 트라웁은 덴 목사의 자기변호나 그의 강연 원고에 비난받을 단어가 없다는 사실을 지적하지 않았다. 트라웁과 그의 우파 동맹자들은 싸울 준비가 되어 있었는데, 특히 하이델베르크의 수학 강사 에밀 굼벨Emil Gumbel에 관해 폭발하고 있던 논쟁 때문이었다. 좌파이며 유대인 평화주의자였던 굼벨은 우파 민족주의자들이 존경할 인물이 아니었다. 그들의 분노가 1925년에 타오르게 된 이유는 그가 독일 전몰자들에 관해 "나는 실제로

---

42) Bizer, "Der Fall Dehn," 242-44. Dehn, *Die alte Zeit, die vorigen Jahre*, 258도 보라.

그들이 불명예의 전쟁터에서 죽었다고 말하지는 않겠지만, 그들은 끔찍하게 죽었다"43)고 말한 때문이었다. 이로 인해 그는 일시적으로 가르칠 권리를 박탈당했고, 공식적 반역죄의 위협을 받았다. 6년 동안의 소동 끝에 그는 교수직에서 영원히 추방당했다. 덴 목사는 굼벨의 색깔로 칠해졌고, 우파 비판자들은 그에 맞서 조직화되었다.

이 시점에서 덴 목사는 할레대학교로부터도 교수직을 제안받았다. 그래서 그는 할레대학교의 제안을 사양하기 전에, 하이델베르크 교수진에게 비록 자신은 그들의 제안을 선호하지만, 자신에 대한 트라웁의 비난과 관련해 교수진이 자신에 대한 신임 투표를 해주면 좋겠다고 통보했다. 그는 마그데부르크 청문회 문서를 포함해서 모든 필요한 정보를 보냈다. 그럼에도 하이델베르크 신학자 일곱 명 가운데 여섯 명이 덴 목사를 지지하지 않았다. 그가 캠퍼스에 도착하면 "난처한 일이 생겨 교수진과 대학 전체에 큰 손해를 입힐 수 있다"는 두려움 때문이었다.44) 덴 목사는 불확실성 가운데 몇 주나 몇 달을 보내게 될 뿐 아니라, 새로 동료 교수가 될 신학자들 가운데 적의가 있는 집단을 예상하여, 하이델베르크의 제안을 사양하고 할레대학교 교수직을 받아들였다.45)

그러나 트라웁이 덴 목사를 공격한 소식이 할레대학교 우파 학생들에게 전해졌다. 덴 목사의 교수 임명 소식이 공개된 직후, 나치 학생들은

---

43) Fritz K. Ringer, *The Decline of the German Mandarins: The German Academic Community, 1890-1933* (Cambridge, MA: Harvard University Press, 1969), 219에서 재인용. Bizer, "Der Fall Dehn," 245, n. 6; Dehn, *Die alte Zeit, die vorigen Jahre*, 260; Remy, *The Heidelberg Myth*, 10-11도 보라. 덴 목사는 나치 시대의 말년에 트라웁이 조용해졌는데, 이것은 그가 열광했던 체제에 대한 분명한 환멸 때문이었음을 지적했다. 트라웁은 덴 목사에게 몇 년 전에 자신이 공격한 것에 대한 용서를 구했고, 덴 목사는 즉각 그 요청을 받아들였다.

44) Dehn, *Die alte Zeit, die vorigen Jahre*, 261.

45) Bizer, "Der Fall Dehn," 246-47.

즉각 덴 목사에 대한 불평과 그의 성격에 대한 공격으로 채워진 전단을 배포했다. 이에 대해 교수회는 1931년 2월, 나치 학생회를 1년 동안 활동 금지시키면서, "대학교는 항상 학문의 자유를 가장 중요한 권리이며 가장 취약한 자산으로 간주해 왔다. 하나의 학생동아리가 진지하며 종교적이며 학문적인 강연을 가장 저급한 당파투쟁의 수단과 방법으로 공격하는 것은 용인할 수 없다"46)고 선언했다. 그러자 학생들은 "덴 교수 초빙에 반대하며 경찰 폭력에 반대하는" 시위를 준비했고, 1931년 가을에 다음과 같은 살벌한 말로 자신들의 분노를 표출했다.

> 총장과 교수회는 국가사회주의 학생회를 활동 금지시킴으로써 자신들이 우리의 외침을 잠재울 수 있을 것이라 믿었지만, 우리는 독일의 명예와 독일인의 의미에 대해 가장 중요하게 생각하는 학생들이다. 그들은 단속 조치와 경찰봉 공격으로, 또한 [이 공황의 시기에] 학생들의 경제적 궁핍을 가리킴으로써, 우리의 행동 의지를 박탈할 것으로 믿었다. 그러나 그들은 아무것도 얻지 못했고, 단지 그들의 학문적 지도력에 대한 우리의 신뢰를 우리 가슴으로부터 빼앗았을 뿐이다. 우리 독일 청년은 항상 우리의 선생들이 최고의 애국적 의무를 갖고 있으며, 그들이 항상 우리 학생들에게 당면 과제를 지시해야 한다고 믿어왔다. 우리의 선생은 우리가 어떤 시점에서는 노예의 멍에를 깨뜨리고 또한 독일 민족의 더 나은 내일을 위해 필요한 용기, 힘, 에너지를 보여주어야 한다는 인식을 청년들에게 확실하게 주입시켜야 한다.47)

---

46) Ibid., 248.
47) Bizer, "Der Fall Dehn," 248에서 재인용.

학생들의 분노와 과열된 표현에도 불구하고 할레대학교 총장과 교수진은 덴 목사를 편들었다. 그들은 나치 학생회가 덴 목사의 인간성과 학문을 평가하지 않고, 희화화하려 했다고 비난했다. 예를 들어, 학생들은 결코 그와 만나 이야기하려 하지 않았다. 학생들은 또한 그가 마르크스주의자이며 평화주의자라고 비난했지만, 그는 자신이 그 둘 모두가 아니라고 강조했다. 총장과 교수회는 "그의 인격과 독일 대학의 오래된 근본 원칙인 교육과 연구에서의 모든 학문적 자유를 보호하기로" 결정했다.48) 한 전형적 학생은 총장과 교수회에 보낸 공개서한에서 학생들이 희화화하지 않았다고 부인했다. 오히려 그들은 마그데부르크 강연을 읽었으며, 편견 없는 관찰자라면 그의 생각에서 마르크스주의와 평화주의를 인정할 것이라 믿는다고 주장했다. "덴 박사가 그런 식으로 분류되거나 아니거나 하는 것을 좋아하는지 여부는 학생들에게 중요하지 않다. 우리는 사실에 근거해야 한다."49)

1931년 가을에 덴 박사의 할레대학교 첫 강연이 다가오자, 학생회는 단호한 반대 성명을 발표했다. "우리는 국가의 강화와 갱신을 분명하고 무조건 주장하지 않는 어떤 교수나 지도자에 대해, 독일 청년의 가장 완벽하고 기본적이며 강력한 분노로 배격할 것이다." 학생들은 덴 박사에 반대하는 증인들을 완전히 신뢰했는데, 그 증인들은 "학위를 받았으며 군대에서 고위 계급"이었고, 덴 박사와 대화를 하거나 그를 알아보려 하지 않은 것에 대해 변명도 하지 않았다. "그의 말과 근본적 입장에 따르면, 평화주의와 마르크스 사상에 존경을 표한 인간에게 어떻게 독일 학생들이 관계를 맺을 수 있겠는가? 비록 그는 지금 그런 사실을 인정하는 것을 행복해하지 않을 테지만 말이다." 그들은 독일 학생들에게

---

48) Ibid., 249에서 재인용.
49) Ibid., 249에서 재인용.

학문적 자유는 신성한 것이지만, 자신들은 "학문적 자유를 빙자해서 자신들의 가장 깊은 사상과 감정에서 다른 사람을 모욕해서는 안 되며, 또한 학문적 자유를 빙자해서 수백만 명의 사람이 자신의 가슴 전체로 헌신하는 것을 비난해서도 안 된다"고 믿는다고 주장했다. 그들은 자신들의 "믿음을 위한 가장 거룩한 권리와 그 믿음을 위한 투쟁의 도덕적 의무는 승리를 성취할 때까지"50) 계속된다고 선언했다.

덴 박사는 나중에 학생들과 대화를 하면 도움이 될 거라고 생각했던 자신이 순진했다고 말했다. 그가 깨달은 것은 자신의 개인적 역할이 중요한 것이 아니라는 점이었다. 그는 결국 비교적 알려지지 않은 인물이었고, 실천신학 교수라는 비교적 중요하지 않은 직책을 맡고 있을 뿐이었다. 오히려, 이 싸움은 우파 학생들의 정치적 투쟁 결심 때문에 벌어졌다. 그들은 학문 세계에서 자신들의 적보다 우위를 차지하고 싶었고, 어느 교수도 정치적 좌파이거나, 세계에서 독일의 위치를 공격적인 호전성 빼놓고 생각한다면 자신들의 분노를 피할 수 없음을 보여주려 했다.51) 종신직 교수들은 과녁이 되기에는 너무 견고했다. 새로 임명된 온건 좌파 교수는 학생들의 좋은 먹잇감이었다.

1931년 11월 3일, 덴 교수의 첫 강연에는 총장과 부총장 모두 참석했다. 이것은 분쟁이 발생할 수 있음을 모두가 인식했음을 시사했다. 덴 교수는 경찰의 보호 요청을 거절했다. 그는 처음에 강연장을 채울 청중들이 자기 친구들이며 지지자들일 것이며 별일 없으리라 생각했지만, 엄청난 착오였다.52) 청중들 대부분은 그의 적들이었고, 그가 강연을 시작하려 하자, 소란은 더 커졌다. 많은 학생이 강연장 밖에 운집하여, 독

---

50) Bizer, "Der Fall Dehn," 250에서 재인용.
51) Dehn, *Die alte Zeit, die vorigen Jahre*, 269.
52) Ibid., 272.

일 국가를 부르며 덴 교수의 임명을 반대하는 슬로건을 외쳤다. 덴 교수는 강연장 안팎의 소란 때문에 자신의 논제를 칠판에 쓰려고 했지만, 효과가 없었다. 강연 시간이 절반 정도 지나자, 학생회 지도자가 강연장에 들어와 총장에게 바깥의 학생들이 들어오는 것을 더 이상 막을 수 없다고 말했다. 문을 잠그려 시도했지만, 곧바로 밀치고 들어왔다. 총장은 침착하라고 호소했고, 곧 경찰이 도착했다. 총장이 학생들에게 조용히 덴 교수가 강연하도록 약속하면 경찰이 떠나도록 하겠다고 제안했지만, 군중은 "절대로 못 한다!"고 대꾸했다. 덴 교수는 어떤 방식으로든 강연을 마치려 했고, 30여 명의 학생들이 그를 둘러싸고 방어벽을 만들었다.[53] 강연 시간이 끝나자, 그와 총장은 경찰의 보호를 받으며 옆문으로 나갔고, 덴 교수는 대기하고 있던 차를 타고 집으로 갔다. 친구들은 그에게 그날 밤에 집에서 창문 근처에 앉지 말라고 경고했다. 위험해질 수 있었기 때문이다.

그다음 날 덴 교수는 오후 대신, 밤 8시에 강연을 했다. 그 시간에는 분노한 학생들이 다른 일을 할 것으로 예상했던 것이다. 그는 개인적으로 만나 소란을 피우지 않도록 약속한 학생에게 출입증을 나누어주었다. 그러나 항의자들이 강연장에 도착했고, 다른 사람들은 바깥에서 소란을 피웠다. 그들 일부의 발길을 돌리게 한 것은 총장, 법과대학 학장, 신학대학 학장과 대화를 제안했던 때문이다.[54] 더 나아가 총장은 징계 절차로 위협하여, 덴 교수가 그날 밤 강연을 대충 끝내게 했다. 그러나 덴 교수 지지자들이 강연장을 나오자 비판자들의 공격을 받았고, 다시 경찰이 도착했다. 이번에는 경찰봉을 마구 사용했다. 덴 교수는 총장과 함께 안전하게 집에 도착했다.[55] 그는 나중에 독일의 어느 대학에서도 그

---

53) Ibid.
54) Ibid., 273.

런 소동을 이틀 연속 경험한 적이 없을 거라고 말했다.56)

그런 이틀간의 소동 이후에도 학생들은 "어떤 희생을 치르더라도" 덴 교수를 추방할 결심을 계속 선언했다.57) 일주일 후, 할레, 라이프치히, 예나대학교에서 온 2천여 명의 학생들이 예나의 시장광장에서 덴 교수를 반대하는 데모를 벌였으며, 이 싸움에서 승리하기로 결의했다. 학생들은 또 아우빈 총장의 사임을 요구했다. 그가 덴 교수를 계속 지지했기 때문이었다. 학생들은 덴 교수의 강연장을 방해하지 않기로 약속하지 않았다. 교수회는 총장의 사임 논의를 거부했고, 총장과 교수회 모두 덴 교수를 계속 지지했다. 그러나 교수진 전체가, 항의하는 학생들에게 "비록 그들이 잘못된 길로 들어섰지만, 학생들은 조국과 대학에 대한 순수하고 명예로운 감정에서 그랬던 것"이라고 학생들의 마음을 달랬다. 나중에 덴 교수는 "내가 이 성명서를 읽자, 나는 내버려진 인간임을 알았다"고 주장했다.58)

1931년 12월, 덴 교수는 그 소동에 대한 자신의 이야기를 출판하여, 자신이 움츠러들지 않았음을 증명했지만, 동시에 논쟁을 다시 촉발시켰다. 당시에 대한 그의 평가는 오늘의 기준에서 볼 때 선견지명이었던 것처럼 보인다. 히틀러가 권력을 장악하기 13개월 전이었기 때문이다.

오늘날 교회가 현대 민족주의와 매우 힘든 투쟁의 문지방에 서 있어서, 교회의 존재 자체가 위험해질 수 있는 상황일 수 있다. 이런 갈등 앞에서 내가 비겁하게 항복하고 나의 개인적 평정심을 위해 공격으

---

55) Bizer, "Der Fall Dehn," 251-52.
56) Dehn, *Die alte Zeit, die vorigen Jahre*, 271.
57) Bizer, "Der Fall Dehn," 252.
58) Dehn, *Die alte Zeit, die vorigen Jahre*, 274.

로부터 철수하는 비관적 입장을 보여야 했는가? 여기서 저항은 당연하다. 청년들의 현재 투쟁에 양보하고 그들의 이상주의를 찬양하는 것이 잘못된 방향으로 인도할지라도 그래야 한다고 말할 사람도 있다. 그러나 나는 그런 방법을 유보한다. 왜곡된 이상주의는 악마와 같다. 조국에 대한 이런 광신적 사랑은 내가 보기에 종교로 칠해졌지만 실제로는 하느님과 먼 것으로서, 조국을 돕는다는 것은 전혀 사실이 아니다. 그와는 반대로, 그런 사랑은 조국을 파멸로 이끌 게 마련이다.59)

우리는 지금 덴 교수의 입장을 존중하거나 적어도 "조국에 대한 광신적 사랑"이 사실상 "조국을 파멸로" 이끈 중요한 요인 가운데 하나였다고 인식한다. 그러나 덴 교수가 출판한 책은 할레의 학생들에게 자신들의 "평화 합의"를 위반한 것이며, 자신들의 가치와 믿음을 모욕한 것으로 보였다. "우리의 이상주의는 악마적인 것으로 둔갑했다. 사실상 덴 교수는 학생들을 하느님에게 인도할 길을 넘어섰으며, 또한 민족, 인종, 조국의 이데올로기로부터 분리할 길을 넘어섰다."60) 학생들은 신랄한 공격을 다시 시작했다. 덴 교수의 동료 중 많은 사람도 이제는 그에게 등을 돌렸고, 또한 민족주의에 대한 덴 교수의 비판은 당시 독일에서 용납할 수 없다는 학생들의 비판에 동의했다.61) 이 충돌은 독일 전역으로 퍼져나갔다. 예를 들어, 괴팅겐의 에마누엘 허쉬 교수는 덴 교수를

---

59) Günther Dehn, *Kirche und Völkerversöhnung. Dokumente zum Halleschen Universitätskonflikt* (Berlin: Furche, 1931), Jens-Holger Schjorring, *Theologische Gewinssensethik und politische Wirklichkeit: Das Beispiel Eduard Geismars und Emanuel Hirschs* (Göttingen: Vandenhoek & Ruprecht, 1979), 171에서 재인용.
60) Bizer, "Der Fall Dehn," 256에서 재인용.
61) Bizer, "Der Fall Dehn," 255-56.

비판하고, 이상적인 기독교 입장과 학문적 입장에 대한 대안을 제시했다. 그의 젊은 동료 헤르만 되리스가 공동서명하고 1932년에 출판한 성명서에서, 허쉬 교수는 학문의 자유와 심지어 용납할 수 없다 하더라도 자기 의견을 표현할 권리의 중요성을 인정했다. 그러나 허쉬와 되리스 교수는, 덴 교수의 경우에, 그가 독일 학생들을 가르칠 최소한의 자질을 충족하지 못했다고 주장했다.

> 인간 존재의 모든 의심스러움에도 불구하고, 국가와 그 자유에 대한 인식은 기독교인에게 하느님이 거룩하게 하신 선한 일로 남아 있다. 그것은 가슴과 삶 전체의 완전한 헌신을 요구한다. 이런 인식에서 우리 민족의 자유를 위한 열의가 승인되는데, 지금 우리 민족은 권력과 소유를 향한 적국들의 굶주림에 노예가 되었으며 권리를 침해 당하고 있다.62)

덴 교수는 우파의 분노와 그의 학생들과 동료들이 표현한 "자유를 위한 열의"가 휘몰아치는 것을 고작 1년 버틸 수 있었다. 1932년 여름, 그의 강좌가 끝난 후, 그는 연구를 목적으로 1년 휴직을 받았다. 1933년 봄, 히틀러가 권력을 확실히 장악하자, 덴 교수는 "공무원 개혁"의 첫 희생자 가운데 한 사람이 되었다. 인종적으로 또한 정치적으로 환영받지 못하는 교수들이 해직된 것이다. 그는 1946년, 본대학교에 임명될 때까지 강의를 하지 못했다.63)

1933년까지 다른 교수들이 나치 학생들에게 어느 정도 위협을 받았

---

62) Schjorring, *Theologische Gewissensethik und politische Wirklichkeit*, 171-72에서 재인용.
63) Bizer, "Der Fall Dehn," 261.

는지는 알기 어렵다.64) 독일 민족주의의 횡포에 도전하려 했던 사람들에게, 덴 교수의 경험은 경고가 되었음에 틀림없다. 독일 전역에서 나치 학생들은 자신들의 우파 이상주의, 행동주의, 대학생활에 변화를 가져올 헌신에 자부심을 느꼈고, 할레의 학생들은 그렇게 할 수 있음을 증명했다. 그러나 얼마나 많은 교수가 허쉬와 되리스 교수처럼 학생들의 정치를 공유했는지는 알기 어렵다. 히틀러가 권력을 장악한 후 몇 주 내에 실행한 나치 정책들에 대해 교수들이 어떻게 대응했는지를 보면, 그들의 태도를 상당 부분 파악할 수 있을 것이다.

1933년이 유대인, 책, 학문적 가치에 끼친 영향

히틀러는 1933년 1월 30일, 총리 임명을 수락했으며, 3월 말에 수권법을 통해 실질적으로 무제한적 권력을 갖게 되었다. 그의 첫 번째 극적인 새로운 정책은 4월 7일에 도입된 공무원 정화와 재활성화법이었다. 이 법으로 덴 교수는 할레대학교 교수직을 잃었다. 모든 정규 교수는 독일의 주 공무원이 되었는데, 모든 대학이 주의 지원과 통제 아래 있게 된 때문이었다.65) 예를 들어, 괴팅겐대학교는 프로이센 교육부 장관 베른하르트 루스트(나중에 독일 문화부 장관이 되었다)에게 답변했다. 공

---

64) 예를 들어, Saul Friedländer, *Nazi Germany and the Jews, Vol. I: The Years of Persecution, 1933-1939* (New York: Harper Perennial, 1997), 56-59를 보라. 또한 Giles, *Students and National Socialism in Germany*, 108-22를 보라. 그는 학생들이 권력을 장악한 것과 비효율적으로 그 권력을 행사하는 것을 설명한다. 또한 Becker, Dahms, and Wegeler, *Die Universität Göttingen unter dem Nationalsozialismus*, 43ff, 47, 80, 82, 84, 113, 366, 403ff, 531ff, 601은 괴팅겐대학교에서 학생들의 보이콧을 설명해 준다.
65) 5월 6일, 세 번째 "시행령"은 명예교수, 비종신교수, 강사도 포함되었는데, 이들은 일반적 의미에서 공무원이 아니었다. 이로써 실제 가르치는 과정에서 더욱 철저한 "정화" 작업이 이루어지도록 만들었다. Dahms, "Einleitung," 40을 보라.

무원 지위는 교수들에게 월급과 고용 조건, 그리고 직업 안정성 측면에서 이익이 되었다. 그러나 이 새로운 공무원법은 독일 관료주의를 개선하려 했으며, 그렇게 할 유일한 방법은 공무원 보호에서 제거할 사람을 찾아내는 것이었다. 제거 방법의 두 번째 단락은 "당 관료들," 즉 바이마르 공화국 시대에 적절한 자격 없이 순전히 정치적으로 임명된 사람들이었다. 이 범주에 속하는 사람은 괴팅겐대학에서 한 사람도 없었다(나중에 나치 대학교는 특히 터무니없는 정치적 임명을 하곤 했다. 아래 5장에서 지적할 것이다). 세 번째 단락은 소위 아리안 조항인데, "비아리안non-Aryan족"을 제거하려는 것이었다. 네 번째 단락은 정치에 초점을 맞춰, 나치 국가와 나치 세계관을 위해 "주저 없이" 일할 수 없는 모든 공무원을 추방하려는 것이다.

4월 11일에 선포된 이 새로운 공무원법의 첫 번째 시행령은 비아리안족을 종교적 용어로 정의했다. 즉 "비아리안족이란 비아리안족 출신과 유대인 부모나 조부모에게서 태어난 사람을 뜻한다. 이것은 특히 부모나 조부모 한 사람이 유대교에 속한 사람을 말한다."66) 힌덴부르크 대통령은 이 단락에서 두 집단을 보호하려고 개입했다. 즉 1914년 8월, 전쟁 발발 이전에 공무원으로 임명된 사람, 즉 전 황제 치하에서 임명된 "옛 관료들"과 "전방 군인들"로 복무한 사람들이었다. 5월 6일의 두 번째 시행령은 "전방 군인"을 협소하게 정의하여, 위험하지 않은 곳에서 복무한 사람이 아니라 "적진 앞에서" 복무한 사람들로 제한했다. 이 법은 "전방 군인" 지위에 전후 독일에서 좌파 혁명가들과 싸웠거나 "국가 갱신의 원수들"에 맞서 싸운 자유군단 소속을 첨가했다. 이런 생각은 "특히 탁월한 학자들"을 보호 명단에 첨가하도록 만들었지만, 그런 혜택

---

66) Dahms, "Einleitung," 40에서 재인용.

을 받은 사람은 아무도 없었다.67)

힌덴부르크 대통령의 개입에도 불구하고, 독일 교수들 사이에서 벌어진 살육은 엄청났다. 괴팅겐대학교 교수의 약 25%가 이런 "개혁" 조치로 직업을 잃었다. 귄터 덴 교수와 같은 일부 교수들이 직업을 잃은 이유는 정치적으로 신뢰할 수 없다는 판단 때문이었다. 이 범주에는 훨씬 유명한 신학자 폴 틸리히Paul Tillich가 포함되었는데,68) 그는 오랫동안 종교사회주의를 옹호했으며, 그의 좌파 입장에서 나치 이데올로기를 비판하곤 했다. 그는 뉴욕 유니온신학교의 교수직 제안을 수락하고, 10월에 미국으로 갔다. 그러나 새로운 공무원법 때문에 해직된 교수 중에 가장 많은 사람은 유대인이었다. 거의 모든 경우에, 해직된 교수의 동료들은 그들을 변호하지 않았다. 개별 학과와 대학 전체에서 많은 교수가 쫓겨났고, 세계적으로 유명한 교수들도 참화를 피할 수 없었으며, 이런 정책에 내재된 학문 자유 침해와 기본 시민권 침해에도 불구하고, 독일 학계는 동료들에 대한 이런 대규모 숙청에 항의하지 않았다.69)

괴팅겐대학교의 제임스 프랑크James Franck를 둘러싼 상황은 특히 흥미롭고 비통하게 만드는 경우였다. 1920년대 괴팅겐대학교 물리학과는 국제적 명성을 누리고 있었으며, 특히 프랑크가 1925년 노벨 물리학상을 받은 후 더욱 그랬다. 그의 동료 막스 본은 1954년에 노벨상을 받았다. 프랑크와 본은 매우 유능한 물리학자 집단을 불러들여, 총명한 수학자들, 즉 리하르트 쿠란트, 펠릭스 번스타인, 헤르만 바일, 에미 뇌터 등

---

67) 이런 분석은 Dahms, "Einleitung," 40에서 볼 수 있다.
68) 틸리히는 신학자로 알려져 있었지만, 그가 해직될 당시에는 프랑크푸르트 암 마인의 철학과 과장이었고, 테오도르 아도르노가 그의 재활을 안내했다.
69) Aniko Szabo, *Vertreibung, Rückkehr, Wiedergutmachung. Göttingen Hochschullehrer im Schatten des Nationalsozialismus* (Göttingen: Wallstein Verlag, 2000), 특히 2장, "Die nationalsozialistischen Verfolgungen an der Hochschulen," 31-84를 보라.

과 함께 연구했다. 그 결과 괴팅겐은 전 세계에서 야심 찬 학생들을 끌어들였고, 록펠러재단으로부터 상당한 기금을 후원받았다.

1933년 권력을 장악한 나치 체제는 그런 명성에는 관심이 없었다. 세 명의 수학자(쿠란트, 뇌터, 펠릭스 번스타인)와 물리학자 막스 본은 1933년 4월 24일에 괴팅겐대학교에서 제거된 첫 번째 집단 여섯 명의 2/3를 차지했다. 비록 몇몇 교수는 교수 근무 연한이나 전방 군인 지위에 근거해서 예외를 주장할 수 있었지만, 그들 각각은 유대교 배경을 갖고 있었고, 좌파 정치와의 연관성 때문에 나치에 반감을 품고 있었다. 더 나아가 막스 본은 알베르트 아인슈타인과 밀접한 친구라서 나치의 적대감을 더욱 부추겼을 것이다. 그는 물론 매우 귀한 인물이라서 곧바로 해외에서 교수직 제안을 받았는데, 처음에는 케임브리지에서 3년 직위를 받았고, 이어서 에든버러에서 17년 제안을 받았다. 리하르트 쿠란트는 뉴욕 쿠란트 수학 연구소 소장이 되었다. 헤르만 바일은 프린스턴의 고등연구소에서 아인슈타인과 함께 일하도록 초청을 받았다. 에미 뇌터는 미국의 초청을 수락했고, 1935년 수술을 받던 중에 예기치 않게 죽었다. 번스타인은 미국에서 자신의 경력을 계속 이어갔다.[70]

제임스 프랑크는 이 모든 인물 가운데 가장 탁월한 인물이었을 것인데, 처음 해직된 여섯 명의 명단에 들지 않았다. 비록 유대인이었지만 그는 전쟁 기간에 군복무를 했기 때문에 보호받는 범주에 속했다. 더 나아가, 그런 보호 조치가 언제까지 효력이 있었든 간에, 그는 세계적으로 유명한 과학자로서 괴팅겐대학교 자연과학부에 노벨상을 안겨 주었다. 친구들은 그에게 조용히 있으라고 촉구하면서 자신의 행운을 받아

---

[70] Dahms, "Einleitung," 41-45를 보라. Norbert Schappacher, "Das Mathematische Institut der Universitat Göttingen," in Becker, Dahms and Wegeler, *Die Universität Göttingen unter dem Nationalsozialismus*, 523-32를 보라.

들이고, 나치 체제가 일찍 붕괴하거나 아니면 적어도 그런 정책이 폐기되기를 희망하도록 요청했다. 그러나 상황이 그의 양심을 찌르자, 그는 동료 유대인들과 연대하는 길을 선택했다. 결국 그는 첫 번째 해직사태가 벌어지기 전에 자신의 직위를 사임했고, 괴팅겐대학교 신문에 자신의 입장을 설명하는 편지를 보냈다. 만일 이런 행동이 숲에서 나무가 쓰러져도 아무도 듣지 못한다는 속담처럼 받아들여졌다면, 특히 프랑크는 자신의 몸짓이 다른 교수들에게 저항하도록 격려하기를 희망했다는 점에서, 오늘날에는 불행했던 것처럼 보일 것이다. 그러나 그보다 훨씬 악화되었다. 그는 지지를 전혀 받지 못했을 뿐 아니라, 많은 동료로부터 공개적인 적대감을 받게 되었다. 괴팅겐대학교 42명의 교수와 강사들, 즉 교수진의 약 20%가 즉각 그의 축출을 요청하는 청원서에 서명하여 발표했다. 새로운 독일 국가를 불명예스럽게 만든 행동을 했다면서, 대학교의 "정화를 가속화하는" 조치를 요청했다.71)

프리츠 하버Fritz Haber의 경우는 노벨 화학상(1918년)을 받은 유대인 과학자로서 불명예스러운 행동을 한 것으로 비난받은 또 다른 사례였다.72) 그가 제1차 세계대전에서 독일에 공헌한 것은 이루 말할 수 없을 정도였다. 그가 화학 물질에서 암모니아를 만드는 과정을 발전시켰기 때문이다. 이 때문에 독일은 칠레로부터 질산을 수입하지 않아도 포탄을 만들 수 있게 되었다. 수입해야 했다면 영국 해군이 봉쇄할 수 있었

---

71) Dahms, "Einleitung," 41-42를 보라. Ulf Rosenow, "Die Göttinger Physik unter dem Nationalsozialismus," in Becker, Dahms and Wegeler, *Die Universität Göttingen unter dem Nationalsozialismus*, 555-58을 보라.
72) Edward Yarnall Hartshorne, Jr., *The German Universities and National Socialism* (Cambridge, MA: Harvard University Press, 1937), 133-37은 이런 사건들을 설명해 준다. Dietrich Stoltzenberg, *Fritz Harber: Chemist, Nobel Laureate, German Jew: A Biography* (Philddelphia: Chemical Heritage Foundation, 2005)를 보라.

지만, 하버가 발전시킨 과정 때문에 영국 해군의 방해로부터 독일을 구해주었다. 하버는 1911년부터 1933년까지 베를린의 카이저 빌헬름 물리화학 및 전기화학 연구소 초대 소장이었다. 비록 그는 전쟁에 복무했으며 이미 1911년에 임명되었기 때문에 아리안 조항을 피할 수 있었지만, 그는 자기 연구소의 유대인 과학자들을 "독일인" 즉 아리안족으로 대체하라는 명령을 거부했다. 그래서 그는 1933년 10월 1일 해직되었다. 비록 제1차 세계대전에 특별히 공을 세웠고 노벨상을 받았지만, 소용이 없었다. 넉 달 후에 그는 스위스에서 죽었다.

카이저 빌헬름 협회와 독일 물리학회는 그의 사망 1주년에 추도예배를 통해 그의 명예를 회복하려 했다. 나치 국가는 승인하지 않았다. 교육부 장관은 명령을 통해 공무원은 참석할 수 없다고 통보했다.

하버 교수가 1933년 10월 1일 자로 해직된 것은 그가 현재 국가에 반대하는 내적 태도가 명확히 표현된 제안서에 근거한 것으로서, 여론은 그 제안서를 국가사회주의가 채택한 조치를 비판하는 것으로 해석할 수밖에 없었기 때문이다. … 따라서 나는 국가 공무원으로 서약한 모든 부하 직원에게 그 추도식 참석을 금지한다.[73]

카이저 빌헬름 협회와 독일 물리학회의 시민들(공무원이 아닌 사람들)이 1935년 초, 하버의 추도식에 참석했다는 것은 주목할 만하다. 기업가들과 퇴역군인들은 제1차 세계대전에서 독일의 가장 중요한 영웅 가운데 한 사람의 명예를 선택했다. 그러나 그 추도식에 참석한 학자들은 찾아볼 수 없었다. 또한 프리츠 하버의 카이저 빌헬름 연구소 소장직 해직과

---

73) Hartschorne, *The German Universities and National Socialism*, 135-37.

제임스 프랑크의 괴팅겐대학교 물리학 연구소 소장직 해직에 반대한 학자는 한 사람도 없었다. 그 두 사람이 해직된 것은 단순히 유대인이었기 때문이다.

1933년 5월, 독일 전역의 대학교수들이 직면하게 된 또 다른 도전은 환영받지 못하는 책들을 불태우는 것으로서, 이것은 그들의 핵심 가치에 대한 도전처럼 보였을 것이다. 나치당은 1933년 5월 10일, 독일 전역 대학들에서 분서(루터가 자신을 출교시킨 교황 교서를 불태웠듯이-옮긴이)를 조직했다. 베를린에서는 국립오페라극장과 길 건너 훔볼트대학 사이의 광장에서 2만 권 이상을 불살랐다.74) 독일 전역의 학생들이 열광적으로 참여하여, 지정된 장소에 책들을 쌓았다. 학생들에게 "블랙리스트"가 배포되었는데, 유대인 저자나 나치 체제에 호의적이지 않은 저자의 책을 단죄한 것이었다. 마르크스, 프로이트, 아인슈타인은 불길 속에 던져졌다. 레마르크의 ≪서부 전선 이상 없다≫도 불길에 던져졌는데, 독일 군인들의 용맹함을 부정적으로 묘사했다는 이유였다. 하인리히 만과 토마스 만의 작품들도 마찬가지였는데, 그 형제는 정치적으로 신뢰할 수 없다는 이유였다. 공공도서관, 대여도서관, 개인 서가, 심지어 대학 도서관에서 가져온 책들이었다. 불길이 치솟는 동안 학생 지도자들은 연설을 통해 "정화" 과정을 축하했다. 유명한 교수들 역시 발언했는데, 이것은 학자들이 이처럼 사상의 중요성에 대한 폭력을 수용했다는 첫 번째 신호였다. 또 다른 신호는 이런 분서 행위에 대해 교수들이 별다른 반대를 하지 않았다는 점이다. 대신에 그들은 책을 내어주고, 지지하는 발언을 하고, 환성을 지르며 불길을 바라보는 군중 속에 가담했다.75)

---

74) Friedländer, *Nazi Germany and the Jews*, Vol. 1, 57. 그는 "독일의 다른 모든 중요한 도시"에서 2천 권 내지 3천 권을 불태웠다고 덧붙인다.

75) Matthew Fishburn, *Book Burning* (New York: Palgrave Macmillan, 2008). Gerhard Sauder, ed., *Die Bücherverbrennung 10. Mai 1933* (Berlin: Ullstein,

교수들은 또 자신들의 정상적 업무 수행 방식에 대한 중요한 변화를 받아들였다. 독일에서 교수는 학계에 상당한 권력을 행사했는데, 교수회에 참석하고, 새로운 직원 채용에 큰 영향력을 끼치며, 학장이나 총장 등 비교적 단기간의 행정직을 선출하고, 일반적으로 그들을 감시했다. 다시 말해서, 대학은 합리적으로 민주적 원칙들 아래 작동했다. 그러나 이것은 나치 이데올로기가 강조한 총통의 원칙에 맞지 않았다. 그래서 대학들은 재빨리 정부가 그 지도자를 임명하는 것에 굴복했고, 동시에 지역의 총통이 권력을 더욱 행사하게 했다. 물론 모든 경우, 지역 지도자들은 새로운 체제에 충성해야만 했다.

뚜렷한 사례는 프라이부르크대학교 총장이었던 마르틴 하이데거 Martin Heidegger의 사례에서 볼 수 있다. 그는 1933년 가을에 유명한 총장 연설을 했다. 20세기의 가장 영향력 있는 철학자들 가운데 하나인 하이데거는 장 폴 사르트르의 스승이었고, 또한 실존주의 운동의 중요한 공헌자였다. 비록 그가 나치 체제를 진심으로 승인한 사실이 명백하지만, 학자로서의 그의 위상은 거의 부인할 수 없으며, 1945년 이후에도 매우 중요한 인물로 남았다. 당시 학계의 많은 동료처럼, 그는 히틀러의 등장을 독일의 재탄생 순간으로 찬양했다. 어떤 종류의 재탄생인가? 하이데거는 독일의 통일성, 군인정신, 세계의 중심 국가 중 하나로 독일을 재건하려는 공격적 의지를 환영했다.76)

마르틴 하이데거 같은 독일인들은 인류 공동체 안에서 독일인들의 위상보다는 독일의 독특성을 경축했다. 카를 브랜디의 경력에서 볼 수 있는 한 사건은 그런 문제에 대한 독일인들의 예민함을 잘 보여준다. 이 일화는 국제역사학회 모임과 관련되었다. 그 학회 부회장으로 추천

1985)는 분서에 관한 설명과 문서들을 보여준다.
76) 하이데거의 정치학에 대한 상세한 설명은 다음의 5장을 보라.

된 브랜디는 1933년 여름에 학회에 참석할 계획이었다. 그러나 중요한 문제가 생겼다. 그 학회가 바르샤바에서 열리게 된 것인데, 바르샤바는 독일인들이 매우 분개하는 국가의 수도였다. 더욱 좋지 않았던 점은 그 학회 기간에 "폴란드 회랑 지대" 안에 있는 한 도시로 단체여행을 할지 모른다는 소문이었다. 폴란드 회랑 지대는 폴란드와 발틱 해안을 연결하는 긴 땅으로서, 전쟁 후에 폴란드에 양도된 지역이었다. 그중 논쟁이 된 땅은 포메라니아였는데, 이 지역은 폴란드인들이 천 년 전에 정착했다가 1772년 프리드리히 2세(프로이센 국왕)가 폴란드로부터 탈취했다. 프리드리히 2세와 그의 후계자들은 그 지역을 "서 프로이센"으로 이름을 고치고 그 주민을 "독일인화"하려 했는데, 1933년 당시에 독일이 동 프로이센 지방으로 가려면 반드시 거쳐야 하는 지역이었다. 그러나 다수였던 폴란드인은 계속 머물렀고, 1772년에 폴란드로부터 "탈취한" 지역은 제1차 세계대전 이후에 다시 폴란드에 "탈취당했다."

폴란드 전체가 독일인들을 분노하게 했다. 폴란드는 18세기 후반에 그 영토가 분할되어, 제1차 세계대전 이전에는 지도에 존재하지 않았다. 1920년에 재건된 폴란드는 과거 독일, 오스트리아, 러시아인들이 살던 땅을 조각내어 붙인 땅을 차지했다. 애국적인 독일 역사가들이 1933년 바르샤바 학회에 대해 염려했던 것은 만일 폴란드 역사가들이 폴란드-독일 국경 문제를 다룰 경우, 그들이 독일인들의 관점을 반대할 것이 분명하다는 점이었다. 독일 역사가들이 또 분개했던 것은 프랑스 역사가들이 그 학회에 참석할 것이며, 그들이 제기할 주제뿐 아니라 토론에서 폴란드 역사가들과 연대할 것이라는 점이었다. 독일인들의 이런 예민함은 학회에서 사용할 언어 채택 문제에서 불거졌다. 독일 학자들은 독일어로 논문을 발표할 권리를 주장했고 폴란드 학자들이 폴란드어로 발표해서는 안 된다고 주장했다. 그뿐 아니라, 폴란드 학자들이 프랑스

어로 발표하는 것으로 제한해서는 안 되며, 적어도 몇몇 학자는 독일어로 발표해야 한다고 주장했다.77)

브랜디는 앞에서 지적한 것처럼, 오랫동안 폴란드 문제에 관심을 두고 있었으며, 헤이그에서 열린 학회 준비 모임에 참석했다. 그는 나중에 한 동료에게 그 모임에서 벌어진 "특히 불쾌했던 일"을 설명했다. 본대학교의 한 역사가는 독일과 프랑스의 화해를 원했다는 점에서 특이했는데, 그는 독일어-프랑스어로 여러 권의 핸드북을 만들 것을 제안했다. 그러자 즉시 한 폴란드 역사가가 독일어-폴란드어로 된 핸드북도 만들 것을 제안했다. 브랜디가 보기에 다행이었던 것은 노르웨이인 회장이 그 문제를 독일 역사학회의 결정에 맡김으로써 "유일하게 옳은" 일을 했다. 브랜디는 나중에 그 본대학교 역사학자를 질책하여, "국제적 상황은 반드시 훨씬 조심해서 다루어야 한다는 점에 대해 의심하지 않도록 만들었다"고 보고했다.78)

브랜디는 실제로 바르샤바 학회에 참석했다. 그 후에 그는 괴팅겐대학교의 동료 역사가로부터 뜻밖의 공격을 받았다. 그것은 1934년 1월 18일, 비스마르크가 독일 제국을 창설한 것을 축하하는 휴일에 벌어졌다. 고대사 전공인 울리히 카슈테트 교수가 축하 연설을 했다. 그 과정에서 그는 폴란드 내 독일인들이 "사냥당하고 살해되며" 박해받는 도중에 몇몇 독일 역사가들이 바르샤바에서 열린 국제학회에 참석한 것을 공격했다. 그는 가설적인 질문을 덧붙이면서 "다른 나라에서 비슷하게 국가의 명예를 훼손하는 학자들에게 무슨 일이 벌어지겠는가?" 하고 물었다. 그러고는 위협적 대답을 했다. "내가 믿기로는 우리 모두가 무슨 일이 벌어질지 알고 있다. 학생들이 몽둥이를 들고 그런 교수들을 때려죽일

---

77) 예를 들어, Brandi to Prof. Dr. Kehr, 20.7.32, in BN, 41, #70을 보라.
78) Ibid.

것이다."79) 브랜디와 스람 모두 그것이 자신들을 가리킨 말이며, 또한 자신들의 애국주의를 모욕한 것임을 인식했다. 브랜디는 그다음에 무슨 일이 벌어졌는지를 친구에게 편지로 써서 보냈다.

그 강연 직후에 나는 여전히 예복을 입은 상태로 총장실로 찾아갔다. 강연자도 그곳에 있었고 스람도 나를 뒤따라 들어왔지. 나는 총장에게 명예 법정을 열 것을 요구했다. 그리고 나는 그 강연자에게 손에 무기를 들고 나를 만날 준비가 되어 있는지, 그러면 만족할 것인지 물었다. 나는 24시간 이내에 한 동료를 통해 그 질문을 반복했다.80)

이 사건이 유혈사태로 발전하지는 않았다. 카슈테트 교수가 그 도전을 거부했다. 브랜디 교수가 이미 65세였기 때문이었는지는 알 수 없다. (카슈테트 교수가 발표한 이유는 자신이 보수적이며 민족주의적인 퇴역 군인 조직인 "강철 헬멧" 소속으로서, 서로 살해하는 것만 허용된다는 이유였다. 외부인과 결투하는 것은 자신들의 명예를 침해한다는 뜻이다.) 그러자 총장은 명예 법정을 열어, 카슈테트 교수가 사과문을 발표하도록 종용했다. 총장은 또 브랜디와 스람에게 편지를 보내, 바르샤바 역사학회에 참석한 독일 역사가들이 명예를 훼손했다는 비난은 이제 명예 법정에서 부정확했던 것으로 판정되었다고 했다. "본인은 그런 비난을 한 것에 대해 대학교의 이름으로 유감을 표명합니다."81)

---

79) Cornelia Wegeler, "Das Institut für Altertumskunde der Universität Göttingen 1921-1962: Ein Beitrag zur Geschichte der Klassischen Philologie seit Wilamowitz," Becker, Dahms and Wegeler, *Die Universität Göttingen unter dem Nationalsozialismus*, 347에서 재인용.
80) Brandi to *Bibliotheksdirektor* Dr. O. H. May, Hannover, 27.1.34, in BN, 54a, #1.
81) *Rektor* Neumann to Brandi and Schramm, 29.1.34, in BN, 127, #1.

독일 대학교들의 이런 모습은 우리에게 무엇을 남겨주는가? 1933년에 이르면, 독일 학생들이 나치의 계획을 밀어붙이는 모습을 보게 된다. 또한 학문 자유에 대한 다양한 침해-책 불태우기, 정치적 이유로 교수추방, 유대인들 해직-를 보게 되며, 이처럼 자신들의 세계에 침입하는 것에 대해 학자들이 거의 반대하지 않았다. 그 대신에, 나치의 목표와 이상을 받아들일 준비가 상당히 되어 있는 모습을 볼 수 있는데, 예를 들면, 카를 브랜디와 퍼시 스람처럼 저명한 두 역사가가 보여준 것이다. 그들은 정말 나쁘게 행동한 역사가들의 끔찍한 이야기를 대표하지 않는다. 카를 브랜디가 서부 전선에 대한 그의 모델(독일의 정치적 통제를 위해 프랑스인 정체성을 바꾸는 것)이 동부 전선에 대한 그의 모델(폴란드의 정치적 통제에도 불구하고 독일인 정체성을 유지하는 것)과 일치하지 않는다는 점을 볼 수 없었거나 후회하지 않았다는 것은 사실이다. 더 나아가, 그는 오직 선전을 목적으로 학문을 위장하는 거짓 학문을 주장함으로써 역사학의 기준을 기꺼이 위반하려 했다. 퍼시 스람 역시 동부 지방을 선전의 관점에서 파악했으며, 나중에 그 지역에 대한 나치의 조치를 분명히 승인했다.82) 더 나아가, 그는 군사적 가치가 악한 목적에 사용될 수 있는 시기에 군사적 가치에 크게 의존한 삶을 살았다. 그가 나중에, 오메르 바르토프83)의 용어로 "히틀러의 군대"에 참여함으로써 의심을 갖거나 반대하게 되었다는 증거는 없다. 카를 브랜디와 퍼시 스람의 경우 모두에서, 히틀러의 역사가들의 "업적들" 가운데 가장

---

82) 예를 들어, Willi Oberkrome은 "동부 질문"에 관한 브랜디와 스람의 연구가 그 주제에 관한 문헌에 나오지 않고 인용되지 않음을 지적했다. *Volksgeschichte: Methodische Innovation und völkische Ideologisierung in der deutschen Geschichtwissenschaft* (Göttingen: Vanderhoek & Ruprecht, 1993), 171, n.2.
83) Omer Bartov, *Hitler's Army: Soldiers, Nazis, and War in the Third Reich* (New York: Oxford University Press, 1992).

중요한 것으로 위르겐 코카가 간주했던 행동에 헌신했다고 나는 믿는다. 그들이 창조한 지적인 분위기 속에서 학생들은 나치 프로그램의 "유토피아적"이며 "허무주의적인" 망상뿐 아니라 그 망상을 실행하기 위해 점차 더욱 잔인해진 조치를 받아들이게 마련이었다.

브랜디와 스람은 나치의 대학 침입을 반대할 가장 좋은 위치에 있었던 교수들에 속해 있었다는 점을 인식하는 것이 중요하다. 그들 각각은 괴팅겐대학교에서 확고한 위치를 차지했고, 모두 국제적 명성을 얻었고, 우파에 뿌리를 두었지만 1933년까지는 합리적으로 온건한 독일인민당(DVP) 소속이었기 때문이다. 그들이 독일의 대외 정책과 애국심에 관해 지닌 태도가 아돌프 히틀러와 상당히 조화를 이루었다는 점은 그 체제에 대해 문제를 제기하기보다 기꺼이 승인하게 했다. 마르틴 하이데거는 몇 걸음 더 나아가, 히틀러의 등장을 공개적 방식으로 열광적으로 환영했다. 결코 좋게 평가할 수 없을 것처럼 보인다. 어려운 시대와 장소에서, 이 학자들은 그릇된 방향으로 비난받을 발걸음을 내디뎠다. 그들의 이야기는 분명히 교육받은 독일인 일반이 나치 국가에 열광하고, 그 범죄에 폭넓게 참여한 것을 설명하는 데 도움을 준다.

1933년이 독일 대학교들의 젊은 세대에 끼친 영향을 고려하면, 우리는 전체적으로 별로 잘 조직되지 않아서 정치적 유혹에 훨씬 취약한 집단의 모습을 발견하게 된다. 그 집단 안에서는 점차 대학을 정치화하려는 의지, 인종학을 가르치고, 정당 회원증과 이념적으로 설정된 연구를 통해 자신의 정치적 경력을 연마하려는 의지가 더욱 확대되었다. 카를 브랜디로 대표되는 노인 교수 세대와 마르틴 하이데거와 퍼시 스람을 포함하는 중년 교수 세대, 그리고 자신들의 경력을 개척하기 바쁜 젊은 교수 세대의 결합은 그들의 협조와 자체적 동기, 그리고 나치가 지배한 그다음 10여 년의 독일 대학들을 특징짓는 무저항을 설명해 준다.

4장

동의와 협조: 1945년까지의 교회들

"우리는 도대체 언제 '교회의 투쟁Church Struggle'에 관한 진실을 인정할 것인가? 우리는 패배했다." 고백교회의 한 회원이 한 이 말은 내가 보기에 전쟁이 끝난 후에 고백교회에 관해 만들어진 상당수 신화와 극명한 대조를 이룬다. 이제 분명한 것은 고백교회가 나치즘과의 전투에서 두 가지 점에서 패배했다는 것이다. 첫째로, 제3 제국 전체 기간을 통해 독일 기독교(DC)와 그들의 친나치 생각이 고백교회의 생각보다 훨씬 큰 영향력을 끼쳤다는 점이다.[1] 예를 들어, 구약성서에 대한 존중과 사용을 놓고 벌인 싸움에서 교회가 예배에서 구약성서 봉독을 제한하기 시작하자, 고백교회는 패배했다. 고백교회가 또 패배한 싸움은 유대인 혈통을 지닌 목사들을 존중하고 대우하기 위한 싸움이었다. 마르틴 니묄러 목사가 교회 안에서 "아리안 조항"의 사용을 반대했음에도 불구하고, 또한 그가 1933년과 1934년에 "목사 비상 동맹"을 성장시켜 폭넓은 지지를 받았음에도 불구하고, 유대인의 피로 "오염된" 모든 목사는 1937년, 또는 1938년에 교회에서 쫓겨났다.[2] 고백교회가 패배한 또

---

[1] Doris Bergen, *Twisted Cross: The German Christian Movement in the Third Reich* (Chapel Hill: University of North Carolina Press, 1996)을 보라.

[2] 예를 들어, Wolfgang Gerlach, *And the Witnesses Were Silent: The Confessing*

다른 싸움은 독일 대학교들의 신학 교수 임용 문제였는데, 독일 기독교(DC) 견해를 주장하는 교수들이 임용 정책에서 과다 대표되었다.

고백교회 지지자들이 교회의 투쟁에서 패배한 두 번째 방식이 있다. 그들은 싸우지 않기로 선택했다. 다시 말해서 그들은 오늘날 우리에게 매우 분명하게 보이는 진짜 적—나치 국가와 그 인종차별적이며 군사주의적이며 잔인한 이데올로기—에 맞서 싸우지 않기로 했다. 1934년 5월의 바르멘 선언과 제3 제국의 멸망 사이에, 고백교회의 많은 회원은 독일 기독교(DC)라는 이단에 맞서서 전통적 기독교 믿음과 실천을 유지하기 위해 용감하게 싸웠다. 어떤 개인은 자신의 종교적 믿음과 실천 때문에 게슈타포의 시선을 끌었는데, 그들의 설교, 교육, 기도 방식이 나치 국가를 불쾌하게 만들었기 때문이다. 고백교회의 일부 회원은 더 나아가서, 유대인 혈통의 기독교인들을 숨겨주거나 도와줌으로써 자신들의 안전과 목숨을 위태롭게 만들었고, 그 결과 실제로 어떤 이들은 투옥되거나 처형되었다. 이처럼 우리는 마르틴 니묄러와 디트리히 본회퍼 이외에도 고백교회의 진정한 영웅들을 발견할 수 있다. 그러나 고백교회의 몇몇 사람들의 그런 행동에도 불구하고, 고백교회 자체는 나치 국가를 공격하거나 비판하기를 거부한 것으로 특징지어졌다. 고백교회 회원들은 그 신학을 지지하면서도 여전히 자신들을 제3 제국의 충성스러운, 심지어 열광적인 시민으로 간주하는 것이 가능했다. 이것은 특히 제2차 세계대전이 시작된 후, 국가적 충성에 관한 질문들이 매우 중요하게 되었을 때의 현실이었다. 가톨릭교회도 이와 비슷하게 사소한 갈등

Church and the Persecution of the Jews, edited and translated by Victoria J. Barnett (Lincoln, NE: University of Nebraska Press, 2000), 126-29를 보라. "오염"을 측정하는 것은 1935년 뉘른베르크 인종법을 따랐는데, 그 법에 따르면 조부모 중 한 사람이나 두 사람이 유대인이면, 각각 "잡종" 2급, 또는 1급이며, 유대인 조부모가 셋이나 넷이면, 그의 종교나 정체성과 상관없이 유대인으로 판정했다.

과 폭넓은 묵인의 패턴을 보여준다. 오늘날의 관점에서, 나치 체제의 증오심과 잔혹성을 인식하고 그 체제를 부도덕하며 악하다고 기꺼이 판정한 관점에서 보면, 1933년부터 1945년까지의 기독교 교회의 이야기는 작은 승리와 큰 패배의 패턴을 보여준다.

작은 승리들

바르멘 선언

바르멘 선언을 "작은 승리"라고 부르는 것은 부적절한 것처럼 보일 수 있다. 1934년 5월에 발표한 이 선언은 고백교회의 기초가 되었고, 1945년 이후 폭넓게 칭송받았다. 예를 들어, 이 선언의 50주년을 축하하는 국제회의에서, 데스몬드 투투 주교는 바르멘 선언이 남아프리카 교회 지도자들에게 인종차별정책에 반대하도록 영감을 불어넣었다고 칭송했다.[3] 1945년 이후 많은 교회는 바르멘 선언을 승인하거나, 자신들의 신앙 선언의 한 부분으로 채택했다. 2003년에 나온 디트리히 본회퍼에 관한 다큐멘터리 영화는 바르멘 선언에 대한 폭넓은 칭송을 반영하면서, 그것을 "시민불복종 행동"으로 묘사했다.[4]

그러나 바르멘 선언을 작은 승리로 볼 수 있는 것은 우리가 그 선언을 발표한 개신교인들이 얼마나 소수였는지를 인식할 때다. 빌헬름 니묄러(마르틴 니묄러 목사의 동생) 목사의 평가에 따르면, 독일 개신교 목사들의 오직 20%만이 고백교회를 지지했으며, 따라서 80% 목사들은 바

---

[3] 바르멘 선언 50주년을 기념하는 1984년의 회의는 교회와 홀로코스트에 관한 연례 학자회의가 주관하여 시애틀에서 열렸다. Hubert G. Locke, ed., *The Barmen Confession: Papers from the Seattle Assembly* (Lewiston Queenston: The Edwin Mellen Press, 1986)을 보라.

[4] Martin Doblmeier, *Bonhoeffer* (Journey Films, 2003).

르멘 선언을 무시하거나 심지어 반대했다.5) 예를 들어, 독일 루터교회의 두 강력한 인물이었던 파울 알트하우스와 빌헬름 엘러트는 재빨리 바르멘 선언에 반대하는 문서 "안스바흐 조언"(루터교회의 중요한 도시 안스바흐와 연결된 "조언")을 발표했다.

알트하우스나 엘러트는 히틀러에 대한 열렬한 지지 때문에 잠시 독일 기독교(DC)에 가담할 유혹을 받기는 했지만, 그들 편에 서지 않았다. 그들은 바르멘 서명자들에게 가장 불쾌했던 급진적 DC의 생각을 승인하거나 받아들일 수 없었는데, 예를 들면, 성서에서 구약성서를 제외하려는 생각, 또는 히틀러가 실질적으로 예수와 동등한 하느님의 메시지라는 생각이었다. 알트하우스와 엘러트는 DC와 고백교회 사이에 섰던 독일 개신교인의 매우 큰 중간 집단에 속했다.6) 문제의 일부는 정치적인 것이었다. 그들은 바르멘 선언이 DC를 비판한 것에서 나치 국가를 비판한 것처럼 보일 가능성에서 자신들은 거리를 두어야 한다고 주장했다. DC는 나치 국가의 열렬한 지지자들이었기 때문이다. 따라서 알트하우스와 엘러트는 "안스바흐 조언"을 정치적 긍정으로 시작했다.

우리는 기독교인으로서 하느님께 감사하는 마음으로 … 모든 권위는 하느님이 보전하시는 수단임을 존중한다. 이런 점에서 우리는 기독교 신자들로서 궁핍의 시대에 하느님께서 우리 민족에게 "경건하

---

5) Wilhelm Niemöller, "The Niemöller Archives," in Franklin H. Littell and Hubert G. Locke, eds., *The German Church Struggle and the Holocaust* (Detroit: Wayne State University Press, 1974), 51-53을 보라.
6) 바르멘 선언이 발표될 당시, 이들 중간 집단, 즉 독일 기독교(DC)와 고백교회(BK) 어느 쪽에도 가입하기를 거부했던 집단은 독일 개신교회의 가장 큰 집단으로 등장했다. DC가 그 동력의 일부를 잃은 것은 1933년 11월, 베를린의 스포츠 궁전에서 열린 급진적 집회 이후였다. 그 이후 DC에 대한 국가의 지원은 1934년부터 약화되어, 그들이 교회를 통일할 수 있다는 초기의 희망이 사라지기 시작했다.

고 신실한 지도자"로서 총통을 주신 것을 감사하며, 또한 국가사회주의 정치체제를 "선한 정부," 곧 "품위와 명예"를 지닌 정부로 주신 것을 감사한다.7)

분명하게, 이것은 히틀러에 대한 구체적 열광주의와 국가 권위에 대한 전통적 루터교의 믿음과 존중에 대한 강조를 잘 보여준다.

알트하우스와 엘러트는 또 바르멘 선언에 대한 신학적 반대 주장도 했다. 그들은 칼 바르트가 영감을 불어넣은 그리스도 중심적 협소함을 비판했다. 첫인상으로는, 바르멘 선언이 주장한 것처럼, 하느님의 계시가 성서에 제시되었듯이 오직 예수 그리스도를 통해서만 인간에게 주어졌다는 주장이 국가를 자극할 것처럼 보이지 않을 수 있다. 비록 현대의 종교다원주의와 관용을 주장하는 사람들은 불쾌할 수 있는데, 그리스도 중심주의는 다른 종교 전통이 하느님과 적절한 관계를 맺을 수 있다는 점을 부인한다. 그러나 이것은 알트하우스와 엘러트의 관심이 아니었다. 그들은 기꺼이 기독교를 보편적 진리로 주장했지만, 이 진리를 표현한 바르멘 선언을 받아들일 수 없었다. 그들은 훨씬 더 폭넓고 보다 일반적인 기독교 믿음, 즉 하느님의 손과 하느님으로부터의 메시지는 성서에서뿐 아니라 역사에서도 볼 수 있다는 믿음을 주장했다. 구약성서 전체가 의미를 갖는 것은 오직 히브리 민족의 운명이 엎치락뒤치락할 때 그들의 행동에 대한 응답으로 하느님이 그들에게 "말씀하셨다"고 받아들일 때뿐이다. 하느님이 기도에 응답하시거나 그분에게 복종하는 사람들을 축복하신다는 생각은 하느님으로부터의 메시지를 받고 인식한다는

---

7) Paul Althous and Werner Elert, *Der Ansbacher Ratschlag*, Gerhard Niemöller, *Die erste Bekenntnissynode der Deutschen Evangelischen Kirche zu Barmen*, vol. 1 (Göttingen: Vandenhoek & Ruprecht, 1959), 142ff에 다시 인쇄되었다.

것을 함축한다. 많은 기독교인은 자기 민족의 운명에서 하느님의 손을 본다고 주장한다.

알트하우스와 엘러트는 1934년까지 독일에서 벌어진 변화들 속에서 하느님의 손을 주장하고 싶어 했다. 그들은 "안스바흐 조언"을 통해 신적인 계시를 가장 잘 이해할 수 있는 신학적 요점을 밝히고, 동시에 히틀러 치하에서 독일의 재탄생을 경축하려 했다. 그들은 칼 바르트를 정치적 좌파로 의심했으며, 더군다나 스위스 출신이라서 독일인이 아니기 때문에, 자신들의 열광주의에 동참할 수 없다고 생각했다. 그들에게 분명한 것처럼 보인 것은 칼 바르트가 독일 기독교(DC)를 비판한 것은 신학적 이유뿐 아니라 정치적 이유 때문이었다는 점이다. 이와 연관된 정치에 대해 전쟁 이후의 판단에서 볼 때, 바르멘 선언에서 바르트 신학의 협소함은 매력적으로 보인다. 그것은 당시에 필요했고 또 분명했던 유용한 교리였을 것이다. 그것은 민족주의적 독일의 열탕hothouse 분위기를 진정시키고, 이상한 식물이 자라는 것을 막으려 했다. 바르멘 선언의 그리스도 중심주의가 훌륭한 신학인지 아닌지 하는 문제는 또 다른 문제이며, 여기서 결정할 필요가 있는 문제는 아니다.8)

우리의 목적을 위해, 바르멘 선언에 대한 보다 중요한 비판은 그 문서를 특히 나치 국가에 대한 우리의 비판적 관점에서 자세히 읽을 때 가능하다. 바르트는 실제로 히틀러를 반대했지만, 바르멘 선언은 그러지 않았다. 바르트의 구체적 목적은 신학적이며 교회적인 잡초를 제거하는 것이었지, 정치적 잡초를 제거하는 것이 아니었다. 바르멘 선언에는 그 서명자가 나치 국가를 노골적으로 비판한 문장이 없다. 그것은 우연이

---

8) 바르멘 선언에 대한 알트하우스의 비판에 대한 논의는 Robert P. Ericksen, *Theologians under Hitler: Gerhard Kittel, Paul Althaus and Emanuel Hirsch* (New Haven: Yale University Press, 1985) 86-89를 보라.

아니었다. 바르멘 선언의 초안 작성자 중에는 바르트처럼 나치의 정치를 실제로 반대한 사람들이 있었지만, 정치적으로 보수적인 사람들, 일부 루터교인들처럼 히틀러의 지도력에 열광하는 개인들도 포함되었다. 이들은 나치 운동과 국가에 충성하지 않는 문서에는 서명하지 않을 사람들이었다. 바르멘 선언은 이들을 확신시키기 위해 첫대목에서부터, "우리가 독일 국가의 통일성을 반대하는 것처럼 치밀하지 못한 말에 속지 마십시오"라고 선언한다. 바르멘 선언의 모든 단어는 독일 기독교(DC)의 신학적 과잉에 대적하는 말이었다. 어느 한 단어도 나치나 나치 이데올로기에 대해 대적하는 단어로 이해할 필요가 있는 단어는 없다.

바르멘 선언의 전체 본문은 비교적 짧다. 여섯 개의 진술 가운데 다섯 번째는 히틀러에 대적하는 "시민 불복종"으로 가장 자주 인용되는 진술이다. 그것은 "두 왕국" 교리를 표현하는 것으로 시작한다. "성서가 우리에게 말해주는 것은, 교회가 존재하는 아직 구원받지 못한 세상에서, 국가는 하느님이 임명하신 바, 정의와 평화를 마련하는 과제를 갖고 있다는 사실이다." 바르트는 원래 이 진술 다음에, "우리는 국가가 인간의 삶에서 유일하며 전체주의적 질서라는 오류를 거부한다. 우리는 교회가 그 메시지와 형태에서 특정한 국가 형태에 순응해야 한다는 오류를 거부한다"는 말을 덧붙였다. 그러나 바르멘의 많은 대표는 이것이 나치 국가에 대한 공격처럼 들린다고 불평했다. 게오르그 메츠는 보수적인 루터교 대표로서, 바르트에게 자신들의 목표는 독일 기독교(DC)에 반대하는 것이지 국가에 반대하는 것이 아님을 상기시켰고, 바르트는 최종 문안을 이렇게 수정해서 통과시켰다.

우리가 거부하는 거짓 교리는 마치 국가가 그 특수한 위임을 넘어 인간의 삶의 유일한 전체주의적 질서가 되어야 하며 또한 될 수 있어야 교회의 소명도 완수된다는 것이다.

우리가 거부하는 거짓 교리는 마치 교회가 그 특수한 위임을 넘어 국가의 성격, 과제, 위엄을 자신의 것으로 전유해야 하며 또한 전유할 수 있어야 그 자체가 국가의 한 기관이 된다는 것이다.[9]

만일 나치 국가가 모든 독일인이 모든 일에서 그 전체적 권위를 받아들여야 한다고 분명하고 명백하게 요구했다면, 바르멘 선언의 5항은 그 요구에 반대한 것으로 이해할 수 있었다. 우리는 이제 일반적으로 히틀러를 전체주의적 지도자로 보기 때문에, 바르멘 5항을 그런 빛에 비추어 시민의 용기나 정치적 반대 색채를 지닌 것으로 해석한다. 그러나 당시에는 그것을 다르게 해석할 많은 이유가 있었다. 특히 나치당 프로그램의 24조는 "적극적 기독교"를 독일 국가의 기초라고 주장하며, 제3 제국 전체 기간에 나치의 공식적 교리로 유지하였다. 더 나아가, 나치 정책은 교회가 그 **영역 안에서** 자유롭게 행동할 권리를 인정하곤 했다. 바르트가 수정한 5항은 두 영역의 교리를 인정하고 확인했다. 교회가 그 소명에서 자유롭게 행동할 자유를 주장하는 반면에, 국가가 교회의 영적인 영역에 관해 주장하지 않는 한, 국가는, 심지어 전체주의 국가에도 아무 제한을 두지 않는다.

바르멘 선언 5항의 원래 문장에는 더 날카롭게 물어뜯는 게 있었고, 그것은 바르트의 정치학에 대해 우리가 알고 있는 것과 일관된다. 그것은 모든 전체주의 국가를 정죄하는 것처럼 보였고, 교회가 특정 국가에 순응하는 것은 적절하지 않다고 주장했다. 그러나 바르멘 선언 5항의

---

[9] 바르멘 선언의 모든 인용은 Arthur C. Cochrane, *The Church's Confession under Hitler* (Philadelphia: The Westminster Press, 1962), 237-47에서 인용한 것으로서 5항의 원래 판본에 대한 언급은 p. 241, note 5에서 가져온 것이다. 또한 Niemöller, "The Niemöller Archives," 196-206도 보라.

수정판은, 스스로 훌륭한 나치라고 간주한 전통적 루터교인들도 받아들일 수 있는 관점을 표현했다. 그러나 그 선언 아래에서도, 정치화된 교회들이나 국가 자체를 비판한 목사들은 보호받지 못했다. 마르틴 니묄러 목사는 자기 혀를 억제하려 하지 않았다. 심지어 게슈타포가 그에게 발언을 금지시키고 그의 행동을 감시할 때도 그랬다. 1937년에 이르러 그는 체포되어 투옥되었다. 그것은 바르멘 선언을 위반한 것으로 볼 필요가 없었다. 고백교회의 많은 회원, 또는 대다수 회원은 바르멘 선언과 나치 국가를 양심의 가책 없이 받아들일 수 있었다. 비록 몇몇 급진주의자들이 투옥되었을 때조차도 그랬다.

바르멘 선언이 나치 국가와 싸우기를 원하지 않았음은, 그 선언이 어떻게 유대인 학대 문제를 다루었는지를 보면 명확해진다. 그 선언은 그 문제를 다루지 않았다. 바르멘 선언에는 유대인에 대한 언급이 전혀 없다. 나치 국가가 유대인들이나 다른 소수자들을 잔인하게 다루는 것에 대한 불평도 전혀 없다. 유대인 혐오와 학대가 나치 범죄의 터무니없이 많은 목록 가운데 가장 심각한 범죄일 것이라는 점에 대한 분명한 도덕적 불안도 없고, (오늘날 우리가 인식하는 것과 같은) 인식도 없다.

바르멘 선언에서 유대인들에 대한 나치의 잔인성을 언급하지 않은 이유는 최소한 두 가지일 것이다. 한편으로는 바르멘 선언을 가능한 한 폭넓게 받아들이도록 만들고 싶은 욕망으로서, 독일 기독교(DC) 이단에 맞서는 싸움에서 반나치주의자들뿐 아니라 나치주의자들도 끌어들이고 싶은 욕망이었을 것이다. 다른 한편으로는 바르멘 선언 초안에도 더 강한 메시지가 없었다. 그 초안자들이 스스로 자제했음을 시사하는 것은 없다. 유대인들에 대한 나치의 학대는 관심 사항이 아니었던 것처럼 보인다. 디트리히 본회퍼가 예외적이었던 것은 한 해 전에 그가 유대인들의 고난에 공감하는 유명한 진술을 했을 때였다.10) 그러나 바로 그 똑같은 진술에서 본회퍼조차 국가가 "유대인 문제"를 임의로 다룰 권리가 있음을 받아들였다. "유대인 문제" 또는 "유대인 질문"이라는 말을 사용한 것 자체가 인종차별적이며 전형적 나치의 관점, 즉 유대인 혈통을 갖거나 정체성을 가진 독일 시민은 문제라는 관점을 편든 것이다. 유대인들은 독일 시민과 동등한 권리와 가치를 지닌 사람으로 간주할 수 없다는 것이다. 1933년에는 본회퍼조차 그 잔인한 게임에 놀아났다. 바르멘에 모인 대표들은 "유대인 문제"라는 개념을 거의 만장일치로 받아들였음이 거의 확실했다. 바르멘 선언이 유대인을 보호하는 단어를 전혀 언급하지 않았다는 사실이 그것을 보여준다. 이런 잘못은 국가가 하느님이 주신 권한의 영역 안에서 임의로 유대인들을 박해하도록 암묵적으로 허락했다.

나치 정책들에 반대한 거리 행진

나치 국가의 정책 중에는 기독교인들의 저항을 불러일으킨 정책들이 있었다. 놀랍게도 사실상 기독교인들이 거리를 행진하면서 정부가 정책을 바꾸기를 요구한 경우들도 있었다. 더 나아가, 나치 독일에서 저항자들은 "사살되었을 것"이라는 우리의 이미지와 달리, 이들 기독교인 시위자들은 체포되지 않았고 결과적으로 정책이 바뀌었다. 그처럼 중요한 첫 번째 사건은 1934년 9월과 10월에 벌어졌다.

이 이야기는 (독일 개신교의) 제국(국가) 감독Reich Bishop 루트비히

---

10) Dietrich Bonhoeffer, "The Church and the Jewish Question," in *Dietrich Bonhoeffer Works*, vol. 12 (Minneapolis: Fortress Press, 2009), 361-70. 이 영역본의 원본은 *Dietrich Bonhoeffer Werke*, edited by Eberhard Bethge, et al., is under general editorship of Victoria J. Barnett and Barbara Wohjoski이다. 12권은 Larry L. Rasmussen이 편집했다. 본회퍼와 "유대인 문제"에 관한 논의는 앞의 2장을 보라.

뮐러와 그의 법률 조수 아우구스트 예거가 모든 지방 교회에 대한 전국적 통제력을 확보하려는 희망에서 시작된다. 그 정책은 뮐러가 감독으로 선출된 이후부터 품었던 의도였지만, 아리안 조항에 대한 논쟁, 목사 비상 동맹의 출현, 그리고 고백교회의 발전 때문에 그 의도를 추진하지 못했다. 1934년 8월, 뮐러는 (교회의) 강화(나치 용어로 '조정/통제'를 뜻하는 *Gleichschaltung*)를 위해 더욱 공격적 노력을 전개했는데, 이것은 힌덴부르크 대통령이 죽자 히틀러가 권력을 강화한 것을 반영했다.

뮐러와 예거는 1934년 8월 9일, 힌덴부르크 대통령의 장례식 이틀 후에, 60명의 대표와 제국 교회 총회Reich Church synod에서 만났다. 그들은 교회 지도력 구조에서 뮐러와 예거가 업무를 결정하고, 지방의 교회들은 당시까지 어떤 법적 보호와 교회 헌법상 보호를 받았다 하더라도, 지도자의 결정에 복종하는 것에 대해 대다수 득표를 확보했다. 오직 열 명의 대표만 반대하는 배짱을 부렸다.11) 히틀러가 이미 모델을 보여, 힌덴부르크의 죽음을 이용하여 독일 전역에 대한 그의 통제력을 강화했다. 그는 새 대통령을 선출할 필요가 없다고 선언했다. 자신이 대통령, 총리, 그리고 총통을 모두 혼자서 기꺼이 담당할 것이기 때문이었다. 히틀러는 곧이어 국민투표를 통해 자신의 이런 결정에 대한 대중의 지지를 확보했으며, 또한 총통에게 개인적 충성 맹세를 요구함으로써 제국 군대에 대한 그의 통제력을 확보하려 했다.12) 뮐러와 예거는 자신들도

---

11) Klaus Scholder, *The Church and the Third Reich, Vol Two: The Year of Disillusionment: 1934 Barmen and Rome* (Philadelphia: Fortress Press, 1988). Originally published as *Die Kirchen und das Dritte Reich. Band 2. Das Jahr der Ernüchterung 1934 Barmen und Rom* (Berlin: Ullstein, 1986), 225-26.
12) 국방군의 많은 장교는 나중에 총통에 대한 자신들의 맹세 때문에 자신들이 그의 명령에 저항할 수 없었으며, 반대할 수 없었다고 주장했다. 그들이 전에 바이마르 헌법에 충성 맹세했던 것은 그런 무게를 갖지 않았던 것처럼 보였다는 것은 하나의 문제다. 또한 상관 장교에게 충성하는 것은 충성 맹세를 통해서라기보다는 큰 뇌물을 통해서도 가능했다는 것이 분명하다. Norman J. W. Goda, "Black Marks:

개신교회 안에서 이런 패턴을 흉내 낼 수 있기를 바랐다. 8월 9일의 하루 동안 작업을 통해 그들은 자신들의 법적 근거를 확보하고자 했다.

뮐러가 전국적 교회를 통제하려는 목표를 세운 것은 28개 지방의 교회 각각을 독일 기독교(DC)가 장악하고 있으며, 이들 지방의 교회는 자신의 권위를 받아들일 것이라고 짐작했기 때문이다. 그러나 1934년 여름에, 세 개의 "때 묻지 않은" 교회가 뮐러의 계획에 도전했다. 뷔르템베르크, 바이에른, 하노버의 교회들은 나치 국가에 대한 지지에서 부족하지 않았지만, 그 각각은 강력한 지역 감독과 독립 전통을 갖고 있었다. 그들의 독립적 성향에는 뿌리 깊은 루터교 정체성이 포함되어 있었으며, 또한 연합된 교회에서 루터교 교리와 개혁파 교리를 혼합시키는 것에 대한 회의주의도 포함되어 있었는데, 이 문제는 그들이 오랫동안 구 프로이센 연합에서 비판했던 문제였다. 1934년 8월에 이르러, 다른 지방의 교회들은 DC 다수가 장악했고, 제국 교회의 지도력을 수용했다. 심지어 하노버 교회도 마라렌스 감독 아래 잠정적으로 그 방향으로 나아갔다. 그러나 남부의 뷔르템베르크와 바이에른 교회는 계속 회의적인 입장을 취했고, 이 교회들의 대표 10명이 8월 9일 제국 교회 총회에서 항의했다.

뮐러 감독의 행정 조수였던 아우구스트 예거는 슈투트가르트(뷔르템베르크 교회)와 뮌헨(바이에른 교회)의 비협조적인 교회 지도자들을 공격적 방식으로 "사냥"하고 국가 권위에 협조하도록 만들어, 그 이름(예거는 '사냥꾼'이라는 뜻-옮긴이)이 사실임을 증명했다. 마이저 감독과 부름 감독은 직접 히틀러에게 편지를 써서, 뮐러, 예거, 제국 교회의 행동을 비난하고, 또한 내무부 장관이 개입할 것을 요구했다. 그러나 그들이 받은 답신

Hitler's Bribery of his Senior Military Officers During World War II," *Journal of Modern History* 72/2 (2000), 413-52를 보라.

은 그들의 불평에 대해 조사한 결과 근거가 없는 것으로 증명되었다는 것뿐이었다.13) 그 두 감독은 단념하지 않고, 8월 말에 성명을 발표하여 자신들은 제국 교회에 저항할 것을 표명했다. 이 성명서는 일요일 아침에 낭독할 예정이었다. 그러나 예거의 사주를 받은 경찰이 개입하여, 목사들에게 성명서 낭독에 대해 경고했다.14) 9월 3일, 예거는 뷔르템베르크와 바이에른 개신교회에 새로운 지도력에 관한 법이 지체 없이 부과될 것임을 선언했다.15) 이제 양측은 충돌하게 되었다.

부름 감독(뷔르템베르크)은 9월 7일, 그의 목사들에게 여론조사를 하여, 1,184명이 그의 입장에 찬성하고 오직 92명만 반대한다는 것을 확인했다.16) 그다음 날, 예거는 슈투트가르트의 교회 본부에 도착하여, 그곳에 있는 교회 직원들의 찬성을 얻으려 했지만, 부름 감독에 대한 절대적 지지 앞에서 더 이상 나아갈 수 없었다. 따라서 그는 여러 명의 교회 직원을 해임하고, 부름 감독에게는 "영적 의무" 이외의 모든 직무를 박탈했다. 교회 재정 장부에서 변칙을 발견했다고 주장한 그는 그 교회의 행정을 위해 "제국 교회 감독관"을 임명했다. 재정적인 변칙은 핑계였지만, 나치 신문과 DC 신문에서는 계속 그렇게 주장하다가 11월 말에 법정에서 번복되었다.17) 9월 13일, 부름 감독은 복직을 요청했다. 그다음 날 그는 예거의 두 번째 방문을 받았다. 예거는 부름 감독과 교회협의회 회원들에게 자기의 요구를 수락하도록 확신시킬 수 없게 되자, 9월 14일, 그들을 직무에서 해임하고, 지역의 목사 한 사람을 설득해서 부름 감독의 역할을 대신 맡도록 했다.

---

13) Scholder, *The Churches and the Third Reich, Volune Two*, 232.
14) Ibid., 233.
15) Ibid., 243.
16) Ibid., 245.
17) Ibid., 246.

9월에 이런 사건이 벌어지는 동안, 첫 번째 저항의 신호는 교회 평신도들 사이에서 나타났다. 뷔르템베르크에서 기도회 모임과 기타 예배는 부름 감독에 대한 공개적인 지지 네트워크로 발전했다. 하나의 극적인 사례는 트루흐텔핑겐(독일 남부 지역)의 슈바벤 사람들의 마을에서 벌어졌다. 지역의 목사가 계획한 주일 오후 모임을 경찰이 금지하자, 그다음 날 저녁에 수백 명이 그 목사관 앞에 모여 "내 주는 강한 성이요" 찬송을 불렀다. 지역의 돌격대는 개입을 거부했고, 인근 지방의 돌격대가 반란을 진압하기 위해 도착했는데, 오히려 폭동을 초래했다. 그 목사가 심문을 받기 위해 시청으로 압송되자, 여학생 집단이 시청 밖에 모여 찬송가를 불렀다.18)

바이에른 지방에서도 사건들이 비슷하게 전개되었다. 예거는 9월의 마이저 감독의 행동에 대해 직접적 조치를 취하지 않은 채 넘어갔지만, 그렇다고 충돌을 막지는 못했다. 그가 9월 3일, 바이에른과 뷔르템베르크 두 교회들의 "조정"을 위협한 것이 불온한 분위기를 조장했는데, 이것은 인근의 부름 감독에 대한 잘못된 조치가 소동을 불러일으킨 것과 마찬가지였다. 더 나아가, 바이에른의 독일 기독교(DC)의 몇몇 맹렬한 사람이 마이저 감독의 해임을 요구하기 시작했다. 이 반대자들은 9월 17일 뉘른베르크에서 시위를 계획했다. 마이저 감독을 축출하기 위해 아돌프 히틀러 광장에 돌격대를 불러들였다. 그러나 지역의 목사들은 같은 날 저녁에 반대 시위를 벌이기 위해 마이저 감독을 뉘른베르크에 초대했다. 마이저 감독은 분명히 이 싸움에서 우세했다. 그가 연설하기로 했던 로렌츠교회에 너무 많은 군중이 모여들자, 인근 두 교회, 즉 성령교회와 에기디엔교회로 분산시켜야 했다. 마이저 감독은 그날 저녁에

---

18) Ibid., 248.

한 교회에서 설교한 다음 다른 교회에서 설교했고, 열렬한 청중들은 지역의 나치 당국에 상당한 인상을 남겼다. 한 공식 보고서는 마이저 감독의 인기와 수많은 군중을 묘사하면서, 그들 중 많은 사람이 저녁 6시 반에 도착했지만, 밤 11시가 되도록 집에 가지 않았다고 보고했다. 이 보고서는 다음과 같은 경고의 말로 끝맺었다. "마이저 감독을 지지한 프랑켄 지역(바이에른 북부)의 대다수는 흔히 옛 당원들을 포함하는 충성스러운 국가사회주의자들로 간주해야 한다."19)

이처럼 부름 감독과 마이저 감독에 대한 지지 앞에서 예거는 승리하지 못했다. 그러자 그는 10월 6일, 부름 감독을 가택 연금에 처함으로써 문제를 키웠다. 이 명령(1933년 2월의 의사당 화재 사건 이후 공공질서를 위한 특별법에 근거)은 부름 감독의 외출할 권리를 금지했다. 또한 교회의 갈등에 참여할 권리, 편지를 보내거나 다른 형태의 메시지를 보낼 권리, 교회의 돈을 받을 권리를 박탈했다.20) 10월 10일, DC가 장악한 총회에서 뮐러와 예거는 부름 감독의 해임을 확언했다. 그 며칠 전에, 마이저 감독은 공개편지를 출판함으로써 선제적 행동을 취했다. 그는 뮐러가 교회의 감독으로서 루터교의 전통 교리들을 승인하는지, 그리고 그의 DC가 부추긴 통일된 국가 교회 캠페인을 철회할 준비가 되어 있는지 밝히라고 도전했다. 10월 11일, 예거는 뮐러의 대답을 갖고 뮌헨에 도착했다. 그는 교회 본부로 들어가 마이저 감독의 해직을 선언했다. 당시에 마이저 감독은 여행 중이었다. 그다음 날 경찰이 도착해서 마이저 감독을 가택 연금에 처했다.21)

---

19) Ibid., 247-58. 인용문은 251에서 재인용.
20) 그 명령서의 사진 사본이 Scholder, *The Churches and the Third Reich*, *Volume Two*, 258에 게재되어 있다.
21) Scholder, *The Churches and the Third Reich*, *Volume Two*, 260-62. 이런 사건들에 관해서는 John Conway, *The Nazi Persecution of the Churches 1933-1945*

부름 감독과 마이저 감독 모두 예거나 뮐러의 권위를 받아들이지 않았고, 그들과 그들의 목사들, 그리고 평신도 지지자들이 항의에 나섰다. 10월 11일 저녁, 마이저 감독이 가택 연금되기 바로 전날, 청중들로 가득 찬 교회에서 그는 "우리는 움츠러들 사람들이 아닙니다. 지금은 행동할 때입니다. 이제 충성의 행동이 공동체 여러분에게 요구됩니다"라고 말했다.22) 많은 군중이 교회 밖에 모여 마이저 감독을 배웅하려 했는데, 그의 안녕을 바라는 사람들이 너무 많아서 그의 차가 천천히 조심스럽게 군중을 헤치고 나아가야 했다. 그들은 광장에 남아, 폭동 진압 경찰이 해산시킬 때까지 노래를 부르며 외쳤다.23) 그 후 며칠 동안, 저항은 극적인 예배 형태로 나타나, 교회 제단을 검은 천으로 장식하고, 촛불을 켜지 않았다. 부름 감독과 마이저 감독의 지지자들은 공개적인 반항을 계속하여 길거리에서 찬송가를 부르고 전단을 뿌렸다. 그들은 마르틴 루터의 "내 주는 강한 성이요"를 비롯해서 찬송가를 불렀으며, 또한 나치당의 당가 "호르스트 베셀의 노래"("깃발을 높이 들라"로 시작한다.-옮긴이) 도 불렀는데, 부름 감독과 마이저 감독의 지지자들 대부분이 훌륭한 나치였으며, 일부는 지역 나치당에서 중요한 자리에 있었기 때문이다. 이 지지자들은 아돌프 히틀러와 그의 새로운 독일 계획을 환영했으며, 이것은 부름 감독과 마이저 감독 자신도 마찬가지였다. 그들의 불평은 분명하게 교회에 관한 것으로서 뮐러와 예거의 구체적 정책들에 반대했다. 그들의 분노는 지역의 특성과 관련되었을 것이다. 뷔르템베르크와 바이에른 지방의 독일인들은 북부 독일인들의 개입을 배격하는 경향이 있어서, 비스마르크의 통일 독일에서 북부 사람들이 차지한 권력과 그들의

(Vancouver: Regent College Publishing, 2001; reprinted from the original edition, London: Weidenfeld and Nicolson, 1968), 98-99도 보라.
22) Scholder, *The Churches and the Third Reich, Volume Two*, 261에서 재인용.
23) Ibid., 262.

우월감에 분개했다.

이처럼 문제가 커지자, 남부 독일 정부와 나치당 임원들은 베를린에 격한 탄원서를 제출하기에 이르렀다. 예를 들어, 바이에른 정부의 총리 시베르트는 10월 20일 내무부 장관 프리크에게 편지를 보내, 마이저 감독에 대한 엄청난 지지를 설명하고, 프랑켄 지역의 농민들은 훌륭한 나치로서 자신들의 감독을 지지하는 사람들이 95%에 이른다고 추정했다. 시베르트는 "심각한 내부 소요사태"를 피하기 위해서 "총통이 상황을 즉시 빠르게 평가해 줄" 것을 간청했다.24) 바이에른 주지사 프란츠 폰 엡은 덧붙여서, "현재 상황은 우리가 바이에른의 전체 개신교회의 큰 반란에 직면해 있습니다"라고 했다.25) 히틀러 역시 외무장관 콘스탄틴 폰 노이라트를 통해, 그 위기가 국제적 관심을 끌고 있다는 말을 들었다. 예를 들어, 캔터베리 대주교는 독일 대사를 만나, 영국의 주교들이 조만간 만나서 뮐러의 독일 개신교회에 대한 승인을 철회할 것임을 통보했다. 군중이 길거리에서 시위하고, 흥분한 임원들이 베를린에 수없이 전화를 걸고, 대외 정책의 실패에 직면하자, 마침내 히틀러가 개입했다. 10월 26일, 그는 예거를 29일자로 사임하게 만들었다. (예거가 제2차 세계대전 중에 독일이 점령한 폴란드에서 고위 행정직으로 복무했다는 것은 주목할 만하다. 그 때문에 그는 폴란드 법정에서 전쟁 범죄와 인도에 반하는 범죄로 유죄가 확정되어, 오토 디벨리우스가 선처를 호소했지만, 1949년 6월에 처형되었다.)26) 또한 10월 26일에 마이저 감독과 부름 감독은 가택 연금 해제를 전화로 통보받고, 4일 후에 베를린에서 히틀러를 만나도록 초대하는 전보를 받았다. 10월 30일, 히틀러와 내무

---

24) Ibid., 263에서 재인용.
25) Ibid., 277에서 재인용.
26) Ibid., 281.

부 장관 프리크는 그 두 감독과 만났다. 비록 히틀러는 뮐러를 직위에서 해임하는 데 동의하지 않았지만(그것은 물론 히틀러가 뮐러의 감독 선출에 개입했던 것보다 훨씬 더 직접적인 교회 개입이 되었을 것이다), 그는 부름 감독과 마이저 감독, 그리고 그들의 "때 묻지 않은" 동료 감독인 마라렌스에게, 뮐러의 총통 원칙 버전이 아니라 1933년 7월의 교회 헌법 조항들에 따라서만 대접을 받을 것이라고 약속했다. 이 세 명의 감독은 나치 시대가 끝날 때까지 직위를 유지했다.27)

내가 이 사건을 작은 승리라고 묘사하는 이유는 그 목표가 우리의 기준이나 예상에서 볼 때 작았기 때문이다. 사람들이 공식적인 위협과 게슈타포 앞에서 자기 감독들을 지지하기 위해 들고 일어났다는 것은 특기할 만하다. 그들은 길거리에서 공개적으로 발언하고 행진했다. 그러나 분명한 것은 그들이 나치 체제의 정치에 맞서 자신들의 분노를 표시한 것이 아니라는 점이다. 그들은 결코 유대인들에 대한 잔혹한 학대에 맞서 말하지도 않았다. 그들은 결코 나치 국가에 대한 우리의 전후 단죄에서 중심적 대의를 위해 시위를 벌이지도 않았다. 오히려 그들은 국가의 지지자들이 되는 것으로 만족했다. 또한 국가가 개입했을 때, 그 개입은 교회의 항의자들을 편들어준 것이지, 뮐러와 예거의 잔혹한 나치 정책들을 편들어준 개입이 아니었다는 점도 주목할 가치가 있다.

미스터 히틀러 호칭

딱 한 차례, 고백교회의 몇몇 사람이 실제로 나치 체제의 부도덕성에 맞서 들고 일어났다. 1936년 5월, 고백교회 지도자들은 아돌프 히틀러에게 사적 편지를 보내, 교회에 대한 조치가 그의 관점을 표현한 것인지,

---

27) Ibid., 281-83.

아니면 그가 이제 그런 조치를 공개적으로 거부할 것인지를 물었다. 그들이 자신들의 관심으로 제시한 것 중에는 교회 신문과 라디오 프로그램에 대한 제한, 공교육 문제, 교회 직원에 대한 경찰의 행동, 일부 나치 지도자가 독일을 "탈기독교화" 하려는 시도, 심지어 하느님의 자리에 독일을 설정하고 히틀러를 하느님의 최고 대변자라고 주장하는 것이 포함되었다. 고백교회의 기록 가운데 독특하게, 이 편지는 나치 체제의 가장 악랄한 반유대주의 문제도 다루었다. "만일 기독교인들이, 국가사회주의 이데올로기의 일부로 반유대주의 태도를 받아들이도록 압력을 받는다면, 그것은 기독교인들에게 유대인 혐오를 부추길 것인데, 그렇다면 이것은 우리의 이웃을 사랑하라는 기독교적 명령에 반대되는 것입니다." 이 진술에는 수식어가 붙어 있지만—증오를 요구하지 않는 반유대주의는 받아들일 수 있을 것으로 간주할 수도 있다—그러나 그 편지에는 또 다른 강력한 불평이 이어진다.

> 복음주의자의 양심은 사람들과 정부에 대한 책임을 느끼는 양심으로서, 무엇보다 가장 강하게 타격을 입은 것은 법치 국가인 독일 안에 여전히 강제 수용소들이 있으며, 또한 게슈타포의 활동들은 어떤 법적 감시도 받지 않는다는 사실 때문입니다.[28]

이 편지는 고백교회 지도자들이 히틀러의 독일에서, 나치의 행동이 비도덕적이며 비기독교적임을 발견했다고 선언한 극적인 사례를 보여준다. 그들은 여러 차례 독일 기독교(DC)의 신학과 행동을 단죄했지만,

---

28) Conway, *The Nazi Persecution of the Churches*, 162에서 재인용. 또한 "Protest of the Provisional Leadership to Hitler, 28 Many 1936," partially reprinted in Peter Matheson, ed., *The Third Reich and the Christian Churches* (Grand Rapids, MI: William Eerdmans, 1981), 58-62도 보라.

이 편지에서는 실제로 히틀러에게 반기독교적인 전략을 단죄할 것인지, 아니면 그가 대표하는 행동을 고백교회는 용서할 수 없다는 사실을 인정할 것인지를 물었다. 내가 왜 이것을 "작은 승리"라고 부르는가? 히틀러에게 보낸 이 편지는 우리가 정확히 보고 싶어 하는 것, 즉 마르틴 니묄러나 디트리히 본회퍼처럼 개인의 용감한 행동이라기보다 고백교회가 하나의 기관으로 행동한 용감한 행동을 대표하는 것처럼 보인다.

불행하게도 이렇게 말하기에는 꽤 많은 문제가 있다. 첫째로, 그 편지는 고백교회 안에서 단지 소수 집단만 대표했다. 고백교회는 히틀러가 1935년에 겨우 분열시킨 조직이었다. 그해 7월에 히틀러는 교회업무부를 신설하고, 늙은 나치 공무원 한스 케를Hanns Kerrl을 장관으로 임명하여, 제국 감독Reich Bishop 뮐러의 역할과 권한을 축소시켰다. 케를은 다른 신학적 속셈이 없이 독일 기독교(DC)와 고백교회(BK) 사이를 중재하여 서로 좀 더 협조하는 개신교회를 만들려 했다. 감독 마라렌스, 마이저, 부름을 포함해서 고백교회의 많은 옹호자는 케를과 함께 일하기로 했는데, 특히 국가에 대한 자신들의 충성과 히틀러가 대표하는 민족주의 정치에 대한 충성을 보여주기 위해서였다. 마르틴 니묄러는 케를의 역할에서 여전히 받아들일 수 없는 국가의 개입을 보았지만, 그와 그의 추종자들은 당시 고백교회의 "급진적 니묄러파," 또는 베를린의 교외 지역인 니묄러의 교구 달렘의 이름을 따서 "달렘파"라고 불렀던 과격파 집단에 불과했다.

1936년 5월 총통에게, 나치의 행동에 대해 강력하게 비판하는 이런 편지를 보낸 직후, 달렘파가 고립된 것은 명백해졌다. 히틀러의 전략은 분명히 그 편지를 무시하는 것이었다. 그러나 니묄러의 동지 한 사람이 그 편지 사본을 몰래 스위스로 내보냈고, 거기서 그 편지가 인쇄되자 곧이어 흥분한 논평이 이어져, 국제 신문들에서 나치 독일에 대한 비판이 쏟아졌다. 심지어 달렘파도 거의 완전히 물러나서, 8월 23일에 누그러진 목회서신을 발표했는데, 거기서 그들은 단지 나치가 교회에 대해 일부 지나치게 개입한 것을 불평하고, 나치즘에 경도된 알프레드 로젠베르크의 우상숭배를 비판했다. 반유대주의, 강제수용소, 하느님과 나란히 독일과 히틀러를 내세우는 우상숭배에 대한 모든 강한 진술은 완전히 사라졌다. 감독 마라렌스, 마이저, 부름은 심지어 이 온순한 문서를 거부했고, 11월에 성명을 발표했다. "제국 교회 위원회와 더불어 우리는 총통이 볼셰비즘에 맞서서 독일 국민의 생명을 위해 투쟁하는 것에 대해 진심으로 지지합니다."29) 이 세 감독의 성명서가 발표된 때가 바로 히틀러가 베르사유 조약을 깨고 라인란트(프랑크푸르트 서쪽 프랑스 국경지대)를 재무장한 때, 그리고 스페인 내전에서 프랑코 장군을 지지한—기독교 지도자들이 "볼셰비즘에 맞서는 투쟁"으로 간주한—때로서 그들이 특히 히틀러에 대해 흡족해하던 때였음을 주목할 필요가 있다.

나치 체제는 누그러진 성명을 발표한 달렘파에 대해 아무런 조치를 취하지 않았는데, 1936년 여름의 베를린 올림픽 때문에 외국 방문객들에게 나쁜 인상을 주지 않도록 조심했기 때문일 수 있다. 그런 온화한 반응을 보인 또 다른 이유는 그 성명서가 개신교회 안에서 단지 작은 분파의 의견이라는 평가 때문이었을 수도 있다. 우리의 관점에서 볼 때, 그 편지가 공개된 후, 그 편지를 무시하기로 급하게 결정한 것, 특히 반역죄, 불충성, 또는 해외에 있는 독일의 적들을 이롭게 하기 위한 공작 등의 혐의를 씌우지 않기로 한 것은 그 문서가 갖고 있을지 모를 어떤 날카로움을 무디게 만드는 데 도움이 되었다. 오직 한 사람만 심각한

---

29) Conway, *The Nazi Persecution of the Churches*, 164에서 재인용. 또한 "Agreement between the Reich Church Committee and the Leaders of the Provisional Churches, 20 November 1936," in Matheson, *The Third Reich and the Christian Churches*, 64-65를 보라.

피해를 당했다. 스위스에서 그 편지 원본의 출판을 도왔던 와이슬러 박사는 얼마 후에 게슈타포에게 체포되어 작센하우젠 수용소로 보내졌고, 몇 달 내에 죽었다.30)

비오(Pius) 11세와 그의 1937년 회칙 ≪불타는 걱정으로≫

1937년 봄, 교황 비오 11세는 ≪불타는 걱정으로≫라는 회칙을 통해 나치 국가에 대한 불만을 토로했는데, 이 회칙은 밀사를 통해 독일 전역의 가톨릭교회에 밀반입되어 종려주일에 낭독되었다. 이 문서는 1933년에 바티칸이 히틀러와 흥정하면서 쌓인 불만, 또는 최소한 그 협약이 실행되는 방식에 대한 불만을 드러냈다. 협약 문서 잉크가 마르자, 나치 체제는 교회가 보장된 것으로 생각했던 것에서부터 점점 더 멀어져, 청년들의 권리, 성인 사회, 종교교육, 기타 교회 울타리 밖에서의 교회 활동에 문제를 제기했다. 교황은 독일 가톨릭에게 이런 상황에서 교회와 믿음을 지키도록 요청했다. 교황은 또 독일의 우상숭배와 인종과 국가에 대한 지나친 강조를 경고했는데, 그런 문제에 대한 지나친 강조는 극단적인 경우에 우상숭배가 될 수 있다고 경고했다.31)

이것은 나치의 사상에 대해 바티칸이 공표한 가장 강력한 공격이었다. 그래서 어떤 사람들은 만일 비오 11세가 1939년 이후에도 살아 있었다면, 유대인들에 대한 학살이 시작된 것에 대해 규탄했을 것이라고 주장한다. 이런 이론에 의하면, 비오 12세가 된 추기경 유제니오 파첼리의 보다 조용하고 보다 외교적이며 심지어 보다 소심한 성격 때문에, 홀로코스트가 완전한 파멸로 치달을 때 바티칸이 규탄할 기회를 잃었다

---

30) Conway, *The Nazi Persecution of the Churches*, 164.
31) "'With Burning Concern,' 14 March 1937," 이 회칙의 일부는 Matheson, *The Third Reich and the Christian Church*, 67-71에 나온다.

고 주장한다. 그러나 그 회칙에서 제기한 문제들은 주로, 아마도 전적으로 교회에 관한 것뿐이었음을 주목할 필요가 있다. 교회와 국가 사이에 오래된 논쟁 전통에서 볼 때, 1933년에 서명한 협약은 각각이 국민들의 삶에서 영향력을 높이기 위해 서로 유리한 입장에 서려고 획책하면서, 상대방이 그 의무를 지키지 않는다고 불평했다.

이 회칙의 여파가 온건했다는 점은 회칙이 나치 이데올로기를 공격한 데서 한계가 있었다는 분명한 증거를 보여준다. 나치 체제는 회칙의 사본들을 압수하고, 더 이상 인쇄하지 못하게 했다. 그러나 히틀러는 과민 반응을 원하지 않았고, 회칙 낭독 때문에 사제들 개인이나 교회 당국을 심하게 처벌하지 않았으며, 협약을 유보시키거나 바티칸 당국과의 관계를 깨뜨리지도 않았다. 교회는 일상 업무를 계속하면서, 교회와 국가의 관할 문제를 개별 사건별로 다루었지만, 나치 국가에 대한 교회의 충성을 표현하고, 신자들에게 굳건히 충성하도록 격려했다. 그 후 2년이 지나 히틀러가 폴란드를 공격함으로써 제2차 세계대전을 일으키자, 아마도 1,000명의 폴란드 가톨릭 사제들이 살해되었는데, 그들이 장차 반란의 지도자들이 될 수 있다는 두려움 때문이었다. 이런 학살과 가톨릭 국가인 폴란드를 난폭하게 다루었음에도 불구하고, 독일의 가톨릭 주교들과 사제들, 그리고 평신도들은 아무런 공개적 항의를 하지 않았다. 오히려 그들은 기도회를 열어 독일을 지지했으며, 히틀러의 독일에 대한 자신들의 충성이 줄어들지 않았음을 보여주려 했다.

거리 시위행진, 두 번째 에피소드

우리는 앞에서 1934년에 마이저 감독과 부름 감독을 해임한 것에 대해 개신교인들이 성공적으로 저항했음을 살펴보았다. 1941년에, 부름 감독은 또다시 봉기의 중심에 섰는데, 이번에는 뮌스터의 가톨릭 주교 폰 갈렌과 함께 했다. 두 사람은 나치 체제의 안락사euthanasia 프로그램이라는 구체적 정책에 반대했다. 안락사는 기독교 신앙에 위배되기 때문이다.32) 히틀러가 1939년에 이 프로그램을 승인한 것은 "살 가치가 없는 생명"을 죽이려는 의도로서, 그 목표가 인종과 우생학에 대한 나치의 신념과 일치했기 때문이다. 1941년 여름에 이르러, 이 프로그램에 대한 소식이 널리 퍼졌다. 공공시설에 수용된 아이들과 성인들의 사망이 그 친척들에게 통보되었는데, 때로 그 친척들이 그 시설을 방문해서 건강해 보인 개인을 만난 직후에 그런 통보를 받기도 했다. 때로 사망 원인이 조작되었다는 것이 증명되기도 했다. 예를 들어, 맹장염으로 아이가 죽었다고 했지만, 그 아이는 이미 맹장을 제거했었다. 더 나아가, 부모나 친척들이 사망 소식을 통보받은 것은 이미 화장한 다음이었기 때문에, 사망 원인을 확인할 방법조차 없었다.

안락사 프로그램에 관해 두 가지를 주목해야 한다. 첫째로, 그것은 "안락사"가 결코 아니었다. "자비"는 문제가 아니었다.33) 그 희생자나 가족들도 고통스러운 불치병 앞에서 조력자살을 요구하지 않았다. 오히려 나치 체제가 독일 인구를 "가지치기prune"하기로 결정했다. 이것은 과거에 장애인들의 재생산이 독일 민족을 약화시킨다고 생각해서 불임(단종) 수술을 했던 프로그램의 논리적 확장이었다. 돌봄이 필요한 사람들을 죽이는 것은 그들의 재생산 기회를 빼앗는 것뿐 아니라, 그들이 먹을 식량을 민족의 건강한 사람들을 위해 사용할 수 있다는 뜻이었다. 또한 그들을 돌보는 노동력을 더 강한 독일을 만드는 데 유익하게 사용할 수 있다는 뜻이었다. 두 번째로 주목할 점은 그 희생자들이 반드시

---

32) Victoria Barnett, *For the Soul of the People: Protestant Protest Against Hitler* (New York: Oxford University Press, 1992), 104-21에 나오는 배경 설명을 보라.
33) 사용된 독일어는 문자적으로 "자비의 죽음"을 뜻하는 *Gnadentod*였다.

유대인이거나 기타 환영받지 못하는 소수자일 필요는 없었다. 비록 그런 개인들이 확실히 취약했지만 말이다.34) 많은 희생자가 독일 가족들로서 주류 문화 속에서 장애를 숨기며 살던 가족에게서 나왔다. 가족을 잃은 사람들의 분노가 쌓이고, 종교 지도자들이 느낀 반감이 결합되어, 1941년 여름에 폭발로 이어졌다.

아우구스트 폰 갈렌 주교는 1941년 7월과 8월에 세 차례 설교했는데, 이로써 그는 나치와 그 안락사 정책에 영웅적으로 반대했다는 명성을 얻게 되었다. 베트 그리히 폴렐레는 더 복잡한 이야기를 들려준다. 첫째로, 그 세 차례 설교 중 마지막 설교만 안락사를 언급했고, 처음 두 설교는 다른 문제들로 나치를 강하게 비판했는데, 예수회 회원들을 체포한 것, 교회 재산을 압수한 것, 그밖에 가톨릭교회를 잘못 대한 것 등이다. 또한 폰 갈렌 주교는 안락사에 대해 공개적으로 항의한 첫 번째 인물이 아니었다. 그는 단지 부름 감독 같은 개신교인들이 제공한 정보에 의존했을 뿐 아니라, 개신교인들이 목소리를 높인 지 1년 정도 기다렸다가 발언했다.35) 그리히 폴렐레에 따르면, 갈렌 주교는 가톨릭이 안락사를 비판하는 것이 가톨릭이 독일 국가에 불충성하는 것으로 간주되지 않도록, 부름 감독을 비롯해서 다른 충성하는 개신교인들의 비판이 자기의 비판을 확실히 덮어주기를 원했다. 갈렌 주교의 설교가 얻게 된

---

34) Henry Friedlander, *The Origins of Nazi Genocide: From Euthanasia to the Final Solution* (Chapel Hill: University of North Carolina Press, 1995), 특히 13장 "장애인 유대인들의 학살"은 유대인들이 나치 안락사의 희생자들이 아니었다는 신화를 폭로한다. J. Noakes and G. Pridham, eds., *Nazism: A History in Documents and Eyewitness Accounts, 1919-1945*, vol. 2 (New York: Schocken Books, 1988), 1012에는 돌봄 센터의 모든 환자에 관해 기록한 서식이 나온다. 그 서식에는 인종, 친척, 환자에게 정기적인 방문자가 있는지, 비용 지불의 책임은 누구에게 있는지에 대한 질문이 포함되어 있다.

35) 1940년대에 개신교인들의 항의에 대한 논의는 Barnett, *For the Soul of the People*, 110-21을 보라.

명성과 전파—수천 부가 인쇄되어 독일 안팎에 뿌려졌다—로 인해 실제로 국가가 후원하는 살인에 대한 인식과 그에 대한 항의를 불러일으켰다. 더 나아가, 1941년 8월 24일, 히틀러는 대중의 압력에 대응하여 성인들에 대한 안락사를 보류시켰다. 그는 또 1941년 7월 말에, 뮌스터의 가톨릭 재산에 대한 압수를 중지시켰다. 나치의 행동을 바꾸게 만든 것은 갈렌 주교의 설교만이 아니었다. 다른 사람들도 공개적으로 비판했고, 압력을 넣었기 때문이다. 그러나 갈렌 주교의 설교는 큰 영향을 미쳐서, 나치 행동을 수정하게 도왔으며, 매우 중요한 것은 갈렌 주교가 처벌받지 않았다는 점이다(비록 몇몇 나치 지도자들은 그를 교수형에 처해야 한다고 생각했지만 말이다).[36]

헨리 프리들랜더의 안락사 연구는 개신교와 가톨릭 비판자들에 대해 그 공헌을 훨씬 낮추어 본다. 그는 히틀러가 단지 1941년 8월에 성인 안락사를 중단했지만, 아동들에 대한 안락사를 독일 안에서 계속했으며, 그다음 단계로 넘어가 독일 국경선 바깥에서 성인 안락사를 계속했다고 지적한다. 프리들랜더는 히틀러의 그런 정책 변화가 교회 지도자들의 영웅적인 비판 때문이었다기보다는 오히려 비밀 유지에 대한 관심과 "안락사를 실행하는 방식에 관한 일반인들의 동요"[37] 때문이었다고 본다. 전쟁 후에 갈렌 주교가 "뮌스터의 사자Lion"라는 명성을 얻게 된 것에 대해, 그리히 폴렐레는 그 주교가 유대인들의 고난에 대해 별 관심이 없었다고 지적한다. 유대인 박해에 관한 비난이 1941년의 그 유명한 세 설교 중에 전혀 나오지 않기 때문이다. 그녀는 "폰 갈렌은 1933년 4월의 (유대인 상점) 보이콧에 대해, 1935년 9월의 뉘른베르크 법에 대해, 1938

---

36) Beth A. Griech-Polelle, *Bishop von Galen: German Catholicism and National Socialism* (New Haven: Yale University Press, 2002), 72-95. 안락사의 보류에 대한 언급은 92 페이지에, 그리고 재산 압수 보류는 83페이지에 나온다.

37) Friedlander, *The Origins of Nazi Genocide*, 111.

년의 대학살, 또는 몇 년 동안 그의 교구에서 살았던 남녀들에게 자행된 수많은 차별과 폭력에 대해 항의하지 않았다"고 지적한다. 그녀가 강조하는 것은 그의 열정적인 볼셰비즘 반대와 유대인들과 볼셰비즘이 손을 잡고 있다는 나치의 생각을 분명히 받아들인 것이라고 하면서, 이렇게 덧붙인다. "그는 열렬한 보수주의자이며 극단적 민족주의자로서, 그가 항상 증명하려 했던 것은 가톨릭이 개신교인들처럼 충성하며 순종하는 진정한 독일인들이라는 점이었다."38)

폰 갈렌 주교와 안락사 이야기는 많은 복잡성이 연관되어 있음에도 불구하고, 독일 내 기독교인들이 무게가 있었음을 더욱 잘 깨닫게 해준다. 여론과 교회 지도자들의 입장은 나치 정책에 영향을 끼쳤다. 폰 갈렌 주교와 부름 감독 같은 개인이 안락사에 반대할 때, 그것은 성공 가능성이 있는 용감한 행동이었다. 그러나 그런 개인들도 유대인들을 돕는 일에 나서는 경우는 거의 없었다. 그들은 나치 정책과 충돌하는 만큼이나 많은 공통 근거를 (유대인 문제에서) 찾았던 것처럼 보인다.

디트리히 본회퍼(1906-1945)

많은 사람은 바르멘 선언과 마찬가지로 디트리히 본회퍼를 "작은 승리"에 포함하는 것을 반대할 것이다. 그의 동상은 런던 웨스트민스터 수도원 입구에 현대 교회 순교자의 한 사람으로 서 있다. 전쟁 이후의 우리의 기준에서 보면, 그는 정확히 아돌프 히틀러를 반대한 입장을 취했으며, 용감하게 자기 목숨을 걸었고 또한 희생한 인물이다. 더 나아가 그는 현대세계를 위해 중요한 책들을 쓰고 신학을 창조했다는 점에서 인상적이며 매우 영향력 있는 신학자로 남아 있다. 디트리히 본회퍼의

---

38) Griech-Polelle, *Bishop von Galen*, 97.

삶과 활동과 죽음은 거의 모든 면에서 큰 성공을 이룬 사람으로 간주될 수 있지만, 한 가지 점에서만 예외인데, 그가 자신의 개신교회 울타리와 예상 바깥에서 행동했으며 또한 지지 기반이 매우 작았다는 점이다.

1952년에 본회퍼의 친구들은 그가 처형된 플로센부르크 강제수용소에 그를 기념하는 명판을 세우려 했다. 그들이 그 기념식에 뮌헨의 감독 마이저를 초대했지만, 돌아온 것은 본회퍼가 교회의 순교자가 아니었고 국가의 반역자였다는 분노였다. 20년 후, 나는 함부르크의 집주인으로부터 비슷한 평가를 들었다. 내가 그녀에게 본회퍼 특집 텔레비전 방송을 보라고 하자, "내 남편은 이 집에서 그런 걸 절대 허락하지 않아요. 그들이 본회퍼를 영웅으로 그릴 게 뻔하지만, 우리에게는 그가 반역자에 불과하답니다"라고 말했다. 이들 부부는 매주 교회에 출석했다.

독일 바깥의 기독교인들은 본회퍼를 히틀러에 대한 기독교인의 대응의 본보기로 강조하려는 유혹을 받지만, 이것은 그가 매우 외롭게 싸웠던 투쟁을 오해하게 만든다. 그의 독특한 대응은 본회퍼 연구자들에게 무엇이 그가 동료들과 달랐는지를 이해하기 위해 씨름하게 만든다. 그의 외국 여행은 분명히 중요한 역할을 했다. 그는 스페인, 미국, 영국에서 살면서 활동하다가 최종적 저항 행동을 택했다. 그는 자기 조국과 전통을 외부에서 바라볼 수 있었고, 이것을 통해 그는 눈을 뜨는 경험을 할 수 있었다. 뉴욕 유니온신학교에서 가르치면서 할렘에 머무는 동안, 그는 미국의 흑인 기독교인들이 역경에 대응하는 영적인 방식에 감탄했다. 많은 민족주의적인 독일 신학자들은 독일 바깥으로 여행하거나 외국 신학자와 대화하는 것을 의식적으로 거부했다. 제1차 세계대전과 베르사유 조약 이후, 그들은 그것을 원수들과 사귀는 것으로 비난했으며, 그것이 독일인의 결심을 약화시킬 것이라고 주장했다.39)

본회퍼가 성장한 가족 배경도 고려할 필요가 있다. 그의 가족은 베를린 외곽의 그륀발트에서 살았으며, 그의 아버지는 정신의학 교수였다. 이 가족의 일곱 명 자녀(가장 큰 형은 제1차 세계대전에서 참호 속에서 죽었다)의 반히틀러 입장은 뚜렷했다. 디트리히와 그의 형 클라우스는 히틀러 살해 음모에 가담하여 모두 처형되었다. 누이 두 명의 남편들이 었던 한스 폰 도나니와 뤼디거 슐라이허도 마찬가지였다. 디트리히의 쌍둥이 누이 사빈은 게르하르트 라이브홀츠와 결혼했는데, 그의 유대인 혈통 때문에 독일을 떠나 옥스퍼드에서 공부를 계속할 수밖에 없었다. 독일의 기독교인 가족들 가운데 본회퍼 가족만큼 나치 국가에 반대한 기록을 찾아볼 수 없다는 점은 거의 확실하다. 우리는 또한 본회퍼 가족이 교회와 연결된 것이 거의 전적으로 디트리히를 통해서였다는 점도 주목해야 한다. 그가 어렸을 때는 그나 그의 가족이 교회에 정기적으로 출석하지 않았기 때문에, 그가 젊어서 신학을 공부하기로 결정한 것은 그의 형제들과 부모에게 전적으로 환영받는 놀라움이 아니었다. 본회퍼가 아돌프 히틀러에게 반대하게 된 것은 그가 어려서 교회에 출석하지 않았기 때문일 수 있다. 왜냐하면 교회에 다니던 대부분의 개신교인은 히틀러를 멋지게 생각하는 경향이 있었기 때문이다. 이것이 그의 독특한 대응과 외로운 싸움을 분명히 설명하는 데 도움을 줄 것이다.

큰 패배

1933년에 대한 반응

우리는 앞(2장)에서 이미 1933년에 개신교와 가톨릭 신자들 중에서

---

39) 예를 들어, 에마누엘 허쉬와 파울 알트하우스는 1931년에 공동성명을 발표하여, 독일 교회 지도자들이 에큐메니칼 회의에 참석하지 말 것을 촉구하면서, 그 회의에는 "세계대전의 독일의 적들이 평화를 위장하고 독일 민족에 대한 전쟁을 수행한다"고 주장했다. Ericksen, *Theologians under Hitler*, 143.

아돌프 히틀러에 대한 폭넓은 열광주의를 살펴보았다. 이것은 가장 중요한 "패배"였을 것이다. 나치당의 정치에 대해 기독교가 축복을 선언했기 때문이다. 나치당 정책의 중요한 요소는 1933년에 더 이상 감춰진 것이 아니었다. 가혹한 반유대주의는 처음부터 나치당의 특징이었다. 그것은 숨길 수 없었고, 1933년에 거의 즉각적 행동으로 나타나, 유대인 상점들에 대한 하루 보이콧, 잔인한 낙서와 적대 행동, 유대인 공무원들의 해고가 모두 4월 첫 주에 벌어졌다. 나치는 또 민주주의를 끝장내고, 바이마르 공화국이 보장했던 시민의 자유를 박탈했다. 교회 신문을 구독하거나 설교를 듣는 개신교인들은 이런 변화들에 환호하는 찬양 이외에는 거의 아무것도 듣지 못했다. 가톨릭은 자신들의 가톨릭 정당이 1933년 3월에 의회에서 수권법에 찬성하는 것을 보았다. 이 법은 문자적으로 히틀러에게 그 후 4년 동안 독재자가 될 법적 권리를 부여했다. 이어서 가톨릭 사제들과 주교들은 신자들에게 나치 운동에 가입하고 지지할 것을 격려했으며, 바티칸은 마찬가지로 그해 여름에 협약을 맺어, 나치 국가의 합법성에 대해 처음으로 국제적인 승인을 했다.

독일의 기독교인들은 나치 국가에 대한 교회의 이런 판단에 대한 명백한 취소를 받아본 적이 없다. 그 이후 개신교나 가톨릭 교구에서 들었을 불만은 특정한 교회 정책에 대한 것이었지, 결코 나치 이데올로기 전체에 대한 거부가 아니었다. 독일 기독교인들은 히틀러의 등장을 하느님이 축복하셨다는 판단이 전적으로 잘못된 것이며, 완전한 오해였다는 말을 결코 듣지 못했다. 더 나아가, 아돌프 히틀러에 대한 심리적이며 이데올로기적인 승인은 구체적 형태로 나타났다. 1933년 가톨릭 중앙당이 히틀러에게 부여한 정치권력, 개신교가 독일 역사에서 "전환점"이라고 아부하는 분위기 속에서 부추기고 도와준 정치적 결정은 히틀러가 그 후 12년 동안 자신의 지위를 유지하고 정책을 발전시킨 바로 그 권력이었다. 심리적으로 또한 정치적으로, 교회 지도자들이 1933년에 취했던 자신들의 입장이 초래한 영향을 그 이후에 뒤집기는 어려웠을 것이다. 불행하게도, 그들이 그렇게 뒤집으려는 합의에 가까이 다가갔던 적은 결코 없었다.

총통과 만난 개신교 지도자들

개신교회의 "교회의 투쟁" 초기 단계에서, 독일 기독교(DC)는 2장에서 살펴본 것처럼, 몇 차례 승리했지만, 그 후 자신들의 승리를 내팽개치는 방향으로 나아갔다. 1933년, 그들은 새로운 국가적 개신교회를 창설하고, 루드비히 뮐러를 독일 기독교 지도자로, 즉 제국 감독으로 선출함으로써 주도권을 확실히 장악한 것처럼 보였다. 9월에 이르러 이들 열광주의자들은 교회에 아리안 조항을 강제함으로써, 결국 분쟁을 초래하여 니뮐러의 목사 비상 동맹을 결성하게 했다. 11월 베를린의 스포츠 궁전에서 벌어진 추문은 더 큰 마찰을 초래했는데, 대다수 개신교인은 성서에서 구약성서를 빼버리거나, 그 집회에서 라인홀드 크라우제가 제안한 급진적 방향을 따를 준비가 되어 있지 않았기 때문이다. 12월에는 뮐러가 개신교 청년회와 히틀러 청년단을 통합하려 했고, 1월에는 아리안 조항을 다시 부과했다. 그는 또 목사가 설교나 교회 출판물을 통해 자기의 행동에 반대하지 못하도록 소위 재갈을 물리는 명령을 내렸으며, 게슈타포는 그를 지원하기 위해 목사들의 행동을 감시했다.

목사 비상 동맹의 교회 지도자들은 우선 제국 감독 뮐러의 사임을 요구하고, 직접 히틀러와 힌덴부르크 대통령에게 호소문을 보냈다. 나이 많은 대통령은 전쟁 영웅이며 귀족이며 교인이었기에 그들은 대통령이 자기들 편이 되어주리라 생각했다. 1934년 1월 5일, 짜증이 난 히틀러는 재갈을 물리는 자신의 명령을 발표하여, 자신은 더 이상 교회 문제에 관해 말하지 않을 것이며, 심지어 뮐러와도 만나지 않겠다고 했다. 통일된 개신교회가 자신의 정책을 지지하기를 바랐던 그의 희망이 깨진 것이 분명했다. 이어서 히틀러는 방향을 바꾸어 1월 25일 모임에 개신교 지도자 열두 명을 초대했다.

히틀러와 만난 이 모임에는 뷔르템베르크의 부름 감독, 하노버의 마라렌스 감독, 바이에른의 마이저 감독 등 중요한 지역 감독들이 포함되었다. 니묄러도 가장 시끄러운 개신교 목사로 초대받았는데, 그의 존재가 역습의 기초가 되었다. 히틀러는 그 모임을 시작하면서 헤르만 괴링에게 그날 아침 니묄러 목사의 전화를 감청한 내용을 읽게 했다. 니묄러 목사는 부주의하게 힌덴부르크 대통령에게 자신들 편이 되어, 히틀러의 월권을 막도록 제안했는데, 이런 희망은 힌덴부르크 대통령이 히틀러를 총리로 임명한 후 일부 보수주의자들이 품었던 희망이었지만, 이미 오래전에 근거가 없는 희망인 것으로 드러났다.40) 히틀러는 니묄러가 총리와 대통령 사이를 이간시키려 했던 시도에 대해 분노했으며, 니묄러를 제외한 모든 개신교 지도자는 즉시 겁을 먹었다. 개신교 감독들은 뮐러를 다시 지지하며, 교회 안에서 화해를 위해 일하겠다고 약속했다. 그 모임의 공동성명은 의심의 여지가 없었다.

독일 복음주의 교회 지도자들이 제국의 총리와 만난 위대한 모임의 인상처럼, 그들은 제3 제국과 그 지도자에 대한 무조건적인 충성을

---

40) Victor Klemperer, *I Will Bear Witness: A Diary of the Nazi Years, 1933-1941* (New York: Random House, 1998), 79-80에는 사람들이 힌덴부르크에게 품었던 희망을 언급하지만, 그 자신은 회의적이었다. 그는 또 개신교와 가톨릭교회에 관한 몇 가지 흥미 있는 사실도 지적하지만, 그들이 나치가 장악한 권력을 좌절시킬 것이라는 점에 대해서는 전혀 확신을 갖지 않았다.

만장일치로 확인했습니다. 그들이 매우 날카롭게 비난한 것은 국가, 국민 또는 [나치] 운동에 대한 어떤 음모나 비판인데, 그런 것은 제3제국을 위태롭게 하려는 것입니다. 특히 그들은 교회 안의 논의를 국가에 대한 갈등으로 거짓 묘사하는 외국 언론의 활동을 개탄했습니다. 모임에 참석한 교회 지도자들은 제국 감독 배후에 단결하였고, 그가 계획한 방식으로 그의 조치와 방향을 수행할 것이며, 교회 내에서 그런 조치에 반대하는 일을 막을 것이며, 모든 교회법적 수단을 사용하여 제국 감독의 권위를 강화할 것입니다.[41]

이 성명서는 나치 국가에 대한 우리의 분석에서 정치와 종교를 분리하는 것이 얼마나 어려운지를 잘 보여준다. 이런 갈등이 시작된 것은 교회가 뮐러 감독의 지도력을 반대한 것에서 시작되어, 교리 문제(예를 들어, 세례 대 아리안 조항)와 교회 정치 문제(제국 감독이 내린 결정에서 정치 권력의 영향)가 포함되었다. 그러나 감독들은 뮐러가 나치 운동과 정치적으로 밀착되었다는 것이 이것을 "제3 제국과 그 지도자에 대한 충성" 문제로 둔갑시켰다는 점을 인식했다. 따라서 정치에 대한 문제가 제기되었을 때, 그들이 히틀러에 대한 지지를 보여주고 싶은 열망 때문에 그 모임의 원래 목적이었던 신학적 또는 교회 정치적 질문을 배제했다는 것이 분명하다.

1월 25일의 모임이 끝난 바로 그 저녁에 게슈타포가 니묄러 목사의 집에 찾아와 죄를 물을 자료를 수색했다. 1월 27일에는 그에게 휴직 명령을 내렸고, 2월 10일에는 상소권 없이 은퇴시켰다. 이런 상황 한복판에서 니묄러 목사의 집 현관에 폭탄이 투척되었다. 이로써 3년 동안 니

---

41) *Kirchliches Jahrbuch 1933-1944* (Gütersloh: Gütersloher Verlagshaus, 1948), 39. Conway, *The Nazi Persecution of the Churches*, 74에서 재인용.

묄러 목사의 점차 참담해진 과정이 시작되어, 1937년 여름에 그는 체포되었다. 이와는 대조적으로 감독들이 서명한 공동성명서는 나치 시대 전체를 통한 전형적인 교회의 패턴을 알리는 신호가 되었다. 즉 히틀러가 제공한 "선"을 위한 정치적 충성과 열광주의는, 이 체제가 교회의 자율성을 어떻게 위태롭게 만들 것인지에 대한 염려를 짓뭉개버렸다. 그들은 아마도 가치의 문제가 명백히 히틀러 편에 있다고 생각했을 것이기 때문에, 예를 들어, 니묄러 목사의 전화 감청에서 드러난 프라이버시 침해보다 니묄러 목사의 불충성으로 인해 더욱 공포를 느꼈다. 당연히 1934년 1월까지 유대인들이 겪었던 고난의 문제는 그들의 관심거리조차 아니었다.

"비아리안족"의 확인 작업

1935년 뉘른베르크 인종법의 공표와 함께 수백만 명의 독일인들은 자신들의 "아리안" 순수성을 입증할 증거를 찾기 시작했다.[42] 학교 선생, 교수, 경찰, 군인, 결혼 지원서는 서류에 각각 네 사람의 서명과 확인 도장 없이는 진행될 수 없었다. 이들 네 사람은 네 명의 조부모였다. 즉 네 명의 조부모를 확인함으로써 유대인, 혼혈인, 아리안족을 구분하고, 법적으로 차별하려 했다. 네 조부모가 어렸을 때 받은 세례 장소와 날짜를 제시할 수 있는 사람은 그 문을 통과할 수 있었다. 그중 한 사람이나 두 사람의 세례 기록이 없는 사람은 1급 또는 2급 혼혈인으로 간주되었고, 유대인 신앙을 갖거나 유대인과 결혼한 사람은 유대인으로 간주되

---

[42] "아리안"이라는 용어는 나치 독일에서 사용되었으며, 그 이전과 이후에 반유대주의자들이 사용한 용어였다. 이 말을 처음 사용한 것은 독자들에게 이 말이 인종차별적 개념임을 상기시키기 위한 것이다. "아리안족 순수성"이라는 개념은 역사적 실재와 연결되지 않는 개념이다.

었다. 두 사람 이상의 필수적인 세례 기록을 제시할 수 없는 사람은 그 신분증명서에 "J"로 표시되었다. 유대인 낙인이 찍힌 사람은 나치 국가 통치 아래에서 그 모든 함축된 낙인을 지니게 되었다.

이 과정에서 하나의 아이러니는 종교적 성향이 특별히 중요했다는 점인데, 나치 이데올로기는 이론상 유대인 혈통의 오염만 신경 썼지, 신앙의 문제는 신경 쓰지 않았기 때문이다. 그러나 이처럼 밀과 가라지를 분리하려는 전국적 과정에서 한 개인의 조부모들의 유아 세례라는 종교적 의식을 대체할 다른 조치는 찾아볼 수 없었다. 또 다른 함의는 교회가 나치의 인종 분리 정책을 실행하는 가장 중요한 유일한 장소가 되었다는 점이다. 교회는 과외로 일이 많아진 것을 불평했으며, 과외 보수를 제안했지만, 이런 인종차별 과정에 공모하게 된 것에 불만을 표시했다는 기록은 없다. 교회 관료주의는 그것이 사람들을 차별하는 것이었음에도 불구하고 당연한 문제로 받아들였던 것처럼 보인다.[43]

비아리안족 목사들의 운명

언뜻 보면, 비아리안족 목사들에 대한 기독교인들의 반응은 칭찬받을 만한 것처럼 보인다. 우리는 물론 비아리안족 성직자는 해고되어야 한다고 즉각적으로 주장하면서 히틀러가 마련해준 기회를 잡은 독일 기독교(DC)를 칭찬하지는 않는다. 그러나 니묄러 목사의 목사 비상 동맹에 가담한 7천 명의 목사들은 세례 성사를 이처럼 존중하지 않는 것에 반대했다. 루돌프 불트만이 주도한 마르부르크대학교 신학자들은 기독교 교회 안에서 유대인과 이방인 사이를 구분하는 것을 거부하는 입장

---

43) Manfred Gailus, ed., *Kirchliche Amtshilfe. Die Kirche und die Judenverfolgung im "Dritten Reich"* (Göttingen: Vandenhoek & Ruprecht, 2008).

문*Gutachten*을 준비했다. 심지어 에를랑겐대학교의 파울 알트하우스와 그의 동료들은 비록 히틀러에 편승하려고 열심이었지만, 유대인 혈통의 목사들을 옹호하는 입장문을 준비하여, 적어도 현직에 있는 사람을 해임하지 말아야 한다고 주장했다. 그들이 원했던 것은 단지 미래의 안수나 교회 임명을 금지하는 것이었다.[44]

우리는 기독교인들의 이런 지지가 유대인 혈통을 지닌 동료 기독교인들, 즉 기독교 신앙에 가입하기로 선택했거나 기독교인 부모에게서 태어난 유대인들에게 확대되었음을 기억해야만 한다. 이런 개인들은 더 이상 유대인 정체성을 갖고 있지 않았으며, 그들의 유대인 "오점"은 탐지하기 어려웠을 것이다. 어떤 경우에는 많은 기독교인이 접촉한 사람들에 관해 그런 사실을 알지 못했으며, 심한 경우에는 본인들 자신도 알지 못했을 수도 있었다. 유대인 혈통을 지닌 목사들을 지지했던 많은 기독교인은 (목사 이외의 다른) 유대인들에 대해서는 비슷한 관심을 보이지 않았다. 그것은 불행한 일이지만, 우리가 이 이야기를 더 오래 살펴볼수록, 그것은 더 악화되며, 기독교인의 원칙과 용기가 부족했음을 발견하게 된다. 게르하르트 린데만은 유대인 혈통을 지닌 기독교 목사들의 운명을 추적한 여러 독일 학자 중 한 사람이다.[45] 그 이야기는 소름 끼친다. 1933년과 1934년에, 그들 유대인 혈통을 지닌 기독교 목사들은 목사 비상 동맹으로부터 도덕적 지지를 받았다. 그들 중 일부는 1933년의 아리안 조항에서 제외되는 혜택을 입었는데, 제1차 세계대전 동안

---

44) Paul Althaus and Werner Elert, "Theologisches Gutachten über die Zulassung von Christen jüdischer Herkunft zu den Ämtern der deutschen evangelischen Kirche," *Theologische Blätter* 12/11 (Nov. 1933).

45) Gerhard Lindemann, "*Typisch jüdisch*," *Die Stellung der Ev.-luth. Landeskirche Hannovers zu Antijudaismus, Judenfeindschaft und Antisemitismus 1919-1949* (Berlin: Duncker & Humblot, 1998).

참호에서 복무했거나, 1914년 이전에 그들의 지위에 임명된 덕택이었다. 그러나 분위기가 악화된 것은 1935년의 뉘른베르크 법 때문에 그런 열외가 사라진 때문이었다. 더군다나, 히틀러의 독일에서 유대인들에 대한 적대감이 증폭된 것은 교회 안에서도 마찬가지였다. 예를 들어, 교인들은 "유대인" 목사로부터, 또는 유대인 옆에 무릎을 꿇고 영성체(성만찬)를 받는 것에 대해 불평하기 시작했다.

브루노 벤페이는 1891년에 유대인 혈통의 기독교 부모에게서 태어나 유아 세례를 받았고 유대인 친척들과 함께 성장했지만, 유대교와는 아무런 연결이 없었다. 그는 괴팅겐과 베를린대학교에서 신학을 공부했으며 1915년에 하노버에서 목사 안수를 받았다(1914년에 군대에 지원했지만, 의학적 문제인 신경 문제로 거절당했다). 1927년에 벤페이 목사는 괴팅겐의 성 마리아 교회의 목사로 임명되었지만, 논란이 없었던 것은 아니었다. 8천 명의 교인들 가운데 100명 이상이 벤페이 목사의 유대인 배경에 근거해서 그 임명에 항의하는 청원서에 서명했다. 몇 사람은 개인적으로 불만을 표시하여, 교인 전체를 위해 말한다고 주장했다. 그러나 지역의 교회협의회는 분열의 위험에도 불구하고 그 임명을 수락하기로 합의했고, 지방의 교회는 재빨리 서명했는데, 그 이유는 벤페이 가족이 괴팅겐에서 항상 평판이 좋았던 것이 작용했기 때문이다.46)

1933년에 벤페이 목사는 또다시 유대인 혈통 때문에 기독교 목사의 직위 문제에 봉착했다. 7월의 하노버 지방 교회 선거에서 독일 기독교

---

46) Lindemann, "*Typisch jüdisch*," 104-11. 린데만은 괴팅겐에서 나치에 대한 열심이 강했던 것이 이 탄원서에 책임이 있는 것으로 추측한다. 그는 또 괴팅겐에서 "직업별 인종 통계 아키브"를 시작한 아힘 게르케(이 책의 3장 참조)에 대해 논평한다. 게르케는 1933년 유대인 상점 보이콧을 위한 조직위원회에 참석했으며, 1933년부터 내무부에서 인종 문제 및 인종 연구 전문가로 활동했다. 이 인물이 1945년 이후에는 하노버의 교구 기록보관소에서 일하다가 뮌헨의 교수가 되었다. Lindemann, "*Typisch jüdisch*," 107, n. 506을 보라.

(DC)는 69%의 투표를 얻어, 새로운 공무원법의 아리안 조항을 강화할 가능성이 있었으며, 프로이센 교회도 조만간 그렇게 할 것이었다.47) 마라렌스 감독은 벤페이 목사에게 확신을 주려 했지만, 약속을 하지는 않았다. 그는 단지 유대인 혈통의 목사들이 앞으로는 직책을 받지 못할 것으로 예상한다고만 말했다. 제국교회는 1933년 가을에 아리안 조항의 적용에서 한발 물러섰고, 벤페이 목사는 잠시 불안을 떨칠 수 있었다. 괴팅겐의 여러 DC 개인들이 뒤에서 그를 쫓아낼 작업을 했지만, 효과가 없었다.48)

벤페이 목사가 싸움에서 이긴 것처럼 보였을지 모르지만, 1930년대 중반에 그의 직위를 둘러싼 분위기는 계속 나빠졌다. 반유대주의 괴롭힘이 증가하다가 마침내 1936년 11월 8일, 일부 나치 교인들이 교회 바깥에서 (목사를 지지하는) 교인들이 물러나기를 경고하는 팻말들을 들었다. 그가 예배를 시작하자 교인들이 일어나 나갔고, 목사 부부가 집으로 걸어가는 동안 항의자들이 유대인 반대 욕설을 했다.49) 마라렌스 감독으로부터 어떤 지지도 받지 못하자, 그는 마침내 포기하고 1937년 사직서를 제출했다. 다른 성직자들도 사직하고 흔히 안전을 위해 외국으로 도망쳤다. "깨진 유리의 밤"(1938년 11월)이 벌어질 때까지, 유대인 혈통의 목사들은 독일의 교회에서 사라졌다.50) "깨진 유리의 밤" 이후 마라렌스 감독이 자기 집무실에 돌아왔을 때, 길 건너에서 불탄 회당의 연기가 아직 공기 중에 떠돌 때, 그의 비서는 공감이나 염려의 음울한 말을 예상했다. 그러나 그는 "히틀러 만세"를 퉁명스러운 인사로 대신하

---

47) Lindemann, "*Typisch jüdisch*," 297ff.
48) Ibid., 310-16.
49) Gerlach, *And the Witness Were Silent*, 128.
50) Gerlach, *And the Witness Were Silent*, 126-29.

고 자신의 업무를 보았다.51) 그는 브루노 벤페이 목사와 같은 이들의 직위를 지켜주기 위해 영웅적으로 행동해야만 했던 사람이다. 그의 가슴에는 그런 과업이 들어 있지 않았던 것이 분명한 것처럼 보인다.

탈유대화(Dejudaization)

히틀러 치하에서 유대인들이 겪는 곤경에 대한 개신교의 대응 가운데 더욱 곤혹스러운 것은 나치 기독교인에게 가장 어색한 것으로서, 기독교 신앙의 유대적 뿌리와 관련된 것이다. 이 문제는 독일 기독교(DC)의 처음부터 볼 수 있었는데, 그들은 성서에서 구약성서를 제거하고자 했기 때문이다. 그러나 이 문제를 더 살펴볼수록, 기독교 신앙의 시작에는 유대교가 깊이 자리 잡고 있음을 보게 된다. 즉 유대인 제자들, 유대인 사도 바울, 많은 히브리어 단어, 신약성서가 자주 유대인 성서를 언급하는 것, 그리고 물론 유대인 예수에서 기독교 신앙이 시작되었다는 점이다. 나치 체제는 유대인들에 대한 학대를 계속 강화해서, 1933년에는 유대인 상점 보이콧과 아리안 조항에서부터 1935년에는 뉘른베르크 인종법, 그리고 1938년에는 "깨진 유리의 밤" 학살을 벌였다.52) 기독교인

---

51) 이 이야기는 Steven Martin 감독의 다큐멘터리 영화 *Theologians under Hitler* (Vital Visuals, Inc, 2005)에서 하르트무트 레만이 들려준 이야기다.
52) 역자주: 유대인들에 대한 나치의 정책은 (1) 협박과 이주, (2) 해외 추방, (3) 전멸 단계로 발전했다. (1) 1933년부터 유대인들을 공직에서 추방하고, 시민권을 박탈하고, 유대인 상점을 보이콧하고, 토지를 소유하지 못하게 만들어, 유대인들이 해외로 이주할 수밖에 없게 만들었다. (2) 1938년부터는 유대인들에 대한 폭력, 재산몰수, 강제노동, 추방이 본격화되었다. 유대인들의 해외 이민이 어렵게 된 이유는 이미 재산을 빼앗긴 상태였고, 대공황 때문에 국가마다 실업률이 높아서 이민 반대 여론이 높았기 때문이다. (3) 유럽의 다른 국가들이 유대인들의 추방에 협조하지 않는다면, "유럽의 모든 유대인을 완전히 몰살시키겠다"고 히틀러가 공언한 것은 1939년 1월이었다. 1939년 9월 독일이 폴란드를 침공하기 직전까지 독일 내 유대인의 약 60%는 해외로 나갔고, 독일에 남은 유대인은 35만 명, 폴란드 내 유대인은 330만

들은 이처럼 악화되는 분위기에 대응했다. 그러나 그 대응이란 매우 소수의 기독교인들만 그 희생자들에 대한 공감을 표시했고, 많은 기독교인은 기독교가 유대인들로 인해 오염되었다는 비난으로부터 기독교를 보호하려고 노력했음을 보여준다.

하나의 구체적 대응은 1939년 3월, 개신교가 발표한 "고데스베르크 선언Godesberg Declaration"에서 볼 수 있다. 그것은 교회업무부 장관 케를이 개신교를 통합시킬 방법을 찾기 위한 시도였다. 그것은 독일의 유대인들을 공개적으로 공격한 "깨진 유리의 밤" 이후에 나온 선언으로서, 임박한 전쟁의 긴장감을 분명히 느낄 수 있던 때에 나왔다. 즉 1938년 3월의 오스트리아 병합, 주데텐란트(체코슬로바키아 서부 지역) 위기, 1939년 1월 30일의 히틀러의 공격적 연설, 체코슬로바키아 해체, 그리고 더욱 공개적으로 전쟁을 준비하던 때였다. "고데스베르크 선언"은 교회의 통일을 위한 또 하나의 실패로 판명되었다. 그러나 그것은 개신교 감독들의 1/3이 1939년 봄에 무엇에 기꺼이 서명하려 했는지를 보여준다.

a. 정치와 종교의 관계는 무엇이며, 국가사회주의 이데올로기와 기독교 신앙의 관계는 무엇인가?

이 질문에 대해 우리는 이렇게 대답한다. 국가사회주의는 교회 안에서 정치 권력을 행사한다는 주장과 독일의 국가사회주의 이데올로기를 모든 것의 선행조건으로 삼는다는 모든 주장을 배격한다. 이렇게 함으로써 국가사회주의는 이데올로기-정치 영역에서 마르틴 루터의 작업을 이어가며, 따라서 우리가 기독교 신앙의 종

명이었다. 이 마지막 단계에서는 600만 명 중 450만 명을 단 20개월 내에 학살했다. 즉 1941년 6월부터 1943년 2월까지 매달 평균 225,000명을 살해했다. 홀로코스트 발광의 최고 시기였던 1942-43년에는 매달 평균 325,000명(**매일** 1만 명 이상)을 학살했다. Peter Hayes, *Why? Explaining the Holocaust*, 76-77, 81-86, 115.

교적 측면을 참되게 이해할 수 있다.
b. 유대교와 기독교의 관계는 무엇인가? 기독교는 유대교로부터 유래했으며, 따라서 유대교의 연속이며 완성인가, 아니면 기독교는 유대교와 반대되는가?
우리 대답은 기독교가 유대교와 화해할 수 없는 반대라는 것이다.
c. 기독교는 그 본성에서 국가와 민족 위에 있는가?
우리 대답은 로마 가톨릭이라는 초국적 또는 국제적 교회나 세계 개신교 형태는 기독교의 본성을 정치적으로 부인하는 것이다. 참된 기독교 신앙은 주어진 창조 질서[즉 개별적 민족] 안에서만 발전할 수 있다는 것이다.53)

1939년까지 독일에서 훌륭한 나치로 남아 있기를 원했던 기독교인에게는 이 "고데스베르크 선언"이 정곡을 찌른 것이었다. 나치가 니묄러 목사를 체포하고 고백교회 신학교들을 폐쇄한 것, 그리고 바티칸과의 협약을 실행하는 것에 대해 가톨릭이 불만을 표시하지 못하게 한 것을 포함해서 교회 활동을 제한시킨 나치의 모든 조치를 정당화한 것으로 그 선언을 읽을 수 있었기 때문이다. 그런 조치들은 나치가 정치와 종교를 분리하려는 정당한 시도로 간주되었다. 또한 그 선언은 로마 가톨릭 교회의 국제적 음모에 대한 의심을 표출했는데, 이 문서가 개신교가 만든 문서라는 점에서 두드러진 입장이었다. 이 선언은 유대인 문제에 관해 완전히 비이성적으로, 교회 역사의 중심에 서 있는 유대교의 실체를 부인했다.

---

53) Godesberg Declaration에 관해서는 Gerlach, *And the Witnesses Were Silent*, 176-82를 보라. 또한 Susannah Heschel, *The Aryan Jesus: Christian Theologians and the Bible in Nazi Germany* (Princeton: Princeton University Press), 80-87.

"고데스베르크 선언"은 오늘날 독일 기독교(DC)를 위한 극한적인 **변증**apologia처럼 읽힌다. 이에 대한 고백교회(BK)의 대응은 약간 나은 것처럼 보이는 방식으로, 기독교가 구약성서에서 시작된 것을 받아들이는 것으로 시작한다. 그러나 그 선언에 대한 고백교회의 대응 역시 유대인들을 공격하려는 것임을 증명했다. 즉 "이스라엘을 하느님의 계시의 담지자이며 도구로 만든 것이 하느님을 기쁘시게 하였습니다. 이것은 유대인들이 스스로 하느님의 목적에 합당하지 않게 되었다는 사실로 인해 무효가 되지 않습니다." 이어서 기독교인들이 하느님의 눈에 유대인들을 대신하게 되었다는 주장을 확증한다. "참된 이스라엘로서 교회는 이스라엘 백성에게 주어진 약속의 상속자입니다." 더욱 나쁜 것은 "기독교 신앙이 유대교에 대해 넘을 수 없는 종교적 반대에 서 있습니다"라고 선언한 점이다. 끝으로, 그것은 독일 기독교(DC)가 유대인들처럼 **행동한다**고 비난한다. "이런 유대교는 … 유대인들 사이에만 존재하는 것이 아니라, 국가적 교회를 바라는 모든 열망 속에도 존재합니다. 그것은 자연인이 그의 종교적 및 도덕적 자기 의로움을 강화하기 위해 **민족적인** 사명감과 결합시키고, 그렇게 함으로써 예수가 하느님의 그리스도이심을 거부합니다."54)

이처럼 독일 기독교(DC)와 고백교회(BK)가 자신들의 반유대주의적 입장을 확립하기 위해 서로 경쟁하는 중에, 그 절정은 "고데스베르크 선언"이 발표된 지 6주 후에 나타났다. 1939년 5월 6일, 교수들, 목사들, 교회 지도자들이 바르트부르크 성에 모여, 독일 기독교의 "독일 교회

---

54) Gerlach, *And the Witnesses Were Silent*, 179에서 재인용. Uriel Tal, "On Modern Lutheranism and the Jews," *Leo Baeck Yearbook* (1985)은 독일 개신교인들이 서로 상대방을 유대인처럼 행동하거나 생각한다고 모욕한 것에 대한 초기 인식을 보여준다. Steven Haynes, "Who Needs Enemies: Jews and Judaism in Anti-Nazi Religious Discourse," *Church History* 71/2 (2002)도 보라.

생활에서 유대인의 영향을 연구하고 근절하기 위한 연구소" 개소식을 축하했다. 게르하르트 키텔의 제자였던 발터 그룬트만의 지도 아래, 이 연구소는 아이제나흐에 본부를 두고, 1945년 나치 독일이 붕괴할 때까지 활발한 프로그램을 추진했다. 수잔나 헤셸은 그 영향이 처음에 28개 지방의 교회 가운데 7개 지방의 교회에서 설립되었을 정도로 폭넓었음을 밝혔다.55) 수백 명의 목사가 그 회의에 참석했고, 유명하고 존경받는 신학 교수 십여 명이 그 토론과 발표에 참여했다. 그것은 심지어 독일 국경선 너머에까지 전달되었다. 유대교 문헌에 대한 탁월한 스웨덴 학자 휴고 오데베르크는 그의 학생 여러 명과 회의에 참석했고, 루마니아에는 그 연구소의 지부가 설립되었다. "근절"의 목적에 포함되는 것은 기독교 성서에서 유대성Jewishness을 제거하는 것으로서, 처음에는 구약성서 전체를 삭제하고, 그다음에는 신약성서에서 유대교 개념과 언급을 제거하는 방식이었다. 그 결과는 성서가 팸플릿에 불과하게 되었지만, 이 새로운 독일인 성서는 국방군 부대에 배포되었고, 독일 전역의 관심이 있는 독자들에게 팔렸다. 그룬트만의 연구소는 또 찬송가에서 유대인 단어와 언급을 삭제하려 했다. 비록 옛 찬송가에는 "호산나"와 "아멘"처럼 유대인에게서 유래된 단어들이 가득해서 향수에 사로잡히곤 했지만 말이다. 따라서 그런 것을 삭제하면 더 받아들이기 어렵고 더 곤란해진다는 것을 증명했다.56)

그룬트만 자신은 가장 어렵고 가장 중요한 과제를 맡았다. 그는 "아

---

55) Heschel, *The Aryan Jesus*, 67-105.
56) Bergen, *Twisted Cross*, 164-71을 보라. 또한 Doris Bergen, "Hosanna or 'Hilf, O Herr Uns': National Identity, the German Christian Movement, and the 'Dejudaization' of Sacred Music in the Third Reich," in Celia Applegate and Pamela Potter, eds., *Music and German National Identity* (Chicago: University of Chicago Press, 2002)도 보라.

리아인 예수Aryan Jesus"를 증명하는 일에 착수했다. 19세기 후반과 20세기 초반의 반유대주의 주장들에 근거해서, 그는 예수가 탄생하기 이전 갈릴리에 비유대인들, 그리스 출신 외부자들이 정착했다고 주장했다. 그룬트만의 관점에서 그 외부자들은 아마도 아리안족이었고, 다른 학자들도 그들이 아리안족이기를 너무나 원했기 때문에, 그 외부자들이 비유대인 혈통에 기여했을 것이며, 따라서 예수의 비유대인적 행동, 즉 예수가 유대인들의 가르침과 유대인 지도자들에 반대했던 행동을 설명해 준다는 것이다. 이처럼 정치적 관점에서 연구하고 반유대적 주장을 열심히 하는 것은 1945년 이후 진지한 신학자들 사이에서는 찾아볼 수 없는 주장이었다. 그와 반대로 예수의 유대인적 성격은 더욱 인정되었고 예수 연구의 중요한 주제가 되었다.57) 유대인들에 대한 혐오와 유대인 혈통에 오염된 사람은 절대로 존경받을 수 없다는 확신에서 시작하지 않는다면, 예수에게서 그의 유대인 뿌리를 제거한다는 생각은 오늘날 터무니없는 것으로서, 정신이상과 독선의 잔재들 속에 머리를 처박는 것으로 간주된다. 복음서 이야기에 따르면, 예수는 유대인 전통에서 태어나 성장했다. 그는 회당에서 기도했고, 유대인 성서를 읽고 인용했으며, 유대인 청중에게 설교했고, 유대인들 사이에서 유대인으로 살았다. 이처럼 명백한 진실에도 불구하고 발터 그룬트만은 다르게 주장했다. 그가 독일 신학 전통 속에서 살았으며, 그 안에서 작업했으며, 또한 "고데스베르크 선언"을 통해 지지를 받았고, 독일 개신교회의 기금 지원을 받았다는 사실을 주목하는 것이 중요하다.

또 중요한 것은 독일 기독교(DC)에 속하지 않은 기독교인들이 그룬트만의 연구소 배후에 있던 사상에 대해 반응한 태도다. 성서에서 구약

---

57) 예를 들어, Geza Vermes, *The Religion of Jesus the Jew* (Minneapolis: Fortress Press, 1993)을 보라.

성서를 삭제하기에는 많은 기독교인이 너무 전통적이었다. 구약성서학 교수들에게는 그 문제가 심지어 자신들의 생계에 영향을 미칠 수 있었다. 따라서 그들은 단순히 오래된 기독교 관점, 즉 구약성서는 사실상 유대인 율법의 부적합성을 드러내고, 기독교 복음의 필요성을 보여주기 때문에, **반유대인**anti-Jewish 책이라고 강조했다. 이런 방법을 선택한 학자 중에, 예를 들어, 구약성서 학자 요하네스 헴펠Johaness Hempel은 그룬트만과 긴밀하게 작업했다.58) 고백교회 회원 중에 예수의 유대인 혈통을 부인하고 싶지 않았던 사람들은 보통 예수를 유대인들에 대한 "영적인" 반대자로 설명하려 했다. 사실상 고백교회 지도자들은 흔히 독일기독교(DC)가 기독교 신앙을 "율법주의적"으로 해석하며 피(혈통)에 대한 "물질적" 관심을 갖고 있다는 점에서 "유대인들처럼" 행동한다고 비판했다. 이런 대응은 전통적 기독교를 보전하려고 노력했지만, 유대인들을 경멸하는 것을 막는 데는 별다른 효과가 없었다.

실제로 그룬트만과 그의 탈유대 연구소의 작업이 근거한 잔인한 반유대주의 사상은 기독교 전통 안에서 자리를 잡고 있다고 주장할 수 있었으며, 그런 주장은 나치 국가의 잔인한 반유대주의 주장과 일치했다. 유대인들에 대한 나치의 증오를 비판하려는 시도는 없었고, 오직 그 편 가르기에서 나치 편에 기독교 신앙을 자리매김하려는 시도뿐이었다. 더 나아가, 그룬트만은 독일 개신교의 지지를 받았는데, 그 기금뿐 아니라 많은 목사와 신학 교수가 기꺼이 참여했다는 점에서 지지를 받았다.59) 우리가 나치의 반유대주의에 대한 기독교인들의 대응을 공정하게 평가

---

58) Heschel, *The Aryan Jesus*, 95-96, 170-71. Emanuel Hirsch, *Das Alte Testament und die Predigt des Evangeliums* (Tübingen: Katzmann Verlag, 1936)는 구약성서가 유용한 것은 종교가 잘못된 본보기라는 점 때문이라고 주장한다. 그는 유대교의 "죽은 율법"과 기독교의 "살아 있는 복음"을 대조시킨다.

59) Heschel, *The Aryan Jesus*, 2장은 그 연구소의 설립과 지지를 설명한다.

하자면, 그룬트만의 연구소는 반유대인 편에 확실히 쏠렸다. 그에 맞선 것은 없었다. 그들의 이름으로 자행된 유대인들에 대한 노골적이며 잔인하며 광범위하고 명백한 학대에 맞서서 기독교인들이 그들만큼 소리를 지르려는 노력은 없었다. 히틀러의 반유대인 정책이 학대로부터 학살로 바뀌었어도, 그룬트만은 자신의 작업을 계속했고, 아리아인 예수를 증명하기 위한 노력을 더욱 진척시켰다. 1945년 이후, 그는 자기 학설에서 아리안 부분을 빼버리고, 신학 교수로서 오랫동안 성공적인 경력을 이어갔으며, 폭넓게 이용된 신학 교재들의 저자로 활동했다.60)

전쟁의 문제

나치가 몇몇 조치들을 통해 가톨릭교회와 개신교회를 괴롭힌 것은 제2차 세계대전이 시작되기 전 2~3년 사이에 훨씬 심해졌다. 비오 11세는 1937년 3월에 회칙 ≪불타는 걱정으로≫를 발표했으며, 마르틴 니묄러 목사는 1937년 7월 체포되어 투옥되었다. 교회업무부 장관 케를은 고백교회 신학교들을 폐쇄하여, 디트리히 본회퍼가 이끌던 핑켄발데 신학교도 폐쇄되었다. 그 밖에도 교회 기관이 특정한 기능을 수행할 허락을 받지 못하거나, 교회의 출판물이 신문과 기타 자료집에 게재되지 못하는 등, 작은 공격들이 수시로 벌어졌다. 그러나 그것 때문에 교회 지도자들이나 교인 대다수가 나치 국가에 대한 열광이나 충성을 버렸다는 증거는 없다. 그처럼 계속된 지지를 확실하게 볼 수 있는 방법은 히틀러가 공격적 전쟁을 시작했을 때 기독교인들이 보인 반응을 통해서다.61)

---

60) Heschel, *The Aryan Jesus*, 249-66.
61) 개신교인들과 제2차 세계대전에 관한 전반적인 관점을 위해서는 Barnett, *For the Soul of the People*, 155-93을 보라.

우리는 오늘날 제2차 세계대전의 발발 책임을 아돌프 히틀러가 택한 몇 가지 뻔뻔스럽고 잔인한 조치들로서, 그 파괴의 물결이 절정에 도달한 것은 유럽 대륙의 거의 전부, 북아프리카, 중동에 걸쳐 벌어진 전쟁으로서 5백만 명의 목숨을 앗아간 사태에 돌린다. 처음에는 그것이 단순히 1933년에 히틀러가 국제연맹을 탈퇴하기로 결정하거나, 1935년에 베르사유 조약이 부과한 군사적 제한 조치를 경멸하겠다고 선언한 것이었다. 이런 발걸음은 교회 안에서 대부분 박수갈채를 받았으며, 1936년에 라인란트를 재무장하고, 1938년 3월에 오스트리아를 병합할 때도 마찬가지였다. 그 두 가지는 모두 베르사유 조약이 금지한 것이었다. 오스트리아 수도 빈의 대주교 이니처 추기경은 오스트리아 모든 주교의 입장이라면서 독일 군대의 도착을 열렬히 환영했다. 그가 오스트리아 병합을 특히 찬양한 것은 볼셰비즘이라는 다른 길에 맞서서 보호한다는 명분이 있는데, 이것은 전형적인 나치의 주장이며 또한 전형적인 가톨릭의 관심이었다. 이어서 이니처 추기경은 가톨릭 신자들에게 어떻게 대응할지를 지시하면서, "국민투표 실시일에는 주교들이 자신들을 독일 제국의 독일인으로 고백하는 것이 명백한 민족적 의무일 것입니다. 따라서 그들은 모든 신실한 기독교인이 자신의 **민족**에게 무엇을 빚지고 있는지를 알아야 할 것으로 기대합니다"[62]라고 덧붙였다.

1938년 여름과 가을, 주데텐란트(체코슬로바키아 서부 지역) 위기 동안에, 히틀러가 체코슬로바키아 안의 독일 영토를 주장한다는 점에서 유럽은 또다시 전쟁이 벌어질 것을 예상했던 것처럼 보였다. 고백교회의 급진파(당시 감옥에 있던 니묄러 목사 추종자들)는 회개의 예배문을 작성하여 9월 30일에 예배를 드리기로 했다. 이 예배문은 제1차 세계대전

---

[62] Conway, *The Nazi Persecution of the Churches*, 220에서 재인용.

의 공포로 인한 불안을 표명하고, 전쟁은 일종의 처벌이라고 선언하면서 하느님의 용서를 구했다.63) 9월 28일, 고백교회 회중들이 이처럼 "패배주의적" 예배에 참석하기 이틀 전에, 히틀러는 뮌헨의 정상 모임에서 무혈승리를 얻었다.64) 영국, 프랑스, 이탈리아는 체코인들의 허락을 물을 생각도 없이, 히틀러에게 주데텐란트를 넘겨주었다.

또다시 히틀러와 그의 열렬한 지지자들은 고백교회를 분열시킬 수 있었다. 니묄러 목사를 중심으로 한 급진적 집단의 잠재적 반대를 비애국자들이라고 딱지를 붙였기 때문이다. 비록 회개의 예배문은 결코 사용된 적이 없지만, 그것은 대중과 친위대(SS)에게 반역행위로 알려지게 되었다. 교회업무부 장관 케를은 루터교 감독들을 회의에 소집하여, 다가올 위기를 논의했다. 그리고 이렇게 선언했다.

> 우리는 "임시 교회 행정부"가 1938년 9월 27일, 전쟁의 위험이 다가오기 때문에 "중보 예배문"을 포함해 예배에 관해 유포한 것을 종교적 근거와 애국적 근거에 입각하여 거부했으며, 우리 교회들에서 거부했음을 선언한다. 우리는 여기서 공개적으로 드러난 태도를 매우 강력하게 단죄하며, 우리는 그 출판에 책임이 있는 사람들과 관계를 완전히 단절한다.65)

---

63) "The Intercession Liturgy, 27 September 1938," in Matheson, *The Third Reich and the Christian Churches*, 77-79.
64) 이것은 전쟁 없이 독일이 주데텐란트를 얻었다는 점에서 "승리"였으며, 영국과 프랑스 유화정책의 가장 터무니없는 본보기로 간주된다. 그러나 히틀러는 나중에 그것을 자기 경력에서 최악의 실수로 보고, 당시 전쟁에서 물러선 것을 후회했다. (역자주: 1년 동안 영국과 프랑스가 전쟁에 대비할 수 있었기 때문이다. 당시의 긴박했던 상황을 넷플릭스에서 "뮌헨: 전쟁의 문턱에서"[2022]를 통해 볼 수 있다).
65) Conway, *The Nazi Persecution of the Churches*, 222에서 재인용.

버트램 추기경은 독일 가톨릭을 대변하면서, 히틀러가 주데텐란트를 점령한 것에 대해 전보를 보냈다. "국제 평화를 확보한 위대한 행동은 독일 주교단을 감동시켰기에, 독일의 모든 교구 가톨릭 신자의 이름으로 축하와 감사를 드리며, 일요일에 교회의 축하하는 종을 울리도록 명령하였습니다."66)

교회 지도자들은 1938년의 주데텐란트 위기에 대해 자신들의 충성을 보인 후에 독일 군대가 1939년 4월에 체코슬로바키아의 나머지 영토를 삼켰을 때도 항의하지 않았다. 1939년 9월 1일, 폴란드를 침공하여 제2차 세계대전과 홀로코스트를 시작하자, 독일 개신교회는 칭찬과 지지의 공개 성명을 발표했다.

어제부터 우리 독일 국민은 독일인의 피가 독일인의 피와 재결합하도록 조상들의 땅을 찾기 위한 싸움의 소명을 받았습니다. 독일 복음주의 교회는 독일 국민의 운명과 진정한 친교 안에 있습니다. 교회는 강철 무기에, 하느님의 말씀에서 오는 무적의 무기를 더했습니다. 즉 우리 국민과 각 개인이 하느님의 손안에 있다는 믿음의 확신, 좋을 때나 나쁠 때나 우리를 강하게 만드는 기도의 능력입니다. 그래서 우리는 이 시간, 우리의 총통과 제국, 모든 군인, 조국을 위한 의무를 감당하는 모두를 위한 중보에서 하나로 일치합니다.67)

독일의 가톨릭 주교들은 무장하라는 요청을 덧붙였다.

---

66) Ibid., 228-29에서 재인용.
67) Ibid., 234에서 재인용. Matheson, *The Third Reich and the Christian Churches*, 84도 보라.

이처럼 결정적인 시간에 우리는 우리의 가톨릭 군인들이 총통에게 복종하여, 자신들의 의무를 감당하고 자신들의 전체 존재를 희생할 준비를 하도록 격려하며 권면합니다. 우리는 신자들에게 하느님의 섭리가 이 전쟁을 이끌어 조국과 국민의 성공을 강복하기를 열심히 기도하도록 호소합니다.[68]

독일 군대가 몇 주 내에 폴란드에서 우세하게 되자 하노버의 감독 마라렌스는 수확 축제에서 말하면서, 하느님이 "우리가 복받은 풍성한 수확과 더불어 또 다른 풍성한 수확"을 주심을 감사했다. 가톨릭과 개신교회는 한 주간 전체를 지정해서 교회가 축하의 종을 울리도록 했다.[69]

이처럼 전쟁 행위에 하느님의 축복을 불러 내린 것을 우리는 도대체 어떻게 평가해야 할 것인가? 오랜 세월 동안 기독교 지도자들이 군인들을 축복하고 자신들의 국가 전쟁에 대한 하느님의 축복을 선포했던 것은 사실이다. 또한 오랜 세월 동안 군종 목사들이 군인들에 대한 목회를 하고, 그들의 행동을 축복한 것은 독일 군대에서 제2차 세계대전 기간에 했던 것과 마찬가지였던 것도 사실이다.[70] 1939년 9월, 가톨릭 주교들과 개신교 감독들은 자신들이 오래되고 받아들일 수 있는 전통의 일부라고 느꼈음에 틀림없다. 그러나 폴란드 침공에 대해 독일은 폴란드가 독일을 공격했다는 가짜 뉴스를 통해 자신들의 전쟁이 방어 전쟁인 것처럼 보이게 만들려 했지만 헛수고였다. 폴란드가 도발한 전쟁이 아니

---

68) Conway, *The Nazi Persecution of the Churches*, 234에서 재인용.
69) Ibid., 234-35.
70) Doris Bergen, ed., *The Sword of the Lord: Military Chaplains from the First to the Twenty-First Century* (Notre Dame, IN: University of Notre Dame Press, 2004), 특히 그녀의 글 "German Military Chaplains in the Second World War and the Dilemmas of Legitimacy," 165-86을 보라.

었고, 나중에 뉘른베르크에서 독일의 전쟁 범죄로 단죄되었다. 또한 폴란드에서는 비전투원에 대한 무제한의 폭력이 자행되었다. 독일인들은 재빨리 가톨릭 사제들을 포함해서 수많은 폴란드 지식인을 살해했다. 무고한 유대인들 역시 전쟁 초기에 살해되었고, 이것을 시작으로 결국 폴란드 유대인 3백만 명이 학살되었다. 히틀러의 전쟁을 찬양한 교회 지도자들로서, 고백교회의 징집된 목사인 허버트 모훌스키는 공격 부대에 참여했다. 그는 나중에 빅토리아 바네트에게 이렇게 말했다.

> 나는 끔찍한 일들을 보았답니다. … 그 장면을 결코 잊지 못할 겁니다. 사람들이 땅에 도랑을 파고, 그 주변에는 친위대가 서 있고, 무슨 일이 벌어지는지는 명명백백했지요. 한 독일 군인이 무엇보다 소련의 침공에 관해 말할 때, 그가 결코 아무것도 보지 못했다는 것, 그 군인들이 아무것도 몰랐다는 것은 난센스였어요. 우리가 작은 도시를 통과할 때, 어떻게 유대인들이 시장에 모여 있었는지, 친위대가 어떻게 그들의 수염을 뽑아내는지를 보았지요. 폴란드 사람들이 어떻게 실려 가는지도 보았구요. 우리 독일인들이 무슨 일이 벌어지는지 몰랐다는 것은 전혀 사실이 아닙니다.[71]

1939년 9월에 이르러, 독일 군인들은 모훌스키 목사가 설명한 일을 보기 시작했다(또한 그 일에 참여하기 시작했다). 소문과 보도가 독일 국내에 퍼지기 시작했다. 그러나 전쟁이 발발할 당시에 독일 안의 아무도 총통의 정책이 인권과 인간의 존엄성을 생각해서 억제되거나 유연해질 것이라고 기대하지 못했다. 당시까지 그의 말은 가혹했으며, 그의 평

---

71) Barnett, *For the Soul of the People*, 164.

화시 정책은 난폭했고, 이제 그의 전쟁도 마찬가지였다.

　개신교와 가톨릭이 히틀러의 전쟁을 찬양하고 지지한 것에 대해 두 가지 아이러니가 문제를 더 두드러지게 만든다. 첫째로, 하나의 중요한 항의하는 목소리는 제8군 장군 요하네스 블라스코비츠에게서 나왔다는 점이다. 그는 10월에 폴란드의 항복을 받아냈고, 그 이후 폴란드 주둔 독일 군대 장관으로 임명되었다. 그는 자기 주변에서 일어난 강간, 학살, 약탈에 분노하여, 자세한 보고서를 썼는데, 특히 독일의 최전선 배후에서 친위대가 벌인 학살에 대해 특별히 항의했다. 그러나 히틀러와 폰 브라우히치 장군과 카이텔 장군은 그의 염려를 무시했다. 블라스코비츠 장군은 1940년 5월 폴란드 사령관직에서 해임되었고, 전쟁 마지막까지 독일 군대 사령관으로 복무했지만, 결코 육군 원수로 진급하지는 못했다.72) 그런 비판이 독일 교회로부터는 나오지 않았다.73) 두 번째 아이러니는 폴란드 침공이 나치-소련 (불가침) 조약이라는 우산 아래 이루어졌다는 점이다. 1939년 8월부터 1941년 6월까지, 독일 교회 지도자들은 히틀러가 볼셰비즘에 반대한다는 자신들의 전형적 주장을 계속할 수 없었다. 그러나 그들의 지지는 줄어든 것처럼 보이지 않는다. 독일 군인들이 교회로부터 받은 메시지에 관해 우리가 질문한다면, 그들은 자신들이 수행하도록 부름받은 행동이란 바로 교회 지도자들이 승인한 의무라고 느꼈을 것임에 틀림없다. 교회의 모든 선언문은 의무와 총통을 인

---

72) Christopher R. Browning, *The Origins of the Final Solution: The Evolution of Nazi Jewish Policy, September 1939-March 1942* (Lincoln: University of Nebraska Press, 2004), 74-81. Richard Giziowoski, *The Enigma of General Blaskowitz* (New York: Hippocrene Books, 1997)도 보라.

73) Bergen, "German Military Chaplains"는 동부 전선에서 분노한 블라스코비츠 장군이 목격했던 것과 같은 잔학행위를 목격한 군종 목사들에 대해 분석한다. 그녀는 전쟁터에서 자신들의 마땅한 위치를 주장할 그들의 욕구와 자신들이 충성스럽고 남자다운 독일인임을 증명해야 할 욕구가 "나치 독일의 학살을 가능하게 돕는 자로서의 자신들의 효율성을 높였을 것이다"라고 주장한다(p. 166).

용하는 것으로 시작했다. 이처럼 열광적인 참여를 요청했고 **결코 그런 열광적인 참여를 취소하지 않았다**는 사실이 학살에 공모했음을 보여준다. 논쟁이 되는 유일한 질문은 정도의 문제일 따름이다.

비오 12세와 독일

추기경 유제니오 파첼리는 1939년 3월에 교황 비오 12세가 되었다. 히틀러는 로마 주재 독일 대사로 하여금 새 교황에게 "총통과 정부의 진심 어린 축하"를 전하게 했고, 교황은 뜨거운 감사로 응답했다.74) 한 달 후인 1939년 4월 20일, 비오 12세는 베를린 주재 로마 교황 대사에게 히틀러 50회 생일 축하연에서 특히 열렬한 역할을 맡도록 지시했다.75) 이처럼 히틀러와 비오 12세 사이의 친절한 제스처는 파첼리 추기경으로서 수년 동안 독일에서 교황청 대사로 일했던 것, 특히 바티칸과 나치 국가 사이의 협약 초안을 만들고 추진한 것과 결합되어, 이 교황은 특히 히틀러의 독일과 밀접한 관계를 가질 것으로 예상되었다.

교황 비오 12세의 행동을 비판하는 사람들은 적지 않다.76) 그들은 비오 12세가 나치 국가의 행동을 단죄하기는커녕 비판조차 전혀 하지 않았다고 주장하며, 어떤 비판자는 그를 심지어 "히틀러의 교황"77)이라

---

74) Klaus Scholder, *A Requiem for Hitler and Other New Perspectives on the German Church Struggle* (London: SCM Press, 1989), 161.
75) Ibid.
76) 교황 비오 12세에 대한 비판의 시작은 Hans Müller, ed., *Katholische Kirche und Nationalsozialismus: Dokumente 1930-1935* (Munich: Nymphenburge, 1963), and Saul Friedländer, *Pius XII and the Third Reich: A Documentation* (New York: Alfred A. Knopf, 1966), 그리고 Rolf Hochhuth의 희곡 *The Deputy* (New York: Grove Press, 1964)에서 출발했다. Hochhuth의 희곡이 불러일으킨 논쟁에 대한 오늘날의 관점은 Eric Bentley, *The Storm over The Deputy* (New York: Grove Press, 1964)를 보라.

불렀다. 1942년까지는 비오 12세가 독일 점령지에서 벌어지는 유대인 학살에 관해 자세한 정보를 알게 되었다. 다양한 유대인 기관들과 영국과 미국 정부도 몇 달 동안 교황에게 이런 범죄를 공개적으로 지적하고 단죄하도록 강력히 촉구했다. 이들은 1942년 교황의 성탄절 라디오 방송을 기다리면서, 극적인 무엇인가를 기대했지만, 그들이 듣게 된 것은 고작 전시에 자행된 불의에 대한 일반적 유감 표명과 무고한 희생자들에 대한 동정의 표현뿐이었다. 그 방송에서 "유대인"이라는 단어는 교황의 입에서 한 번도 나오지 않았으며, 독일인의 행동을 주시하고 있다는 말도 나오지 않았다. 1943년에는 로마의 유대인들이 "그의 창문 아래에서" 무더기로 체포되어 끌려갔다. 그러자 한 비판자는 비오 12세가 유대인 희생자들을 도우려 했다는 어떤 증거도 찾을 수 없다고 주장했다.[78] 교황 비오 12세가 나치 국가의 광범위한 학살 사례들을 전혀 비난하지 않았다는 점을 주목하는 것이 중요하다. 독일이 폴란드를 침공하여 제2차 세계대전을 일으켰을 때, 잠재적인 저항 지도자들, 즉 가톨릭 사제들을 포함해서 폴란드 "지식인"을 대대적으로 학살했다. 폴란드의 가톨릭 교회는 비오 12세에게 항의하도록 간청했지만, 그는 항의하지 않았다. 나치가 가톨릭 사제들을 학살할 때 침묵을 선택했던 교황으로서는 나치가 유대인들을 학살할 때 다른 선택을 할 리 만무했다.[79]

  비오 12세를 지지하는 사람들은 그의 분명히 조심스러운 행동을 여러 가지로 설명했다. 즉 그는 호전적 교황이 아니라 조용하며 지적이고

---

77) John Cornwell, *Hitler's Pope: The Secret History of Pius XII* (New York: Viking Penguin, 1999).

78) Susan Zucotti, *Under His Very Windows: The Vatican and the Holocaust in Italy* (New Haven: Yale University Press, 2000).

79) Michale Phayer, *The Catholic Church and the Holocaust, 1930-1965* (Bloomington, IN: Indiana University Press, 2000), 22-30.

천성적으로 외교적인 교황이었다는 설명, 그는 유럽이 평화조약을 맺도록 잠재적인 중재자가 되기 위해 중립적이며 외교적 역할을 유지하기를 원했다는 설명, 무솔리니가 히틀러와 동맹을 맺어 독일 군대가 로마에 주둔할 수 있는 상황에서 그는 자신의 안전과 바티칸의 안전을 염려했다는 설명 등이다. 이런 지지자들은 또 비오 12세가 조용한 지원 방법을 통해 가톨릭 기관, 성직자, 신자들이 유대인 희생자들을 숨겨주고 보호하도록 격려함으로써 많은 유대인—어떤 사람들은 수만 명이라고 주장한다—을 구했다고 주장한다. 그러나 가톨릭 기관들이 구한 "유대인들"은 거의 언제나 유대인 혈통을 지닌 기독교인들이었다는 점을 기억해야 한다. 실제 유대인을 기꺼이 구하려는 의지는 훨씬 더 개인의 용기에 달려 있었을 것이다.[80]

교황 비오 12세에 관한 논란은 여전히 계속되고 있다. 그의 의중을 확인하는 문제 가운데 하나는 바티칸이 그 문서보관소를 대중에게 공개하지 않는 일반적 정책과 관련되어 있다. 이 문제의 중요성과 격렬한 논쟁의 상황에서 바티칸은 당시의 상당한 문서들을 출판하는 특별 조치를 했다. 그러나 모든 것에 접근할 수 있는 것은 아니었다. 바티칸이 문서를 선택하는 과정을 통제했기 때문이다. 가톨릭과 유대인이 모두 포함된 국제위원회는 그 기록들에 더욱 공개적으로 접근할 수 있도록 협상을 벌였지만, 협상은 깨졌고, 그 위원회는 해산되었다. 이 논쟁 한복판에서 가톨릭교회의 일부 사람들은 모든 비판자를 "반가톨릭"이라고 무시하곤 했는데, 심지어 비판자 중에는 가톨릭 신자로서 가톨릭교회를 위한 자신들의 관심을 표명한 사람들도 있었다. 비판자들을 더욱 분노하게 만든 것은 요한 바오로 2세와 베네딕트 16세가 비오 12세를 성인

---

[80] Eva Fleischner and Michael Phayer, *Crises in the Night: Women who Challenged the Holocaust* (New York: Sheed & Ward, 1997).

으로 시성할 계획을 추진했기 때문이다.81)

비오 12세에 대한 평가는 이런 주장과 감정 상태에서, 적어도 연관된 문서를 완전히 공개하기 전까지는 쉽지 않을 것이다. 그러나 몇 가지는 분명하다. 예를 들어, 1942년에 비오 12세가 목격한 세계는 우리가 오늘날 보는 세계와 달랐다. 그는 나치의 유대인 학살에 관한 끔찍한 증거들을 알게 되었지만, 그 과정이 전체적으로 어느 정도였는지에 대해서는, 전쟁이 끝난 후 밝혀진 것처럼 아직 명백하지는 않았다. 당시에 그런 사실을 도저히 이해할 수 없었던 사람 중에는 비오 12세만 있던 것은 아니다. 그 역시 교회 안에서 성장했으며, 당시에는 유대인들을 향한 태도가 홀로코스트에 대한 반응으로 아직 바뀌지 않았던 때였다. 그런 태도는 본능적으로 부정적이었고, 반유대주의적이었다. 어떤 사람들은 심지어 비오 12세를 적의에 찬 반유대주의자라고 비난하는데, 이런 비난을 통해서만 그가 유대인 학살을 단죄하기를 거부한 것을 설명할 수 있다고 생각하기 때문이다. 그러나 그가 나치의 유대인 학살을 적극적으로 승인했다는 증거를 제시하는 사람은 아무도 없다.82) 비오 12세가 공산주의에 대해 갖고 있던 적대감 때문에 그가 특히 소련에 대한 비판자가 된 것은 분명하다. 히틀러가 1941년 6월에 소련을 공격하자, 교황이

---

81) 미국의 홀로코스트 기념박물관은 그 작업을 정치화하지 않으려고 조심하지만, 2009년 12월 21일에 보도자료를 냈는데, "현재 교황 비오 12세를 시성할 가능성이 추진되는 상황에서, 미국 홀로코스트 기념박물관은 바티칸 문서보관소의 전시 자료를 공개할 것을 다시 요청하여, 학자들이 마침내 역사상 이처럼 중요한 측면을 검토하고 평가할 수 있게 되기를 요청한다. 국가사회주의 체제의 정책들에 대한 유제니오 파첼리(교황 비오 12세)의 대응은 특히 유럽의 유대인들에 대한 종족학살을 공개적으로 단죄하지 않은 것으로서 오랫동안 논쟁의 주제였다"는 말로 시작한다. 사실상 시성을 반대하지는 않은 채, 그것은 덧붙여서 "1939년 이후의 문서보관소 자료를 공개하는 것은 비오 12세에 대한 적절한 평가에서 필수적이다"라고 했다.
82) 예를 들어, Daniel Goldhagen, *A Moral Reckoning: The Role of the Church in the Holocaust and its Unfulfilled Duty of Repair* (New York: Vintage, 2003)을 보라.

독일 국방군에게 공감했다는 것은 거의 분명하다.

끝으로, 독일 제국 안에는 많은 가톨릭 주교, 성직자, 신자들이 있었다. 바로 이런 이유 때문에 비오 12세를 비판하는 사람들은 그가 나치의 행동을 단죄했어야 한다고 말한다. 심지어 히틀러 자신도 가톨릭교회에서 세례를 받았고, 가톨릭 신자로 성장했다. 단죄의 말 한마디가 친위대, 국방군, 또는 다른 직책의 가톨릭 신자들로 하여금 유대인 학살을 자제하도록 했을 것인가? 교황이 히틀러에게 영향을 끼칠 수 있었는가? 만일 교황이 히틀러를 파문(출교)시켰다면, 가톨릭 신자들이 자세를 고쳐 잡고 주목했을 것인가? 이런 질문들에 대답할 수 없는 이유는 우리가 변수들을 바꾸어 다시 실험할 수는 없기 때문이다. 그러나 이런 질문들은 비오 12세의 생각에 거의 확실하게 영향을 끼쳤을 마지막 질문을 가리키는데, 그것은 만일 그가 독일의 가톨릭 신자들에게 가톨릭교회에 대한 충성과 독일 국가에 대한 충성 사이에서 선택하도록 요청했다면, 그가 잃게 될 가톨릭 신자들이 얼마나 많았을 것인가 하는 질문이다. 가톨릭 신자들이 히틀러에게 폭넓게 열광하고 전쟁 기간에 독일 국가를 매우 폭넓게 지지하던 상황에서, 비오 12세가 피하고 싶었던 것은 독일 가톨릭 신자들을 어려운 결정의 궁지에 몰아넣는 일이었을 것이다.[83]

게르하르트 키텔

앞의 2장에서 설명한 것처럼, 1933년의 게르하르트 키텔의 이야기는

---

83) Michael Phayer, *Pius XII, the Holocaust, and the Cold War* (Bloomington: Indiana University Press, 2007); Kevin Spicer, *Hitler's Priests: Catholic Clergy and National Socialism* (Dekalb: Northern Illinois University Press, 2008); and Gerhard Besier, *The Holy See and Hitler's Germany* (London: Palgrave Macmillan, 2007)을 보라.

무서운 이야기지만, 1933년 이후 그의 이야기는 훨씬 심하다. 그는 개신교 신학의 모범으로서, 유명한 구약신학자 루돌프 키텔의 아들이며, 유명한 튀빙겐대학 신학 교수였으며, 기념비적 ≪신약성서 신학 사전≫의 편집자였다. 그러나 나치 시대 동안, 게르하르트 키텔은 단순히 나치와 반유대주의 이데올로기를 위한 야바위꾼이었던 것처럼 보인다. 우리의 관점에서 그의 경력을 살펴보면 놀랍다. 제3 제국 시대의 대부분 기간에 그는 반유대주의 선전을 학문인 것처럼 꾸몄다.[84] 그는 또 미래의 신학자들과 성직자들을 계속 훈련시켰다. 그는 이런 재료를 만드는 동안, 그리고 전쟁이 끝난 후에도, 결코 그의 교회나 대학으로부터 징계를 받지 않았으며, 결코 자신의 작업에 대해 사과하지도 않았고, 또한 자신이 비독교적이었거나 비학자적이었다고 인정하지도 않았다.

1935년에 발터 프랑크라는 젊고 야망이 있는 역사가가 "새로운 독일의 역사연구소"를 창립했는데, 나치의 세계관에 학문적 신뢰성을 주기 위한 싱크 탱크였다. 프랑크는 모든 분야의 유명한 학자들을 모을 꿈을 꾸었다. 게르하르트 키텔은 유대교에 대한 자신의 전문성을 활용하고자 열렬하게 반응하여, "유대인 문제"라는 특수 분과의 창립회원이 되었다. 이 연구소의 역사를 통틀어, 특히 그 잡지 ≪유대인 문제 연구≫를 통해 키텔은 가장 열렬한 기고자 중 한 사람이 되었다. 그는 거의 모든 연례 회의에서 강연했으며, 그의 논문은 그 잡지에 거의 매번 게재되었다.

이 연구소에서 발표한 키텔의 상당수 저술은 신학으로 볼 수 없는 것이다. 그는 유대인들이 이미 로마제국 시대에, 나치가 유대인들에게 돌린 모든 해로운 특성을 드러냈다는 증거를 제시하려 했다. 그 해로운 특성이란 속임수, 탐욕, 성적인 공격성, 성적인 도착, 타인을 파괴하고

---

[84] Alan Steinweis, *Studying the Jew: Scholarly Antisemitism in Nazi Germany* (Cambridge, MA: Harvard University Press, 2008)은 이런 현상을 폭넓게 다룬다.

세계를 장악하려는 지칠 줄 모르는 욕망 등이었다. 그는 고대 본문을 뒤져서 유대인들이 이방인들과 결혼했다는 증거를 찾으려 했는데, 이를 통해서 그는 유대인들이 다른 목표를 이루려 했다고 보았고, 그 과정에서 "잡종화"가 지역 주민들의 인종적 자원에 해를 끼쳤다고 주장했다.

학문 간에 협동하는 정신으로 키텔은 "인종 과학자" 오이겐 피셔와 함께 고대 유대인들에 관한 물리적 증거를 찾으려 했다. 그들은 4세기 이집트의 수백 개의 무덤 유형을 연구했다. 키텔과 피셔는 자신들이 몇 가지 유대인 얼굴을 인식할 수 있다고 생각했는데, 그중 몇 가지는 전형적인 유대인 지식인 얼굴(뻔뻔하고 교활한)이거나 전형적 유대인 상인 얼굴(속임수와 정직하지 않은)을 대표한다는 것이다. 그 저자들은 이런 얼굴 특징은 미묘해서 정상적인 과학적 측정이나 설명이 어렵다는 것을 인정했다. 그렇지만 모든 숙련된 눈은 현대 유대인들에 정통한 것이 명백하다고 주장했다.85) 키텔은 인근 도시 트리어(독일에서 가장 오래된 도시)에서 발견된 점토로 빚은 인형 얼굴에도 관심을 가졌다. 비록 그것들이 오늘날에는 위조품이라고 밝혀졌지만, 그는 그 얼굴들이 로마제국 변두리에 살던 순수한 아리안 게르만족이 유대인들의 공격적이며 불결한 성행위를 보고 분노를 표현한 얼굴들이라고 생각했다. 그 점토 얼굴들은 코가 컸는데, 키텔에게는 그것이 유대인들을 증명하는 것으로 충분했다. 점토로 인형 얼굴을 빚을 때 코를 크게 만드는 것은 가장 흔한 특징 가운데 하나였지만 말이다. 그는 또 인형들의 발기한 음경에서 희미한 선을 발견할 수 있는데, 그것이 할례의 표시라고 생각했다. 끝으로, 이런 남성 인형들과 여성 인형들의 "수치스러운 자세"와 어떤 남성 인형들에

---

85) Gerhard Kittel and Eugen Fischer, "Das antike Weltjudentum: Tatsachen, Texte, Bilder," *Forschungen zur Judenfrage* 7 (Hamburg: Hanseatischer Verlag, 1943). 7권 전체는 키텔과 피셔가 쓴 이 저술뿐이다.

는 음경이 앞과 뒤 양쪽에 있었는데, 그는 성적으로 도착적인 유대인들이 트리어 인근의 점잖은 게르만족을 불쾌하게 만들어서 이런 분노를 불러일으켰다고 확신했다.86)

키텔은 이런 이상한 이론들로 논문 하나를 채웠고, 그다음에는 잡지 전체를 채웠는데, 매우 모호한 증거를 들이대고, 학문적 엄정성보다는 유대인들에 대한 자신의 증오를 입증했다. 그는 또 이런 자료를 이용해서 날조된 ≪시온 장로 의정서 Protocols of the Elders of Zion≫의 악명 높은 주장, 즉 유대인들이 세계를 장악하려고 계획하고 있다는 주장을 뒷받침하려 했다. 그는 여기에 포함되는 것이 공격적인 섹슈얼리티 계획이라면서, 유대인 성서(구약성서) 에스더서에서 그것이 암시되었다고 주장했다. 에스더는 자신과 자기 민족을 위해 이방인 왕과 결혼을 준비했는데, 키텔은 그런 행동이 어느 시대나 어느 곳에서나 모든 유대인의 전형적 행동이라고 주장했다.

1935년부터 1943년까지 키텔이 ≪유대인 문제 연구≫라는 잡지를 통해 그의 독설을 발표하는 동안, 독일 내 유대인들의 상황은 더욱 악화되었다. 유대인 공무원들은 1933년의 아리안 조항 때문에 직장에서 쫓겨났다. 모든 유대인은 1935년의 뉘른베르크 인종법에 따라 시민권을 잃었다. 그 후 몇 년 동안 유대인들은 사업의 "아라안화" 정책에 따라 재산을 빼앗겼다. 그리고 "깨진 유리의 밤" 대학살 동안, 유대인 상인들은 자신들의 유리 창문을 잃었고, 또한 모든 유대인은 안전의식이나 생계를 이어갈 희망을 잃었다. 1941년 9월에 폴란드, 발틱 국가, 우크라이나에서 유대인들이 학살당하고 있다는 소문이 퍼질 때, 독일 유대인들은 노란 별 표지를 달아야만 했다. 1941년 10월에 이르러, 독일 유대인

---

86) Gerhard Kittel, "Die ältesten Judenkarikaruren. Die 'Trierer Terrakotten,'" *Forschungen zur Judenfrage* 4 (Hamburg: Hanseatischer Verlag, 1940), 250-59.

들은 무더기로 체포되어 동부로 이송되기 시작했고, 1943년에는 독일 안에서 어느 유대인도 공개적으로 살 수 없게 되었다.

게르하르트 키텔을 비롯해 그의 모든 동료 독일인은 이처럼 유대인들이 사라지고 있음을 분명히 눈치챘을 것이다. 유대인들이 무더기로 체포되어 기차에 실려간 것은 비밀스러운 과정이 아니었을 뿐 아니라 그들은 거리에서, 이웃에서, 그리고 집에서 그냥 사라졌기 때문이다. 더구나 최소의 비용으로 유대인 재산을 얻게 된 많은 독일인은 자신들의 행운의 이유를 충분히 알았다. 비록 그들이 명료함보다는 신비적 설명을 선호했을 테지만 말이다.87) 우리는 또 나중에 키텔이 한 증언을 통해서 그가 1943년에는 동부에서 대규모 유대인 학살이 진행되고 있음을 알았다는 것을 알고 있다.88) 그러나 게르하르트 키텔은 1943년 나치의 악명 높은 선전 장관 요제프 괴벨스가 출판한 잡지에 논문을 발표했다. 그 논문에서 키텔은 유대인 윤리에 대해 비판했다. 그는 유대인들이 종교적 믿음에 의해 후회나 죄의식 없이 비유대인을 살해하는 것이 허락되었다고 주장했다. 이런 결론에 도달하기 위해 그는 유대인 전통의 구석에 있는 몇 가지 모호한 구절을 해석했다. 그는 탈무드에 있는 구절에서 동료 유대인을 우발적으로 살해한 것에 대한 처벌과 비유대인을 우발적으로 살해한 것에 대한 처벌 사이의 구분을 찾아냈다. 그는 또한 "뱀의 머리를 으깨듯이" 어떤 사람의 머리를 으깨는 것에 관한 진술을

---

87) Marian Kaplan, *Between Dignity and Despair: Jewish Life in Nazi Germany* (New York: Oxford University Press, 1998)는 이 경험의 유대인 측면을 보여준다.
88) Gerhard Kittel, *Meine Verteidigung*, 27. 여기서 키텔은 자기 아들이 1943년에 동부 전선에서 돌아와 유대인 학살에 관해 이야기했음을 인정한다. 이 책은 키텔이 준비한 변호 진술로서, 1945년 6월에 튀빙겐에서 한 것이다. 내가 이 문서를 보게 된 것은 미네소타주 세인트 폴의 루터신학교의 작고한 헤르만 프레우스 교수 덕분이었다. 키텔은 1946년 11/12월에 이 책의 확대 수정본을 냈는데, 튀빙겐대학교 문서보관소에서 볼 수 있다.

찾아냈다.89) 키텔은 이어서, 유대인들은 디아스포라 이후 항상 소수자로 살아왔기 때문에 언제나 이웃의 등을 찌르거나 침실에서 살해할 사람들이라고 주장했다. 이런 해석은 오랜 세월 이어져 내려온 유대교 사상과 전혀 어울리지 않았으며, 키텔이 현대 유대교 안에서 찾으려 했던 가르침과도 일치하는 것이 아니었다.

키텔이 유대인 윤리를 평가한 것은 그의 생각이 뒤틀린 것이었다. 그는 차라리 아브라함과 이삭 이야기를 의도적으로 왜곡하여 유대인들이 자기 자식을 살해한다고 비난하는 것이 오히려 쉬웠을 것이다. 나치 이데올로기의 왜곡시키는 분위기에서는 유대교에 대한 이런 평가가 통했을 것이다. 그런 상황에서는 그것이 유대인들에 대한 증오와 불신이라는 나치 분위기에 완벽하게 맞아떨어질 것이다. 더 나아가, 더욱 놀라운 것은 유대인들이 독일인을 죽일 기회를 얻기 전에 독일인들이 유대인들을 죽여야 한다고 핑계를 대는 것은 분명한 의도처럼 보인다는 점이다.90) 유대인들이 독일의 거리에서 사라진 때, 그리고 키텔 자신이 아들을 통해 동부에서 유대인들이 학살당하고 있음을 알게 된 때에, 그는 이 논문을 발표했다.91) 그 논문은 나치의 홀로코스트를 의식적으로 합리화한 것에 불과하다.92)

---

89) Gerhard Kittel, "Die Behandlung des Nichtjuden nach dem Talmud," *Archiv für Judenfragen*, vol. I, Group AI (Berlin, 1943), 7.

90) 역자주: 나치는 유대인들을 학살하면서 항상 핑계를 댔다. 유대인들은 "러시아 혁명의 주모자들과 배후 세력"이고, "세계를 지배하려는 음모를 꾸미는 국제 조직"이라는 것이었다. 폴란드를 비롯한 동부 지역에서 유대인들을 대량학살한 핑계는 그들이 "빨치산"이기 때문이며, "여인들과 아이들조차 빨치산의 눈과 귀 역할을 하기 때문"이라고 주장했다. Peter Hayes, *Why? Explaining the Holocaust*, 89.

91) Victoria J. Barnett, *Bystanders: Conscience and Complicity During the Holocaust* (Westport, CT: Greenwood Press, 1999)는 그 방관자들과 그들의 책임을 평가한다.

92) Ericksen, *Theologians under Hitler*, 50-70을 보라. 그리고 Robert P. Ericksen, "Theologians in the Third Reich: The Case of Gerhard Kittel," *Journal of*

추가 설명: 히틀러를 위한 위령미사

아돌프 히틀러와 그의 새 신부 에바 브라운은 1945년 4월 30일에 함께 자살했다. 이것은 요제프 괴벨스와 그의 아내가 여섯 명의 자녀를 살해한 후 동반 자살하도록 만들었다. 마지막까지 정직하지 않고 허세에 사로잡힌 히틀러는 그다음 날 이렇게 발표하도록 했다. "총통의 본부로부터, 우리의 총통 아돌프 히틀러가 마지막 순간까지 볼셰비즘에 맞서 싸우다가, 독일을 위해 오늘 제국 총리 직위에서 사망했다는 보고를 받았다."93) 당시 독일 주교회의 의장이었던 대주교 아돌프 버트램 추기경은 86세로서 거의 죽음이 임박했지만, 소련의 적군이 진격하기 직전에 브레슬라우(폴란드 브로츠와프)를 탈출했다. 그는 근처 성으로 안전하게 피신하여, 자기 관구의 모든 사제에게 "총통과 우리의 조국을 위한 투쟁에서 죽은 모든 국방군을 기념하는 엄숙한 위령미사를 드리고, 민족과 조국, 그리고 독일 가톨릭교회의 미래를 위한 가장 진실한 기도를 바치도록" 명령했다.94)

아마도 버트램 추기경의 판단 착오는 용서받을 수 있을 것이다. 그는 매우 늙었다. 그는 또 총통이 추진한 범죄의 전체 규모나 히틀러를 죽음으로 이끈 비열한 성격을 충분히 인지하지 못했다. 그뿐 아니라 히틀러의 위령미사는 히틀러와 모든 전몰 장병을 기억하게 할 것이며, 독일 가톨릭교회를 위한 기도도 바칠 것이었다. 끝으로, 실제로 어느 한 곳에서도 위령미사를 드렸다는 확실성은 없으며, 버트램 추기경이 손으로

Contemporary History 12 (1977), 595-622도 보라.

93) Max Domarus, *Hitler, Reden von 1932-1945*, vol. II (Wiesbaden: Löwit, 1965), 2250. Scholder, *A Requiem*, 166에서 재인용.

94) Scholder, *A Requiem*, 166에서 재인용. 브로츠와프(브레슬라우) 대교구 문서보관소의 문서에서 인용한 것이다.

쓴 이 명령이 그의 책상을 떠났다는 확실성도 없다.

그러나 독일 주교회의 의장인 버트램 추기경이 1945년 5월 말에 히틀러의 명예를 위해 위령미사를 드리도록 명령했다는 점은 그 자신의 행동뿐 아니라 나치 시대 독일 기독교인의 행동을 반영한다. 그것은 심지어 나치 체제에서조차 독일 정부에 대한 고집스러운 충성을 암시하며, 또한 최소한 양면적인, 아마도 나치 국가에 대한 열광적인 반응이 계속된 것을 암시한다. 버트램 추기경은 해마다 히틀러의 생일에 "진심으로 축하하는" 카드를 보냈다. 1940년에 그는 "독일 가톨릭 신자들이 4월 20일(히틀러의 생일)에 민족, 군대와 조국, 국가와 총통을 위해 하늘의 제단에 바치는 열렬한 기도"를 보냈다.95) 그는 1944년까지 비슷한 생일 카드를 계속 보냈다. 이런 메시지를 통해 그는 또 독일 가톨릭교회의 활동을 위축시키는 여러 국가 정책에 관해 불만을 표시하고, 히틀러가 개입해 줄 것을 희망했다. 히틀러는 말로만 그러겠다고 대답했지만 결코 행동으로 옮기지는 않았다. 그러나 히틀러는 계속해서 말로 노력하여, 1944년 7월 13일에는 버트램 추기경에게, "나의 추기경님, 나는 당신의 목적의 올바름과 정직함을 알고 있으며 그것들을 충분히 받아들일 것임을 확신해도 좋을 것입니다"라고 썼다. 그리고 히틀러는 "진심으로 존경하는, 당신의 아돌프 히틀러"라 쓰고 서명했다.96)

기독교의 공모?

"공모"라는 말은 나치 독일의 이런 기독교인들과 연결 짓기에는 너무 강한 말인가? 나는 그들 가운데 어느 누가 방아쇠를 당겼다거나, 치

---

95) Scholder, *A Requiem*, 161에서 재인용.
96) Scholder, *A Requiem*, 165에서 재인용.

클론 B(절멸수용소에서 사용된 독가스)를 투하했다고 설명하지 않았다. 나는 목사이며 신학 교수였던 발터 번바움 같은 인물에게 초점을 맞추지 않았다. 그는 제2차 세계대전 동안 볼셰비키의 위험에 처한 동부 전선에서 헤르만 괴링의 공군 부대 강의 요원으로 복무했는데, 볼셰비키라는 말은 나치 독일에서 거의 언제나 유대인들과 한데 묶어서 사용하던 말이었다. 독일의 위험한 적들은 볼셰비키와 유대인들, 볼셰비키와 유대인들이었다. 번바움이 동부 전선에서 무고한 양민들의 학살을 포함해서 전형적인 잔인한 행동을 촉구했다고 생각하지 않기는 어렵다. 내가 초점을 맞추지 않은 또 다른 인물은 에른스트 비버슈타인인데, 그는 신학을 공부하고 1920년대에 목사가 되어, 나치 시대 동안 교회업무부에서 일하다가 제국 안전본부로 옮겨갔고, 홀로코스트 동안 실제로 유대인들을 학살했다. 그는 특수작전집단 C의 특수작전특공대 6을 지휘했는데, 이 집단은 1941년 여름에 유대인 백만 명을 학살한 이동학살 작전(가스실에서 대량학살하기 전, 특수제작한 트럭에 몰아넣어 독가스로 학살한 작전-옮긴이)의 일부였다. 비버슈타인은 뉘른베르크에서 기소되어 사형선고를 받았다. 그러나 종신형으로 감형되었고, 1958년에 석방되어 결국 성직에 복귀했다.[97]

내가 번바움과 비버슈타인을 강조하지 않은 이유는 그들이 교회를 대표한 인물들이었다고 주장하고 싶지 않기 때문이다. 그러나 그들이 교회에 뿌리를 두고 있었다는 사실은 나치 국가의 가장 잔혹한 정책을

---

97) Walter Birnbaum, *Zeuge Meiner Zeit. Aussagen zu 1912 bis 1972* (Göttingen: Vandenhoek & Ruprecht, 1973), 특히 232-33. 비버슈타인의 간략한 전기와 재판 기록은 John Meldelsohn and Donald S. Detweiler, eds., *The Holocaust: Selected Documents in Eighteen Volumes*, 17 (New York: Garland Publishing, 1982), 214-44에서 볼 수 있다. 또한 Hilary Earl, *The Nuremberg SS-Einsatgruppen Trial, 1945-1958: Atrocity, Law, and History* (New York: Cambridge University Press, 2010)을 보라.

지지하고 또 참여하는 데 자제하도록 만들지 않았다. 기독교 주교들과 목사들이 1933년에 나치 체제를 소리높여 찬양할 때, 그들이 아돌프 히틀러를 지지하는 기도회를 개최했을 때, 독일이 폴란드를 침공하여 제2차 세계대전을 시작하자 그들이 지지하는 예배를 드렸을 때, 그들이 히틀러의 생일에 열렬한 축하를 보냈을 때, 평신도들은 이런 엄청난 지지의 물결을 지켜보면서 도대체 어떻게 질문을 제기하고 비판할 이유를 찾았을 것인가? 고백교회로부터 독일 가톨릭 주교들, 그리고 바티칸에 이르기까지, 기독교의 어떤 중요한 기관도 나치의 유대인 박해를 단죄하려 하지 않는 마당에, 도대체 기독교인들이 참여를 망설일 이유가 무엇이겠는가? 게르하르트 키텔이 그의 생애에서 10년 동안 나치의 가장 잔혹한 수사학을 그대로 모방하여 유대인을 묘사하고, 1943년에는 유대인들(더 이상 독일 안에 남아 있지 않았다)이 선한 독일인을 잠자고 있는 동안 살해할 가능성이 높다고 경고할 때, 단순한 평신도들이 그의 말을 분석하고, 그의 논리를 반박하고, 기독교 사상의 지도자로서 말하는 그의 권위를 거부해야만 했는가? 나는 그렇지 않다고 생각하며, 그것이 바로 나에게는 공모처럼 보인다. 나는 교회 지도자들의 종교적인 승인처럼 보인 것이 없었다면, 보통의 독일인들이 그처럼 기꺼이, 그리고 잔인하게 학살에 참여했을 것인지에 대해 확신하지 못한다.

5장

지적인 수단: 1945년까지의 대학들

많은 나치는 "상아탑" 출신의 지식인들을 비천하게 대했다. 그들은 그런 지식인들을 무능한 자들이라고 간주했다. 그들은 또 지식인들이 나치 이데올로기를 비판할 것이며, 좌파 사상에 물들었고, 유대인들의 영향을 받아 "유대성"에 감염되었을 것으로 의심했다. 그러나 우리가 살펴본 것처럼, 나치 체제는 실제로 1933년의 전환기 동안 대학에서 학생들과 교수들의 열렬한 지지를 목격했다. 그리고 나치는 대학에서 유대인들과 좌파 비판자들을 철저히 무자비하게 효과적으로 제거했다. 그 이후 독일 대학들의 분위기는 새로운 체제와 그 정책을 열렬히 지지하는 것이었지 저항이나 비판의 분위기가 아니었다.[1] 이것이 당시 학생들이나 일반인들이 느끼고 받아들인 대학의 이미지였다는 것은 거의 확실하다.

독일의 대학체제는 정치화되는 것을 막아줄 것으로 예상할 만한 힘을 갖고 있었다. 우선 학문의 자유라는 뿌리 깊은 신념이었다. 우리가 1933년 이전에 이것을 볼 수 있는 것은 할레대학교의 동료 교수들이

---

[1] 예를 들어, Max Weinreich, *Hitler's Professors: The Part of Scholarship in Germany's Crimes Against the Jewish People* (New York: YIVO, 1946, and 2nd edition was published in New Haven: Yale University Press, 1999)를 보라.

귄터 덴(고백교회 목사이며 신학자)을 나치 학생들의 반대에 맞서서 지지했던 때였다. 대학들은 또 교수가 관리하는 강한 전통을 갖고 있었다. 중요한 행정직은 모두 정기적으로 교체되었고, 동료 교수들이 선출한 교수가 그 직위를 맡았다. 여기에는 대학의 학장과 총장도 포함되었다. 교수 운영회는 대학 정책을 결정할 권리를 가진 교수들로 구성되었다. 이처럼 제도적인 힘을 갖고 있었음에도, 나치 시대의 독일 대학들은 계속해서 나치 체제를 지지했다. 대학 내에서 나치에 저항하거나 반대한 사례는 매우 드물고 효과가 없었는데, 심지어 교회의 저항보다 적었다. 결국 나치에 대한 열광주의와 협동의 물결을 막는 데 완전히 실패했다.

당대의 한 미국인 관찰자

비록 우리가 당시 독일 대학을 관찰하기 위해 되돌아갈 수는 없지만, 하버드대학교 사회학과의 한 젊은 강사가 1930년대 독일 대학교들을 연구한 것을 배울 수는 있다. 에드워드 야날 하츠혼은 1935-36년에 주로 독일의 베를린에서 공부했는데, 뉴욕 사회과학 연구협의회 지원을 받았고, 학문적으로 탁월한 그의 장인의 격려와 베를린의 미국 대사관과 총영사의 도움으로 베를린의 교육부 자료들에 접근할 수 있었다. 그는 1937년에 하버드대학교 출판부에서 그의 연구 ≪독일의 대학교들과 국가사회주의≫를 출판했다.[2]

하츠혼은 미국 대학의 관점에서, 과거 독일 대학교들의 업적을 크게 존경하는 마음으로 책을 썼지만, 독일의 학문적 업적이 전체주의 이데

---

2) Edward Yarnall Hartshorne, Jr., *The German Universities and National Socialism* (Cambridge, MA: Harvard University Press, 1937). 그는 특히 이 연구를 진행하는 동안 인도해 준 그의 장인 Sydney B. Fay 교수에게 감사했다.

올로기의 강압 앞에서 살아남지 못할 것이라고 크게 염려했다. 예를 들어, 히틀러가 권력을 장악한 1933년 1월 30일의 3주년 기념을 준비하면서, 베를린대학교 교수들은 총장으로부터 그해의 행사는 "좀 다른 모습"일 거라는 말을 들었다. "국가사회주의 독일 학생회"(NSDStB)가 "교수진이 앉던 강단의 자리를 차지할 것"이라는 말이었다. 따라서 "교수진의 입장 행렬"은 취소될 것이지만, 교수운영회 회원들은 "좌석 첫 줄에" 앉을 기회가 주어진다는 것이었다. 나머지 교수들은 입장권을 가진 교수만 강당에 들어올 것이다. 나머지 사람들은 많은 사람이 모인 강의실들에서 그 진행을 들을 수 있다고 했다.3)

하츠혼은 이 말의 덜 명백한 모욕을 지적한다. 교수들에게 객석 자리에 앉도록 통보한 총장은 베를린대학교에 1934년에 부임했을 뿐이다. 그가 총장으로 임명된 근거는 수의학 박사학위 소지자로서 도축장에서 관리로 일한 경력이 전부였고 심지어 ≪인명사전≫에 출판물도 없었다.4) 하츠혼은 이어서 총장이 사회를 본 기념식이 종교적 예배 같았다고 묘사한다. 나치 학생들은 그 예배에서 찬송을 불렀고, 대규모 청중은 적절한 순간마다 "우리는 믿습니다" 또는 "우리는 요구합니다" 또는 "우리는 압니다"라고 외쳤다. 하츠혼은 이렇게 결론짓는다.

> 결국 교수진이 참석할 필요는 없었던 것처럼 보였다. 학생들은 교수들에게 말할 기회를 주면 그들이 무슨 말을 할지 교수들보다 더 잘 알고 있었다. … 여러 사람이 자기 의견을 말하는 걸 듣는 것은 불필요하고 지루한 것처럼 모두가 느꼈다. 베를린대학교 교수진 대신에

---

3) 1936년 1월 30일의 행사 열흘 전에 베를린대학교 Krüger 총장이 교수진에게 보낸 문서에서 인용한 것으로, Hartshorne, 145-46에서 재인용.
4) Hartshorne, *The German Universities and National Socialism*, 128-29, 147.

훈련받은 학생들이 말하는 것이 **훨씬 더** 나았다. 그것은 교수진 양반들의 수고를 덜어주었고, 도그마 문제에서 입에 발린 소리를 듣지 않아도 되었으며, "민족사에서 가장 거룩한 시간"에 행해진 종교적 축하행사 분위기를 훨씬 효과적으로 높여주었다.5)

하츠혼은 그처럼 빈정거리는 말을 거의 쓰지 않았지만, 그는 때때로 요제프 괴벨스를 "국가의 주술사"라고 불렀으며, 자신이 발견한 것에 대해 유감으로 생각하거나 비판했다. 그는 대부분 그 책임을 나치의 독재 체제에 돌렸으며, 그 과정에서 독일 교수들이 희생자들이 되어 공격적 이데올로기의 손에 경멸당하며 모욕을 겪는다고 보았다. 예를 들어, 하츠혼은 교수들에 관해 이렇게 말한다. "모든 역경에도 불구하고 책, 친구, 음악에 만족하는 교수들이 있다. 다른 교수들은 깊은 우울감에 빠진 채 자기 일을 계속하면서, 나쁜 폭풍이나 추위처럼, 걱정한다고 해서 쉽게 물러가지는 않는다고 믿고, '자신들이 할 수 있는 것을 구하기 위해' 체제의 양보를 확보하려고 노력한다."6)

이런 논평에서 노골적인 반대를 발견할 수는 없지만, 우리가 기대하거나 희망하는 것을 반영한다. 즉 교수들이 역경을 겪으며, 우울해하고, 나치의 폭풍이 지나가기를 기다리는 모습이다. 그러나 하츠혼은 그의 책 한 부분을 할애하여, 새로운 체제와 그 체제가 대학에서 수행하는 역할을 옹호하는 많은 독일 교수에게서 들은 "합리화"를 설명한다. 그는 다섯 가지 전형적인 주장을 요약한다. (1) 대학들은 "안에서 썩었다"는 것인데, 너무 전문화되었고, 교육에는 너무 관심이 없고, 특권은 너무 많고, 직책 임명이 너무 부패했으며, "현실 세계"와는 너무 동떨어져 있

---

5) Ibid., 151-52.
6) Ibid., 159.

다는 주장이다. (2) 대학들이 "급진주의의 온상"이 되었다는 주장이다. (3) 대학들이 "유대교의 온상"이 되었다는 주장이다. (4) 대학교수들이 언쟁만 하는 파벌이나 학파들의 둥지로 전락해서, 내부 논쟁만 너무 많이 하고, 대학에 너무 많은 영향력을 행사하며, 학생들의 삶과 미래에 너무 큰 힘을 갖고 있다는 주장이다. (5) 나치 세계관에 굴복함으로써 "과학적 객관성"을 상실했다고 비판하는 사람들에게, 교수들은 객관성이란 현실 세계에 실제로 한 번도 존재한 적이 없는 자유주의의 신화에 불과하다고 주장한다. 그들은 이제 귀한 가치들, 즉 독일 민족에 대한 헌신에 기초해서 강하고 부흥하는 독일을 만드는 데 충성한다고 선언한다는 점에서 더욱 솔직하다는 주장이다.[7]

이런 불평들과 비슷한 것은 어느 시대 어느 대학 공동체에서도 들을 수 있을 것이다. 독일 상황의 특수성에 관해 우리가 기이하게 여길 수 있는 것은 "급진주의의 온상"이라는 것인데, 참으로 급진적 변화는 나치가 주도하던 때였다. 또한 주목하게 되는 것은 일상적이지만 깊게 자리잡은 반유대주의가 "유대교의 온상"이라는 불평 밑에 깔린 것처럼 보인다는 점이다. 더욱 중요한 질문은 이렇게 정당화하는 교수들의 숫자나 비율과 관련된 것이다. 우울감에 빠진 교수들과 나치를 열렬히 지지하는 교수들 중에 어느 이미지가 더 정확한가? 자부심이 강한 독일 교수들의 강단 위의 자리를 학생들이 차지하고, 그들에게 문자적으로든, 비유적으로든, "미래는 나에게 속한 것"이라고 외칠 때, 교수들은 불쾌감을 느꼈을 것이라고 쉽게 상상할 수 있다. 그러나 그런 외침을 좋아하는지 아닌지에 많은 것이 달려 있다. 학생들은 자기도 모르는 사이에 위험한 주장에 휩쓸린 풋내기로 볼 수 있을 것이지만, 일부 교수들은 학생들이

---

7) Ibid., 161-65.

더 나은 미래를 위해 결단한 용감하며 활기 넘치는 이상주의자들로 보았을 것이다. 교수 전체의 내적인 반응에 관해 판단할 증거를 찾기 위해 그 균형을 평가하는 작업은 단순하지 않다. 하츠혼도 노골적으로 어느 한 쪽에 기울지는 않는다. 나는 이 질문에 대해 약간 다르게 접근하고 싶다. 우리는 교수 개인의 가슴과 정신 속을 들여다볼 수 없으며, 교수 집단의 실제 생각을 알아보기 위해 여론조사를 할 수도 없다. 그러나 독일 대학들과 나치 체제의 관계에 관해 생각했을 학생이나 외부 관찰자를 상상해 볼 수는 있다. 나는 대학들과 그 교수들이 확고하게 히틀러 편이었음을 대다수는 알아차렸을 것이라고 믿는다. 저항이 거의 없었다는 점이 하나의 평가 기준이다. 그 밖에도 많은 평가 기준이 있다.

정치적 대학교

우리는 앞의 3장에서 이미 학문 공동체가 인종과 정치적 이유로 진행된 대대적인 숙청을 기꺼이 찬성했고, 책들을 불태우는 것을 환호했으며, 아돌프 히틀러 치하에서 독일의 소위 "재탄생"을 둘러싼 국가적 흥분을 기꺼이 지지했음을 살펴보았다. "정치적 대학교"라는 선전 문구가 이런 변화를 설명하고 승인하는 용어로 공개적으로 나타났다.[8] 나치 이데올로기 역시 "조정"이라는 말을 통해 중요한 기관들을 나치화하려 했으며, 교회에서는 "자기 조정"이라는 말을 훨씬 많이 사용했다.

독일 대학교들의 강력한 자체 관리 전통에도 불구하고, 자체 관리는

---

8) Geoffrey Giles, *Students and National Socialism in Germany* (Princeton: Princeton University Press, 1985), 4장, "The Political University"를 보라. 특히 함부르크대학교의 Adolf Rein 교수에 대한 그의 설명을 보라(111ff). Rein 교수는 1933년에 *Die politische Universität* (Hamburg: Boysen, 1934)를 썼다. 그는 이 주제로 강연하면서 경력을 쌓았고, 자기의 모교인 함부르크대학교에서 "정치적 대학교"를 실행하려 했다.

항상 국가가 기금을 대며 대학 활동을 감시하는 역할과 연결되어 어떤 긴장 관계 속에 있었다. 각각의 주 정부는 교육부를 통해 고용과 지급에 대한 최종 권한을 가졌다. 교수 각자는 공무원법의 권한 아래 일했는데, 이 법은 교수들을 보호하면서도 주 정책에 결속시켰다. 각 대학은 주와 대학 사이의 연결성을 마련하기 위해 관리자라는 직원이 있어서, 재정 문제와 법적인 문제를 처리했다. 정치적 대학교라는 새로운 개념에서는 독일의 민족주의 분위기를 위한 학문적 열성이, 주 차원에서 일어나는 변화들과 합쳐져, 대학 관리에 상당한 변화를 불러왔고, 그 연결성을 상당히 강력하게 만들었다.

아마도 가장 중요한 변화는 대학 캠퍼스에 "총통의 원칙"을 실행한 것과 관련될 것이다. 이제 총장과 학장은 교수들의 선출이 아니라 정치적으로 임명되었고, 정기적으로 교체하지도 않게 되었다. 이것은 나치 이데올로기의 반민주주의 수사학과 맞아떨어지는 것이었고, 또한 권한과 복종에 관한 나치 사상과도 맞았다. 또한 독일 전역의 캠퍼스에서 일어나는 사건들을 통제하기 위한 두 가지 강력한 나치 조직이 생겨났다. 학생회는 "국가사회주의 학생회"의 보호 아래 들어갔는데, 이 조직은 학생조직과 과외활동의 모든 질문에 대한 이데올로기적 방향을 제시하고 열정을 불어넣으려 했다. 예를 들어, 이 조직은 엄격한 여름 캠프를 통해 강력한 이념적 훈련과 군대 복무에 적합한 육체단련과 기술 훈련을 승인했다. 이런 캠프에 참가하는 것은 승진의 길이 되었다. 또한 나치 학생회는 학생들의 캠퍼스 정치 활동을 통제하고, 1933년의 분서 사건 같은 일, 그리고 인종적으로, 또는 정치적으로 오염된 교수들을 보이콧 하는 활동을 감시했다. 나치 학생들은 자신들이 캠퍼스에서 정확한 나치 이데올로기를 보장하는 사람들이라고 믿고, 이런 믿음이 그들에게 준 힘의 감각을 통해 파괴적인 행동을 할 수 있었다.9)

교수들을 위한 비슷한 조직, "국가사회주의 독일교수회"(NSDDozB)도 생겨났다. 주니어 교수들이 의무적으로 가입해야 했던 이 조직은 여름 캠프를 통해 엄격한 나치 세뇌교육과 신체 훈련을 받도록 젊은 교수들에게 압력을 가했다. 심지어 나이 많은 교수들도 총통을 위해 신체 훈련을 받도록 조장했다. 하츠혼은 1933년 5월, 베를린대학교 종신교수들에게 보낸 메모를 통해, 그들이 매주 수요일과 토요일 아침에 두 시간씩 신체 훈련에 참여하도록 초대받은 것을 인용한다. 그 단련이 전차로 20여 분 떨어진 대학 운동장에서 아침 7시에 시작되었기 때문에, 많은 교수가 참여하지는 않았을 것으로 본다.10) 그러나 나치 교수회의 지도자들은 분명히 주의 깊게 감시했으며, 총장과 학장, 그리고 교수운영회의 활동을 감시하는 등 학사 문제와 정치 문제에 영향을 끼쳤다.

이런 변화들이 처음에는 작게 보였을 것이다. 새로운 총장과 학장이 총통의 원칙에 따라 행동했지만, 여전히 교수진 내에서 임명된 교수였다. "국가사회주의 독일학생회"와 "국가사회주의 독일교수회"가 캠퍼스 내에서 수행한 역할은 과거 전국 남학생 동아리 조직과 비슷한 것으로 볼 수 있었다. 더 나아가, 그리고 더욱 결정적인 점은, 대학들의 이런 각각의 변화가 새로운 국가적 재탄생이라는 분위기의 일부분인 것처럼 보이게 만들었다는 점이다. 이런 국가적 흥분에 반대할 학생이나 교수는 거의 없었으며, 대다수는 그런 열광주의를 진심으로 받아들인 것처럼 보인다. 그러나 이런 변화들은 결코 사소한 것이 아니었던 것으로 판명되었다. 예를 들어, 괴팅겐대학교 농과대학 교수인 아르투르 슈르만

---

9) Giles, *Students and National Socialism in Germany*를 보라. 또한 Hans-Joachim Dahms, "Einleitung," in Heinrich Becker, Hans-Joachim Dahms, and Cornelia Wegeler, *Die Universität Göttingen unter dem Nationalsozialismus*, 2nd enlaged edition (Munich: K. G. Saur, 1998), 31-32, 36ff.도 보라.

10) Hartshorne, *The German Universities and National Socialism*, 127.

이 니더작센(독일 북서부 주)의 나치 교수회 지도자가 되었다. 이런 고위 당직을 가진 그는 대학에서 다른 누구보다 인사 문제와 학사 문제에서 큰 권한을 행사했다고 한다. 그런 변화들이 모여 인사 문제와 학사 문제의 결정에서 균형이 한쪽으로 쏠리도록 만들었고, 독일 대학들의 정치화가 빠르고 폭넓게 진행되도록 만들었다. 이런 변화에 참여한 교수들은 의식적으로 또한 의도적으로 "정치적 대학교"라는 개념을 받아들임으로써, 자신들의 대학이 나치의 목표를 향해 나아가도록 만들었다.

교수 채용 정책

괴팅겐대학교의 몇 가지 사례들은 새로운 정치적 대학교에서 일어나고 받아들여진, 남용된 교수 채용 과정을 보여준다. 독일에서 교수 채용은 오랫동안 엄격한 준비와 선발 기준을 거쳤다. 첫째로, 후보자는 박사학위 논문을 마쳤어야 했다. 그리고 그들은 다른 주제에 관해 연구하고 추가 논문을 써야 했는데, 이것은 교수 자격 취득을 위한 것이었다. 대학이 이 두 번째 논문을 받아들이면 그는 개인 강사 자격으로 가르칠 권리를 얻게 되었다. 그러나 가르칠 권리는 특정 학부에서 강의하거나 세미나를 할 권리만을 뜻했고, 참석한 학생 숫자에 근거해서 매우 적은 봉급을 받았다. 개인 강사는 또 다른 임명을 받을 수 있었는데, 휴직 중인 교수의 자리를 메우거나, 임시로 비종신교수 역할을 맡는 것이었다. 그러나 성공적인 강의와 학자로서의 명성이 쌓이면, 개인 강사는 교수직을 위한 경쟁에서 성공하기를 희망했다. 그 과정은 관련 학과가 몇 명의 후보자를 발표한 다음에, 초청 강사로 강연을 하고, 학과와 관련 교수진, 그리고 총장이 추천한 후, 지방 교육부 장관이 임명했다. 이렇게 교수가 되면 특권, 종신직 보호, 중산층 상위 생활을 할 수 있는 봉급을 받았다.

오이겐 마티아트가 괴팅겐대학교에서 경력을 시작한 것은 덜 전통적인 길을 통해서였다. 1901년에 출생한 그는 신학을 공부한 후에 성직자의 경력을 시작하여, 처음에 함부르크에서 부목사가 되었다가 그 후에 괴팅겐 근처 작은 마을 교회의 목사가 되었다. 그는 1932년에 개신교회 안의 독일 기독교(DC)에 가담했고, 그 후 그의 경력에서 극적으로 상승하도록 크게 도운 것은 정치였다. 그가 처음 하노버의 감독 사무실에서 일한 것은 1933-1934년이었다. 그 후 그는 베를린의 제국 교육부에서 일했는데,11) 아이러니하게도 그처럼 온건한 배경을 가진 사람이 조만간 독일 대학 전체의 인문학부 교수 임명을 위한 수석 고문이 되었다. 정기적으로 교수들을 다루어야 했던 그는 직책에 걸맞게 보이기 위해, 베를린대학교 신학부의 실천신학과 민족 연구 명예교수로 임명되었다. 한 논평자는 신학부가 그의 임명을 특별히 받아들인 것은 정치적 제스처로서 교육부와의 관계를 보호하려는 희망 때문이었다고 주장한다. 그러나 서른다섯 살의 마티아트가 명예박사를 확보하려 했던 노력은 실패했다. 베를린대학교의 정상적인 학위 수여 과정상, 그것은 지나친 것이었기 때문이다.12)

이처럼 그는 박사학위도 없고, 교수 자격 취득도 없고, 심지어 명예박사도 없었지만, 괴팅겐대학교 정규 교수로 점프했다. 1938년의 이런 기습적 임명, 즉 채용을 위한 아무런 조사, 후보자 명단 발표, 시험 강연 없이, 사실상 괴팅겐대학교와 아무런 논의도 없이, 마티아트는 독일 "민속학" 교수라는 새로운 자리에 임명되었다. "민속학"이란 다양한 인간 사회에 대해 폭넓게 비교 연구하는 학문을 뜻하지만, 나치 독일에서는

---

11) 교육부의 전체 명칭은 "과학, 교육, 민족 교육을 위한 제국과 프로이센 부"였다. 일반적으로 교육부와 문화부 모두를 가리키는 것이었다.
12) Rolf Wilhelm Brednich, "Volkskunde – die völkische Wissenschaft von Blut und Boden," in Becker, Dahms, and Wegeler, 특히 492-93을 보라.

학생들에게 자신의 인종적, 언어적, 역사적 뿌리를 포함하는 "독일성"을 인식하도록 의도된 분야로서 열렬하게 강조되었다. 마티아트는 이 분야를 공부한 적도 없고, 이 분야에 관해 출판한 글도 하나 없었다. 더구나 괴팅겐의 새로운 동료들은 그의 적합성에 대해 말할 기회가 전혀 없었다. 그것은 순전히 정치적 임명이었을 뿐이기 때문이다. 마티아트가 교수직을 위해 전혀 준비되지 않았다는 사실은 그를 임명하는 과정에서 밝혀져야만 했다. 1938년 1월에 임명되었지만, 그 날짜를 1937년 11월로 만들어, 1938년 11월까지 연구를 위한 휴직을 얻었고, 그는 연구년이 끝나면 곧바로 첫 강연이나 세미나를 지도해야 했다. 이 휴직은 사실상 그에게 그 분야를 공부할 기회를 주기 위한 것이었다.13) 그러나 이처럼 임용상 약점에도 불구하고, 그는 재빨리 괴팅겐에서 중요한 실세가 되었다. 그는 정치적 경력에만 의존해서 지역의 나치 교수회 지도자가 되었고, 그 직위를 이용해서 교수운영회 모임에서 다른 교수들보다 그의 목소리가 훨씬 컸다.

발터 번바움 역시 정상적인 자격 없이 정규 교수로 승진한 인물이다. 그 역시 신학을 공부하고 목사가 되었다. 그는 대학원에서 문학석사 학위에 해당하는 자격 학위 과정에 들어갔지만, 최종시험을 통과하지 못했다. 그러나 그 역시 독일 기독교(DC)에 대한 열광주의를 통해 정치적 신뢰성을 증명했다. 그는 베를린의 국가교회부에서 제국 감독 뮐러와 아우구스트 예거 밑에서 일했다. 1934년에 예거의 경력이 끝나자, 그와 친밀했던 번바움의 입장도 난처해졌고, 베를린은 그에게 적합한 출구를 찾았다. 괴팅겐의 교수직이라는 한직이 최상의 대안으로 떠올라, 그에게 실천신학 교수직을 제공하여, 처음에는 임시직이었다가 나중에는 종신

---

13) 탈나치화 과정에서 마티아트의 임용 문제가 특히 대두된 것은 아래 7장을 보라.

교수의 모든 권리와 특권을 얻게 되었다.

아무도 학문적 양심에 따라 마티아트나 번바움의 교수 임명을 반대하지 않았다. 그들이 적합한 훈련을 받지 않았고, 정상적인 임용 절차를 거치지 않아, 학문적 양심이 허용하지 않았을 테지만 말이다. 그러나 번바움의 경우에는 그의 임시직 임명에 대한 종교적 양심이 발동하였으며, 그의 정규직 임명을 잠시 위협하기도 했다. 이런 문제를 제기한 것은 하노버 지방 교회의 일부 학생과 교수였다. 하노버 지방 교회의 성직자 양성은 괴팅겐대학교에 의존하고 있었기 때문이다. 에마누엘 허쉬는 새로운 "총통의 원칙" 아래 괴팅겐대학교 신학대학 학장이 되었다. 그는 공개적으로 나치의 대의를 주장했으며, 정치적 대학교라는 개념을 받아들였다. 그는 번바움을 학문적으로 확신할 수 없었지만, 번바움이 독일 기독교를 추종하는 교수로 임명된 것을 기뻐했다. 새로운 동료 교수의 강의에 관해 논평하면서, 허쉬는 농담으로 만일 아담과 이브가 사과나무*Apflebaum*가 아니라 번바움*Birnbaum*(배나무)의 유혹을 받았다면 "타락"은 일어나지 않았을 거라고 했다. 그러나 많은 학생이 번바움의 강의가 지루할 뿐 아니라 신학에 준비가 되지 않았고 시험을 위해 알 필요가 있는 것을 가르칠 수 없다고 항의하자, 허쉬는 번바움을 옹호했다.

번바움을 비판한 학생 상당수는 고백교회에 속했기 때문에, 번바움이 히틀러와 나치당을 독일의 새로운 구세주라고 주장한 것에 대해 공개적으로 분노했다. 학생들은 번바움의 이단 사상을 처음 하노버 감독실에 보고하여 개입을 요청했다. 번바움 사태는 교회의 불만, 학생들의 강의 보이콧, 다른 교수들에 의한 대리 강연 마련, 허쉬 학장의 보복 위협, 그리고 베를린의 교육부와 친위대 안보부(SD)에 비밀 보고서를 보내는 등 다른 사태들보다 훨씬 큰 소동을 불러일으켰다. 결국에는 나치의 정치가 정상적인 학사 운영과 지방 교회의 관심을 누르고 승리했다.

번바움은 1936년에 종신교수 임명을 받았다.14)

괴팅겐의 역사 세미나는 또 다른 흥미롭지만 더욱 복잡한 채용 정책의 정치화 사례를 보여준다. 이 이야기는 나치가 역사학의 중요성을 인식한 것에서 시작된다. 나치는 역사학이 나치 세계관의 중요한 요소를 설득하는 데 도움이 된다고 기대했기 때문이다. 히틀러 자신이 ≪나의 투쟁≫에서 자신이 "돌파구"를 찾은 것은 역사책들을 읽은 데서 비롯되었다고 주장했다. 히틀러는 역사를 통해 악한 유대인들의 "세계사적 의미"와 "건강한 독일"이 세계사에서 차지할 마땅한 위치를 배웠다고 했다. 나치는 역사 교육이 착한 독일인에게 그들의 화려한 과거와 군사적 위엄, 인종적 순결성을 강조할 것으로 기대했다. 젊은 역사가 발터 프랑크는 나치의 이런 필요성을 정확히 파악했다. 그는 나치 체제가 자신의 "새로운 독일 역사연구소"를 지지할 것으로 확신하여, 1935년에 고작 스물아홉 살 나이에 그 연구소의 초대 소장이 되었다.15)

발터 프랑크는 과거의 역사가들, 특히 베를린대학교 프리드리히 마이네케 같은 학자들이 객관성을 내세워 "불모의sterile" 역사학을 전개했다고 비판했다. 대신에 프랑크는 열정과 정치적 목적이 넘치는 역사를 원했다. 괴팅겐에서 유명한 카를 브랜디 교수가 1935년에 은퇴하자, 총장 프리드리히 노이만과 철학과 과장 한스 프리슈케는, 발터 프랑크의 이상을 충족시킬 높은 학문 수준과 정치적 열정을 지닌 젊은 역사가를 채용하기로 공모했다. 그러나 그들은 곧 유감스럽게도 젊은 정치적 역사가 중에는 학문성이 충분한 학자가 없다고 결론짓고, 쉰한 살의 지그

---

14) 이 상황에 관해서는 Robert P. Ericksen, *Theologians under Hitler: Gerhard Kittel, Paul Althaus and Emanuel Hirsch* (New Haven: Yale University Press, 1985), 168-76을 보라.

15) Helmut Heiber, *Walter Frank und sein Reichsinstitut für Geschichte des neuen Deutschlands* (Stuttgart: Deutscher Verlag, 1966)을 보라.

프리트 케일러를 채용했는데, 그는 새로운 나치 국가에 철저하게 충성하는 보수적 민족주의자였다. 그는 괴팅겐에 온 후 얼마 지나지 않아, 히틀러의 권력 장악 4주년 기념식에서 주제강연을 했다. 독일 민족을 대표하여 그는 "우리의 총통과 제국 총리의 확실한 추진력"을 감사했다.16) 그러나 케일러는 마이네케의 충실한 제자였다. 그 후 2년 동안 그의 역할은 역사적 객관성과 정치적 열정이 한 개인 안에서 쉽게 결합될 수 없음을 보여주었다.

1938년에 역사학과에 세 번째 교수 자리가 생기자, 정치적 열정을 주장하는 교수들이 새롭게 교수를 물색했다. 그러나 추천위원회가 제시한 세 후보자는 총장인 오토 조머를 만족시키지 못했다. 케일러는 나중에 추천위원회가 총장 조머(농학 전공)와 만나, 총장이 "인문학 교육과 연구 문제에서 완전히 무지하다는 것"을 보여주었다고 설명했다.17) 조머 총장은 추천위원회의 선정에 불쾌감을 드러냈고, 결국 교수 선발은 취소되었다. 몇 달 후, 1938년 11월, 추천위원회는 새로 후보자 명단을 제출했다. 이번에는, 새로 채용되어 곧바로 나치 교수회의 지역 지도자로 자리를 굳힌 오이겐 마티아트가 회의에 참석했다. 그의 정치적 임명과 정치적 신뢰성에 근거해서, 마티아트는 아르투르 슈르만, 즉 괴팅겐의 농과대학 교수로서 지역의 "국가사회주의 독일교수회" 회장인 아르투르 슈르만의 입장을 대변하는 것처럼 보였다. 이 회의에서 세 후보자 가운데 오직 한 명만 곧바로 떨어졌다. 비록 그는 학문성에서 후보자들

---

16) Siegfried A. Kaehler, "Wehrverfassung und Volk in Deutschland von den Freiheitskriegen bis zum Weltkriege. Rede zur Reichsfeier am 30. Januar 1937, gehalten in der Aula der Gerogia Augusta," *Mitteilungen des Universitätsbundes Göttingen* 18/2 (1937), 2.
17) Siegfried Kaehler가 1945년 5월 28일 자로 철학과 과장에게 쓴 편지, Erich Botzenhart의 인사 파일(*Personalakten*), Göttingen University Archive (이후 GUA).

가운데 최고였지만, 정치적 자격이 부적합해 보였다. 나머지 둘은 나치 당원으로서, 한 명은 돌격대원이었으며 국방군 장교였다. 그럼에도 불구하고 철학과 과장 발터 힌츠가 개입하여 이 후보자들로는 교수 선발을 진행할 수 없다고 말했다. 케일러의 관점에서는, 힌츠가 "이미 마티아트로부터 당시 대학교의 독재자 슈르만이 보첸하르트를 임명하도록 명령을 내렸다는 말을 들었다."18)

여기서 우리는 케일러의 상황 판단을 볼 수 있는데, 나치 교수회의 두 중심인물인 아르투르 슈르만과 오이겐 마티아트가 교수 선발을 결정할 것이라는 판단이었다. 추천위원회와 관련 학과 교수진이 무슨 생각을 하든지 상관없이 그들이 결정할 것이라는 말이다. 우리는 후보 명단에 없던 에리히 보첸하르트라는 인물이 갑자기 등장한 것을 볼 수 있다. 그는 발터 프랑크의 연구소에서 일했던 프랑크의 젊은 부하였다. 보첸하르트의 정치적 경력에 근거해서 프랑크는 그에게 대학에 자리를 마련해주려 했는데, 이것은 슈르만, 마티아트, 조머, 힌츠와 같은 사람들의 중요한 동기가 되었다. 괴팅겐의 역사가들은 별로 확신을 갖지 못했다. 보첸하르트는 적어도, 나폴레옹을 독일 영토에서 밀어낸 싸움의 국가적 영웅이었던 폼 슈타인 남작에 관해 박사 논문을 마쳤다. 과거 역사가들은 자유롭고 통일된 독일을 추구한 슈타인의 민족주의적 열망을 프랑스 혁명의, 예를 들면, 대의제, 입헌정치 등 자유주의 경향과 연결했다. 그러나 보첸하르트는 그의 나치 열정과 일관되게, 슈타인은 결코 자유주의자가 아니었으며, 프랑스 혁명의 이상에 매력을 느낀 적이 없었다고 주장했다.19) 보첸하르트는 박사 논문을 마친 후 슈타인 문서보관소에서

---

18) Ibid.
19) Erich Botzehart, *Die deutsche Revolution 1806/1813* (Hamburg: Hanseatischer Verlag, 1940), 7. 아이러니하게도 보츠하르트의 해석은, 괴팅겐에서 1893년부터 1921년 은퇴할 때까지 가르친 자유주의 역사가 막스 레만의 표준적 해석에 대한

슈타인의 논문들을 여러 권으로 출판하는 작업을 했지만, 교수 자격 취득 논문을 마치지 못했으며 강의도 한 적이 없었다. 그가 오직 슈타인("돌"을 뜻하는 독일어)만 협소하게 강조한 것 때문에, 괴팅겐의 한 재담꾼은 그를 역사가라기보다는 지질학자로 보아야 한다고 말했다. 그러나 그런 경멸은 우세하지 못했다.

보첸하르트가 1806-1813년의 독일 혁명에 관한 시험 강연을 한 후, 케일러는 별다른 인상을 받지 못했다. 그래서 그는 "이것[1806-1813년의 사건들]이 1933년 혁명의 전주곡이라고 보는 것은 역사적 사실을 완전히 왜곡한 매우 간교한 시도라는 것은 비역사가들에게도 명백하다"고 썼다. 그다음 날, 많은 교수가 보첸하르트의 강연을 공격할 때, 마티아트는 자리에서 일어나 나치 교수회는 보첸하르트를 후보자 1순위에 올려놓았다고 선언했다. 마티아트는 그의 강연이 다른 후보자들보다 우수한 이유는 "역사의 불꽃"을 청중들에게 드러나게 했기 때문이라고 주장했다. 이어서 마티아트는 수수께끼처럼 자신의 입장 배후에는 "결정적이며 연관된 이유들과 근본적인 고려들"이 있다고 덧붙였다. 그 "연관된 이유들"을 밝히라고 요구하자, 마티아트는 "그러지 않을 겁니다. 그러면 우리가 여기에 함께 모여 성공적으로 작업한 기회를 끝장낼 것이기 때문입니다"라고 대답했다. 누군가 앞으로는 학생들에게 교수 자격 취득 논문을 마치기 위한 모든 연구를 하도록 확신시키기 힘들 것인데, 왜냐하면 그럴 필요가 없음을 지금 보여주었기 때문이라고 지적했지만, 힌츠는 마티아트를 지지했다. 결국 보첸하르트는 임명되었다. "나치의 열정" 편에 선 세 사람, 즉 조머, 힌츠, 마티아트가 객관적 학문성을 주장한 사람들보다 우세했다는 단 하나의 이유 때문이었다.[20]

정면 공격이었다.
20) 이 이야기와 모든 인용은 케일러가 1945년 5월 28일 자로 그의 학장에게 보낸

마티아트, 번바움, 보첸하르트가 교수로 임명된 것은 독일 대학체제가 철저히 정치화되었음을 보여준다. 특히 그들의 임명이 교수 채용의 정상적 절차와 교수 자격에 대한 정상적 기대를 모두 위반했기 때문이다. 몇 가지 단서를 언급할 필요가 있겠다. 예를 들어, 번바움이 임명된 과목인 실천신학은 때로 학위가 없더라도 폭넓은 목회 경험을 가진 사람이 가르칠 수 있다. 또 새로운 분야가 갑자기 인기가 높아질 때—예를 들어, 1968년에 서독에서 정치학이나 사회학처럼—에는 교수 자격 취득 논문을 마치지 않은 개인들도 필요에 따라 임명될 수 있다. 더 나아가, 민속학, 신학, 역사학의 이런 임명은 홀로코스트에 핵심적인 것이 아니었다. 그와 반대로 인종 연구는 당시 커리큘럼에 스며들었고, 유대인 학살에 더욱 직접적 연관성이 있었다. 그러나 이 세 교수의 임명은 괴팅겐의 인사 행정이 터무니없이 정치화되었음을 보여주며, 특히 마티아트의 경우, 그와 같은 인물이 큰 영향력을 끼치게 된다는 것을 함축했다. 아이러니하게도, 나치가 1933년에 공무원 정화법을 도입했을 때, 그 중요한 이유가 바이마르 공화국 시대에 적절한 자격 없이 정치적 임명이 이루어졌다는 점이었다. 괴팅겐대학교에서는 바이마르 시대에 어느 교수도 단지 정치적인 이유로 임명된 경우를 찾아볼 수 없었다. 그러나 나치 시대에는 학문적 자격 없이 정치적으로 임명되는 일이 흔해졌다.

물론 정치적 임명에 대해 저항이 있었음도 주목할 가치가 있다. 에마

편지(각주 15)에 나온다. 그것은 전후의 증언이라는 문제가 있다. 전쟁이 3주 전에 끝났기 때문이다. 그러나 여기에서 설명한 보첸하르트에 대한 교수들의 반대는 그의 논쟁적인 임명에 관한 다른 증거, 즉 전후에 그가 다시 교수직에 복귀하지 못한 그의 불행한 운명을 포함한 다른 증거와 일치한다. 또한 케일러가 히틀러의 지도력에 대해 보수적이며 민족주의적 이해를 하였음에도 불구하고 나치 체제가 그를 싫어했다는 것과도 일치한다. 이 재료에 관해 다룬 나의 글은 Robert P. Ericksen, "Kontinuitäten konservativer Geschichtsschreibung am Semiar für Mittlere und Neuere Geschichte: Von der Weimarer Zeit über die nationalsozialistische Ära bis in die Brundesrepublik," in Becker, Dahms and Wegeler, 427-53을 보라.

누엘 허쉬는 자신이 번바움을 교수직에 억지로 임용할 때 고백교회에 경도된 학생들이 항의하고, 심지어 보이콧하는 것에 대해 싸워야 했다. 보첸하르트를 역사학과 교수로, 뻔뻔하게 정치적으로 임명한 것에 대해서도 철학과 교수들이 많이 반대했다. 그러나 이런 각각의 정치적 임명은 그 저항이 쓸모없음이 증명될 때까지, 결정 과정의 균형을 기울게 만들었다는 점을 주목해야 한다. 총장 조머와 학장 힌츠는 모두 나치 이데올로기 지지자, 그리고 총통의 원칙 대표자들로서 그 자리에 임명되었으며, 베를린의 교육부에 채용 추천서를 보낼 때 최종 결정권자였다. 오이겐 마티아트는 조만간 자신의 교수직뿐 아니라 나치 교수회의 지도자 권한을 갖게 되었다. 이처럼 학문 세계의 신참이 교수회의에서 발언하고, 자기 말의 배후에 있는 권한을 에둘러 암시하고, 또한 자신이 전혀 알지도 못하고 이해하지도 못하는 학문 분야의 교수 채용을 통제할 수 있게 되었다.

도대체 무엇이 이런 우스꽝스러운 교수 채용을 가능하게 만들었는가? 아무래도 히틀러 치하에서 독일이 택한 새롭고 더 강력하고 더 국가적으로 결단한 방향을 기본적으로 승인한 교수진이 있었다. 그들은 전에도 학문의 자유를 위반한 몇 가지 위반 사항들, 즉 1933년의 교수진 축출과 책들을 불태운 것을 받아들였다. 이 시점에서 또다시 그들은 자신들의 독립성과 전문성을 모욕하는 것을 받아들였는데, 그들이 배를 흔들고 싶지 않았고, 히틀러가 강조하던 일체감을 훼손하고 싶지 않았기 때문일 것이다. 이런 양면성은 지그프리트 케일러에게서 매우 분명히 볼 수 있는데, 그는 에리히 보첸하르트의 임명을 싸움 없이, 그 쓴맛을 주목하지 않고 삼킬 수 없던 인물이었다. 그러나 그 역시 히틀러의 권력 장악 4주년 기념식에서 기꺼이 "총통의 확실한 추진력"을 공개적으로 승인했다. 1937년 1월에 케일러가 히틀러의 "확실한 추진력"을 찬양할 때, 총통은 정치적 반대자들을 체포하여 재판 없이 강제수용소에 집어넣고, 아리안 조항을 통해 유대인 공무원을 제거하고, 유대인의 시민권을 부정하는 뉘른베르크 인종법을 만들고, 전쟁을 향해 독일 국경에서 일련의 조치를 취했다. 케일러과 그의 동료들은 이런 것들을 분명히 적절한 조치로 간주했고, 새로운 독일의 적극적인 징조로 보았는데, 이런 것들은 나치의 부하들이 대학 운영에서 막가파식으로 다루는 것에 대해 말다툼함으로써 위험에 빠뜨려서는 안 되는 조치들이었다.

커리큘럼

나치가 독일 대학을 타락시킨 것은 정치적 임용에서 그치지 않았다. 나치의 세계관을 폭넓게 받아들이도록 만들기 위해서, 세계관은 지적인 토대가 있어야 하므로, 모든 학문 분야는 그 목적을 향해 최소한 사소한 조정을 거쳐야 했다. 문학 교수들은 이미 강력한 민족주의자들이기 십상이었는데, 이제는 독일 언어의 우수성과 독일 문학 전통의 위대함을 주장하면서, 아리안족이 수퍼 인종super race이라는 나치의 사상과 발을 맞추었다.21) 철학자들은 커리큘럼에서 유대인 선배들을 제거하기 시작했는데, 예를 들어, 스피노자 같은 개인은 **실제로** 철학의 발전에서 결코 중요했던 적이 없었다는 식이다. 오히려 그들은 덜 알려진 독일 사상가들보다 항상 열등했다고 주장했다.22) 법학 역사가들은 독일의 법체계가

---

21) 최근의 여러 연구는 독일에서 인문과학의 나치화를 드러내 보였다. 예를 들어, Frank-Rutger Hausmann, ed., *Die Rolle des Geisteswissenschaften im Dritten Reich 1933-1945* (Munich: Oldenbourg Verlag, 2002); Hartmut Lehmann and Otto Gerhard Oexle, eds., *Nationalsozialismus in den Kulturwissenschaften, Band I: Fächer - Milieus - Karrieren* (Göttingen: Vandenhoek & Ruprecht, 2004); Jürgen Elvert and Jürgen Nielsen-Sikora, eds., *Kulturwissenschaften und Nationalsozialismus* (Stuttgart: Franz Steiner Verlag, 2008)를 보라.

시작된 것이 고대 메소포타미아나 로마의 법규에서가 아니라 튜톤족에게서 시작된 것을 찾았고, 경제학자들은 카를 마르크스를 단지 그의 사회주의 사상 때문만 아니라 그의 유대인 전통 때문에 타락했다는 이유로 무시하려 했다. 물리학에서는 20세기를 특징지었던 아인슈타인의 특출한 영향력을 부정했다. 그가 독일인 뿌리를 갖고 있음에도 불구하고, 새로운 국가에 충성하는 물리학자들은 아인슈타인의 상대성이론을 유대인 물리학이라고 비난하고, 대신에 "독일 물리학"을 선전했다.23)

역사가들은 나치 세계관에 호소할 수 있는 주제들에 초점을 맞추려는 유혹을 받아, 군사 역사, 독일의 과거 영웅들의 영광, 그리고 독일의 넓은 국경선의 적합성 등을 강조하려 했다. 예를 들어, 괴팅겐의 퍼시 스람은 독일이 폴란드에 내어준 영토를 나치가 되찾을 것을 역설했다. 그것은 그가 나치의 주제를 향해 연구를 기울이기 시작한 한 사례에 불과했다. 그는 정치적 이유로 최근 폐쇄된 좌편향 사회학 연구소의 도서들을 뒤져서 내부 메모를 통해, "그 도서관은 절대로 학생들이 볼 수 없거나, 만일 볼 수 있다면, 엄격한 규제 아래서만 허용될 상당수 책을 포함하고 있다"고 썼다.24) 그러나 안전한 책들은 그가 역사학 세미나에서 토론을 위한 사회적 주제를 다루기 위해 사용하며 기뻐했다. 그는 "1933년 이후 민족과 민족 공동체라는 개념이 학생들에게 가깝게 다가왔기 때문에, 사회 역사학 강의와 세미나가 보여준 것처럼, 이런 주제가 강한 반향을 불러일으킨 것을 볼 수 있다"25)고 썼다. 1938년에 스람은

---

22) 예를 들어, Max Wundt, "Das Judentum in der Philosophie," *Forschungen zur Judenfrage* 2 (Hamburg, 1937)는 이런 주장을 발전시켰다.

23) Alan D. Beyerchen, *Scientists under Hitler: Politics and the Physics Community in the Third Reich* (New Haven: Yale University Press, 1977).

24) Schramm to Kurator Bojunga, 1936년 10월 22일, in GUA, K, XVI, IV, C.k.2, Bd II.

25) Ibid.

그의 문서보관소 직원에게 역사학 세미나의 필요성에 대해 이렇게 편지를 보냈다. "최근의 놀라운 역사적 발전 속도는 역사가가 반드시 다루어야 하는 문제들을 계속 드러냈는데, 그것은 전쟁 정치학, 동부 지방 역사, 식민지 역사, 사회사 등의 문제들로서, 이런 범주들은 역사학 세미나의 과제가 1933년 이후 어떻게 성장했는지를 시사합니다."26) 물론 모든 경우에서 스람은 그의 메모를 "히틀러 만세!"로 서명했다.

개인의 학문을 나치의 관점에 적응시키려는 이런 시도들과 함께, 완전히 새로운 이념적으로 매력적인 분야도 발전했다. 그것은 오이겐 마티아트가 새로운 강의인 독일의 민속학 연구를 가르치도록 임명되었을 때 현실이 되었다. 독일인들이 왜, 또 어떻게 그처럼 절대적으로 놀라운지를 보여줄 수 없다면, 나치처럼 독일 민족을 예배하는 것은 말이 되지 않는다. 1933년 이전에는 독일 대학들에서 민속학 교수 자리가 드레스덴과 함부르크, 두 곳뿐이었다. 그러나 히틀러 통치 처음 2년 동안, 민속학 교수 자리는 하이델베르크, 베를린, 라이프치히, 튀빙겐대학교에도 생겨났다.27) 독일인의 문화적 습관이 우월하다는 것을 배우고 선포하는 것은 하나의 성장 산업임을 증명했다. 당연히 특수한 독일 문화라는 생각은 특이한 독일 인종이라는 나치의 핵심 개념을 쉽게 보완해 주었고, 이것 역시 새롭게 정치화된 대학들의 커리큘럼에 들어갔다.

"인종 과학"은 아마도 나치 이데올로기가 부과한 가장 극적인 커리큘럼의 변화일 것이다.28) 히틀러가 주장한 것은 무엇보다도 유대인들이

---

26) Schramm to *Kurator* Bojunga, October 28, 1938, in GUA, K, XVI, IV, C.k.2, Bd II.
27) Brednich, "Volkskunde," 491-92. Brednich, "Volkskunde," 494-97는 민속학이라는 학문이 얼마나 쉽게 힘러의 SS 조직인 "조상 유산Ahnenerbe"에서 행해진 아마추어적이며 협잡꾼 같은 행동으로 전락할 수 있는지를 보여준다.
28) 예를 들어 Alan Steinweis, *Studying the Jew: Scholarly Antisemitism in Nazi Germany* (Cambridge, MA: Harvard University Press, 2008)을 보라.

독일에서 벌어진 모든 나쁜 일에 책임이 있다는 것이었다. 그는 "유대인 문제"를 해결해야 독일이 성공할 수 있다고 주장했으며, 그의 체제는 그 목표를 향한 정책을 재빨리 부과하기 시작했다. "인종 과학"은 초등학교에서부터 중고등학교 차원까지 모든 학교에서 필수 과목이 되었고, 대학들은 재빨리 그런 과목의 근거를 마련해주기 위해 인종 과학 연구와 프로그램을 추구했다.

인종 과학은 독일 학교의 의지에 반하여 부과된 것처럼 보이지는 않는다. 1920년대에 많은 전조가 있었다. 특히 "인종 위생학"이나 우생학에 대한 관심이 늘어났다. 1933년 이후, 인종 과학이 독일 대학들에서 너무 매력적인 것으로 판명되자 대학들은 그것을 자연과학자들에게만 맡겨두기를 원하지 않았다. 오히려 사회과학이나 인문과학 분야의 많은 학자도 인종적 차이점을 연구하고 인종적 순수성을 지지하려 했다. 게르하르트 키텔이 좋은 본보기였다. 제3 제국에서 그의 경력을 이해할 수 있는 유일한 길은 그가 자신의 신학적 전문지식을 이용해서 "유대인의 위협"을 밝히려고 했다는 사실로 보는 것이다. 그가 처음 발터 프랑크의 "새로운 독일의 역사연구소"에서 일하기 시작했을 때, 그는 학제간 연구 파트너들을 찾았다. 그는 곧바로 오이겐 피셔, 즉 베를린에 있는 "카이저 빌헬름 인류학, 인간 유전학 연구소" 소장의 답신을 받았다. 그들은 4세기 이집트의 매장 초상에서 발견된, 소위 부정적인 유대인 특성의 증거라는 헛소리를 출판했다(앞의 4장 참조). 그런 사례는 심지어 자연과학 분야에서 훈련받고 성공한 학자들조차 얼마나 쉽게 나치 이데올로기의 매력에 굴복할 수 있는지를 보여준다. 그러나 피셔가 엉터리 인류학에서 모험한 것은 그와 그의 추종자들이 부추긴 악을 잠시 맛보게 할 따름이다.

피셔는 바이마르 시대에 유전학과 인종적 차이점을 연구하여 주목받

앉다. 특히 그는 "라인란트 잡종들"에 관해 썼는데, 그들은 제1차 세계대전 이후 프랑스와 영국 편에서 싸웠던 식민지 군인들에게서 태어난 혼혈 자녀들이었다. 그가 주장한 이 "문제"에 대한 과학적 해명이라는 것은 당시 이 문제에 관한 대중의 폭넓은 인종적 편견과 심지어 공포심과 맞아떨어졌다. 그것은 물론 20세기 초반에 대서양 양편 모두에서 인류학자들과 대중이 품었던 인종적 편견을 반영한 것이었다.[29]

"라인란트 잡종들"은 피셔가 1920년대에 연구한 더 넓은 분야인 우생학의 한 부분만을 대표한다. 그는 두 명의 다른 교수, 즉 에르빈 바우어와 프리드리히 렌츠와 함께 1921년에 유전학과 인종 위생학에 관한 표준 교과서를 출판했다.[30] "인종 위생학"이라는 말은 인종과 "위생학" 개념을 결합한 것으로서 오늘날의 기준에서 보면 불쾌한 용어일 뿐 아니라 과학적 내용은 없이 전형적인 편견에 기초한 불건전한 말이었다. 그러나 1920년대에는 미국 과학자들도 우생학 운동을 추구하여, "훌륭한 국민"을 재생산하도록 촉구하고, 적합하지 않다고 생각하는 사람들에게는 자발적이거나 심지어 강제로 불임(단종)시킬 방법을 논의했다. 물론 히틀러의 체제는 독일 인종을 개선할 방법으로 불임에 매우 깊은 관심을 가졌고, 1933년 7월 14일에 "유전적 건강"에 관한 새로운 법을 도입했다. 이 법은 유전적 질병을 가진 개인들이나 바람직하지 않은 조건들, 심지어 알코올 중독이나 실업자조차 불임시킬 수 있도록 제도화했다. 이로써 나치의 인종 위생학 정책이 시작되었다.[31]

---

29) 예를 들어, Garland E. Allen, "The Ideology of Elimination: American and German Eugenics, 1900-1945," in Francis R. Nicosia and Jonathan Huener, eds., *Medicine and Medical Ethics in Nazi Germany: Origins, Practices, Legacies* (New York: Berghahn Books, 2002)을 보라.

30) E. Baur, E. Fischer, and F. Lenz, *Menschliche Erblichkeitslehre und Rassenhygiene* (Munich: Lehmann, 1921).

31) Henry Friedlander, *The Origins of Nazi Genocide: From Euthanasia to the*

괴팅겐 의과대학의 젊은 강사였던 카를 잘러Karl Saller는 우생학과 당시 대학에서 정치의 의미에 관한 흥미로운 성찰을 보여준다. 잘러는 일찍부터 촉망받는 인재였다. 1902년에 태어난 그는 스물두 살에 박사학위를 마쳤고, 스물다섯에 교수 자격 취득 논문을 마쳤는데, 모두 최우수 *summa cum laude* 성적이었다. 그는 1925년부터 1934년까지 84개의 논문이나 책을 발표했다. 이처럼 총명하고 야심 많은 젊은이가 독일의 인종 연구에서 매우 중요한 학자로 빠르게 성장했다. 그는 1933년 히틀러의 등장을 환영했으며, 그해 4월에 괴팅겐 의과대학의 41명과 함께 탄원서에 서명하여, 제임스 프랑크(괴팅겐대학교 물리학 연구소 소장, 1925년에 노벨 물리학상을 받은 유대인)를 공격하고 대학에서 유대인들을 더 신속하게 "정화"할 것을 요구했다.32)

잘러의 총명함, 활력, 연구 분야, 그의 정치적 입장에서 볼 때 그의 장래는 촉망될 것으로 보였다. 그는 괴팅겐 의과대학의 동료들로부터 새로 신설된 인종학 교수가 되도록 지지를 받았다. 그러나 그렇게 되지 못했다. 그는 괴팅겐의 인종학 교수로 임명되지 못했으며, 몇 년 내에 여러 나치 당국자로부터 단죄되었고, 그의 책들은 금서가 되었으며, 교수 자격 논문에 근거한 교수 권리는 철회되었다. 도대체 무슨 일 때문인가? 잘러가 주장한 인종 이론이 오이겐 피셔의 사상과 맞지 않았으며, 아마추어인 아돌프 히틀러가 승인한 것에 대해 잘러가 "난센스"라고 부른 것과도 맞지 않았기 때문이다.

1933년 7월 초에, 잘러는 임상 의사들을 위한 잡지에 "우생학의 상

Final Solution (Chapel Hill: University of North Carolina Press, 1995). 특히 1장과 2장은 독일과 미국에서 우생학으로 이끈 잘못된 과학을 설명한다.

32) Ulrich Beurhausen, Hans-Joachim Dahms, Thomas Koch, Almuth Massing, and Konrad Obermann, "Die Medizinische Fakultät im Dritten Reich," in Becker, Dahms, and Wegeler, 198-205를 보라.

태와 그 과제"라는 논문을 발표했다. 여기서 그는 왜 우생학자들이 주장하는 사상을 실천하는 의사들이 거의 없는지를 질문했다. 그의 대답은 유명한 우생학자들의 부주의한 사상과 "터무니없는 추측" 때문이라고 했는데, 여기서 그는 뮌헨의 인종학 교수 프리드리히 렌츠, 즉 피셔의 1921년 유전학과 인종 위생학 교과서의 공저자 중 한 사람을 지목했다. 잘러는 머리털 색깔과 같은 유전에 근거한 확고한 인종적 특성을 찾아 준비했지만, 렌츠는 아름다움과 추함, 용기, 어리석음, 성공적 결혼이나 실패한 결혼 같은 뚜렷하지 않은 특성들도 인종으로 추적할 수 있다고 주장했다. 잘러는 그런 주장은 현재의 지식수준과 과학적 증거라는 규범을 훨씬 뛰어넘는 것이라고 주장했다. 더 나아가, 렌츠는 "열등한" 유전적 요인에 대한 자신의 평가에 근거해서 훨씬 더 높은 수준의 불임 수술을 주장했다. 그는 모든 세대마다 10%의 불임 수술이 적합할 것이라고 주장했다. 잘러는 렌츠의 말, 즉 "우리 조국의 과밀 인구라는 관점에서 인구의 가장 무능한 1/3은 자녀를 낳지 못하게 하는 것이 좋을 것이라는 점에는 의심의 여지가 없을 것이다"라는 말까지 인용했다.[33]

잘러의 논문이 발표되고 한 주가 지나서, 유전적 건강에 대한 나치의 공격적인 새로운 법이 공포되자, 렌츠의 사상이 우세했음을 보여주었다. 이 드라마의 나머지 부분은 한두 해 더 기다려야 했다. 1934년 봄, 잘러는 괴팅겐의 동료들 대부분으로부터 새로운 인종학 교수 자리에 대한 승인을 받았다. 그러나 의과대학의 동료였던 베르너 블룸 역시 당시에 "국가사회주의 독일교수회" 지도자였다. 블룸은 나치당이 잘러를 받아들일 수 없다고 선언하고, 잘러가 1932년에 한 학생에게 보낸 편지들을 통해 블룸은 자기 입장을 뒷받침했다. 당시에 잘러는 "히틀러나 심지어

---

[33] Ibid., 200에서 재인용.

그의 동료 로젠베르크와 헤어 클라게스가 주장한 인종 문제는 내가 전문가인데, 비교적 난센스[*Blödsinn*]였다"34)고 썼다. 놀랍게도 의과대학 교수진은 여전히 잘러의 탁월한 학문적 업적 때문에 그를 지지하면서, 1933년 이전에 쓴 사적 편지가 그를 선택하는 데 방해가 되어서는 안 된다고 주장했다. 잘러는 또한 자신이 나치 국가에 완전히 충성한다고 항의하고, 국가와 체제에 대한 자신의 충성을 인정한 다른 교수들의 명단을 제시했지만, 성공하지 못했다. 그러나 블룸 역시 필요한 정치적 경력을 소유한 두 명의 나치 가운데 한 명을 그 교수 자리에 앉히려고 시도했다가 실패했다. 나머지 교수진은 그 두 명이 제시한 학문적 경력이 부족하다고 항의했다. 결국 사태는 완전히 교착상태에 빠졌다. 대학은 인종학 교수직 신설을 포기하고, 그와 함께 맡을 연구소도 포기함으로써, 괴팅겐은 인종학 교수가 없는 몇 개 대학 중 하나로 남았다. 물론 인종학은 커리큘럼에 포함되어, 다른 의과대학 교수진이 가르쳤거나 다른 여러 분야 교수들이 가르쳤다.35)

뮌헨대학교에서 인종학자들은 카를 잘러의 자제를 결코 보여주지 않았다. 그들은 나치 시대의 가장 유명한 "인종학자" 중 한 사람인 요제프 멩겔레를 훈련시켰다. 그는 아우슈비츠 책임자 지위를 받아들이기 전에 뮌헨에서 공부했고, 박사학위는 프랑크푸르트에서 오트마 폰 버쉬어 남작 밑에서 받았다. 1942년에 베를린의 카이저 빌헬름 연구소 소장직을 오이겐 피셔로부터 물려받은 폰 버쉬어는 유전학을 더 잘 이해할 수 있는 방법은 일란성 쌍둥이를 연구하는 방법이라고 주장했다. 멩겔레가 아우슈비츠에서 쌍둥이 연구와 함께 인간에 대한 다른 실험을 진행할

---

34) Ibid., 202에서 재인용.
35) 이런 사건들에 대한 카를 잘러의 설명은 *Die Rassenlehre des Nationalsozialismus in Wissenschaft und Propaganda* (Darmstadt: Progress Verlag, 1961)를 보라.

때, 그는 자신의 연구를 과거 스승에게 보고했고, 연구 결과를 표준적인 의학 잡지에 발표했다. 그는 또 아우슈비츠에서 혈액 샘플과 신체의 부분들을 베를린의 버쉬어에게 보냈을 뿐 아니라 하이델베르크와 기타 대학들에 보내서 이런 기관의 학자들이 인종에 대한 자신들의 전문지식을 더 확대할 수 있게 했다. 나치에 열광하던 시대에 인종학이 독일 대학의 커리큘럼에 포함될 때, 그것은 유전 패턴에 대한 비밀스러운 이론들에 국한되지 않았다. 인종학은 조만간 진행될 잔인한 말살 정책에 열심히 참여했다.36)

학살에 대한 구체적 공헌

홀로코스트의 가장 뚜렷한 특징 중 하나인 그 현대적이며 기술공학적으로 정교한 성격은 직접적으로 독일 대학들에 그 뿌리가 있다. 대학에서 훈련받은 기술자, 엔지니어, 건축가, 의사, 법률가가 그 과정의 여러 단계에서, 그렇게 짧은 시간 동안 그처럼 효율적으로 그렇게 많은 사람을 죽이는 게 가능하도록 도왔다. 대학들은 두 가지 방법으로 공헌한 것으로 볼 수 있다. 첫째로, 대학들은 필요한 전문가들이 그 작업을 하도록 훈련시켰다. 법률가들은 법, 규정, 정책을 만들어 희생자들을 구별하고 그들의 시민권을 박탈했다. 역사가들은 동부 유럽에서 제거할 필요가 있는 민족들을 명시하여 독일인들이 옮겨갈 수 있게 했다. 엔지니어들은 밀봉된 트럭을 만들어 그 속에서 유대인들을 일산화탄소 가스로 죽일 수 있게 했다. 의사들은 유대인들과 기타 인간을 실험할 계획을

---

36) 예를 들어, 멩겔레와 폰 버쉬어에 대한 연구는 Robert Jay Lifton, *The Nazi Doctors: Medical Killing and the Psychology of Genocide* (New York: Basis Books, 1986); Michael H. Kater, *Doctors under Hitler* (Chapel Hill: University of North Carolina Press, 1989)를 보라.

세우고 실행할 수 있었다. 이런 활동 가운데 일부는 대학교수직에 있는 전문가들이 수행했다. 이 모든 일은 대학들이 만든 것들이 수행했다. 간단히 말해서, 홀로코스트의 구체적인 끔찍한 일들은 독일 대학들이 마련해준 훈련과 전문가들이 없었다면 상상할 수 없는 것이다.

    대량학살을 실행하는 데 도움을 준 기술을 배운 학생들을 양성한 것 이외에도 독일 대학들은 학생들에게 학살에 참여할 수 있도록 가치관도 가르쳤다. 정치적으로 나치에 열렬한 사람을 교수로 채용할 때마다, 또한 나치의 세계관을 뒷받침하는 커리큘럼의 변화가 있을 때마다, 1933년에 대학 캠퍼스에서 이미 볼 수 있었던 나치 이데올로기에 대한 폭넓은 열광주의와 협동을 더욱 두둔하도록 만들었다. 학생들 가운데 학년이 올라가면서 나치 정책들에 대한 열심에서 경계심을 갖게 된 학생은 거의 없었다. 오히려 그들은 나치 국가와 그 목표에 대한 자신들의 지지를 최고의 이상주의 형태로 파악하기 십상이었다. 그것이 학생들이 베를린에서 1936년 1월 30일, 강단에서 자기 교수들을 향해 외친 메시지였다. 즉 "우리의 뿌리는 독일 땅에 깊이 박혀 있으며, 우리가 하는 일과 감행하는 것은 모두 독일에 헌신하는 것이다. … 아무도 우리에게서 이 새로운 시대의 비전을 빼앗을 수 없다. 열정을 지닌 우리는 그 비전을 우리 가슴에 간직하고 있어서 마침내 그 비전이 온 세계 앞에 영광스럽게 빛날 것이다."37) 실제로 그랬다. 이 학생들과 그 또래는 독일의 불평, 독일의 위대함, 히틀러를 따라 사태를 바로잡을 자신들의 권리와 의무에 관한 말들을 먹고 자랐다. 몇몇 교수들이 몸을 도사리고, 슬퍼하면서 나치의 광풍이 지나가기를 기다렸든지, 아니면 많은 교수가 새로운 체제를 열렬히 승인했든지 간에, 그들과 그들의 정치화된 대학들은 이런

---

37) Hartshorne, *The German Universities and National Socialism*, 150에서 재인용.

저런 방식으로 종족학살이라는 범죄에 공모하고 있었다.

물론 우리는 더 깊이 파고 들어가 일부 대학들이 그 학살과정 자체에 참여한 방식을 밝힐 수 있다. 또다시 괴팅겐대학교가 그 이야기의 입장권을 제공해 주는데, 약간 복잡한 것일 수 있다. 괴팅겐대학교 진료소는 나치의 "인종 개선" 정책이 진행되는 동안 거의 2천 명에게 강제 불임 수술을 시행했다는 사실이 알려졌다. 괴팅겐의 돌봄 시설 역시 200명 이상의 희생자를 소위 안락사 시설로 보냈다.[38] 200명의 희생자는 전체 안락사 희생자 20만 명 가운데 적은 숫자로 볼 수 있지만, 나치의 이 실험은 "선택적"이었다. 그러나 불임 수술과 안락사의 구체적인 활동이 보여주는 것은 괴팅겐대학교 의사들이 직접 그 실제 범죄에 참여했다는 사실이다.

1934년부터 1945년까지 괴팅겐대학교 진료실은 1,919명에게 강제 불임 수술을 했다. 각 절차는 의사가 한 개인이 불임법의 범주에 해당하는지를 결정하는 평가로 시작했다. 한 연구가 보여주는 것은 대학의 여성 진료소에서 강제 불임 수술을 받은 여성 787명 가운데 58%는 유전적으로 지체아로 진단된 여성들이었다. 오직 두 여성만 "도덕적 지체"로 인해 강제 불임 수술을 받았다. 그러나 유전적 지체와 도덕적 지체라는 두 범주는 거의 구별할 수 없으며 정확하지도 않다. 유전적 지체를 측정한 질문들은 "해가 어디에서 뜨는가?"와 "독일의 수도는 어디인가?" 같은 것이었다. 이런 질문은 측정의 합법적 근거처럼 보였을 것이다. 반면에 "12 곱하기 13은 무엇인가?"라는 질문은 약간 가혹한 질문처럼 보였을 것이다. 더 나아가, 한 여성은 (1) 학교를 마쳤는데 8년 중 1년을 유급했으며, (2) 직업을 수행할 능력이 있었고, (3) 결코 다른 사람의 도움

---

38) Beurhausen, et at., "Die Medizinische Fakultät im Dritten Reich," 205-27.

을 받은 적이 없었다. 그런데도 원래 의사들 회의와 항소 회의 모두에서 "지체아"로 분류되었다. 그 여성은 사회적 능력이 있었으며, 결혼해서 다섯 명의 자녀를 낳은 여성이었다. 의사들은 그 여성이 "성적인 자제력이 없고" 그런 수준의 "도덕적 지체"는 지능적 결함을 시사한다고 판단했다. 다른 사람들이 지체아로 판단된 이유는 거짓말하거나 집안을 더럽게 유지하는 등 "비사회적" 성향 때문이었다. 괴팅겐 의과대학 교수들은 이런 모든 결정에 조언을 주고 참여했다. 인종 위생에 대한 나치의 법이 정상적인 시민들까지 좌지우지하게 된 때문이다.[39]

강제 불임 수술은 오늘날에는 큰 비난을 받지만, 20세기 나치 독일에서만이 아니라 미국에서도 행해졌다.[40] 나치 체제가 자행한 안락사 정책에는 모호한 것이 없다. 안락사는 희생자의 희망에 따른 "자비의 죽음"이 아니라 나치 체제가 독일 인구 가운데 유익하기보다 짐으로 간주한 사람들, 즉 "살 가치가 없는 생명"으로 간주한 사람들을 제거하기 위해 고안된 살인이었다. "자비의 죽음"과 나치의 "안락사" 사이의 중요한 차이를 제국의 초기에도 주목하게 되었는데, 공개적인 법이 없었으며, 친척들이 통보받을 권리도 없었던 데서 볼 수 있다. "안락사"는 사람들을 비밀리에 살해하고 그 죽음의 원인에 대해 가족들에게 거짓말을 하는 현실을 뜻했다. 독일 전역의 교수들이 이 과정에 참여했다. 괴팅겐의 교수들은 238명의 희생자를 살해하도록 넘겨주었다.

이들 238명의 희생자들에도 불구하고, 안락사 장소가 괴팅겐대학교였다는 사실은 나치의 과거에 관해 흔히 대두하는 질문들에서 약간의

---

39) Ibid., 206-13.
40) 강제 불임 수술은 20세기 초에 미국에서 상당히 흔했다. Johanna Schoen, *Choice and Coercion: Birth Control, Sterilization, and Abortion in Public Health and Welfare* (Chapel Hill: University of North Carolina Press, 2005)는 자신이 연구한 노스캐롤라이나주에서는 1970년대까지도 강제 불임 수술을 했다고 지적한다.

모호성이 있음을 드러낸다. 특히 심각한 정신 질환자를 다루었던 심리 치료학 교수 고트프리트 에발트의 경우에서 그것을 볼 수 있다. 그는 괴팅겐에 교수로 임명되면서 주 병원과 양로원 원장직도 겸했는데, 이런 곳은 "살 가치가 없는 생명"을 찾기 쉬운 곳이었다. 에발트는 정치적으로 더할 나위 없이 철저하게 나치 국가에 헌신했다. 이런 성향은 그가 에를랑겐대학교 시절부터였는데, 그는 1924년에 나치 운동과 같은 목적의 극우 학생조직 *Bund Oberland*에 가담했다. 에발트는 또 강제 불임 수술의 초기 지지자임을 증명했다. 따라서 제국이 1939년에 안락사 정책을 시작하자, 에발트는 베를린의 회의에 초대되었다. 회의에 참석한 그와 여타 학자들은 정신 질환자들을 평가할 위원회의 과제를 맡아줄 것을 요청받았다. 그래서 그들은 독일의 더 큰 이익을 위해 어느 환자를 죽일 것인지를 결정하는 사람들이 되었다. 나치의 안락사에 관해 쓴 에른스트 클레와 여타 저술가들이 지적한 것처럼, 많은 교수가 이 과제를 단순히 받아들였다는 사실을 주목하는 것이 중요하다. 그러나 에발트는 거절했고 그 회의에서 빠져나왔다.[41]

에발트는 괴팅겐으로 돌아온 즉시 편지로 이 정책과 과제에 대해 자신이 반대한 이유를 설명했다. 그는 이 비판의 편지를 대여섯 명에게 보냈는데, 그중에는 제국 의사회 회장 레오나르도 콘티와 베를린의 심리학연구소 소장 마티아스 괴링 교수도 포함되었다. 에발트는 괴링 교수에게 그 정보를 그의 사촌인 헤르만 괴링(게슈타포 창설자)에게 보내달라고 요청했다. 에발트는 에를랑겐 시절에 자신의 극우 친구였던 콘티로부터 처벌 대신에 친절한 답신을 받았다.

---

[41] Ibid., 222-24를 보라. 또한 Ernst Klee, *Euthanasie im NS-Staat: Die Vernichtung lebens-unwerten Lebens* (Frankfurt am Main: Fischer, 1985), 그리고 Lifton, *The Nazi Doctors*, 82-87을 보라.

친애하는 에발트 교수에게

올해 8월 21일 자 너의 편지를 받고 크게 감사했다. … 나는 아직도 네가 에를랑겐에서 강연한 것을 큰 기쁨으로 기억한다. 분명히 네가 제시한 것에는 충분히 정당화될 것이 포함되는 줄 나도 잘 안다. 나는 다른 견해를 갖고 있고 지금 그걸 설명하지는 않겠다. 내가 말하고 싶은 것은 독일 민족 전체가 이 문제에 대해 현재 유동적인 입장이라고 확신한다는 점이다. 또한 한 순간 받아들여질 수 없던 일이 그다음 순간에는 유일하게 옳은 선택이라고 간주되는 일을 쉽게 상상할 수 있다는 점이다. 우리는 역사 과정에서 그런 것을 많이 경험했다. 가장 최근의 사례로 내가 쉽게 지적할 수 있는 것이 불임 수술에 관한 법이다. 여기서 생각의 변화 과정은 이미 너무 멀리 앞서 나아갔다.[42]

이 편지는 많은 사람이 강제 불임 수술을 비판할 때 에발트는 지지했다는 점을 넌지시 상기시킨다. 또한 나치 시대 목사들과 교수들에 관해 평가하게 될 입장도 지지하는데, 그것은 그들이 나치 국가에서 급진적 주장이 강해지는 것을 받아들이게 되고, 점차 자신들의 견해를 그 규범에 적응하게 되었다는 점이다. 집단적 사고를 배우고 규범에 적응하는 실험실이 아니라면, 나치 독일은 무너진다. 그러나 에발트는 안락사에 대한 자기 생각을 바꾸지 않았다. 그는 결코 평가위원으로 복무하지 않았다. 비록 독일 전역의 심리치료 교수들은 기꺼이 그 일을 했지만 말이다. 반면에 에발트는 자신의 정신병동에서 심각하게 고통받는 환자들의 무자비한 운명을 미리 알면서도 그 명단을 작성했다. 1940년과 1941년

---

[42] Beurhausen, et al., "Die Medizinische Fakultät im Dritten Reich," 224에서 재인용.

에 그는 자신의 환자 238명을 죽음으로 보냈는데, 이것은 그가 돌보던 전체 환자들의 약 1/3에 해당했다.43)

에발트는 유죄를 가리는 복잡한 문제에서 유용한 교훈을 제공한다. 전쟁 후에, 그는 가능한 한 많은 환자의 목숨을 구했다는 그의 주장 때문에 축하를 받았다. 괴팅겐의 그와 여타 의사들은 안락사 정책 앞에서 사임할 것인지 여부를 고려했지만, 자신들을 대신할 의사들이 환자들을 알지 못할 것이며 그들을 위해 일하지도 않을 것이라고 판단했다고 말했다. 그들은 136명의 환자를 이송자 명단에서 빼는 데 성공했다. 정부가 제외하도록 제시한 범주를 사용했던 것인데, 그것은 전쟁에서 부상당한 환자들, 특히 메달을 받은 사람들, 대체 불가능한 노동자들, 의학 교육의 관찰 대상으로 유용한 환자들, 그리고 여전히 교육이 가능한 환자들처럼 특별한 고려 대상 환자들이었다. 에발트는 공적 관리들에게 보낸 편지에서 자신은 안락사에 항의했고, 평가위원을 거부했고, 안락사 정책에서 면제될 수 있는 환자들의 목숨을 구하려고 노력했다고 주장했다. 그러나 에발트는 나치 이데올로기를 지지했으며, 강제 불임 수술을 주장했고 참여했으며, 또한 알면서도 환자들을 죽음으로 보냈다. 우리는 에발트를 우리의 도덕적 스펙트럼에서 어디에 놓아야 하는가? 그는 아마도 환자들의 목숨을 구했을 것이다. 그는 또 공개적으로 나치 체제를 지지했으며, 238명의 죽음에 대해 일말의 책임이 있다. 덧붙여 말하자면, 이 숫자에는 1940년 9월 21일, "안락사"로 이송된 유대인 환자들의 첫 번째 12명이 포함되었다. 그들에게는 증상의 심각성에 대한 아무런 평가도 없었고, 그들을 위한 아무런 변론도 없었다. 그들은 단지 에발트가 돌보던 마지막 남은 유대인들이었을 뿐이다.44)

---

43) Ibid., 227.
44) Ibid., 225-26.

저항

대학들에서 저항이 있었는가? 개인들이 나치 체제와 그 이데올로기에 대해 조용히 찬성하지 않고, 하츠혼이 표현한 것처럼, "폭풍이 지나가기를" 기다릴 수는 있었다. 조용히 속으로 찬성하지 않는 것은 물론 외부 관찰자에게는 명백하지 않았을 것이며, 또한 우리는 개인의 가슴과 정신을 들여다볼 수는 없다. 1945년 이후 사실상 거의 모든 교수가 나치 체제에 대한 반대자였다고 주장했다(아래 7장 참조). 그러나 증거를 제시할 수 있었던 교수는 거의 없었다. 나치 국가에 대한 학자들의 열광주의에 대한 엄청난 증거에 비추어 볼 때, 그들이 은밀하게 반대했다는 폭넓은 주장은 정직하지 못하며 자기를 위한 주장으로 치부해야 한다. 여기서 예외가 되는 사례는 실제로 체제에 반대한 노력, 체제에 대해 고의로 방해한 행동, 심지어 체제를 전복시키려는 활동 등 몇 가지 이야기들에서 볼 수 있다. 그런 이야기는 개인의 용기를 두드러지게 한다. 그러나 그런 행동이 매우 소수에 불과했다는 사실은 대학 공동체를 대표하기에는 너무 적었음을 보여준다. 그 가치는 주로 상징적이다.

"백장미"는 대학 캠퍼스에서 벌어진 저항운동의 가장 잘 알려진 사례다. 한스와 소피 숄을 포함한 몇몇 뮌헨 대학생은 나치 국가에 대한 불만이 너무 커서, 1942년 6월에 체제에 반대하는 전단지를 만들기 시작했다. 이 집단은 여섯 개의 전단을 만들어 배포했는데, 이런 행동을 하기 위해서는 등사기와 큰 종이를 불법적으로 확보할 필요가 있었다. 그들은 이 전단을 수천 명에게 발송했는데, 때로는 옷가방에 봉투를 넣고 기차를 타고 다른 도시들로 가서 발송했다. 1943년 2월, 한스와 소피 숄은 뮌헨대학교 안마당에 전단을 뿌리다 체포되었다. 숄 남매와 그 친구 크리스토프 프롭스트는 체포되어, 보여주기식 재판을 거쳐, 2월에 단

두대에서 처형되었다. 알렉스 슈모렐과 교수 쿠르트 후버도 마찬가지로 7월에 처형되었고, 빌리 그라프는 10월에 처형되었다. 이 학생들과 후버 교수는 도덕적 비판을 가하여, 나치 체제의 범죄들을 단죄하고 그에 대한 수동적 저항을 요청했다. 백장미 단원들은 자신들의 처형이 다른 학생들의 적극적 저항을 불러일으키기를 희망했지만, 그런 희망은 수포로 돌아갔다.45)

괴팅겐대학교에서의 적극적 저항 사례인 하인리히 뒤커의 활동은 대학 공동체 내에서 직급이 낮은 외톨이의 무모한 활동 이야기를 보여준다. 그는 1929년에 괴팅겐의 심리학 강사가 되었다. 1933년에 히틀러가 권력을 장악하자, 반나치에 경도되었다는 의심을 받아 몇 달 동안 박해를 받았다. 3월에 경찰이 그의 집을 수색한 것은 그를 강사 자리에서 축출하려는 첫 번째 시도였다. 이어서 그에게 세 가지 혐의를 씌웠는데, (1) 공산당 단원이며 지지자였다. (2) 교회를 떠났다(!). (3) 국제사회주의연맹(ISK)의 적극적 단원이었다. 뒤커는 자신이 공산당에 가입한 적도 없고 지지한 적도 없다면서, 자신은 카를 마르크스의 유물론 사상을 받아들일 수 없다고 주장했다. 그는 자신이 교회를 떠난 것을 인정했지만, 단지 종교적 이유 때문이라고 주장했다. 또한 그는 공산주의적인 "프롤레타리아 자유 사상가 동맹"이 아니라 "독일 자유 사상가 동맹"에 가입한 이유가 영적인 사상을 토론하고 실제 무신론에 맞설 가장 좋은 장소를 제공했기 때문이라고 주장했다. 그는 자신이 국제사회주의연맹에 속한 것을 인정하고, 이 조직은 마르크스적인 사회주의가 아니라 독

---

45) Annette Dumbach and Jud Newborn, *Shattering the German Night* (1986). 이 책은 영화 "*Sophie Scholl: The Final Days*"(2005)가 성공한 후, *Sophie Scholl and the White Rose* (Oxford: Oneworld Publications, 2006)로 재출간되었다. 또한 Hans and Sophie Scholl, *At the Heart of the White Rose: Letters and Diaries of Hans and Sophie Scholl* (NY: Harper & Row, 1984)도 보라.

일 관념론에 근거한 사회주의를 주장하며, 새로운 정치 지도자들이 자주 표현하는 사상과 일관되게 독일 민족을 위한 정의를 목표로 한다고 주장했다. 뒤커는 그의 교수진 가운데 심지어 나치 당원들로부터도 지지를 받았다. 1933년 8월에 그는 다시 강사 직위를 되찾았다.[46]

뒤커의 교수 권리를 박탈하려는 이 첫 번째 시도에서 그가 빠져나왔던 것은 적어도 부분적으로는 국제사회주의연맹(ISK)이 나치가 매우 불신했던 공산주의자 집단과 사회주의자 집단에 들어맞는 조직이 아니었기 때문이다. 이 운동은 1920년대에 괴팅겐의 수학과 자연과학 교수였던 레너드 넬슨이 시작한 것이다. 이미 1917년에 넬슨은 국제청년동맹(IJB)을 창설하여, 사회민주당의 청년 집단과 함께 활동했다. 1925년에 사회민주당이 국제청년동맹과의 협조를 금지하자, 넬슨은 국제사회주의연맹이라는 두 번째 조직을 만들었다. 넬슨 자신의 이상에 근거하여, 이 조직은 그 회원들에게 채식주의뿐 아니라, 알코올, 담배, 섹스에 대한 완전한 절제, 하느님에 대한 믿음 등 믿을 수 없을 정도로 엄격한 훈련을 기대했다. 카리스마적인 넬슨은 더 나은 미래를 건설할 준비를 갖춘 이상적인 청년 간부들을 훈련시키려 했다. 1920년대 동안 괴팅겐에서의 직위를 통해, 그는 하인리히 뒤커를 포함해서 소수의 학생에게 영향을 끼쳤고, 그가 1927년에 죽기 전에 국제사회주의연맹에는 3백 명의 회원들이 가입해 있었다.[47]

국제사회주의연맹은 뒤커가 1933년에 조사를 받는 동안 주장했던

---

46) Rainer Paul, "Psychologie unter den Bedingungen der 'Kulturwende'. Das psychologische Institut 1933-1945," in Becker, Dahms, and Wegeler. 뒤커에 대한 1933년의 이런 혐의는 508-09에 요약되어 나온다.

47) Hans-Joachim Dahms, "Einleitung," and Erwin Ratzke, "Das Pädagogische Institut der Universität Göttingen. Ein Überblick über seine Entwicklung in den Jahren 1923-1949," in Becker, Dahms, and Wegeler, 특히 30-31, 320-21을 보라.

것처럼 순수한 조직이 아니었다. 뒤커와 그 동료 회원들은 몇 차례 저항 활동을 펼쳤다. 예를 들어, 1934년 5월, 나치가 좌파로부터 "국가 노동절"을 다시 빼앗으려 하자, 노동절 전날 밤, 뒤커는 반대하는 전단을 만들어 어둠 속에 자전거를 타고 괴팅겐을 다니면서 배포했다. 이것은 위험했을 뿐 아니라 힘겨운 일이었을 것인데, 뒤커는 제1차 세계대전에 복무한 결과, 목발로 페달을 밟았기 때문이다. (그의 정치적 친구들은 그를 "목발 하인리히"라고 불렀다.) 뒤커는 1935년 내내 비슷한 활동을 계속했고, 1936년 1월에 그와 열세 명의 국제사회주의연맹 회원들이 체포되어 반역죄 혐의를 받았다. 이때 뒤커는 벗어날 길을 말할 수 없었다. 그는 유죄로 3년 징역을 선고받았다(제1차 세계대전에 복무한 기록과 그의 목발 덕분에 노동 징역이 아니었다).[48]

뒤커가 1939년에 징역을 마쳤을 때, 그는 괴팅겐으로 복귀할 수 없었다. 대학이 그의 교수 자격 취득을 취소시켜서 가르칠 권리를 박탈했기 때문이다. 그는 베를린에서 학문 연구가 아닌 다른 연구 직업을 찾았고, 그 수입을 이용해서 지하로 들어간 친구들을 도왔다. 이 때문에 그는 1944년 말에 체포되어 작센하우젠에 투옥되었다가, 마침내 러시아 군대가 도착함으로써 석방되었다. 몇 달 동안 병원에서 회복기를 거친 후 뒤커는 1945년 8월 괴팅겐에 복귀하여 다시 가르칠 권리를 되찾았다. 1946년에 그는 아마도 처음으로 자기 인생에서 받아들여진 경험을 했는데, 전쟁 후 첫 선거에서 괴팅겐 시장에 당선된 것이다. 1947년, 그는 마르부르크대학교 심리학 교수직을 받아들여, 20년간 가르쳤다.[49]

뒤커는 전후 독일에서 축하를 받았다. 예를 들어, 괴팅겐은 1985년에 그를 명예시민으로 만들고, 한 도로에 그의 이름을 붙였다. 그는 또

---

48) Paul, "Psychologie unter den Bedingungen der 'Kulturwende,'" 510-11.
49) Ibid., 511-12.

1975년에 뒤셀도르프대학교에서 명예박사학위를 받았으며, 1978년에는 독일 심리학회로부터 빌헬름 분트 메달을 받았다. 그러나 괴팅겐의 교수진 가운데 나치 이데올로기에 반대하여 가장 영예로운 그가, 나치가 지배한 12년 동안 학자의 경력이 완전히 막혔던 변두리 인물이었음을 주목할 필요가 있다. 당시 괴팅겐대학교의 어느 중요한 인물도 나치 체제에 의미 있게 반대하지 않았다. 뒤커는 용감한 예외였지만, 그가 일차적으로 보여준 사실은 독일 대학들이 나치 이데올로기나 나치 체제에 대해 진지한 저항 같은 것을 하지 않았다는 사실이다.

괴팅겐대학교의 이야기가 대표적이라는 점은 분명한 것처럼 보인다. 독일 대학들의 정치적 협동은 광범위했으며, 정치적 저항은 거의 알려진 것이 없다. 막스 바인라이히는 이런 경향에 반대하여 1946년에 ≪히틀러의 교수들≫에서 자기의 이야기를 전했다.50) 그러나 대서양 양편의 학자들은 지난 25년 동안 그의 이야기를 더욱 확인해서 보강했다. 나치 독일의 많은 교수는 "히틀러의 교수들"이 되기로 작정했다. 개별 대학을 살펴보든지, 개별 분야, 또는 자연과학이나 인문과학처럼 넓은 영역을 살펴보아도, 나치 체제와 그 이데올로기에 대한 폭넓은 협조를 보게 된다. 스티븐 레미는 하이델베르크에서의 연구를 ≪하이델베르크 신화≫라는 제목으로 2002년에 출판했다.51) 대학 세계의 깨끗한 손과 순수한 가슴이라는 신화, 즉 나치 이데올로기에 대한 명석한 비판자들이었다는 신화는 단순히 유지할 수 없는 주장이다. 공모와 협조였다는 것이 그 실상에 더 가깝다.

---

50) 각주 1을 보라.
51) Stephen P. Remy, *The Heidelberg Myth: The Nazification and Denazification of a German University* (Cambridge, MA: Harvard University Press, 2002).

6장

과거에 대한 수정: 탈나치화와 그 유산

　이 책에서 이야기한 "착한 독일인들"의 이야기는 한두 세대 동안은 등장하지 않았다. 물론 나치의 범죄들은 대중에게 알려지게 되었다. 연합국 장교들은 강제수용소에서 발견한 것에 경악해서, 독일인 대중이 그 사진들과 동영상 자막을 보아야만 그 끔찍함이 독일 민족의 정신에 빠르게 스며들 수 있다고 주장했다.1) 연합국 지도자들은 편리한 때에, 독일인들에게 직접 수용소를 돌아보게 만들거나 시체들을 대규모 무덤까지 끌고 가도록 만들었다. 그리고 뉘른베르크 재판은 독일인들의 잔학행위를 국제무대에 올려놓았다. 거의 불가피하게 이 이야기는 그 렌즈를 좁혀서 작은 "범죄자" 집단, 즉 뉘른베르크 피고석에 앉은 사람들에 맞추었다. 이들은 잔학행위를 명령한 것으로 고발된 사람들이거나

---

　* 이 장의 일부는 나의 논문 "Hiding the Nazi Past: Denazificaion and Christian Postwar Reckoning in Germany," in Robert P. Ericksen and Michael J. Halvorson, eds., *A Lutheran Vocation: Philip A. Nordquist and the Study of History at Pacific Lutheran University* (Tacoma: Pacific Lutheran University Press, 2005), 137-56에 게재되었다.

1) 예를 들어, 아이젠하워 장군은 오드루프 강제수용소를 방문한 후 사진을 찍게 한 다음, "내가 의도적으로 방문한 이유는 이런 사태에 대해, 만일 장차 이런 것이 선전에 불과하다는 주장이 나올 경우에 직접적인 증거를 대기 위해서다"라고 말했다. 그의 말은 미국 홀로코스트 박물관 입구에 그 목적을 진술한 것으로 새겨져 있다.

가장 악한 가해자들이었다.[2] 연합국은 결코 독일 민족 전체를 형사법정에 세울 것을 상상하지 않았다. 그러나 그들은 독일에서 나치 바이러스를 "청소할" 대안적 방법을 마련했다. 그것이 탈나치화였다.[3]

오늘날 탈나치화를 옹호하는 사람은 거의 없다. 그러나 나는 연합국이 탈나치화의 필요성이나 최소한 일반 독일인과 나치 범죄 사이의 관계에 대해 독일 대중보다 더 정확히 파악했다고 주장할 것이다. 전후 독일인들이 주장한 것, 즉 극소수의 범죄자에게만 책임이 있다는 주장은 편리하지만 부정확한 것이었다. 나는 독일 학계가 탈나치화 청문회에서 시작된 선입견과 억제 패턴을 최소한 한 세대 동안 계속 반영했다고 주장한다. 끝으로, 나는 탈나치화가 그 모든 결점에도 불구하고 전후 독일의 엄청난 성공 이야기에 중요한 공헌을 했다고 주장할 것이다.[4]

과거를 속이기: 탈나치화 이야기

나치 시대가 끝나고 점령지 독일에서 강요된 탈나치화 과정에는 모순이 많다. 대부분 독일인은 그 과정이 너무 심하다고 욕했으며, 연합국 측에서는 너무 부드럽다고 비판했다. 당시 독일인들은 어느 정도까지는 연합국, 특히 미국인들이 너무 순진하고 독일의 상황에 관해 너무 무지

---

[2] 역자주: 뉘른베르크 재판에 1차로 기소된 주요 전범 24명 **모두** 혐의를 부인하고 무죄를 주장했다. 모든 책임을 히틀러에게 돌렸고, 아무도 뉘우치지 않았다.

[3] 예를 들어, James F. Tent, *Mission on the Rhine: "Reeducation" and Denazification in American-Occupied Germany* (Chicago: University of Chicago Press, 1984); Stephen P. Remy, *The Heidelberg Myth: The Nazification and Denazification of a German University* (Cambridge, MA: Harvard University Press, 2002)를 보라.

[4] 독일의 전후 성공에 관해 중요하게 다룬 것은 Konrad H. Jarausch, *After Hitler: Recivilizing Germans, 1945-1995* (Oxford: Oxford University Press, 2006). 최소한 1989년까지는 어느 정도까지 전후 성공이 특히 서독에서 이루어졌다.

하다고 조롱했다. 독일인들은 미국인들이 나치 치하에서 독일인들의 삶이 얼마나 복잡했는지를 이해하지 못한다고 주장했는데, 이런 주장은 미국인들을 유럽의 언어, 교육, 세련됨을 배우지 못한 순진한 학생들로 간주하는 패러다임이 되었다. 그러나 나는 전후 독일에 대한 미국인들의 평가는 독일인들 자신의 자기 계산적이며 부정확한 평가보다 정확했음을 증명했다고 주장하고 싶다. 일반적으로 독일인들은 "우리 대부분은 나치가 아니었다"고 말했던 반면, 미국인들은 "당신들 대부분은 나치였다"고 말했다. 지난 세대의 학문적 연구는 미국인들이 진실에 더 가까웠음을 보여주었다.5)

탈나치화에 관한 또 다른 놀라운 사실은 한 믿음직한 학교가 거짓말, 속임수, 틀린 설명을 한 것을 탈나치화가 증명했다는 점이다.6) 아마도 독일인들이 탈나치화의 적법성을 즉각 거부했기 때문일 것이며, 또한 분명히 탈나치화가 그들의 직장생활 계속 여부를 결정할 것이기 때문에, 그들은 거리낌 없이 거짓말하는 걸 배웠다. 탈나치화에 대한 기록들은 온갖 종류의 사람이 날조한 것들로 가득한데, 대학교수들은 가장 창조적인 부류였고, 목사들은 가장 열광적인 부류였다. 독일 안팎에서 몇십 년 동안 논평자들 가운데 탈나치화를 찬양한 사람은 거의 없었다. 탈나치화는 잘못된 정책을 엉터리로 실행한 것으로 보통 간주되었다. 그러

---

5) 물론 당원의 관점에서 보면, 독일인 대부분은 나치 당원이 아니었다. 히틀러를 찬양하고 지지했던 많은 독일인은 나중에 자신들이 결코 나치당에 가입하지 않았다고 주장했다. 탈나치화 작업은 영국, 프랑스, 소련이 점령한 지역에서 일어났지만, 내가 여기서 미국인들을 강조한 것을 주목하라. 예를 들어, Norman Naimark, *The Russians in Germany: A History of the Soviet Zone of Occupation, 1945-1949* (Cambridge, MA: Harvard University Press, 1995)를 보라. 미국인들은 흔히 가장 야심 차고, 아마도 가장 순진한 실행 계획을 추구했다고 간주된다. 예를 들어, 미국인들은 자신들이 점령한 지역에서 수백만 명의 독일인이 질문지*Fragebogen*에 대답했다고 주장했지만, 그 많은 질문지를 읽고, 정리할 충분한 인원이 없었다.
6) 탈나치화의 실제 과정에 대한 사례들과 설명은 아래 7장을 보라.

나 나는 그 모든 결점에도 불구하고, 또한 그 정책에 소환된 당사자들의 거짓말에도 불구하고, 탈나치화는 그 원래의 목표, 즉 전후 독일이 민주주의를 택하고 나치가 다시 등장하는 사태가 벌어지지 않게 하는 목표를 달성하는 데 크게 기여했다고 믿는다.[7)]

탈나치화의 혜택은 처음 보아 알 수 있는 것이 아니었다. 오히려 이 과정은 또 다른, 보다 폭넓은 이야기의 출발점을 제공해 주는데, 그것은 과거를 (심리적으로) 억누르고 다시 정리하는 과정에서, 히틀러의 독일에서 무슨 일이 벌어졌는가에 대한 이야기가 왜곡되었다는 점이다. 두 가지 기본적 해석이 1945년에 등장했다. 승리한 연합국은, "나치화"가 독일에서 광범위하게 진행되었기 때문에 청산하는 작업이 필요하고 그것은 준엄한 "탈나치화"라고 결론지었다. 그들은 나치 확신자들을 독일의 모든 영향력 있는 직위에서 추방하기를 원했는데, 이것은 일부 학교 선생, 대학교수, 경찰, 정부 관료, 기업의 중요한 인물들이 직장을 잃게 된다는 뜻이었다. 연합국은 나치 바이러스에 오염되지 않은 "착한 독일인들"이 그 과정에 기꺼이 동참할 파트너들이 되기를 희망했다.

그러나 독일인들의 전형적인 반응은 탈나치화를 거부하는 것이었다. 독일인들은 일반적으로 "나치화"가 광범위하게 진행되었다는 것을 부인했고, 그 과정의 범위를 철저하게 좁히기를 희망했다. 연합국은 "착한

---

7) 탈나치화에 대한 연구에 포함되는 것들은 Tent, *Mission on the Rhine*; Perry Biddiscombe, *The Denazification of Germany 1945-1950* (Stroud, UK: Tempus Publishing, 2006); Toby Thacker, *The End of the Third Reich: Defeat, Denazification, and Nuremberg, January 1944-November 1946* (Stroud, UK: The History Press, 2009); Tom Bower, *The Pledge Betrayed: America and Britain and the Denazification of Postwar Germany* (New York: Doubleday, 1984)는 특히 비판적 견해를 제시한다. Rebecca Boehling, *A Question of Priorities: Democratic Reform and Econimic Recovery in Postwar Germany* (New York: Berghahn Books, 1996)은 연합국들이 민주화보다는 경제적 발전을 선호했음을 강조한다.

독일인들"의 폭넓은 도움을 희망했지만, 그 희망은 빠르게 꺾이기 시작했다. 예를 들어, 마르틴 니묄러 목사는 1945년 6월 5일, 연합국 신문기자들과의 인터뷰에서 눈을 치켜뜨고, 자신은 아돌프 히틀러의 독일과 싸울 준비를 완전히 갖추었으며, 또한 그렇게 싸우도록 제안을 받기도 했다고 인정했다. 더 나아가, 그는 민주주의가 독일 국민에게 적합한 정부 형태라고 생각하지 않았다.8) 귀에 거슬리는 다른 충격들도 이어졌는데, 그것은 클레멘스 볼날스가 설명한 것과 같다. 이미 5월 2일, 뮌헨의 추기경 파울하버는 연합국이 독일의 도시들을 폭격한 것을 나치의 절멸수용소 범죄와 비교했다. 6월에 파울하버는 자신의 뮌헨 대주교 관구 성직자들에게 이렇게 불평했다.

> 몇 주 동안 그자[연합국]는 미국 신문기자 대표들과 미군들을 다카우에 데려와 그곳의 가장 끔찍한 슬라이드와 영화를 보여주었는데, 이것은 독일 국민의 수치와 치욕을 전 세계에 보여주어 아프리카[*Negerdoft*]의 마지막 마을처럼 만들기 위한 것입니다.9)

탈나치화의 첫 번째 파도가 군사 점령 아래 진행되면서, 파울하버는 바이에른의 개신교 감독 한스 마이저와 함께, 나치 당원들과 친위대원들에 대한 포괄적 제재에 항의했다. 그들은 또 102명의 은행원과 기업

---

8) Clemens Vollnhals, *Evangelische Kirche und Entnazifizierung, 1945-1949. Die Last der natioanlsozialistischen Vergangenheit* (Munich: Christian Kaiser Verlag, 1989), 13. 교회와 탈나치화에 관한 또 다른 책은 Gerhard Besier, *"Selbstreingung" unter britischer Besatzungsherrschaft. Die Evangelische-Lutherische Landeskirche Hannovers und ihr Landesbischof Marahrens 1945-1947* (Göttingen: Verdenhoek & Ruprecht, 1986)이다.
9) Ernst Klee, *Persilscheine und falsche Pässe: Wie die Kirchen den Nazis halfen* (Frankfurt am Main: Fischer Verlag, 1991), 11에서 재인용.

인들이 직장에서 쫓겨난 것에 대해서도 항의했다. 개신교회의 또 다른 지도자였던 뷔르템베르크의 부름 감독은 7월에 전후 독일의 관료사회가 "성격상" 그 직무에 부적합한 자들로 채워질 것에 대해 경고했다. 그의 경고 밑에 깔린 성격상 적합한 사람들이란 교인들로서, 주로 과거 나치로서 배제되고 있던 사람들이었다. 10월에 부름 감독은 군정 계획을 보다 체계적으로 공격하면서, 교회에 대한 충성이 새로운 독일에서 봉사할 수 있는 중요한 지표이며, 과거 나치당 당원은 유용한 기준이 될 수 없다고 주장했다. 그는 자신의 비판을 정당화하면서 1933년의 상황을 복기했는데, 히틀러가 교회와 협조할 것을 약속했으며, 교황이 히틀러와 협약을 체결했고, "끔찍한 베르사유 조약 문자에 대한 독일 민족의 기본적 반작용"을 지적했다. 부름 감독은 "이 모든 이유로 공무원 사회 안팎의 최상의 많은 사람이 히틀러의 요청을 따랐다"[10]고 주장했다.

이처럼 독일의 붕괴에 대한 교회의 초기 반응에는 교회 지도자들이 1933년에 실제로 택한 정치적 입장을 인정하거나, 나치 체제에 대한 자신들의 지지를 기꺼이 성찰하려는 모습을 전혀 보여주지 않았다. 여기서 언급한 개인들, 즉 니묄러 목사, 부름 감독, 마이저 감독, 파울하버 대주교 각각은 아돌프 히틀러의 등장과 나치 국가에 대해 공개적으로 열렬한 지지를 표현했던 인물들로서, 그들이 명백히 기독교 지도자들이었음을 말하려는 것이다. 1945년 10월, 독일 개신교회의 죄책 성명서가 발표되었다. 그러나 이 "슈투트가르트 선언"은 몇 가지 결점이 있었다. (1) 그것이 후회와 책임의 선언으로 자발적으로 나온 것이 아니라 세계기독교교회협의회(WCC)의 압력에 의한 것이었다. WCC는 독일 교회와 에큐메니컬 활동을 시작하기 전에 그런 선언을 실제로 요구했다. (2)

---

[10] 이 문단의 세부사항과 인용은 Vollnhals, *Evangelische Kirche und Entnazifizierung, 1945-1949*, 52-57에서 볼 수 있다.

그것은 죄책 문제를 극히 모호한 말로 표현하여, 국가사회주의에 **맞선** 싸움에서 "더욱 용감하게 행동하지" 않은 것을 사과했을 뿐, 국가사회주의를 **위한** 싸움에 기독교인들이 광범위하게 참여한 것을 인정하지 않았다. 그것은 또 유대인들이나 기타 구체적 희생자들을 언급하지 않았다. (3) 슈투트가르트 선언은 교회 전체 안에서 큰 논쟁이 되어, 그 선언에 서명한 사람들은 흔히 적의 압력에 굴복함으로써 독일을 배반한 자들로 비난받았다.11) 연합국의 탈나치화 계획에 대한 반응에서, 교회는 협조할 준비가 되어 있지 않았다. 기독교인들의 죄에 대한 인식도 없었으며, 참회 성명도 없었고, 희생자들의 고난을 인정하지도 않았다는 사실은 그 대화에서 교회의 입장을 여실히 보여주었다.

내가 이런 문제들과 처음 마주친 것은 괴팅겐대학교에서 탈나치화를 연구하던 때였다. 목사들이 고발된 사람들을 위해 그렇게 많은 문서를 썼다는 사실이 놀랍게 보였지만, 그런 진술들은 당시에도 세탁을 위한 "신원보증서*Persilscheine*"로 알려졌다. 그 성직자들은 특정 개인이 과거 나치당원, 친위대원(SS), 또는 기타 나치 조직원이었음에도 불구하고 그들의 착한 성품을 보증해 주었다. 그런 문서에 중심이 된 것은 흔히 종교적 믿음 또는 실천이었고, 고백교회의 교인들에게는 가장 높은 평가를 해주었다. 지그프리드 벤트 교수는 자신의 가족이 식사 기도를 했다는 주장을 증거로 제출했다. 비록 전후 괴팅겐대학교 첫 총장이었던 루돌프 스멘드는 벤트 교수를 "테러 집단," 즉 나치 정치를 이용해서 대학의 인사 문제를 주도한 집단으로 처리했고, 그가 결코 다시 동료 교수가 되는 것을 원하지 않는다고 했지만, 벤트는 자신이 완전히 무죄하다며

---

11) 예를 들어, Gerhard Besier and Gerhard Sauter, *Wie Christen ihre Schuld bekennen. Die Stuttgarter Erklärung 1945* (Göttingen: Vandenhoek & Ruprecht, 1985)를 보라.

최종 상고했다. 그의 상고를 다룬 위원회는 "그가 특히 기독교와 교회에 진정으로 연관되어 있음은 반드시 고려해야 한다"12)고 덧붙였다.

성직자들이 쓴 "신원보증서"에 의존한 것이나 종교적 믿음을 언급해서 (나치 범죄자 명단에서) 제외한 것은 놀랍지 않다. 이 두 경우 모두에서, 이런 관행은 독일 기독교인들 사이의 주장―그리고 해외 기독교인들 사이의 희망―즉 종교적 가치가 나치 사상과 정책에 대한 마땅한 반대급부로 볼 수 있다는 것에 의존했다. 맑은 눈으로 정직하게 보면, 다르게 보였을 것이다. 그러나 독일인들은 전후 시대에 맑은 눈이나 정직하고 싶은 욕망이 거의 없었고, 연합국 가운데 특히 영국과 미국에서는 많은 사람이 기독교인의 가치와 나치의 신념이 서로 조화를 이룰 수 없다는 자신들의 인식에 태만했다. 1937년 이후 투옥되었던 마르틴 니묄러 목사의 운명은 그와 그가 만든 고백교회가 기독교인의 반대를 대표한 증거로 볼 수 있다. 빅토리아 바네트는 전쟁 후에 스테파니 폰 맥켄센이 미군에 의해 통행 검문소에서 멈춰 선 이야기를 전해준다. 비록 그녀는 나치당원이었고 아우구스트 폰 맥켄센이라는 유명한 히틀러 지지자의 조카와 결혼했지만, 자신이 니묄러 목사를 잘 안다는 말에 미군은 더 이상 캐묻지 않고 통과시켰을 뿐 아니라 따로 휘발유를 챙겨주었다.13)

연합국이 종교적 신앙인을 존중할 준비가 되어 있었다는 사실은 탈

---

12) 벤트 교수의 파일은 Niedersächsisches Hauptistaatsarchiv in Hanover, Nds. 171 Hild, 18531에 있다. 그의 종교적 믿음과 실천에 대한 찬양은 Günter Schwitzer의 편지(November 9, 1946), Heinrich Markwort (November 19, 1946), 그리고 Dr. Martin Dibelius의 편지에 나온다(Wendt, Fragebogen of January 18, 1947에 첨부되어 있다). 그의 항소 위원회가 표현한 의견은 "Entnazifizierung-Entscheidug, Rechtskräftug am 18.2.1949"에 나온다. Robert P. Ericksen, "Religion und Nationalsozialismus im Spiegel der Entnazifizierungsakten," *Kirchliche Zeitgeschite* (7/1 (1994), 93-95도 보라.

13) Victoria Barnett, *For the Soul of the People: Protestant Protest against Hitler* (New York: Oxford University Press, 1992), 3-5.

나치화 과정이 종교적 주장과 성직자의 증언으로 넘치게 되었다는 뜻이다. 목사들과 사제들은 너무 열심히 반응했기 때문에 프레드릭 스포츠는 그들이 만들어준 "신원보증서"를 탈나치화에 대한 "태업 행위"라고 불렀다.14) 베를린의 중앙교회 아카이브에 있는 문서들은 이런 태업이 우발적으로 일어난 것이 아님을 시사한다. 예를 들어, 교회의 성직자들과 기타 직원들을 보호하기 위해서 독일 복음주의 교회(EKD는 전후 독일 개신교회의 약자가 되었다)는 1946년 5월에 가이드라인을 승인하여, 그런 피고용인은 교회에서 일하며 "개인적으로 기독교인 입장"을 증명하는 진술을 요구할 수 있고 또한 받을 수 있게 했다.15) 한 지방 교회는 그런 신원보증서 작성에 관해 다음과 같은 조언을 덧붙였다.

> 진술과 증언이 특히 영향을 끼치게 될 것은 만일 그것들이 국가사회주의의 초기에 주목하도록 만들거나 … 만일 당사자가 교회의 투쟁에서 교회의 이익을 대표했다고 주장할 수 있을 경우입니다. 다른 모든 증거도 … 사용할 수 있습니다. 증언과 진술은 명료하고 확신을 주도록 해야 하며, 본질적인 세부사항들을 간결하게 표현해야 합니다. 개인적 세부사항들이 전체적 개관을 더 어렵게 만들면 그 과정(신원조회)을 지체시키며, 최종 판단은 피해야 합니다.16)

피해야 할 "개인적 세부사항들"이란 나치 국가를 지지했거나 참여했

---

14) Frederick Spotts, *The Churches and Politics in Germany* (Middletown, CT: Wesleyan, 1973), 99, n. 2.
15) "Richtlinien zur Durchführung des Selbstreinigung der Kirche," approved at Treysa on May 2, 1946, Evangelisches Zentralarchiv in Berlin (EZA), 2/318, 228.
16) Landeskirchenamt an die Herren Pröpste und Dekane de. Ev. Landeskirche v. Kurhessen-Waldeck, June 24, 1946, EZA, 2/318, 171.

다는 것을 암시하는 모든 정보를 포함했다.

1946년 9월까지, 마이저 감독은 성직자들에게 탈나치화 청문회에서 어떻게 대처하는 것이 가장 좋은지에 대해 12페이지에 달하는 조언을 정리했다. 여기에 포함된 것은 교회의 투쟁을 참고하여 이 투쟁이 "비록 그 깊은 본질에서는 신앙의 투쟁이었지만, 최종적으로, 또한 사실상 국가와 당에 맞서는 **적극적 저항**으로 이끌었다[강조는 원문에]"17)는 것을 보여주어야 한다는 것이다. 마이저 감독은 성직자들이 반드시 자신들이 적극적으로 저항했으며 실제 피해를 입었다는 것을 보여주어야만 5번 범주에 속해서 열외가 될 수 있다고 지적했다. 그의 조언은 교회의 투쟁 자체가 저항을 대표하며(대부분의 목사들은 아마도 이것이 사기임을 알았을 것이다), 그 피해의 사례들 가운데 "**영적인 스트레스**[강조는 원문에]를 받아 ⋯ 우울증, 신경쇠약과 그 비슷한 일을 겪은 것"18)을 강조하라는 것이었다.

이처럼 효과적인 방어를 위한 운동과 더불어 한 문서는 교회 당국이 부풀려진 신원보증서의 위험성을 인식했음을 암시한다. 즉 바이에른 교회는 교인들을 위한 진술서를 작성할 때 먼저 지방 부감독에게 제출할 것을 요구했다. 이어지는 메모는 다음과 같다.

[우리의] 회람이 항상 그 실제 의미대로 이해되지는 않았습니다. 이것[절차]은 항상 경험을 통해 증명되는데, 특히 성직자가 쓴 진술서가 가능한 한 효과적일 뿐 아니라 교회 전체에 대한 신뢰성을 높이기 위해 작성되었기에 그렇습니다. 그런 증언을 작성하는 일은 성직

---

17) Evang.-Luth.Landeskirchenrat, An die sämtliche Dekanate der Bayerischen Landeskirche, September 10, 1946, EZA, 2/321, 85. 전체 문서는 85-90에 앞뒤 표지와 함께 나온다.
18) Ibid.

자 개인에게만 맡겨둘 일이 아닙니다. 지방 부감독조차도 그 진술 내용의 정확성을 말할 수 없는 경우에, 개인 성직자가 그런 진술서를 작성하는 횟수에 의해, 그리고 그 단어 선택에 따라 결론을 내리게 됩니다. 어떤 경우에는 이것이 형제애의 단어를 사용할 기회가 됩니다. … [부감독의 과외 업무를 지적한 후에] 그러나 경험은 항상 이런 조치를 해야 할 필요를 보여주었습니다. 우리는 독일인 장교와 군정[연합국 점령군] 장교 모두에게서 일부 목사들이 그런 진술서를 기꺼이 작성하는 것에 수반되는 극히 다양한 결과들을 보게 된 어색한 경험들을 했습니다.19)

여기에 사용된 언어의 우아함이 두드러진다. 이 편지는 솔직히 "당신들은 거짓말을 합니다. 우리는 당신들이 거짓말을 한다는 걸 압니다. 더 나아가 독일 당국과 군정 당국도 당신들이 거짓말을 한다는 걸 알고 있으며, 이것은 우리 모두를 참담하게 만듭니다"라고 말했을 수도 있다. 그러나 그처럼 직설적으로 솔직히 말하면, 자신들이 선의를 위해 거짓말을 한다고 생각하는 성직자들을 불쾌하게 만들었을 것이다. 결국 이런 사례들은 나치당원들, 즉 나치 체제의 진짜 범죄자들과 비교해서는 안 되는 선의의 이상주의자들과 관련된 경우들이라서, 교회가 그런 주장을 하고 있는 것이다.

그러나 또한 나치의 범죄에 더욱 책임이 있는 보다 중요한 인물이 교회 지도자들로부터 열렬한 지지를 받은 경우들도 수없이 많다. 그런 나치 인물 가운데 하나가 오트마 폰 버쉬어 남작으로서, 그는 요제프 멩겔레가 아우슈비츠에서 쌍둥이를 연구하도록 만든 인종학자였다. 베

---

19) Evang-Luth. Landeskirchenrat an sämtliche Dekanate, June 1, 1946, EZA, 2/318, 281.

를린의 "카이저 빌헬름 인류학과 유전학 연구소" 소장이었던 버쉬어는 멩겔레로부터 정기적으로 그의 연구에 대한 보고서를 받았으며, 또한 그의 엄청난 공급을 통해 신체의 부분들을 배송받았다. 탈나치화 과정에서 버쉬어는 프랑크푸르트의 담임목사인 오토 프리케의 놀라울 정도로 열광적인 지지를 받았는데, 프리케 목사는 과거 고백교회의 지도자였으며, 전후 개신교회 임시 지도자회 멤버였다. 프리케는 이렇게 썼다.

> 그[폰 버쉬어]와 그의 가족은 나의 고백교회 교인이며, 그는 고백교회가 교회와 그 메시지의 자유를 위해 투쟁하던 어려운 시기 동안 매우 정력적으로 나를 지지했습니다. … 그와 같은 유형과 성격의 사람들은 독일 학계가 기독교적 토대 위에서 다시 방향을 설정하고 독일인의 삶을 재건하는 데 적합한 사람들입니다. … 나의 이 증언은 프랑크푸르트 개신교회의 책임 있는 지도자로서, 특히 부름 감독과 마르틴 니묄러 목사의 위임받은 대표자로서 말하는 것입니다.[20]

부름 감독의 평판에 대한 이런 주장은 과장된 것이 아닌 것처럼 보인다. 그 역시 가장 의심스러운 개인들을 위해 열심히 노력했다. 한스 하인리히 라머스는 제국총리부장을 역임한 사람으로 유대인들과 기타 희생자들에 대한 히틀러의 전시 입법에 서명했지만, 부름 감독은 그가 "교회에 혜택을 주는 입장"[21]을 취했다고 선언했다. 친위대의 최고돌격대 지휘관 계급이었던 카를 조머는 친위대 경제 행정 본부(홀로코스트 작전을 위한 재정을 맡은 본부)에서 일했지만, 부름 감독은 조머가 6년 동안 쾰른의 기독청년회 회원이었다고 적었다. 조머가 1933년에 교회를 떠난

---

20) Klee, *Persilscheine und falsch Pässe*, 128에서 재인용.
21) Ibid., 95에서 재인용.

것은 무시하고, 그가 뉘른베르크 감옥에 있는 동안 신약성서와 신앙 서적을 읽었다는 걸 강조하면서, 부름 감독은 이렇게 썼다. "따라서 본인은 조머가 만일 정말로 사형받을 범죄를 저질렀다면, 특히 불행한 상황에서 압력을 받아 그렇게 했을 것임이 틀림없으며, … 그는 믿음이 있는 기독교인으로서 자비를 보여줄 가치가 있는 사람이라고 믿습니다."[22] 1950년에, 부름 감독은 헬레네 쉬르크 수녀를 위해 탄원서를 썼는데, 그녀는 30명에서 50명에 달하는 아동들에게 주사를 놓아 죽게 하는 걸 도왔다고 고백했다. 부름 감독은 자신이 그녀를 개인적으로 알지 못한다고 인정했지만, 그는 자신이 보게 된 문서들을 통해 "매우 호의적 견해"를 갖게 되어 "쉬르크 수녀의 경우는 환자들이 위협당하던 살해로부터 보호하는 데 성공한 사례"[23]라고 결론지었다고 주장했다. 그래서 그는 자비를 베풀 것을 탄원했다.

이와 비슷한 사례들은 많다. 에두아르트 슈트라우흐는 뉘른베르크 재판에서 사형을 선고받았다. 그는 발틱 국가들의 Ib 특수지휘부대장, 즉 하나의 "이동학살부대" 부대장이었다(이동학살은 홀로코스트 대량학살과정의 시작이었다). 그에 대한 기소 내용 가운데 하나는 그가, 지역 당대표 빌헬름 쿠베가 유대인들에게 너무 부드럽다는 비난을 13페이지에 걸쳐 작성했다는 점이었다. 그러나 라인란트 개신교회 회장인 하인리히 헬트는 그를 위해 탄원서를 썼다. 슈트라우흐는 신학을 공부했고, 그가 재판받는 동안 뇌전증 발작 때문에 자신을 제대로 변호할 수 없었을 것이라고 탄원서에 썼다.[24] 특수작전집단 B의 사령관이었던 발데마르 클린겔뢰페르는 그의 목사로부터 신원보증서를 받았는데, 그 보

---

22) Ibid., 101에서 재인용.
23) Ibid., 122-23에서 재인용.
24) Ibid., 99를 보라.

증서는 그가 다시 교회에 가입했으며, 오페라에서 훈련받은 목소리로 당시까지 두 차례 독창자로 활약했고, 목사의 견해로는 그가 "올곧고 정직한 성격, 모든 거짓말과 모든 불의에 맞서는 사람으로서 … 오늘날 우리에게 필요한 사람이며, 우리 민족이 지금처럼 엄청난 부패가 심한 곳에서 건강한 재건을 위해 필요한 사람"25)임을 강조했다. 클린겔뢰페르는 에스토니아에서 유대인을 대량학살한 것 때문에 사형을 선고받았지만, 그의 "정직하고 올곧은 성격"을 지지하는 이런 탄원서 덕분에 1951년 1월, 그는 사면되었다.26)

도대체 어떻게 부름 감독과 많은 성직자가 그처럼 의심스러운 인물들을 위해 그처럼 당당한 주장을 쉽게 할 수 있었는가? 우리는 1945년과 1946년에 독일교회(EKD)협의회 내부 편지에서 그 답을 일부 찾을 수 있다.27) 교회 지도자들이 결코 탈나치화를 정당한 것으로 간주하지 않았다는 것은 명백하다. 니묄러 목사, 부름 감독, 마이저 감독, 파울하버 대주교 같은 지도자들은 1945년 여름에 연합국의 탈나치화를 반대했을 뿐 아니라, EKD는 특히 1946년 봄에 격렬하게 반대하면서, 독일에 나치 청산 작업이 필요하다는 생각 자체를 반대하기 위해 다양한 주장을 끌어왔다.28)

아이러니하게도 1946년의 초점은 새로 만들어진 독일법 104조를 중심으로 했는데, 이 법은 국가사회주의와 군사주의로부터 해방을 위한

---

25) Ibid., 99-100을 보라.
26) Ibid., 99.
27) 예를 들어, 이 장의 각주 11-15에 인용된 EZA 2/318, 2/321를 보라.
28) 아이러니하게도, 여기에 설명한 청산 작업에 대한 반대와 더불어 가톨릭교회는 다른 형태의 "청산 작업"을 도왔다. 일부 독일인은 자신들의 과거를 씻어내고 전후 기소될 것을 피해 남미로 도망쳤는데, 많은 가짜 신분증과 도움을 바티칸이 마련해 주었다. Gerald Steinacher, *Nazis on the Run: How Hitler's Henchmen Fled Justice* (New York: Oxford University Press, 2011)를 보라.

법으로서, 그해 봄에 바이에른, 바덴-뷔르템베르크, 헤센 주 등에서 통과된 법이다. 부름 감독과 독일 개신교회(EKD)는 그 법에 대해 강하게 반대하면서, 자신들의 반대는 직접적으로 미군 군정장관 클레이 장군에 대한 것이라고 주장했다. 이 법에 반대한 EKD의 아이러니는, 이 법을 만들고 통과시킨 것이 독일인들이었는데 오히려 연합국 군정을 공격했다는 점뿐만 아니라, 1946년의 이 법의 취지는 바로 교회가 주장한 것, 즉 독일인의 공공 생활에서 나치 주동자들을 최소한으로만 제거하라는 주장의 결과를 만들기 위한 것이었다는 점에 있다. 연합국 군정의 후원 아래, 실제로 여러 나치 조직에 가담하고 참여한 것에 근거해서만 개인들이 직장에서 쫓겨났다. 만일 그들이 참여했다면 책임이 있었다. 법 104조는 책임에 대해 똑같은 범주, 즉 나치 조직의 회원과 참여를 수용했지만, 조건을 달아서 죄를 경감시킬 수 있는 상황을 제시할 수 있게 만들었다. 이것이 뜻한 것은 나치 국가를 **명백하게** 지지했던 사람들, 나치 조직에 가담했고 참여한 당원으로 알려진 개인들이 실제로는 은밀한 반대자였거나 기껏해야 나치 체제와 함께했던 "동료 여행자*Mitläufer*"에 불과했음을 증명하려고 노력할 수 있게 되었다는 점이다. 이 법이 전환점이 되어, 독일인 대다수가 탈나치화의 심각하거나 장기적인 결과를 피할 수 있게 되었다.29) 그들은 동료 공장*Mitläuferfabrik*의 최종 결과물, 즉 한쪽 끝에서 나치를 집어넣으면 다른 쪽 끝으로 단순히 "동료 여행자"가 나오는 공장의 최종 결과물이 될 수 있었다.30)

---

29) 이런 사태는 EZA에 보관된 파일들로부터 알 수 있는데, 특히 아돌프 아른트와 EKD 본부 사이의 편지들을 통해 알 수 있다. 예를 들어, EZA 2/318, 185-99를 보라. Vollnhals, *Evangelische Kirche und Entnazifizierung, 1945-1949*, 60-68도 보라.

30) Lutz Liethammer, *Die Mitläuferfabrik. Die Entnazifizierung am Beispiel Bayrn* (Berlin: Dietz, 1982)을 보라.

1946년 3월, 이 법을 놓고 벌어진 갈등이 보여주는 것은 교회 지도자들이 어떤 종류든 탈나치화 정책들에 즉각 반대하는 경향이 있었다는 점이다. 그러나 그 갈등은 또 일부 기독교인들 사이에서는 다른 관점을 가질 수 있었다는 사실을 가리킨다. 이 법을 만든 책임이 있는 사람 중 하나였던 헤센의 아돌프 아른트는 EKD의 반대에 즉각 다르게 반응했다. 《프랑크푸르트 헤프테》에 발표한 글에서, 아른트는 교회가 탈나치화를 부정하려는 시도에서 법적으로 사소하며 의문스러운 판단을 한다고 질책했다. 그는 교회가 나치당의 초기 당원들이 나치 체제의 참된 성격을 알 수 없었을 것이라고 주장한 것을 특히 꼴사납다고 불렀다. 그는 권력 남용을 열거하면서, 정치적 반대자들을 체포하고, 정당들을 해산시키고, 1933년에 유대인들에게 폭력을 행사한 것을 어떻게 "모두 알았는지"를 설명했다. 1934년 6월에 학살을 통해 폭력적이며 법적인 숙청을 한 것을 "모두 알았고," 1938년 "깨진 유리의 밤" 동안 회당들을 불태우고 유대인들에게 폭력을 가한 것을 "모두 알았다"고 설명했다.31)

아른트의 교회 비판은 교회의 자기변호보다 오늘날 더 정확한 것으로 읽힌다. 나치 체제의 범죄에 대해 우리가 인식하는 것처럼, 교회가 실질적으로 사과, 참회, 성찰도 하지 않았다는 것에 우리는 충격을 받는다. 대신에 우리는 독일인들이 외국의 공격과 복수에 대해 거의 본능적으로 보호하는 모습을 본다. 그런 반응은 만일 우리가 두 가지 단순한 진실을 살펴보면 훨씬 덜 놀랍다. 첫째로, 교회 지도자들은 독일인들의 삶에서 나치를 청산하는 작업을 받아들일 수 없었는데, 그 이유는 그들이 바로 나치였기 때문이다. 이것은 빌헬름 니묄러와 같은 인물들에게는 문자적으로 사실이었다. 많은 다른 사람에게는 그들의 태도 측면에

---

31) Adolf Adrnds, "Quo vadis?" EZA, 2/318, 185-99.

서 일반적으로 사실이었고, 다양한 친구들과 친척들이 나치당원이었다는 점에서 특수하게 사실이었다. 부름 감독은 뼈아픈 본보기를 보여준다. 그가 "명목상의 나치"를 처벌하는 것에 반대하여 공개적인 싸움을 이끄는 동안, 자기 아들이 질문지를 거짓으로 작성한 것 때문에 1년 형을 선고받은 것을 위해서 개인적으로 노력하고 있었다.32) 나치 당원이 된 것은 오직 1938년부터라고 주장했지만, 한스 부름은 실제로 1922년에 초기 열광주의자들과 함께 당에 가입했다. 부름 감독 가족의 이런 사례는 명백한 현실을 보여준다. 즉 기독교인들의 가정에는 나치 당원들과 지지자들이 분명히 있었다는 사실이다.

두 번째 명백한 진실은 나치 국가에서 가장 불안했던 집단, 즉 좌파와 유대인들과 관련된다. 교회 지도자들이 1945년과 1946년에 공개적으로 또한 사적으로 말한 것들에 차고 넘치는 내용은 나치를 철저히 청산하면 교회의 "적들"에게 정치적 유리함을 가져다줄 뿐이라는 점인데, 그들이 좌파와 유대인들을 자신들의 적으로 인식했음을 분명히 보여준다. 이처럼 부름 감독은 자신이 무능하며 부적합한 인물이라고 간주했던 사람들을 우려했다. 그는 그들이 이제 독일 관료사회를 채울 것을 두려워했다. 그는 또 나치 국가의 희생자들을 두려워했는데, 만일 그들이 권력의 자리에 앉으면 나치 국가에 복무했던 독일인들에게 복수를 할 가능성이 높다고 보았기 때문이다. 이것은 자연스러운 두려움이었으며 또한 간접적으로 죄를 인정하는 것이기도 했다.

사실상 교회가 가혹하며 해로운 탈나치화를 두려워한 것은 대체로 근거가 없는 것으로 판명되었다. 한편으로는 독일에서 나치를 청산하려

---

32) Vollnhals, *Evangelische Kirche und Entnazifizierung, 1945-1949*. "질문지"는 연합국의 질문지로서 독일인들이 나치 조직들에 대한 모든 멤버십을 기록하고 그 연관성을 설명하도록 요구받았다.

는 미국의 가장 광범위한 생각은 단순히 실행 불가능한 것으로 판명되었다. 즉 심지어 많은 질문지조차 읽을 수 없었으며, 많은 독일인을 그 노동력의 중간계층과 상부계층에서 축출하는 것은 말할 필요도 없었다. 또 냉전이 시작되어, 미국과 영국의 나치 청산 열정은 재빨리 공산주의에 맞설 연합세력을 찾는 것으로 바뀌었다. 철저한 탈나치화는 그런 새로운 현실에 맞지 않았다.33) 탈나치화의 슬픈 유물들 뒤에 남겨진 우리는 신원보증서의 남용을 보게 되는데, 그것은 거의 모든 전쟁 범죄자에 대해 교회가 기꺼이 뒷받침하면서, "전쟁 범죄자"가 더 정확한 것일 때조차 "전쟁 포로"와 같은 완곡한 용어를 사용한 경향을 보여준다.34)

과거에 대한 거짓말: 전쟁 후 일반인들과 학자들의 반응

탈나치화는 대부분의 독일인 사이에서 세 부분으로 된 반응을 초래했다. 즉 독일인 범죄의 책임을 나치 최고위급의 소수 집단에게 돌리는 것, 나치 체제에 대한 독일 대중의 광범위한 지지나 책임을 묻지 않는 것, 그리고 많은 해골을 옷장 속에 숨기는 반응이었다. 이와 똑같은 세 가지 반응은 전후 한 세대 동안 학계를 지배했으며, 어떤 경우에는 더 오래 계속되었다. 독일인의 행동이 초래한 재앙을 부인할 수는 없다. 그 범죄들은 자세하게 전 세계에 알려졌기 때문이다. 그러나 폭넓은 책임은 부정될 수 있었다. 첫 번째 반응은 이제 죽은 지도자들, 즉 아돌프 히틀러, 하인리히 힘러, 요제프 괴벨스와 그들이 계획한 악을 실행한 정

---

33) Ericksen, "Religion und Nationalsozialismus im Spiegel der Entnazifizierungsakten," 83-101을 보라.
34) 독일인 전쟁 포로들이 전후에도 계속 소련에 억류되었다는 사실은 전쟁 포로 기록에 신뢰성을 주었고, 전쟁 범죄자와 전쟁 포로 사이에 혼선을 초래했다. 그것은 서독에서 새로운 냉전 분위기에서 고용 문제가 되기도 했다.

치적 기구들에 초점을 맞추는 것이었다. "0시 *Stunde Null*"라는 용어는 1945년에 나치 과거와 완전한 단절을 설명하는 용어로 발전했다. 그것은 또 나치 시대가 더 이상 독일의 계속되는 역사로 존재하지 않는다는 것을 인식하기에 편리한 용어였다. 이처럼 제3 제국을 역사에서 완전한 탈선으로 간주하는 것은 핑계를 제공해 주었다. 그것은 수만 명의 독일인이 탈나치화를 거치면서 제시한 주장들과 일치했으며, 또한 수백만 명의 독일인이 최근의 과거에 대한 불쾌하거나 최소한 거북한 기억을 묻어버림으로써 정신적 위로를 받는 길이 되었다.

자주 출몰하는 기억 가운데 하나가 두 사람을 거쳐 나에게 전해졌다. 나는 물론 그 진실성을 증명할 수 없지만, 전후 독일인이 불쾌한 기억들에 반응한 것을 보여주는 창문으로써 고려할 가치가 있다. 한 학생이 나의 수업 시간에, 독일인들이 유대인들을 총살하라는 명령을 거부했다면, 그들이 총살당했을 것이라는 폭넓은 주장을 보고했다. 그는 이것을 독일에 여행 갔던 고등학교 역사 선생으로부터 배웠다고 했다. 공원 벤치에 앉아 있던 노인에게서 그 미국인 선생은 그 늙은 독일인이 유대인들을 총살했다고 인정하는 말을 들었다. 그의 가장 친한 친구는 거부했고, 무고한 유대인을 냉혈한처럼 죽일 수는 없다고 항의했으며, 장교는 그의 관자놀이에 한 발의 총을 쏘아 죽였다고 그가 말했다. 이처럼 그 노인 목격자/가해자는 자기가 참여한 것을 설명했고, 자신의 죄를 감쌀 핑계를 댔다. 이보다 더 대표적이며 심지어 더 유용한 이야기는 없을 것이다. 그것은 그의 범죄에 대한 책임을 면제시켜 주기 위한 이야기였다. 그것은 또 전후에 독일인들이 선호했던 설명의 본질을 포착한 것으로, 자신들은 단순히 명령을 따른 것뿐이었고, 또한 전체주의 국가의 극한적인 협박 아래에서 행동했을 뿐이라는 설명이었다.

이런 이야기의 핵심 문제는, 독일인이 유대인들을 살해하라는 명령을 거부한 것 때문에 심각하게 처벌받은 사례가 단 한 건도 발견되지 않았다는 사실이다.35) 크리스토퍼 브라우닝은 101 예비경찰대대의 "아주 평범한 사람들"(군에 입대하기에는 나이가 많고 전쟁에 직접 참여하고 싶지 않은 지원자들)은 유대인 학살 임무에 대해 마음이 불편하면 빠질 권리가 주어졌다고 지적한다. 그는 약 85,000명의 유대인을 학살한 그들의 활동에서, 약 10~15%의 내원은 대대장의 제안을 받아들여 학살을 거부했다고 판단한다. 500명의 대원 중 나머지 약 85%는 기꺼이 학살에 참여해서, 매우 가까운 거리에서 유대인들에게 총을 발사했기 때문에 피와 뇌의 물질이 그들의 얼굴과 옷에 튀었다.36) 에른스트 클레는 그의 역설적인 책 제목 ≪좋았던 옛날≫에서 한 장 전체를 할애하여, 독일인 가운데 유대인 학살을 하지 않기로 선택하면, 면제되도록 허락받은 이야기들을 들려준다. 그 장의 제목은 "명령에 복종하도록 강요받았다는 신화"인데, 그는 열다섯 사람의 증언과 진술을 인용한다. 거부할 기회는 항상 주어졌고, 항상 심각한 처벌도 없었다는 증언들이었다.37) 전후 독일에서 변호인들은 유대인들이나 기타 무고한 사람들을 죽이는 걸 거부한 독일 군인들에게 가혹한 처벌이 주어진 모든 사례를 찾으려 했다. 그래야 기소된 개인들을 위해 극한적 위협이 있었다는 증거를 제시함으로써 변호를 뒷받침할 수 있었기 때문이다. 그러나 그런 사례를 찾기

---

35) 이것이 독일인들에 대한 언급이라는 점이 중요하다. 비독일인들, 때로는 심지어 유대인들도 학살을 강요받았으며, 거부할 경우 실제로 총살당할 수 있었다.

36) Christopher R. Browning, *Ordinary Men: Reserve Police Battalion 101 and the Final Solution in Poland* (New York: Harper Collins, 1992), 특히 55-70, 159ff를 보라.

37) Ernst Klee, Willi Dressen, and Volker Riess, eds., *"The Good Old Days": The Holocaust as Seen by Its Perpetrators and Bystanders* (Old Saybrook, CT: Konecky & Konecky, 1991), 75-86. 이 책은 원래 *"Schöne Zeiten": Judenmord aus der Sicht der Täter und Gaffer* (Frankfurt am Main: Fischer Verlag, 1988)로 출판되었다.

위해 혈안이 되었던 변호사들은 빈손으로 돌아갈 수밖에 없었다.

전쟁 후 독일인들이 툭하면 "나는 단지 협박 아래 명령을 따랐을 뿐"이라고 핑계를 대는 두뇌를 들여다보기 위해 뇌외과 의사가 필요하지는 않았다.38) 우리가 실제 학살자들을 보든 아니면 지역 나치당의 열광적 당원들을 보든, 유대인들을 향한 적대감을 설교한 목사들을 보든, 아니면 나치의 세계관을 찬양했던 교수들을 보든, 그들 각자는 전쟁 후에 자신의 나치 과거로부터 자신을 떼어 놓을 이유가 있었다. 이제는 그 범죄 때문에 철저히 불신하게 된 나치 체제와 직결되었을 그들의 말과 행동으로부터 자신을 분리할 필요가 있었다. 연합국이 전쟁 후 몇 달 동안 독일 전역에 홀로코스트 이야기들을 방송하고, 지역 주민들에게 강제로 수용소를 돌아보게 만들거나 심지어 땔나무처럼 쌓여있는 시체들을 묻게 만들고, 죽음의 수용소에 대한 다큐멘터리를 만들어 그 참상을 보여주자, 독일인들은 이런 범죄들이 끔찍했다는 것을 인정했다. 그러나 그들은 자신들이 전혀 알지 못했다고 주장하거나, 자신들이 그 명령을 따르지 않았다면 총살당했을 것이라고 주장했다.39)

기억을 재처리하는 일과 해골들을 감추는 일은 탈나치화 동안이나, 공원 벤치의 노인들 사이에서는 일어나지 않았다. 1998년 독일 역사학

---

38) 1980년대의 한 길거리 극장이 이런 태도를 잘 포착하여 "그런 짓을 한 건 우리가 아니라 히틀러였다"는 제목으로 연극을 했다.

39) 독일인들이 자신들은 단지 "명령에 따랐다"고 주장한 특별한 이유가 있었다. 독일 법에서 1급 살인자로 선고하기 위해서는 기본 동기를 요구했기 때문이다. Rebecca Wittmann, *Beyond Justice: The Auschwitz Trial* (Cambridge, MA: Harvard University Press, 2005)은 나치 시대 독일 법이 전후 재판에서 갖게 된 함의를 논의한다. 우리는 또 "알지 못했다"는 주장과 "단지 명령을 따랐다"는 두 주장을 결합할 때의 어려움도 볼 수 있다. 한 사람이 두 주장을 모두 할 수는 없었을 것이다. 끝으로 아우슈비츠 재판의 또 다른 중요한 점을 보기 위해서는 Devin Pendas, *The Frankfurt Auschwitz Trial, 1963-1965: History, Genocide and Limits of the Law* (New York: Cambridge University Press, 2006)를 보라.

회의 한 세션(3장에서 언급한 것처럼)은 1945년 이후 역사가들이 숨겨 왔던 것에 빛을 비춰주었다. 이 세션이 센세이션을 불러일으킨 이유는 전후 중요한 역사가들이 나치 체제의 잔인한 정책들을 만드는 것을 도 왔거나 승인했다는 사실을 폭로했기 때문이다. 1998년, 나치 국가가 붕 괴한 지 53년이 되기까지, 독일 역사가들은 제3 제국에 관해 많은 탁월 한 책을 저술했다. 그러나 독일 역사가들은 독일 역사가들에 관한 책은 거의 쓰지 않았거나, 적어도 열린 눈으로 증거를 기꺼이 따르려고 하지 않았다. 1998년 학회에 참석한 역사가들은 당시까지 두 세대의 젊은 역 사가들을 가르쳤던 교수들에 관해 들었다. 독일이 폴란드를 침공한 지 한 달 후에, 테오도어 시더는 "동방종합계획"이 장차 어떻게 독일 민족 의 생활 공간Lebensraum[40]을 극대화할 수 있는지에 대한 보고서를 기고 했다. 그는 조만간 폴란드인 수만 명을 추방함으로써 "건강한" 독일인들 을 이주시키고, "폴란드 나머지 지역을 탈유대인화" 할 것을 포함해서 가혹한 정책들을 추천했다.[41] 베르너 콘즈는 독일의 정복에 대한 그의 설명을 당시의 전형적인 반유대인 논평들로 넘치도록 채웠다. 예를 들 어, 그는 "국가사회주의 혁명은 백러시아인들에게 큰 인상을 남겼다. 총 통의 이름은 가장 멀리 떨어진 마을에까지 도달했는데, 이것은 무엇보 다 유대인 문제에 대한 그의 분명한 정치 때문이었다"[42]고 썼다.

---

40) 역자주: "생활 공간Lebensraum" 개념은 1890년대부터 독일의 팽창 정책의 기초 로 제1차 세계대전의 지정학적 목표였다. 그러나 베르사유 조약으로 알자스-로렌 지방, 서부 프로이센, 북부 실레시아 등 영토를 빼앗기자, 히틀러의 이데올로기 원 칙이 되어, 동부 지역 점령과 제2차 세계대전의 동기가 되었다.

41) Götz Aly, "Theodor Schieder, Werner Conze order, Die Vorstufen der physischen Vererrnichtung," in Winfried Schulze and Otto Gerhard Oezle, eds., Deutsche Historiker im Nationalsozialismus, 2nd ed. (Frankfrut am Main: Fischer, 1999), 163.

42) Ibid., 173에서 재인용.

1998년에 이런 돌파구가 열린 이후, 독일 역사가들은 자신들의 선배 역사가들을 자세히 살펴보기 시작했다. 1998년 학회에서 발표된 논문을 인용한 첫 번째 책은 비록 견해 차이가 있지만, 그 이야기의 본질을 부인할 수는 없다는 점을 인정했다.

오늘날 우리는 실제 증거를 알고 있다. 그 증거는 우리가 전에 생각했던 것보다 훨씬 많은 역사가가 국가사회주의에 복무했음을 보여준다. 이런 자료들은 그 집단이 단지 "사나워진 중등학교 교사들이나 외부자들"(한스 로스펠스)이나 젊은 나치당원들로만 이루어진 것과는 거리가 멀다는 사실을 증명한다. 그 집단은 훨씬 멀리 펼쳐져, 심지어 이제는 연방공화국 역사학계의 "태두들"로 간주되는 사람들까지 포함한다는 것이 핵심적 발견이다. 바로 이런 개인들이 다양한 방식으로, 이제는 완전히 부인할 수 없게, 유대인들에 대한 차별의 "과학적" 기초를 놓았고, 총통 국가의 합법성, 그리고 국가사회주의가 요구한 팽창 정책과 민족의 땅을 확장하는 정책을 합법화했다.[43]

2000년 2월, 프랑크 룻거 하우스만은 제3 제국에서 인문과학의 역할에 관한 첫 번째 책을 만들 열다섯 명의 학자 모임을 주선했다.[44] 2000년 3월, 하르트무트 레만과 오토 윅슬도 괴팅겐의 막스 플랑크 역사연구소에서 비슷한 모임을 주선했다. 국가사회주의와 인문과학의 관계에 관

---

43) Winfried Schultze, Gerd Helm, and Thomas Ott, "Deutsche Historiker im Nationalsozialismus: Beobachtungen und Überlegungen zu einer Debatte," in Schulze and Oexle, 16-17.
44) Frank-Rutger Hausmann, ed., *Die Rolle der Geisteswissenschaften im Dritten Reich 1933-1945: Schriften des Historischen Kollegs, Kolloquien 53* (Munich: Oldenbourg Verlag, 2002).

한 이 모임은 18개의 논문을 묶은 700페이지짜리 책을 결과로 내놓았다.45) 위르겐 엘버트와 위르겐 닐슨 시코라 역시 그와 비슷한 책을 편집했는데, 이번에는 28개의 논문과 900페이지가 넘는 책이었다.46) 앤슨 라빈바흐와 볼프강 비알라스는 두 차례 회의를 주선했는데, 하나는 2001년에 어바인 캘리포니아대학교에서, 두 번째는 2003년에 프린스턴대학교에서 열렸다. 그들의 노력은 기고자 열네 명의 논문을 묶은 책으로 나왔다.47) 니콜라스 버그는 특별히 역사학 분야를 택해서, 서독의 역사가들과 홀로코스트의 관계에 관해 거의 800페이지에 달하는 책을 출판했다.48) 이 방대한 책들의 공통분모는 독일 학자들이 역사학과 거의 모든 인문과학 분야에서, 나치 체제를 뒷받침할 방법을 찾았다는 인식이다. 그들은 때로 약간의 거리낌을 갖고 뒷받침했지만, 흔히 확고한 열광주의를 품고 뒷받침했다. 이것이 바로 전후 학자들이 이야기하지 않은 나치 시대 학자들에 관한 이야기다.

이런 실패의 심리기제는 쉽게 이해할 수 있다. 숨기려는 의도를 지닌 대부분의 학자는 전후 시대에 계속 가르쳤다. 그들은 자신의 과거에, 적어도 1933년부터 1945년 사이에 머물 가능성이 별로 없었다. 학자들은 자신의 이력서를 줄였다. 분명히 나치화된 논문들과 책 제목들 대부분은 이력서에서 사라졌다. 학생들은 자기 교수들의 과거를 깊이 파고들

---

45) Hartmut Lehmann and Otto Oexle, eds., *Nationalsozialismus und Kulturwissenschfte. Band I: Fächer, Milieus, Karrierens* (Göttingen: Vandenhoek & Ruprecht, 2004). 두 번째 책의 부제목은 *Leitbegriffe, Deutungsmuster, Paradigmenkämpfe* (2004)였다.

46) Jürgen Elvert and Jürgen Nielsen-Sikora, eds., *Kulturwissenschaften und Nationalsozialismus* (Stuttgart: Franz Steiner Verlag, 2008).

47) Anson Rabinbach and Wolfgang Bialas, *Nazi Germany and the Humanities* (Oxford: Oxford University Publications, 2007).

48) Nicholas Berg, *Der Holocaust und die westdeutschen Historiker, Erforschung und Erinnerung* (Berlin: Wallstein Verlag, 2003).

려고 하지 않았다. 존경심 때문이었거나 자신의 경력에 대한 두려움 때문이었다. 심지어 1980년대까지도, 젊은 학자들은 히틀러 시대에 훈련받은 스승들, 또는 그 당시에 자기의 경력을 쌓아준 교수들의 권위 아래서 연구했다. 이런 학자들은 자신의 옷장 속에 해골들을 갖고 있거나, 자기 직업의 존경받는 사람들에게 피해를 줄 수 있는 해골들의 위치를 알고 있다. 바로 이처럼 원로 학자 집단이 자기 분야를 지배했으며, 대학원생들을 지도했고, 학위논문을 지도했고, 중요한 학술잡지에 게재할 논문을 선택했고, 동료 교수들이 비평할 출판 도서를 선택했다.

 1980년대에 나는 이런 경험을 몇 차례 하면서, 독일인들이 나치 과거에 대해 갖고 있던 예민함과 침묵의 조짐을 파악했다. 괴팅겐의 신학 교수 한 사람은 나의 연구 주제를 묻고는, "당신은 다른 주제를 선택해야 한다"고 우물거렸다. 1987년에 그의 동료 교수들이 나를 초대하여 괴팅겐대학교 250주년 기념 강연을 에마누엘 허쉬(나치 시대 괴팅겐 신학대학장)와 그의 나치 정치학에 초점을 맞추어 하도록 했을 때, 교수 몇 사람은 자신들의 "더러운 내의"를 공개적으로 세탁하는 것에 불만을 품고, 나의 강연을 보이콧했다. 괴팅겐대학교 250주년의 또 다른 행사는 나치가 지배하던 당시의 괴팅겐대학교를 해명하는 첫 번째 중요한 연구를 시작한 것과 관련된다. 그 편집자들은 나에게 신학 교수들에 관한 장을 써달라고 요청했다. 그러나 그 후에 나는 역사 세미나에 관한 장도 써달라는 요청도 받았다. 괴팅겐의 몇몇 젊은 역사가들에게 논문 기고를 요청했지만, 그들의 스승들이 나치 과거를 들쑤시는 것이 그들의 경력에 좋지 않을 것이라고 충고했기 때문이다. 이와 비슷한 사례는 내가 다루었던 신학자 중 한 신학자에 관해 논문을 쓴 독일 학자와 관련된 것인데, 그는 그 신학자를 보다 부드럽게 다루면서 그가 나치의 반유대주의를 지지했다는 가장 뚜렷한 증거를 숨겼다. 내가 그 이유를 묻자, 그는 독일 출판사 가운데 독일 신학의 이 거인을 냉정하게 폭로한 글을 출판할 곳은 없으며, 그런 영웅을 완전한 증거에 매달면 아무도 학문적 발전을 기대할 수 없을 것이라고 대답했다.

나의 이런 경험들에 대해 사람들은 일화에 불과한 증거들이며 대표적인 것이 아니라고 쉽게 무시할 것이다. 나는 그런 경험이 폭넓은 진실을 대표하는 것인지 확실히 알 수 없다. 그러나 훨씬 크고 폭넓게 인정된 그림, 즉 1990년대까지 역사가들이 다른 역사가들의 나치 경력을 탐구하지 않았다거나, 1990년대나 그 이후까지 인문과학 분야에서 나치의 비밀들이 밝혀지기를 기다리고 있었다는 그림에 잘 들어맞는다. 이런 패턴은 심지어 마르틴 하이데거의 경우도 마찬가지다. 비록 그가 1933년에 친나치 총장 연설을 한 이후 국가사회주의를 열렬하게 지지했다는 것은 모두가 보도록 밝혀지지 않았지만, 그는 수십 년 동안 그의 지지자들이 그의 비난받을 정치적 입장을 순진하고, 대표적인 것이 아니며, 따라서 중요하지 않은 것으로 무시하는 혜택을 입었다. 21세기로 바뀌면서야 비로소 해석의 무게추가 이동했고, 그의 광범위한 철학에서 나치 이데올로기의 중요성을 점차 인정하게 되었다.[49]

교회사 분야에서 나는 1985년에 ≪히틀러 치하의 신학자들≫을 출판했다. ≪프랑크푸르터 알게마이네 차이퉁≫에 실린 서평은 이 책을 칭찬했지만, 40년이 지난 다음에 히틀러를 지지한 개신교회의 중요한 지지를 미국인 학자가 파헤쳤다고 지적했다.[50] 다른 사람들도 분명히

---

[49] 예를 들어, Hans-Joachim Dahms, "Philosophie," in Elvert and Nielsen-Sikora, 특히 41-43; Emanuel Saye, *Heidegger: The Introduction of Nazism into Philosophy in Light of the Unpublished Seminars of 1933-1935* (New Haven: Yale university Press, 2009)를 보라. 하이데거에 대한 초기 비판자 중에는 Victor Farias, *Heidegger and Nazism* (Philadelphia: Temple University Press, 1991); Hugo Ott, *Martin Heidegger: A Political Life* (New York: Basic Books, 1993)이 있다.

비평을 시작했지만, 당시 초기에는 광범위하게 변명하는 경향에 직면한 비평이었다. 교회 역사가들은 눈길을 돌려 디트리히 본회퍼와 마르틴 니묄러 목사와 같은 영웅들을 다룸으로써, 이처럼 이미 실제로 나치 국가에서 박해를 받은 급진적인 인물들이 개신교회 전체를 대표하는 것처럼 보이게 만들려고 했다. 역사가들은 교회가 나치의 박해 아래 고난을 겪고, 용기가 허락하는 정도까지 나치 범죄에 반대한 이야기를 했다. 그 이야기에는 그토록 많은 교회 지도자가 아돌프 히틀러를 환영했고 또한 찬양했던 사실은 사라지고 없다.

빌헬름 니묄러(목사)는 아마도 개신교회의 투쟁 역사의 아버지라 부를 수 있는 인물인데, 그 초기 몇십 년 동안의 맹목성을 보여주는 매우 좋은 사례를 제공한다. 그는 자기의 형 마르틴 니묄러 목사와의 경험을 이용하여 빌레펠트의 그의 교회 구내에 아키브를 세웠다.51) 그는 그곳에서 미친 듯이 연구하여, 열몇 권의 책을 썼고, 예닐곱 권의 책을 편집하면서, 모두 고백교회 역사의 다양한 측면을 다루었다. 그는 또 자신의 아키브를 다른 학자들도 이용할 수 있게 했다. 그의 작업은 몇 가지 점에서 두드러진다. 첫째로, 그는 명백하게 역사적 관심보다 영적 관심을 우선시했다. 그는 1948년에 "나는 이 책을 쓰기 시작하면서, 역사가들 사이를 걷고 싶은 것이 아니라 … 하느님이 심지어 오늘날에도 기적들을 행하신다는 것을 훨씬 더 증언하고 싶고, 그분의 기적적 권능을 통해 그분은 지치고 만족하는 교회가 … 고백교회가 되도록 만드신다는 것을

---

50) Klaus Goebel, "Theologen, die Hitler unterstützten: Über Gerhard Kittel, Paul Althaus, Emanuel Hirsch," *Frankfurter Allgemeine Zeitung*, Nr, 127 (June 5, 1986), 11.

51) Wilhelm Niemöller, ed., *Die vierte Bekenntnissynode der Deutschen Evangelischen Kirche zu Bad Oeynhausen* (Göttingen: Vandenhoek & Ruprecht, 1960), 5.

증언하고 싶다"[52])고 썼다. 1965년까지 그는 자신의 목회적 접근 방법이 승리하지 못할 수 있다는 관심을 표명했다. 즉 "교회 역사와 '세속' 역사가 서로 다르지 않다는 비교적 근시안적 결론에 거의 만족하는 것처럼 보인다."[53)]

우리 "세속" 역사가들은 이제 빌헬름 니묄러의 영적 방법이 초래한 왜곡을 보고 있다. 예를 들어, 그가 독일 개신교회 역사를 교회의 투쟁이라는 관점에서 쓸 때, 그는 전적으로 고백교회만 다루었다. 고백교회는 개신교인들의 불과 20%에 불과했지만 말이다. 그는 독일 기독교(DC)를 이단으로 무시했고, 또한 그 중간의 큰 집단을 논의하는 것은 의미가 없다고 설명했다. "우리가 비록 선한 사람들 사이의 평화를 원한다는 것을 인정하고 싶지만, 거기서 역사가 나오지는 않는다. 어느 시대든 간에 중요한 행동은커녕 명확한 선을 파악할 수도 없다."[54)] 그의 기준에 부합하는 "명확한 선"이나 "중요한 행동"이 없기 때문에, 즉 그들의 입장을 그가 승인하지 않기 때문에, 그는 고백교회 바깥의 개신교인들 80%의 역사를 기꺼이 무시했다.

한 세대가 지나도록 아무도 이 이야기의 빠진 부분에 대해 별다른 주의를 기울이지 않았다. 사람들은 대부분 고백교회에 필요 이상의 훨씬 큰 공적을 부여했고, 고백교회를 하나의 저항 조직으로 보려는 경향이 있었다. 그러나 실제로 교회의 투쟁에서 "투쟁"이란 일차적으로 교회

---

52) Wilhelm Niemöller, *Kampf und Zeugnis der Bekennende Kirche* (Bielefeld: Bechauf, 1948), 9.
53) Wilhelm Niemöller, *Wort und Tat im Kirchenkampf. Beiträge zur Neuesten Kirchengeschichte* (Munich: Kaiser, 1969), 11. 이 인용문은 "Entweder-Oder. Gedanken zur Methode der Kirchengeschichte," first published in *Junge Kirche* 26, *Beiheft zu Heft* 12 (1965), 3-15에 나온다.
54) Wilhelm Niemöller, *Die Evangelische Kirche im Dritten Reich. Handbuch des Kirchkenkampfes* (Bielefeld: Bechauf, 1956), 46-47.

내의 투쟁이었다. 빌헬름 니묄러 이야기의 마지막 요소는 그 문제의 더 깊은 부분을 비춰준다. 그는 교회 역사를 영웅적인 고백교회 이야기로 협소하게 만들었을 뿐 아니라, 그 자신이 나치당에 매력을 느껴 이미 1932년에 나치당에 가입한 사실은 언급하지 않았다. 그뿐 아니라 그의 형 마르틴 니묄러 목사는 나치당에 투표했고 또한 히틀러의 등장을 찬양했다. 니묄러 형제가 모두 자신들의 정치적 지지를 재고하기 시작한 것은 독일 기독교(DC)가 이단을 설교하고, 나치 관료들이 DC를 위해 교회 문제에 개입한 때부터였다.55) 빌헬름 니묄러는 자기가 초기에 아돌프 히틀러에게 매혹된 것을 곰곰이 성찰하고 또한 독일 개신교인들과 나치 이데올로기 사이의 밀접한 친근성을 이해하려고 노력할 가장 완벽한 사람이었을 것이다. 그러나 대신에 그는 자신의 초기 정치적 입장을 억누르면서, 자기 교회의 역사를 억누르고 왜곡시켰다.

이와 비슷한 궤적이 나치 시대 가톨릭 역사에도 특징적으로 나타난다. 1946년에 요하네스 노이훼슬러 주교는 나치가 독일 가톨릭을 박해한 것과 용감한 가톨릭 신자들의 저항을 강조한 첫 번째 책을 출판했다. 그는 가톨릭 신자들이 많은 방법으로 나치 체제에 대한 지지나 공감을 표현한 것, 또는 나치의 세계관과 공통적 대의를 품었던 것을 전혀 언급하지 않았다.56) 이 이야기는 처음에 1960년대 초기에 반대에 봉착했는데, 많은 저자가 다른 증거나 다른 해석을 제시했기 때문이다. 가장 주목을 받은 것은 롤프 호흐후트가 그의 연극 ≪대리인≫을 통해서 교황 비

---

55) Robert P. Ericksen, "Wilhelm Niemöller and the Historiography of the Kirchenkampf," in Manfred Gailus and Hartmut Lehmann, eds., *Nationalprotestantische Mentalitäten in Deutschland, 1870-1970* (Göttingen: Vandenhoek & Ruprecht, 2005), 433-37을 보라.

56) Johannes Neuhäusler, *Kreuz und Kakenkreuz. Der Kampf der Nationalsozialismus gegen die katholische Kirche und der kirchliche Widerstand* (Munich: Verlag der Kathlische Kirche Bayerns, 1946).

오 12세가 나치의 잔학행위에 맞서서 외쳐야 했을 때 비겁하게 침묵을 지켰다고 주장했던 때였다.57) 비오 12세에 관해서는 오늘날까지 신랄한 논쟁이 계속되며, 그를 성인으로 시성해야 하는지에 대해서도 치열한 논쟁이 계속된다. 그러나 오늘날에는 사실상 아무도 가톨릭과 나치 국가의 이야기가 명예로운 이야기라고 주장하지 않는다. 요한 바오로 2세는 실제로 1998년, 그의 "우리는 기억합니다"라는 선언에서 유대인들에게 사과했으며, 나치 체제의 범죄에 대해 가톨릭이 유약했을 뿐 아니라 일정 부분 공모했음을 인정했다.58) 그 이야기는 이제 아돌프 히틀러를 찬양한 주교들과 나치의 유대인 정책들에 열광했던 사제들의 이야기를 포함하고 있다.59)

실패한 탈나치화로부터 성공적인 민주화로

1945년 이후 유럽의 놀랍게 성공적인 역사에서 독일은 중요한 요인이었다. 우리는 역사가 다르게 전개되었을 가능성을 알고 있다. 제1차 세계대전을 끝낸 평화조약은 유럽에 평화를 가져오지 않았다. 오히려 유럽은 20년 내에 더욱 값비싼 대가를 치른 전쟁에 휘말렸다. 그러나

---

57) Rolf Hochhuth, *The Deputy* (New York: Grove Press 1964), and Eric Bently, *The Storm over The Deputy* (New York: Grove Press, 1964). 또한 호흐후트의 작품에 기초한 2002년 영화로서 Costa-Gavras가 감독하고 K. G. Production이 제작한 *Amen*도 보라.

58) *We Remember: A Reflection on the Shoah*. 이 문서는 2008년 교황 요한 바오로 2세의 요청에 따라, 유대인들과의 종교적 관계 위원회가 준비한 문서이다.

59) 예를 들어, Kevin Spicer, *Hitler's Priests: Catholic Clergy and National Socialism* (DeKalb: Northern Illinois University Press, 2008); Michael Phayer, *The Catholic Church and the Holocaust, 1930-1965* (Bloomington: Indiana University Press, 2001); Guenter Lewy, *The Catholic Church and Nazi Germany* (New York: McGraw-Hill, 1964)를 보라.

제2차 세계대전 이후에는 유럽의 대부분이 수십 년 동안 전쟁이 없는 시절을 경험하면서, 유럽의 국경선은 점차 개방되었고 군인들이 지키지도 않게 되었으며, 새로 우방이 된 국가들 사이에 전쟁은 거의 생각할 수 없게 되었다. 이 모든 것이 가능하게 된 것은 가장 중요한 하나의 사실 때문이었는데, 그것은 전후 독일이 거의 즉각적으로 또한 거의 완전히 나치 이데올로기에서 벗어났다는 사실이다. 다시 말해서, 탈나치화라는 개념이나 그 실행에서 문제들이 있을 수 있었지만, 탈나치화는 어떤 방식으로든 그 일차적인 목표를 달성한 것처럼 보인다.

전후 독일에서 이처럼 성공적으로 이데올로기가 바뀐 것에는 많은 이유가 있기 때문에, 탈나치화는 거의 유일한 변수가 아니었다. 독일 국가의 완전한 붕괴와 독일 군대의 전적인 패배는 나치즘이 그 자체의 사회적 다윈주의Social Darwinism, 즉 적자생존이라는 이념에 의해 실패할 수밖에 없음을 보여주었다. 히틀러는 독일에 절대적 재앙이었음을 증명했기 때문에, 그의 사상에 대한 매력은 극적으로 줄어들었다. 연방공화국의 "경제 기적"은 서독인들에게 풍요를 가져다주었으며, 분노한 정치 대신에 부르주아의 안락함을 제공했다. 더 나아가 냉전이 시작됨으로써 영국과 미국은 서독을 훨씬 더 호의적으로 대했는데, 이것은 분명히 독일인들을 서구와 친밀하도록 만들었다. 그러나 탈나치화 과정을 지배했던 거짓말들은 또 다른 요인이었던 것처럼 보인다.

수만 명의 독일인은 탈나치화 동안에 자신들이 결코 나치가 아니었으며, 나치의 사상을 실제로 믿었던 적도 없었다고 선언했는데, 그들이 분명히 나치당원이었으며 나치 활동을 했다는 증거가 아무리 분명해도 그렇게 주장했다. 전후 독일에서 실질적으로 나치를 발견할 수 없다는 것은 연합국에게 "기적"처럼 보였으며, 또한 이런 기적은 허위 진술로 무시되는 것이 일상적이었다. 그러나 이처럼 진실을 말하기를 거부하는 일관된 태도를 유지했기 때문에 독일인들은 승리자들에게 비위를 맞추고 또한 자기들의 직장을 유지할 수 있었다. 일단 나치 사상과의 어떤 연관성도 부인하고 자기의 정치적 입장을 바꾼 다음에 이들 많은 독일인이 나치 이데올로기를 설교하거나 그 이데올로기가 다시 살아나도록 작업하는 것은 거의 불가능했을 것이다. 흥정은 거의 노골적이었다. 즉 내가 결코 나치가 아니었다는 믿기지 않는 주장을 당신이 받아들인다면, 나는 장차 나치가 되지 않을 것이며 나치즘을 설교하지도 않겠다는 데 동의할 것이라는 흥정이었다. 많은 독일 청소년은 나중에, 과거 나치들이 전후에 너무 많은 권력의 요직을 차지해 버렸기 때문에, 이들 과거 나치의 뿌리 깊은 태도들이 어떤 행동과 판단에 영향을 끼치기 십상이었다고 불평했다. 그러나 이들 과거 나치는 그들의 전후 행동에서 결코 노골적으로 나치였던 적은 없었으며, 1945년 이후 독일에서 나치 정치가 발전한 적은 없었다. 예외는 아주 작은 급진적인 과격 극우파의 경우였다.60) 대신에 독일인들 사이에 넓게 퍼진 열렬한 국가적 메시지는 나치를 나쁜 것으로 규정하고, 나치즘을 받아들일 수 없는 것으로 배격하는 것이었다. 탈나치화는 아마도 그것이 불러일으킨 거짓말 때문에, 그 결과에 중요한 영향을 끼쳤을 것이다.

전후 처음 20년 동안에는 나치 이데올로기에 대한 새로운 주장이 나타나지 않았지만, 과거에 대한 정직한 평가도 없었다. 1960년대에 가서야 비로소 독일 청년들은 자기 부모들의 기억상실과 시치미 떼기에 도전하기 시작했다. "1968 세대"로 알려진 집단의 의제 중 일부는 자기들

---

60) 예외들에는 나치와 비슷한 독일제국당이 포함되는데, 이 당은 1950년대에 금지되었다. 또한 다양한 과거 나치들이 자유민주당(FDP)과 기독교민주연합(CDU) 같은 당에서 정치적으로 적극 활동했다. 후자의 경우에는 한스 글롭케가 연방총리 콘라트 아데나워의 밀접한 참모로 일하다가 결국 아돌프 아이히만과의 밀접한 관계가 알려지게 되었고, 그가 홀로코스트에 참여한 것이 폭로되었다.

이 어렸을 때 듣지 못했던 이야기들을 찾아내는 것과 관련되었다. 에를랑겐대학교에서 벌어진 사건에서는 신학생들이 1968년에 처음으로 존경받던 신학자 파울 알트하우스가 나치였다는 것을 듣게 되었다. 그는 1966년에 사망했으며, 신학생들은 그의 책을 읽어야만 했었는데, 이제 에를랑겐에서 열린 국가적 교회 회의에서 학생들은 발을 구르면서 그의 나치 과거를 숨겼던 광범위한 공모에 항의했다. 3년 전에 괴팅겐대학교 학생들은 자신들의 대학교가 과거를 은폐한 것을 파헤치려고 처음 시도했었다. 학생들은 자신들의 간행물인 ≪정치≫의 한 호 전체를 통해, 나치 시대 동안 열광적이었던 교수들의 이야기를 실었다.61)

1980년대에 이르러, 독일 사회 전체는 최근의 국가 역사에서의 결벽증을 인정하기 시작했다. 매스컴은 과거를 이해하거나 통제하는 데서의 어려움을 여덟 음절 단어(*Vergangenheitsbewältigung*, "과거에 대처하기")로 표시하기 시작했다. 그것은 "히틀러 파도"의 10년을 가리키며, 나치 시대를 설명하고 분석한 신간 서적들이 서점들에서 돋보이던 시기였다.62) 그러나 홀로코스트의 참극이 끝난 지 40년이 지난 그 시기에도 여전히 심리적 억압과 부인의 어려운 순간들이 없지 않았다. 1985년에 제2차 세계대전 종전 40주년 기념행사의 일부분으로, 헬무트 콜 총리가 로널드 레이건 대통령을 비트부르크라는 작은 도시에 초대했다. 그들은 전쟁에서 사망한 독일 군인들의 무덤에 화환을 바침으로써 군 묘지에서 화해의 행동을 나눌 수 있었다. 불행하게도 과거를 묻어버리기 위한 이 상징적 노력과 사진 촬영의 기회는, 나치 과거를 그렇게 쉽게 처리할 수는 없다는 것을 상기시켰다. 레이건의 참모들은 비트부르크 묘지에는

---

61) "Georgia Augusta – Universität im Dritten Reich," *Politikon: Göttingen Studentenzeitschrift für Niedersachsen* 9 (April 1965).
62) 1983년은 히틀러가 권력을 장악한 50주년이었으며(경축식은 없었다), 또한 마르틴 루터 출생 500주년이었다.

무장친위대 군인들의 무덤도 포함되어 있다는 것을 알게 되었다. 레이건이 백악관에서 기념식을 하는 동안, 미국에서 홀로코스트 생존자 가운데 가장 잘 알려진 엘리 위젤은 레이건에게 손가락을 흔들면서, 무장친위대를 전쟁의 "희생자들"로 생각해서는 안 된다고 말했다. 레이건 대통령과 콜 총리는 미국 여론의 압력을 받아서 베르겐벨젠(강제수용소와 기념 묘지가 있다) 방문을 여정에 추가했다. 이 방문은 그들이 피하려 했던 것으로서, 친위대의 희생자들과 친위대원들을 사실상 "영예로운 죽음"이라는 방식으로 똑같이 축하할 수는 없다는 것을 생생하게 기억시켜 주는 방문이기 때문이었다.

21세기가 시작되자, 독일의 젊은 학자들과 일반인들은 자기 선배들에 대해 정직하게 아무런 제한 없이 비판할 준비가 되어 있는 것처럼 보인다. 탈나치화는 하나의 정책으로서 그 평판은 나빴을지 모르지만, 하나의 실체로서는 성공적이었다. 연합국의 민주화 목표 역시, 처음 한두 세대에서는 부정직함, 심리적 억압, 은폐가 특징적이었음에도 불구하고, 성공적이었다. 1945년 후 첫 10년 동안, "나치"라는 말과 "독일인"이라는 말은 계속 분리되었다. 즉 "나치"는 끔찍한 범죄를 저질렀으며, "독일인들"은 그 범죄를 중단시킬 방법이 없었다는 생각이었다. 지난 20년 또는 30년 동안의 학문은 그 목표에 더욱 다가선 것처럼 보인다. 나치는 다른 어느 외부 집단이 아니라 독일인들이었다. 그리고 많은 독일인, 또는 대다수 독일인이 나치였다. 그들이 실제 나치당원은 아니었다 하더라도, 적어도 그들의 태도, 희망, 열망에서는 나치였다. 다르게 주장하는 것, 즉 많은 사람이 자기는 반나치였다고 주장하는 것에는 의심의 해석학a hermeneutic of suspicion이 필요하다.

끝으로, 전후 독일에서 유명한 한 사람의 사례는 그 전환의 복잡성을 보여준다. 전후 첫 세대에서 심리적 억압과 은폐가 최고조에 달했던 동안, 오토 디벨리우스의 경력에서 한 사소한 사건이 발생했다. 그는 1920년대에 중요한 개신교회 지도자였다. 그 후 그는 고백교회의 지도자가 되었으며, 1945년 이후에는 베를린 감독, 독일 개신교회 협의회 회장, 세계교회협의회 지도자를 역임했다. 1951년 3월, 디벨리우스가 런던을 방문할 것을 예상하고, ≪옵저버≫지는 다음과 같이 그를 찬양했다.

> 1933년에 히틀러가 권력을 장악한 직후, 국회의 개신교 의원들은 충분히 맹목적이어서 … 포츠담의 성 니콜라스 교회에 함께 모여 감사예배를 드렸다. 감독은 설교할 권리를 행사했다. 조용하지만 확고한 설교를 통해 그는 청중들에게 알렸다. "전체주의 국가의 독재는 하느님의 뜻과 양립하지 않습니다. 복음을 위해서 우리에게는 민주주의 국가가 필요합니다."[63]

디벨리우스는 바로 이 설교, 즉 1933년 3월 나치의 새로운 의회 개막 설교로 유명해졌다. 그러나 ≪옵저버≫의 이야기는 그 실제 어조를 거의 재현하지 않았다. 디벨리우스에게는 불행하게도, 런던에서 이 기사를 읽은 사람 중에 아론스펠트가 있었는데, 그는 그 신문 기사의 모순을 간파했다. 그는 ≪옵저버≫에 편지를 써서, 디벨리우스는 그렇게 용감하게 민주주의를 찬양하지 **않았다**고 지적하고, 그는 확실히 민주주의를 **믿지도** 않았다고 불평했다. 아론스펠트는 유대인 이민자로서, 디벨리우스의 아들과 같은 학교에 다녔는데, 그 아들은 학교를 나치 문양(스와스티카)과 기타 급진적 극우파의 낙서로 채웠다는 것이 밝혀졌다. 그뿐 아니

---

[63] "Profile – Dr. Dibelius," *The Observer* (March 4, 1951). 런던의 위너(홀로코스트) 도서관, 디벨리우스 개인 파일에서 발견되었다. 그 후 C. C. Aronsfeld와 ≪옵저버≫ 편집자 사이의 편지도 같은 파일에서 발견되었다.

라 아론스펠트는 1933년의 디벨리우스의 설교 복사본을 만들고, 그 예배에서 불렀던 찬송가들과 봉독한 성서 본문들을 덧붙였다. ≪옵저버≫의 편집자가 그 인용문은 유명한 스위스 신문을 인용한 것이라며 시간을 끌자, 아론스펠트는 문제의 기사를 스위스 신문에 기고한 사람이 익명의 "독일 개신교인"이었음을 발견했다. 그는 기사에 대한 정정을 요구했다. ≪옵저버≫가 부정확한 인용문을 게재했기 때문이었다. 그러자 그는 취리히(스위스 신문사)에 불평하라는 말을 들었다. 그가 항의한 것은 그가 관심을 둔 영어권 세계에서 오토 디벨리우스의 과거를 오해하도록 만든 것 때문이었지만, 그의 불평은 아무런 성과 없이 끝났다.64)

이 똑같은 오토 디벨리우스는 앞의 2장에서 설명한 것처럼, 1933년 유대인 상점 보이콧을 옹호했으며, 독일이 "유대인 문제"를 해결할 필요가 있다고 설명했다. 그해 3월에 히틀러의 권력 장악에 대해 그가 열렬히 환영했음은 의심의 여지가 거의 없다. 전후 그의 삶에서 그가 봉착했던 이런 사소한 당혹스러움은 좀 더 폭넓은 이야기의 두 측면을 보여준다. 첫째로, 나치 시대 동안 독일의 대다수 기독교인과 교수들의 **실제** 입장은 전후 세계의 조사를 쉽게 견딜 수 없다는 점이다. 전후 세계는 민주주의를 믿고, 히틀러의 정치를 단죄하던 세계였기 때문이다. 독일의 대다수 기독교인과 교수들은 한때 다르게 생각했었다. 둘째로 독일인들은 과거를 세탁하기 위해 다양한 술책을 사용했다. 전후 세계에서 자신과 자기 기관이 존경받는 위치를 차지하려는 희망 때문이었다. 그러나 몇십 년 후, 그런 심리적 억압, 왜곡, 속임수는 해결책이라기보다 더 큰 문제였던 것으로 보인다. 독일 안팎에서 수행된 치밀하고 정직한 역사는, 현재 세계에서 독일의 존경받는 위치에 훨씬 분명하게 기여했다.

---

64) C. C. Aronsfeld는 런던의 위너 도서관에서 몇 년 동안 연구하여, 회고록 *Wanderer from my Birth* (London: Janus, 1997)을 포함해서 몇 권을 출판했다.

7장

괴팅겐대학교의 탈나치화

1945년 봄에 독일의 대학들은 폐쇄되었고, 각 캠퍼스는 연합국 당국자의 조사 후에만 다시 열도록 허락되었다. 이에 따라 나치 체제를 지지한 악명높은 교수들은 일시적으로 추방되었다. 또한 영국 점령지역 안의 대학들에는 새로 총장이 임명되었는데, 그들은 "백색 리스트"에 이름이 올랐던 인물들이었다. 괴팅겐대학교에는 루돌프 스멘드가 새 총장이 되었고, 그는 영국 군대에 속한 교육 관리들과 함께 일하게 되었다. 연합국은 대학들을 독일인들의 "정화" 작업과 "재교육"을 시작할 중요한 곳으로 간주했다.[1] 모든 교수는 결국 조사 과정을 거쳤는데, 그들이 질문지에 답한 것을 처음에는 영국 당국자들이 검토하고 그 후에 독일인들로 이루어진 심사위원회가 검토했다. 각 개인은 나치당이나 기타 나치 조직의 가입에 관해 답해야 했다. 그들은 또 직업, 월급, 군복무에 관한 정보를 제공해야 했다. 연합국 통제위원회의 지침서에 따르면, 각 개인을 범주 1에서 5까지로 분류하도록 했다. 범주 1과 2에는 실제 범죄자들이 속했다. 그것은 괴팅겐대학교 교수들 가운데 적극적으로 나치의 목

---

1) James Tend, *Mission on the Rhine: Reeducation and Denazification in American-Occupied Germany* (Chicago: University of Chicago Press, 1984); Steven P. Remy, *The Heidelberg Myth: Nazification and Denazification at a German University* (Cambridge, MA: Harvard University Press, 2002)를 보라.

적을 위해 일했던 교수는 범주 3에 속하게 된다는 뜻이었다. 범주 4는 나치를 지지했지만 덜 적극적이었던 사람들이었다. 이들은 소위 동료 여행자들이다. 범주 5는 나치에 전혀 동조하지 않았던 개인들이었다.

괴팅겐대학교에서 이런 선별 과정은 적어도 초기에는 교수들의 삶에 상당히 심각한 영향을 끼쳤다. 1년 후, 영국이 여전히 최종 권한을 갖고 있을 때, 1945년 5월에 이름을 올렸던 종신교수와 부교수 102명 가운데 40%가 영향을 받아, 16명이 해임되었고, 13명은 해임되었다가 항소에 근거하여 재임용되었고, 14명은 계속 조사 중이었다. 이들 숫자는 특히 1948년, 독일인들이 완전한 권한을 허락받자, 점차 항소를 통해 줄어들었다. 그 과정이 끝났을 때, 범주 3은 오직 3명으로 줄었고, 범주 4에는 5명만 남았다. 그 후 이 최종 결과가 삭제된 것은 니더작센 주법을 통해서였다. 1951년부터 시작해서 "탈나치화의 희생자들," 즉 범주 3과 4에 속했던 인물들은 범주 5에 속한 것으로 바뀌었다. 이로써 고용에서 모든 제한이 철폐되었다. 비록 대학에서는 교수 개인이, 나치 체제에 너무 많이 타협했던 교수의 복귀를 방해할 수 있었다. 탈나치화와 은퇴를 통해서 괴팅겐 교수들의 약 10%는 결코 강의실에 복귀하지 못했다.[2] 이처럼 초기에는 매우 큰 영향을 끼쳤다가 대다수가 복귀하게 된 이런 패턴은 탈나치화 전체 과정의 전형적인 것으로 판명되었다. 그것은 번잡한 과정으로서 속임수, 거짓 증언, 그리고 다양한 법적 술수로 가득했다. 이 과정이 극적으로 조정된 것은 연합국이 자기 역할을 줄이고, 독일인들 사이의 부정적 여론이 큰 영향을 끼치게 되었기 때문이다. 이 장에서는 그 과정을 자세히 살펴보기 위해 괴팅겐대학교의 몇 가지 사례를 제

---

2) Hans-Joachim Dahms, "Einleitung," in Heinrich Becker, Hans-Joachim Dahms, and Cornelia Wegeler, eds., *Die Universität Göttingen unter dem Nationalsozialismus*, 2nd expanded edition (Munich: K. G. Saur, 1998), 61.

시할 것이다.3)

앞의 5장에서 설명했던 오이겐 마티아트는 "특혜자," 즉 자신의 개인적 업적보다는 나치의 정치학에 전적으로 의존해서 그 직위에 올랐던 대표적인 인물일 것이다. 정치적으로 제국 교육부에 임명되어 복무하는 동안, 마티아트는 친나치 독일 기독교(DC)와 연관된 23명의 신학자가 대학에 임명받도록 처리했다. 따라서 1936년까지, 독일의 신학 교수 66명 가운데 41명은 DC를 대표했다.4) 1937년에는 교육부가 마티아트를 괴팅겐대학교 민속학 교수직으로 발령했다. 그는 정교수 월급에 더해서 강의 보장비로 1,000 라이히스마르크(RM)를 받았는데, 그는 대학원 학위를 받은 적도 없었고, 대학에서 강의하거나, 학술서적을 출판한 적도 없었다. 그는 발령받자마자 연구년 휴직을 얻어, 가르치기 전에 자기 분야에 관해 공부해야만 했다. 그는 거의 즉각적으로 괴팅겐대학교 교수 협의회 회장이 되어, 학내 문제들에서 중요한 역할을 수행했다. 끝으로 그가 목사직에 지원했다 거절당한 1933년, 그는 악명높은 친위대(SS)에 지원했고, 1937년에는 친위대 비밀경찰(SD) 초급 지휘관으로 임명되었다. 전쟁 동안 그는 주로 국방군에서 복무했지만, 마지막 달에는 고급 지휘관으로서 친위대 제복을 입고 무장친위대 훈련을 받고 있었다.5)

마티아트의 경우는 악하게 보였다. 그의 파일에는 "특히 중요함"이라는 도장이 찍혀 있었고, 그는 실제로 전후 초기에 상당한 곤경을 겪었다. 그 시작은 전쟁 막바지 혼란했던 몇 주 동안 잠시 전쟁포로로 지낸

---

3) 다음의 정보는 하노버의 니더작센 주 문서보관소(이후 NSA)에서 얻은 것이다.
4) "Entnazifierungsentscheidung," June 13, 1949, in Nds. Hild, 20039, August-Eugen Mattiat, NSA.
5) 이런 세부사항들은 "Das Spruchgericht XII. Spruchkammer. Urteil im Namen des Rechts!" from a hearing on March 16, 1948, in Nds. Hild, 20039, August-Eugen Mattiat, NSA를 보라.

기간이었다. 1945년에 석방된 다음 날 영국군이 그의 친위대 계급 때문에 구속했다. 연합국은 친위대를 범죄 조직으로 간주했기 때문이다. 마티아트는 거의 3년 동안 노이엔가메 수용소에 머물렀다. 1948년 3월 석방될 때, 그는 범주 3으로 분류되어, 선거권, 피선거권이 박탈되었고, 가장 중요하게도, 교수직이나 교회 직책에 복귀할 수 없었다. 그는 빌레펠트의 판결법원에 항소했지만, 1949년 3월 16일, 법원은 그의 범주 3을 확정했다.

빌레펠트 법원은 마티아트의 변론을 조롱할 만한 것으로 간주했다. 그는 예를 들어, 자기가 1937년에 친위대(SS)에 가담할 때, 그 역할이나 평판에 대해 아무것도 몰랐다고 주장했다. 그는 자신이 베를린의 교육부에서 근무할 때, 특별한 행사에서 정장을 입는 것이 어색했다고 설명했다. 이처럼 그는 친위대(SS) 비밀경찰(SD)에 임명된 것이 단지 제복을 입기 위해서였다고 주장했다. 그러나 그는 자신이 적어도 두 차례에 걸쳐 "비밀 요원*Vertrauensmann*"으로서 비밀경찰에 보고서를 제출했음을 인정했는데, 비밀 요원이란 비밀경찰이 의존했던 비밀 스파이들이었다. 법원은 비꼬듯이 이렇게 판결했다.

> 피고는 자신은 SS 대원이라는 점을 의식했던 적이 없으며, … SS 초급지휘관 계급을 받았다는 사실과 SS 장교의 검은 제복에 SS 기장과 SS 계급장을 달고 있었다는 사실을 의식한 적이 없었다는 주장은 … 자기가 속한 조직이 SS가 아니면 무엇이었는지를 이해하지 못했다는 말이 된다. 그가 SS에 속했다는 것을 인식하지 못했다는 주장은 그가 이 재판에서 변론을 위해 만들어낸 주장이며, 근거가 없다.

마티아트가 자신은 국가사회주의 국가에서 임의로 불의가 자행되는 줄 몰랐으며, 예를 들어 강제수용소에는 오직 재판을 받고 유죄 판결을 받은 사람들만 가둔 것으로 생각했다고 주장했을 때도, 법원은 그의 말을 믿지 않았다. 법원은 "이런 진술은 믿을 수 없다"고 썼다. 예를 들어, 그는 마르틴 니묄러 목사의 "떠들썩한" 이야기를 알았을 것이기 때문에, 그가 니묄러를 비롯한 여러 명이 게슈타포에 의해 체포되어 재판 없이 투옥된 것을 몰랐다는 주장에 대해, 법원은 "전적으로 믿을 수 없다"고 판결했다. 최종 진술에서, 법원은 "피고는 진실을 극도로 감추어왔는데, 이것은 그가 교수이며 신학자로서 피하는 것이 좋았을 치욕적인 짓이다"라고 지적했다.6)

이 판결로 인해 마티아트는 범주 3에서 벗어나지 못했고, 아내와 다섯 명의 자녀를 위한 생계를 마련할 수 없었다. 그는 다른 길을 택해서 괴팅겐에서의 지역 탈나치화 청문회를 신청했다. 그 목적을 위해서 그는 진술서들을 모아 변호사를 찾았다. 그의 성품에 관한 신용조회서를 써준 사람들은 비슷한 나치 과거를 가졌던 친구들로서 1949년까지는 어떤 방식으로든 위험으로부터 벗어난 사람들이었다. 예를 들어, 에마누엘 허쉬는 1933년에 나치당에 가입했고, 정치적 대학교의 완고한 지지자로 알려졌다. 그는 당연히 범주 3에 속해 직위를 박탈당할 사람이었지만, 시력이 나쁜 것을 근거로 조기 의료 은퇴를 하라는 루돌프 스멘드 총장의 충고를 따랐다. 허쉬는 1945년 6월, 나치에 대한 자신의 열광주의가 영국 책임 장교 비티 소령에게 알려지기 전에, 그렇게 은퇴하도록 승인받을 수 있었다. 그래서 허쉬는 자유롭게 마티아트의 베를린 활동에 대해 다음과 같이 증언할 수 있었다. "어려운 (교수) 채용 과정에서 마티아트 교수는 항상 최고로 겸손하며 절대적 개방성, 완벽한 신뢰성

---

6) Ibid.

을 갖고 문제를 다루었습니다. … 본인은 그의 행동에서 이상적인 동기 이외에는 다른 아무것도 발견할 수 없었습니다."7) 이 증언은 물론 허쉬가 신학대학장으로서 교육부, 그리고 마티아트와 긴밀하게 일했다는 사실을 무시한 것이다. 그의 "이상적인 동기"는 자신의 교수진 내에 나치의 기반을 강화하는 일이었다.8)

또 다른 늙은 나치도 마티아트를 변호했다. 발터 힌츠는 1937년에 나치당에 가입했고, 돌격대원(SA)이었다. 그는 1934년부터 교육부에서 마티아트와 함께 근무했고, 그 후 1937년에는 괴팅겐대학교 동양(중동) 철학 전문가로 왔다. 한 학기 후에 그는 철학과 과장이 되었다. 이 모든 것은 힌츠가 나치당에서 안락한 직위를 누렸음을 보여주지만, 그는 1949년에 범주 5에 속하게 되었다. 그래서 힌츠는 마티아트를 위해 "그는 본인이 아는 한 좁은 의미에서 당의 정치적 활동을 추구한 적이 없으며, 오히려 그는 당의 사상에 대한 그의 개인적 확신에도 불구하고 완전히 마음을 연 정치를 추구했습니다"라고 주장했다. 힌츠는 덧붙여서, 마티아트는 항상 대학 안에서 학문적 가치를 보호하는 일에 매우 관심을 쏟았기 때문에, 그가 괴팅겐의 국가사회주의 교수회 지도자로 선출된 것은 (니더작센 주) 국가사회주의 교수회 회장 슈르만의 "순전한 당의 영향력"에 맞서 "온건한" 보호를 제공하기 위한 것이었다고 주장했다.9)

마티아트가 베를린에서 근무할 때 주정부 교회 목회 담당 총무였던

---

7) Emanuel Hirsch, letter of August 11, 1947, in Nds. Hild, 20039, August-Eugen Mattiat, NSA.

8) Robert P. Ericksen, T*heologians under Hitler: Gerhard Kittel, Paul Althaus and Emanuel Hirsch* (New Haven: Yale University Press, 1985), 166-76; Ericksen, "Religion und Nationalsozialismus im Spiegel der Entnazifizierungsakten der Göttinger Universität," *Kirchliche Zeitgeschichte* 7 (1994), 83-101.

9) "Aktennotiz, Prof. Hinz," March 9, 1949, in Nds. Hild, 20039, August-Eugen Mattiat, NSA.

헤르만 무스는, 마티아트가 교육부에서 신학 교수들을 보호하는 데 얼마나 중요했는지에 관해 증언했다. 마티아트가 베를린대학교 신학부 명예교수가 된 것은 일차적으로 교수들에게 교육부의 정치적 혜택을 주기 위한 것이었지만, 무스는 그 사례를 인용하면서, 마티아트가 신학 교수들이 국가의 지원을 잃지 않도록 확실히 보장하기 위한 매우 중요한 행동을 했다고 증언했다. 그는 1936년부터 1937년까지 교육부 내의 변화를 설명하면서, 마르틴 보어만(히틀러 보좌관)의 손발 노릇을 하던 오토 와커가 신학 교수들을 줄일 계획이었다고 설명했다. 마티아트가 1937년 말에 교육부를 떠났을 때의 상황에 관해, 무스는 "당시에는 그가 자신이 그들[신학 교수들]의 존속을 위해 했던 노력이 지속적인 성공을 거두게 될 것을 상상하지 못했습니다. … 그가 엄청난 영향을 끼쳤기 때문에 와커와 전능한 당이 그들의 의도를 실현하는 것이 불가능하게 되었습니다"10)라고 증언했다. 무스는 자신의 증언에서 한 번도 자신이 1929년에 "전능한 당"에 가입했고, SS에서 고위급 장교가 되어, 자신이 나치 국가와 독일 기독교(DC)에 충성한 지지자가 아니었다면 결코 주정부 교회 목회 담당 총무가 될 수 없었을 것이라는 사실을 언급하지 않았다. 또한 그는 마티아트가 신학 교수들을 "구해주었다"고 주장한 구체적 행동도 명시하지 않았다.

마티아트의 변호사 H. A. 루트게브루네는 변론서 제출을 통해 처음으로 범주 3에 붙인 말, 즉 국가사회주의를 "실질적으로 진척시킨" 사람이라는 말을 갖고 시비를 걸었다. 그는 "실질적으로 진척시킨"이라는 말은 나치 국가의 "실체를 진척시키거나" "본질을 진척시킨" 경우만 뜻한다고 주장했다. 이어서 그는 나치 국가의 "실체"란 나치 체제가 수행한

---

10) Dr. Hermann Muhs의 증언, 1949년 4월 10일, "Anlage" in Nds. Hild, 20039, AugustEugen Mattiat, NSA.

범죄 활동들로만 이해할 수 있다고 주장했다. 탈나치화의 규칙에 대한 이런 해석에 따르면, 마티아트가 범주 3에 속할 수 없는 이유는 그가 결코 나치 범죄를 "실질적으로 진척시킨" 적이 없기 때문이라는 주장이다. 대신에 그는 나치 체제를 "지지했을" 뿐이었다. 목사의 역할에 깊이 헌신한 마티아트의 "국가사회주의와의 관계와 입장을 이해할 수 있는 것은 오직" 그의 이상주의에 비추어서만 가능하다는 것이다. 루트게브루네는 마티아트의 행동을 매우 친절하게 평가하여, 그의 신원보증서에 근거해서, "피고발인의 봉사 덕택에 신학 교수들이 대학들에서 자기 자리를 유지했습니다"라고 주장했다. 따라서 마티아트는 "국가사회주의의 실체를 진척시킨 것이 아니라, 반대로 큰 위험을 무릅쓰고, 과거에 존재했던 체제[*Einrichtungen*, 신학 교수들과 학문적 가치를 뜻함]가 유지되도록 했습니다. 비록 국가사회주의와 특히 그 현직 대표자들은 그것들을 제거하기를 원했지만 말입니다."11)

마티아트의 변론에서 볼 수 있는 몇 가지 요소들은 괴팅겐대학교 탈나치화 파일 전체를 통해 볼 수 있다. 변호사들은 아무리 작더라도 법망을 빠져나갈 구멍을 찾기 위해 말을 비틀었고, 그런 데서 희망을 찾으려 했다. 마티아트의 경우에는 나치 사상과 행동을 "실질적으로 진척시킨"이라는 말의 의미를 재해석하려 했다. 그러나 부정적 증언은 신빙성을 얻지 못했고, 마티아트의 경우에는 베를린의 직장 동료들의 다음과 같은 성찰들이 포함되었다. 즉 "그는 국가사회주의를 100% 선호했으며 어떤 양보에도 반대했습니다. 그는 철저히 반유대인적이었고, 그의 견해에 따르면, 유대인 중에는 점잖은 사람이 없습니다."12) 마티아트가 실

---

11) Dr. jur. H. A. Luetgebrune의 변론서, 1949년 4월 22일 자, 다섯 페이지, in Nds. Hild, 20039, August-Eugen Mattiat, NSA.
12) Amsrat Draeger의 증언, 1949년 4월 25일, "Anlage," in Nds. Hild, 20039, August-Eugen Mattiat, NSA.

제로 1938년에 교회를 떠났다는 사실(아마도 그가 목사라는 것이 SS에서 열광주의자들의 눈살을 찌푸리게 했기 때문에)과 1945년 여름에 교회로 복귀한 것(유용할 것이었기에)은 1938년에 전적으로 잘못 판단한 것이며, 또 전쟁 후에 다시 영적인 가치들에 진정으로 재헌신한 것으로 돌려졌다. 그가 SS 대원이었다는 사실은 순진하고 무고한 것(그는 단지 멋진 제복을 원했을 뿐이다)으로 묘사되었고, 괴팅겐대학교 교수회 지도자 역할은 급진적인 니더작센주 전역의 국가사회주의 교수회 회장인 아르투르 슈르만의 횡포 앞에서 학문적 가치를 수호하려는 노력으로 둔갑했다. 누구나 자신은 **진짜** 나치가 아니었으며, 단지 그 체제 안에서, 학문적 가치를 수호하기 위해 일했을 뿐이라고 주장했고, 보통 종교적 가치들을 위해서도 일했다는 주장을 덧붙이곤 했다.

지그프리드 벤트는 두 번째 본보기를 보여준다. 1901년에 출생한 그는 1933년 5월 1일 나치당에 가입했는데, 그해에 그는 정치경제학 분야에서 교수 자격 취득 논문을 마쳤다. 1938년 10월, 그는 괴팅겐대학교에 직위를 받았고 1939년 5월 정교수가 되었다. 그는 1943년에 기센대학교로 옮겨갔는데, 1946년에 그의 나치 과거 때문에 쫓겨났다. 그러자 그는 교수 경력의 대부분을 보낸 괴팅겐에서 탈나치화 청문회에 나갔다. 첫 번째 판결은 범주 4, 즉 나치당을 지지했던 사람의 범주로 분류되었다. 그는 회사에 취직할 수는 있었지만, 교수직 복귀는 불가능했다. 그 이유는 1947년 9월에, 독일인들로 구성된 위원회가 영국 점령 당국자들에게 보고한 판단 때문이었다. 교육 담당 장교 조프리 버드는 특별 분과의 그의 상관에게 메모를 보내, 범주 4에 속한 인물에게 이처럼 비교적 관대한 결정을 내린 것은 똑같이 범주 4에 속했지만 벤트보다 더 피해를 입은 교수들 사이에 불만을 야기할 수 있다고 지적했다.[13] 그럼에도 불구하고 범주 4는 유지되었다. 벤트는 당연히 그 결정이 너무 가혹하다고 느꼈다. 특히 기센대학교 교수직에 복귀하는 것이 거부되었다는 점에서 그렇게 느꼈다.

이런 절차를 통해 벤트는 명백한 사실, 즉 그가 1933년에 나치당원이 되었다는 사실을 인정해야만 했지만, 그는 그것이 국가사회주의 정치가 실업자와 가난한 사람들의 사회적 형편을 낫게 할 것이라는 자신의 믿음 때문이었음을 강조했다. 그는 자신이 개신교회 교인임을 강조했고, 심지어 그의 가족이 식사 기도를 한 것을 목격한 학생 두 명을 증인으로 내세웠다.14) 이런 증언과 기타 편지들은 그가 꽤 괜찮은 남자처럼 보이게 만들었다. 그러나 루돌프 스멘드(전후 괴팅겐대학교 첫 총장)는 더 불리한 증언을 했다.

지그프리드 벤트에 관한 귀하의 질문에는 쉽게 대답하기 어렵습니다. 본인은 그의 학문적 업적과 정치적 업적에 관해 거의 알지 못합니다. 그의 무례하고 날카로운 태도는 그를 즉각 불쾌한 인물로 만들었습니다. 성격에 관해서는 그가 비교적 해를 끼치지 않는 편이며, 지적인 면에서는 대단하지 않은 것으로 간주합니다. 그가 고발된 것은 슈르만-라트 집단에 속했기 때문인데, 그 집단은 여기서 정말 끔찍한 테러를 벌였습니다. 그는 지금 이곳의 긴장 상태에서 벗어나기 위해 [1943년에] 기센의 제안을 받아들였다고 주장합니다. 그것이 만일 정확하다면, 그의 죄를 어느 정도 감소시킬 것입니다. 그러나 그때까지는 그가 그 집단의 테러 활동, 예를 들어 교수회의에서의 테러 활동을 뒷받침하는 데 완전히 관련되었으며, 그런 이유로 본인

---

13) Bird, Univ. Edn. Control Officer, U of Göttingen, to Special Branch, HQ Hild., December 9, 1947, in Wendt file, Nds. 171 Hild. Nr. 18531, NSA.
14) Günter Schweitzer, November 9, 1946, and Heinrich Markwort, November 19, 1946, Anlage 13 and 14 in Wendt file, Nds. 171 Hild., Nr. 18531, NSA.

은 교수 모임에서 두 번 다시 그와 함께 앉고 싶지 않습니다. 그러나 최종적으로 분석해 볼 때, 그는 실제로 해롭지 않고 그냥 어느 정도 어리석기 때문에, 본인은 그가 결국 슈르만, 라트, 시게르트보다는 훨씬 관대하게 판결받는 것이 문제가 되지 않을 것이라고 생각하지는 않습니다.15)

스멘드의 이 논평은 1947년 11월의 판결, 즉 벤트를 범주 3이 아니라 범주 4로 분류하지만 가르칠 권리는 박탈한 판결을 주도한 것처럼 보인다. 1943년에 총장이었던 한스 플리슈케는 벤트의 문제들을 추가했다. 즉 벤트가 주장한 것처럼 1943년에 괴팅겐의 긴장 상태를 피하려고 기센으로 떠났다기보다는, 그가 기센에서 제안을 받은 것을 이용해서 괴팅겐에서의 자기 봉급을 올리려고 했다는 것이다. 플리슈케는 봉급 인상을 거절했고, 갈 길로 가라고 했으며, 그와 동료들이 벤트의 이직을 기뻐했던 이유는 그의 "무제한적인 나치즘과 대학에서 소위 테러리스트들을 지지했던" 때문이라고 주장했다. 플리슈케는 나치 국가에 대한 벤트의 열광주의가 1945년 3월까지 계속되어 군대에 복귀할 것을 요청했는데, 그는 이미 1944년 11월에 징집 유예로 인해 현역 의무에서 벗어났다고 덧붙였다.16)

15개월이 지나기 전에, 벤트는 스멘드(총장)와 플리슈케(전 총장)의 증언을 뒤엎고 교수 금지에 대한 번복을 얻어냈으며, 범주 5로 분류되어 완전히 면책을 받았다. 그의 면책 과정은 기이한 자국을 남겼다. 1948년

---

15) Rudolf Smend to Vorsitzender des Unterausschusses für die politische Überprüfung des Lehrkörpers der Universität Göttingen, July 7, 1947, in Wendt file, Nds. 171 Hild. Nr. 18531, NSA.
16) Plischke의 이 증언은 Entnazifizierungs-Entscheidung, Octover 9, 1948, in Wendt file, Nds. 171 Hild. Nr. 18531, NSA에 인용되어 있다.

10월 9일, 괴팅겐의 탈나치화 법정은 그의 항소를 기각하고, 그를 범주 4에 머물게 했다. 이 사건에서 법정은 그에게 교수 금지를 추가하지 않았다. 그러나 기센대학교는, 범주 5로 분류되어 완전히 면책된 사람만 다시 채용할 것임을 분명히 했다. 수수께끼처럼, 그 파일 끝에 있는 문서는 1948년 10월 1일자로 서명한 문서인데, 벤트가 그토록 필사적으로 필요로 했던 범주 5를 그에게 주었다. 두 번째 판결은 1949년 2월에야 비로소 내려졌는데, 그것이 10월 1일자로 소급되었음이 명백하다. 소송 기간 동안 그는 열심히 개인적 외교를 통해 자신의 사건을 밀어붙였다.

벤트는 1948년 10월 9일, 두 번째로 범주 4 판결을 받고 2주 후에 괴팅겐의 탈나치화 법정의 주임검사인 암브로시우스 박사를 찾아갔다. 그날 늦게 그는 암브로시우스에게 아마도 그들이 나눈 대화를 요약해서 편지를 보낸 것 같다. 그는 자신이 결코 "테러 집단"에 속한 적이 없다고 주장했다. 그는 자신이 단지 세 학생의 교수 자격 취득 논문 심사에만 참여했다고 주장했다. 한 학생은 당원이 아니었는데 그의 논문을 통과시켰으며, 또 한 학생은 매우 잘 알려진 학자였고, 마지막 학생은 괴팅겐의 나치 지도자 아르투르 슈르만이 특히 지지한 학생인데 그의 논문을 통과시키지 않았다는 것이다. 벤트가 1945년 3월에 군복무를 요청한 것은 나치에 대한 열심과는 상관이 없었고, 오히려 자신이 군사행동에 적합하지 않기 때문에 지역 민방위대를 지도하고 싶다는 요청이 거절당했기 때문이라는 것이다. 그는 그런 집단을 위해 책임을 질 마음이 없었고, 건강한 독일인으로서 자신의 의무를 피한 것이 아님을 보여주기 위해 최전방으로 가야 할 의무를 느꼈다는 것이다.[17]

벤트는 5주 후, 1948년 11월 16일에 암브로시우스를 방문했고, 또다

---

17) Wendt to Ambrosius, Public Prosecutor, October 25, 1948, in Wendt file, Nds. 171 Hild. Nr. 18531, NSA.

시 당일의 대화 내용을 편지로 보냈다. 그는 자신이 왜 1944년 11월에 징집 유예를 받았는지 알지 못한다고 고백했다. 비록 그 편지에 언급되지는 않지만, 벤트는 1948년 10월 29일 한스 플리슈케의 증언에 나타난 비난에 대응하고 있었다. 플리슈케는 벤트가 징집 유예를 받은 것이 마르틴 보어만을 통해서였는데 보어만은 나치의 세계관을 위해 특별히 가치 있는 90명의 명단에 벤트의 이름을 올렸다고 주장했다. 보어만은 그들을 군복무에서 면제하도록 요청했다.[18] 그러나 벤트는 자신의 갑작스러운 징집 유예가 그의 동료 클라우스-빌헬름 라트가 요청한 것으로 추측했다. 그 두 사람과 또 다른 한 동료는 전쟁 후에 영국과 기타 유럽 국가들과의 화해를 위한 계획을 추진했다. 그 생각은 스위스 신문과 잡지에 가명으로 기사를 출판하면서 그 기사를 독일인이 쓴 것을 숨기고, 전후 경제적 협력을 위한 길을 순조롭게 만들 제안을 할 계획과 관련되었다. 비록 벤트는 그 기사들이 어느 신문에 게재될 것인지를 알지 못했고 또한 그 기사 복사본을 갖고 있지 않았지만, 그는 이것이 전쟁 기간에 자신의 유일한 정치적 활동이었다고 주장했다. 이처럼 극히 희박한 증거에 기초해서, 그는 자신이 나치가 아니었고, 유럽과의 화해를 추진했다고 주장했다.[19]

벤트는 이처럼 암브로시우스와 두 차례 사적인 만남과 아마도 최소한 암브로시우스의 충고에 의한 두 장의 편지를 보낸 이후, 1948년 10월 9일의 판결에 대한 재심을 요청했다.[20] 그의 공식적 이유는 새로운 증거를 찾았다는 주장이었다. 그가 실제로 제시한 증거 대부분은 새로

---

[18] 플리슈케의 1948년 10월 29일 증언에 대한 메모, 1948년 11월 2일, in Wendt file, Nds. 171 Hild. Nr. 18531, NSA.

[19] Wendt to Ambrosius, November 16, 1948, in Wendt file, Nds. 171 Hild. Nr. 18531, NSA.

[20] 1948년 12월 6일 메모, in Wendt file, Nds. 171 Hild. Nr. 18531, NSA.

운 것이 아니었고, 자기주장의 반복이었다. 즉 자기는 교회에 충성했으며, 나치당에 가입한 것은 더 나은 사회경제적 조건에 대한 희망 때문이었고, 자신은 결코 행동주의자가 아니었다는 주장이었다. 그는 구체적 혐의에 대한 반증을 덧붙였고, 결정적일 수도 있는 새로운 품목을 추가했다. 그것은 니더작센주 국무장관 리하르트 스키바가 써준 신원보증서였다. 1948년 2월 14일 자 편지에서, 스키바는 벤트의 종교적 성장 과정과 종교적 헌신에 대한 강조를 되풀이했다. 그는 또 전쟁 기간 벤트와 같은 부대에서 복무했다고 설명했다. 그는 벤트가 "나치처럼 행동한" 것을 본 적이 없으며, 나치 사상을 주장한 것도 본 적이 없다고 주장했다. 따라서 스키바는 벤트의 교수직 복귀를 완전히 지지했다.[21]

스키바가 편지를 쓴 지 5일 후에, 전후 니더작센주 관료사회에서 중요한 직책에 있는 한 사람이 벤트의 범주 5에 법적 효력을 인정했다. 그 날짜는 1949년 2월 19일이었지만, 탈나치화 판결을 담은 문서는 날짜를 소급하여 1948년 10월 1일에 서명한 것으로 되어 있다. 이처럼 기이한 사태에 대해서는 아무 설명이 없고, 1948년 10월 9일자로 서명된 판결에 대한 아무런 언급도 없는데, 그 판결에서는 범주 4와 함께 벤트의 행동에 관한 훨씬 강한 표현이 결합되었다. 그러나 이런 결과는 1948년에 발생한 중요한 변화와 맞물렸는데, 그것은 영국이 1948년 6월의 법에 따라 탈나치화 작업에서의 역할을 포기했고, 그 작업을 독일의 지역 정부 손에 맡겼다는 점이다. 동시에 독일인 대중이 탈나치화를 받아들인 입장이 줄었다는 점이다. 이런 두 가지 변화는 훨씬 관대하게 처리하도록 이끌었다. 더 나아가, 교회 멤버십을 갖고 있다는 것은 나치 사상에 반대한 것이라는 주장에 힘을 실어주었다. 벤트가 종교적 믿음

---

21) Staatsekretär Richard Skiba, Leiter d. Niedersächsischen Staatskanlei, February 14, 1949, in Wendt file, Nds. 171 Hild. Nr. 18531, NSA

을 갖고 있다고 했던 과거 주장은, 개신교회의 중요한 인물인 루돌프 스멘드를 감동시키지 못했지만, 이제는 그 최종 판결이 그에게 일말의 의심을 갖게 했다. 즉 "만일 그가 자신의 잘못[나치당에 가입하고 나치 사상을 지지한 것을 깨닫는 데 느렸다면, 그는 정치적 판단이 부족했다는 비난을 피할 수 없으며, 또 한편으로는 내적인 독립성을 위한 평균적 능력 이상을 유지했다는 점에서 공적을 인정받아야 할 것입니다. … 이것은 무엇보다 기독교와 교회에 대한 그의 진정한 헌신으로 보아야 할 것입니다."[22]

마티아트와 벤트는 각각 클라우스-빌헬름 라트, 카를 지커트, 아르투르 슈르만이라는 소위 테러 집단에 비하면 비교적 사소한 인물들이었고, 그 세 사람은 나치 기간에 괴팅겐대학교를 실제로 장악했던 실세들로 알려졌다. 나머지 교수들 거의 모두가 이 세 명을 최고 악당들로 가리켰는데, 특히 자신들은 괴팅겐에서 진짜 나치가 아니었다고 주장하기 위해서였다. 개인이 어떻게 휩쓸렸든지 상관없이, 각자는 자신이 나치 체제 안에서 진짜 나치였던 라트, 지거트, 슈르만에 맞서서 대학과 학문적 가치를 수호하기 위해 단지 필요에 따라 일했을 뿐이라고 주장했다. 이로 인해 그 세 사람은 특별한 관심을 받게 되었다. 괴팅겐의 "테러 집단"으로 흔히 지칭된 라트, 지거트, 슈르만이 자신들의 입장과 책임을 인정하는 것이 가능했는가? 전혀 그럴 것 같지 않다.

클라우스-빌헬름 라트는 1902년 출생으로, 1945년 영국 점령 당국에 의해 교수직에서 쫓겨났고, 그 결정에 항소했지만 기각되어, 1948년 말까지는 재심을 신청하지 않았다. 1949년 2월 8일의 판결은 그를 범주 3으로 분류했다. 그 판결은 그가 괴팅겐에 1935년에 대리 교수로 왔고,

---

[22] Entnazifizierungs-Entscheidung, October 1, 1948, in Wendt file, Nds. 171 Hild. Nr. 18531, NSA.

2년 계약 후에 부교수 1년을 거쳐, 1939년부터 정교수가 된 것에 주목했다. 심사위원회는 그가 나치 조직과의 관계—나치당 가입은 1933년, 돌격대(SA) 가입도 1933년이었지만 고위직이 아니었고, 친위대(SS)는 아니었다—에서 비교적 가벼운 처벌을 받은 것은 대학 정치에서 그가 맡았던 고위급 활동에 비해서도 가볍다는 것을 발견했다. 그의 활동에는, 여름 강사 캠프에서 젊은 교수들이 육체 훈련과 정치적 세뇌 교육을 받을 때 그가 많이 강연한 것이 포함되었다. 그는 또 괴팅겐의 "국가사회주의 교수아카데미"의 공동 창립자였는데, "과학아카데미"를 대체한 이 명예 조직은 최고 학자들에게 가입을 종용했다. 끝으로 그는 강사연합회장인 아르투르 슈르만을 지지하여, "가장 가열찬 방식으로 괴팅겐 대학교를 국가사회주의 정신의 본거지로 만들기 위한"[23] 공동 노력에서 함께 했다.

물론 라트는 다음과 같이 반대 설명을 제시했다. "국가사회주의가 권력을 장악하고 노동자 계급이 파업을 하지 않자, 본인은 이 길에서 이상주의적인 사회주의 해결책과 새로 창조된 경제체제를 발견하기를 희망했습니다. 이런 이유로 본인은 당에 가입했습니다." 그는 덧붙여서 "자본과 노동 사이의 견딜 수 없는 긴장 관계를 일반적으로 해결하는 데 도움을 주고자" 했을 뿐이라고 주장했다. 돌격대(SA) 가입에 관해서는 "인구의 폭넓은 부분과 밀접하게 접촉하기 위한 것이었는데, 불행하게도 그것은 대학교수들이 보통 하지 않는 일이었습니다"[24]라고 주장했

---

23) Entnazifizierungs-Entscheidung, February 19, 1949, in the file on Klaus-Wilhelm Rath, Nds. 171 Hild. 9223, NSA.
24) Rath, "Bericht über meine politische und berufliche Entwicklung," 그의 질문지에 첨부된 11페이지짜리 "부록"으로, 분명히 1949년 첫 주에 서명한 것이지만 그 날짜는 해독할 수 없다. In the file on Klaus-Wilhelm Rath, Nds 171 Hild. 9223, NSA, 3ff.

다. 루돌프 스멘드는 라트를 더 가혹하게 평가하여, 그를 지거트와 슈르만과 함께 세 명의 "테러 집단"의 하나로, 학생들 사이에 국가사회주의를 적극 선전한 인물로 설명했다. 라트는 단지 자신의 학문을 추구했을 뿐이라고 주장했다. 심사위원회는 그를 진지한 학자로 인정했다. 그러나 스멘드는 라트의 학문이란 그 "테러 집단"을 존경하도록 치장한 것인데, 그 이유는 오직 그만이 학문적 공적으로 인정받은 출판물을 냈기 때문이라고 주장했고, 심사위원회는 스멘드의 견해를 받아들인 것처럼 보였다.25)

라트가 자신이 범주 3으로 분류된 것에 기뻐하지 않았음은 물론이다. 그는 자신에 대한 혐의의 모든 측면을 완강하고 기발하게 공격하기 시작해서, 결국 그의 탈나치화 파일은 가장 두꺼운 파일 중 하나가 되었다. 예를 들어, 수백 페이지에 달하는 그 파일에는 많은 개인이 법정에서 증언한 것, 그리고 이전의 증언을 수정하거나 명료하게 한 것들이 포함되어 있는데, 그 증언들은 보통 "그것이 본인의 시선을 끌게 되었습니다"라는 말로 시작했다. 라트가 그 개인들 각자를 찾아갔거나 개인적 매력, 위협, 또는 완강한 주장을 통해 그들이 말했던 것을 바꾸도록 확신시켰음이 분명한 것처럼 보인다. 예를 들어, 과거에 라트의 조수였던 라인하르트 섀이더는 자신의 증언이 라트에 대한 공식적 판결에서 틀리게 보고되었다고 불만을 표시하고, 그 문제를 명료하게 하기 위해 대화를 요청했다. 그러나 심사위원회 의장은 그 요청을 거절하고 섀이더에게 "더 이상 대화가 필요하지 않은 이유는 당신이 라트의 사건에서 나의 직접적 질문에 대답한 그대로 보고되었고, 이것은 다른 증인들에 의해

---

25) 스멘드의 증언, Öffentliche Sitzung der Entnazifizierungs-Hauptausschuss, Göttingen, February 1, 1949, in the file on Klaus-Wilhelm Rath, Nds. 171 Hild. 9223, NSA, 59-64.

서도 확인된 바 있습니다"26)라고 통보했다.

한스 드렉슬러는 괴팅겐대학교의 마지막 나치 총장이었는데, 그의 사건에서 라트는 드렉슬러에 이끌려서 탈나치화 본부에 나타났다. 라트는 드렉슬러의 범주 3 결정에 대한 드렉슬러의 주장을 인용하여 "본인의 저술은 본인이 주창한 국가사회주의 경제 원리들의 방향에서 강한 영향을 받았습니다"라고 말했다. 이어서 라트는 드렉슬러가 "오해가 명백하게 발생했기 때문입니다"라고 말하도록 촉구했다. 그러자 드렉슬러는 "본인은 사실상 그 질문에 증언하지 않았습니다"라고 말한 것으로 기록되었다. 그는 자기가 단지 "스멘드의 증언에 대해, 그(또는 나 역시)가 교수회의에서" 라트가 나치당의 입장을 밀어붙인다는 생각을 했는지에 대해서만 답변했었다고 말했다. "다른 점[라트의 나치 저술]에 관해서는, 본인이 그 질문을 정확하게 이해했다면, 아니라고만 대답했을 것인데, 그것에 관해서는 본인의 관찰이나 들은 바에 의해서도, 본인은 할 말이 없기 때문입니다."27) 이 복잡한 문장구성은 드렉슬러가 말했던 것에 대한 기억이라기보다는 훨씬 더 라트가 자신이 말했어야만 했다고 생각한 것을 코치받아 대답한 것으로 들린다.

라트의 부인도 개입하여, 괴팅겐대학교 라이저 총장을 찾아가, 자기 남편에 대한 결정은 대학의 압력 때문이라고 "굳게 확신한다"고 주장했다. 그뿐 아니라 그녀는 탈나치화 심사위원회 의장이 라트에게 말하면서 그 결정이 "오직 대학의 압력 때문이며, 심사위원회 대다수의 실제 확신과는 반대된다"28)고 말했다고 주장했다. 라이저 총장은 라트 부인

---

26) Reihard Schaeder to von Fumetti, March 4, 1949, and Entnazifizierungs-Hauptausschuss to Schaeder, March 8, 1949, in the file on Klaus-Wilhelm Rath, Nds. 171 Hild. 9223, NSA 110.
27) Fumetti가 1949년 3월 9일 자로 서명한 손으로 쓴 보고서, in the file on Klaus-Wilhelm Rath, Nds. 171 Hild. 9223, NSA, 84.

의 주장을 반박하고, 대학이 그 과정에서 한 당사자임을 부인했다. 그러나 그는 재빨리 그녀의 명예훼손 혐의를 검사에게 보고했으며, 또한 그 결정의 단어 선택이 부주의했을 수 있다는 자신의 우려도 표명했다.

라트는 자기 아내와 친구들뿐 아니라 하노버의 정치인들까지 끌어들였는데, 1949년에서 1950년 사이 독일의 분위기가 바뀌고, 또한 정치인들과 유권자들 사이에서 탈나치화는 불공평했으며 지나치게 가혹했다는 일반적 인식을 십분 활용했다. 심지어 1949년 2월, 그의 첫 청문회에서조차 라트는 자기 지지자들로 그 방을 가득 채워, 범주 3 결정이 선언되자 지지자들이 야유를 퍼부었다. 그의 지지자들은 하노버의 문화부와 내무부에 몰려가, 그가 겪은 불의에 항의했다. 문화부와 교육부 관리들은 탈나치화 사무국에 편지를 보내, 그 사건에 관해 문의하고 결과를 통보해달라고 요청하기 시작했다. 이런 그의 전략의 또 다른 증거로, 라트는 마침내 1950년 7월, 그가 검사의 파일에 몰래(또한 불법적으로) 접근했다는 것에 대해 "오직 주저하는 태도로만" 인정했는데, 그 이유는 "좋은 친구를 위해 나중에 문제를 일으키고 싶지 않았기" 때문이라고 했다. "그것은 괴팅겐대학교 탈나치화 특별심사위원회 위원장이었습니다. 본인이 2년 동안 침묵을 지킨 것은 이런 변명 파일을 본인이 볼 수 있게 해준 사람을 노출하지 않으려 했기 때문입니다. … 본인은 2년 동안 범죄자처럼 일했습니다."[29] 라트는 자신이 객관적 학자이며, 자기에게 불공정하게 나치의 오명을 뒤집어씌우기 원하는 적들의 무고한 희생자라고 설명하기 위해 가능한 한, 불법적이든 아니든, 온갖 방법을 사용했다. 라트의 정력적 변론, 그의 많은 항고, 그리고 그 지지자들의 분노

---

28) Raiser 총장이 검사 Becker에게 보낸 1949년 6월 17일 자 편지, in the fild on Klaus-Wilhelm Rath, Nds. 171 Hild. 9223, NSA, 113.
29) 1950년 6월 23일 자 재판기록, 1950, the file on Klaus-Wilhelm Rath, Nds. 171 Hild, 9223, NSA, 220-30.

는 루돌프 스멘드가 주목하게 했고, 결국 라트에 대한 처음의 가혹한 판단을 철회하도록 만들었다.

라트와 그의 새로운 변호사 폰 발도우는 스멘드가 사용한 "테러 집단"이라는 용어에 강력하게 반대하면서, 그런 용어는 정의된 적이 없고, 그 멤버십에 대한 설명은 없었으며, 사실상 그런 집단은 존재한 적이 없다고 주장했다. 그들은 이 용어가 스멘드 교수라는 단 한 사람의 증인의 주관적인 인상에 불과한 용어라는 것이 명백해졌다고 주장했다.30) 더 나아가 폰 발도우는 직접 심문에 근거해서 스멘드가 "그 판결에서 제기된 혐의를 실질적으로 뒷받침하기 위해 그 멤버십이나 소위 '테러 집단'의 존재에 관한 단 하나의 사실도 제시할 수 없었습니다"라고 주장했다. 스멘드는 대신에 비록 라트의 학문성을 존경하며 그와 "자극이 되는 토론"에 참여했고, 심지어 "함께 산책하는 것"을 즐겼다고 증언했지만, 교수회의에서는 "거리감"을 느꼈다고 말했다.31)

스멘드는 이 문제에 대해 탈나치화 심사위원회 위원장에게 긴 편지로 이렇게 대답했다. "주임검사는 본인의 요청에 따라 라트에 대한 탈나치화의 첫 번째 절차의 본문을 보여주었습니다. 이 요구를 한 것은 나의 증언에 대한 비난을 알게 되었고, 이 증언이 그 결정에 영향을 끼친 것을 알게 되었기 때문입니다." 더 나아가, 그는 자신이 "에벨 교수의 탈나치화 사건으로 개인적 어려움을 겪었는데, 본인이 승인하지 않았으며 그 내용이 정확하지 않은 재판기록에 대해 미리 준비된 심문을 받았기

---

30) 이 주장은 "테러 집단"이라는 용어를 흔히 사용한다는 사실을 모호하게 만들었다. 또한 그 용어 사용에 관해서 단지 "한 사람의 증인"만 소환되었다는 유리한 점을 이용했다.

31) Attorneys Gonell and von Waldow to Entnazifizierungs-Beerufungsausschuss, May 23, 1949, 10 페이지 항소, in the file on Klaus-Wilhelm Rath, Nds. 171 Hild. 9223, NSA, 96ff.

때문입니다"라고 덧붙였다. 스멘드는 이어서 "피고발인이 매우 비자발적인 증인에 대해 갖는 아마도 자연스러운 반감"을 인지하게 되었고, 자신의 증언의 유용성을 유지하기 위해서는 주의 깊고 정확해야만 한다고 주장했다. 그는 이렇게 이어갔다.

그 재판기록은 … 전쟁이 일어나기 전에 우리 법정치학과 교수진 안에서 소위 "테러 집단"에 관한 본인의 증언에 대한 합리적으로 정확한 설명을 제공합니다. ("테러 집단"이라는 표현은 본인이 말한 것이 아니라, 질문에서 그것에 관해 보다 정확하게 말해달라고 본인에게 요청했습니다). 그러나 그 증언의 가장 중요한 부분은 완전히 빠졌습니다. 본인은 이 집단의 활동을 다양한 방향에서 설명하려고 노력했습니다. 즉 교수진 중에 다른 의견을 가진 사람들에게 작업을 하고, 교수 세 명(크라우스, 파소, 기르케)의 이동이 초래한 인상, 그리고 네 번째 교수(오빈)를 내쫓으려는 시도, 그리고 그런 일 때문에 대학과 교수진의 명예가 훼손된 문제였습니다. 또 본인의 증언에서 빠진 부분은 책임을 그 집단의 개인에게 돌릴 수 없다는 점이었습니다. … 그러자 청문회에 참석했던 스톨팅 박사는 여러 차례 긴 글을 보냈는데 … 그것은 논점을 본인에게로 돌려, 특히 다음과 같은 비난에 초점을 맞추었습니다. 즉 본인은 실제로 죄를 증명할 세부사항을 제시하지 못했을 뿐 아니라 단지 억압당한 느낌만 말했다는 등등입니다. 그것은 스톨팅의 완전히 근거 없는 논지, 즉 본인이 그 절차를 준비하는 일에 관여했고 마치 본인이 그 방향을 제시한 악령처럼 행동했다는 논지를 받아들일 때만 가능한 반대이며 비난입니다. 진실은 본인이 (그 집단의) 어느 개인에게 책임을 지울 수 있다는 주장을 명백하게 거부했다는 사실입니다.[32]

우리는 우선 스톨팅 박사가 라트와 그 변호사와 똑같이 스멘드의 증언에서 "죄를 증명할 세부사항"을 제시하지 못했고 단지 "느낌"만을 말했다는 똑같은 단어를 사용한 점을 주목할 수 있다. 이런 의심은 라트가 쓰거나 아니면 적어도 편집한 파일 전체에서, 즉 그 자신의 진술뿐 아니라 그의 친구들이 서명한 많은 진술을 읽을 때 계속 품게 된다. 우리는 또 심지어 스멘드가 1949년 여름에 탈나치화와 관련시켜 "악령"이라는 말을 기꺼이 사용하고, 자기를 가리켜 "매우 비자발적인 증인"으로 말한 것도 주목할 수 있다. 그는 나아가 자신이 라트의 사건은 구체적 세부사항을 조사할 필요가 있다고 항상 생각했다고 말하고, 덧붙여서 변명의 여지가 있는 몇 가지 세부사항들을 라트나 라트의 친구들이 제공했다고 말했다. 예를 들어, 벨첼 교수는 라트의 경력 초기에(1934년 8월 나치 여름 캠프에서) 베를린의 영향력 있는 나치 철학자 알프레드 바움러로부터 라트가 "자유주의자"라고 단죄받았다고 말했다. 라트는 이미 이런 비난을 자신의 변론서에 사용했지만, 스멘드는 라트가 만일 그런 비난을 받았다면, "라트 교수의 학문적 자유와 정치적 자유에서 심각한 제한을 받았을 것"이라고 지적했다. (그가 손해를 입었는가? 그것이 "단죄"였는가? 라트는 그다음 해에 괴팅겐에 채용되었고, 10년 동안 승승장구했기 때문에, 그 사건은 그의 경력에 아무 방해가 되지 않았던 것 같다.) 스멘드는 또 라트에 대한 그의 초기 평가, 즉 그가 슈르만 집단의 특히 책임이 있는 멤버라는 평가에 니더메이어 교수가 동의하지 않았다고 말했다. 끝으로 오빈 교수의 미망인이 스멘드의 아내에게 그녀와 그녀의 남편인 오빈 교수가 어려움을 라트에게가 아니라 총장에게 돌렸다고 말했다.[33] 이것은 스멘드가 라트와 공평하게 되려는 노력에서 취한 작은

---

32) Smend to Vorsitzender der Entnazifizierungs-Hauptausschuss, July 18, 1949, in the file on Klaus-Wilhelm Rath, Nds. 171 Hild. 9223, NSA, 119-20.

변화이다. 탈나치화 자체에 대한 사람들의 존중이 점차 줄어들던 때에, 스멘드는 자신이 겪었던 나치 시대의 강렬한 경험 대신에, 라트가 만들어낸 소문들에 의한 증거를 보고한 것이다.

스멘드의 증언이 바뀌었고 국가의 분위기도 바뀌는 중이었음에도 불구하고, 또한 이제는 탈나치화 작업이 전적으로 독일인들의 손으로 넘어갔음에도 불구하고, 라트는 1949년 8월의 그의 항소에서도 또다시 범주 3으로 분류되었다.[34] 그 판결을 설명한 판결문은 그 영향을 줄이기 위해 라트가 "매우 존경할 만하며, 올바로 생각하는 점잖은 사람으로서, 당의 폭력적 방법을 배격했습니다"라고 주장했다. 그러나 판결문은 그가 선전부, 사법부, 경제부의 중요한 나치 지도자들과 긴밀하게 연결되었다는 사실도 지적했다. 더욱 중요한 사실은 그가 1943년 12월에 제국의 대학 강사 담당관에게 보낸 편지에서 "우리는 괴팅겐에서 우리의 교수 방법에서 뚜렷한 국가사회주의 노선을 발전시켰으며, 이것을 학생들은 강하게 인지하고 있습니다. 학생들은 이런 점을 공개적으로 한 번 이상 표현했는데, 특히 다른 대학에서 온 학생들이 그랬습니다. 그들에게 인상을 준 것은 일사불란한 정치 노선이었습니다"[35]라고 말한 것을 그대로 인용했다는 점이다. 끝으로 심사위원회는 라트가 "유대인 문제"에 관해 쓴 글이 나치 이데올로기를 따라, 경제 분야에서 유대인들의 영향력을 제거할 것을 요청했다는 점을 확인했다. 따라서 그는 명백하게 나치의 목표를 "실질적으로 진척시킨 자"였으며, 범주 3 이하의 엄하지 않은 조치를 줄 수 없는 자였다.

---

33) Ibid.
34) Entnazifizierungs-Entscheidung, August 2, 1949, in the file on Klaus-Wilhelm Rath, Nds. 171 Hild. 9223, NSA, 135ff.
35) Rath가 Dozentenführer에게 보낸 1943년 12월 8일 자 편지에서 인용, in the file on Klaus-Wilhelm Rath, Nds. 171 Hild. 9223, NSA.

1950년 1월, 라트는 힐데스하임의 탈나치화 법정에 자신의 사건에 대한 재심을 요청하면서, 그가 1949년 8월에 항소했던 이후에 새로운 사실과 증거를 찾았다고 주장했다. 법정은 그의 요청을 받아들여 살펴본 결과, 이미 18개월 이상 진행된 사건이었고, 1950년 6월과 7월, 두 차례의 긴 재판을 통해 최종적으로 결론 내렸다. 그때까지 라트는 괴팅겐에서의 테러 집단에 관한 모든 주장에서 벗어날 수 있었다. 그는 또 법정의 판결문을 통해 자신이 "매우 존경할 만하며 올바로 생각하며 점잖은 사람"이라는 말도 인용할 수 있었다. 이제 그는 자신이 나치 체제 지도자들과 긴밀한 관계였다는 주장을 돌파해야만 했다. 그의 주장에서 새로운 것은 없었지만, 그와 그의 새로운 변호사 반 덴 버그는 그 주장을 보다 치밀하게 만들었다. 특히 라트는 이제 자신이 나치 집단과 밀접했던 것과는 거리가 멀었고, 자신이 용감하게 나치 체제에 맞서서 발언했으며, 그 결과 자기 업무에서 심각한 억압을 받았다고 주장했다.

라트는 1942년에 자신이 독일의 보험산업에 관한 책을 출판한[36] 후 몇 주 지나 그 책에 대한 모든 논의와 서평이 금지되었다고 주장했다. 그는 이런 금지 조치가 헤르만 괴링을 포함한 나치 최고위 집단에 의해 부과된 것으로서 자신이 나치 체제로부터 독립해 있었으며 또한 용기 있게 반대한 증거라고 주장했다. 그런 금지 조치는 사실이었다. 그러나 그 책이 나치 국가에 대한 반대였다거나 논의에 대한 금지가 나치의 박해를 뜻했다는 주장은 엄청난 왜곡이었다. 오히려 그는 나치 국가 내의 논쟁에서 한편에 서 있었다. 아마도 그것은 나치당이 선호했던 편이었을 것이지만, 그가 탈나치화 목적을 위해 그것을 반대한 행동으로 둔갑

---

36) Klaus-Wilhelm Rath, *Konkurrenzsystem, Organisationsform und Wirtschaftlichkeit im Versicherungswesen* (Leipzig: Meiner, 1942), as noted among Rath's publications in the file on Klaus-Wilhelm Rath, Nds. 171 Hild. 9223, NSA, 25.

시켰다는 것은 놀라운 일이 아니다.

이 복잡한 이야기는 고약한 나치 지역 당대표로서 제국 보험위원회 의장이었던 프란츠 슈웨드-코부르크(그는 대량학살로 인해 전후에 투옥되었다)에서부터 시작된다. 히틀러는 그에게 보험산업 구조 전체를 재구성하도록 요구했는데, 당시 이 과제는 국가보험과 개인보험을 통합하는 문제와 관련되었다.37) 슈웨드는 라트에게 자기 위원회에 가담하여 개인보험 대 국가보험에 대한 학문적 분석을 집필해달라고 요구했다. 이것은 라트에게 매우 큰 사례비가 포함된 것으로서 5만 라이히스마르크(RM)의 상당 부분이 그 프로젝트의 "경비"로 책정되었다. 슈웨드는 개인보험 회사 회장이었던 에두아르트 힐가드 박사에게 그 비용을 마련하도록 지시했다. 힐가드는 자신의 회사가 그처럼 큰 액수(5만 라이히스마르크는 대학 정교수 연봉의 약 네 배였다)를 댈 수 없다고 항의했다.38) 힐가드는 슈웨드의 또 다른 요청, 즉 라트의 작업을 위한 자문위원회에 한 사람을 추천하라는 요청도 거부했다. 힐가드는 자신이 많은 동료와 말해보았지만, "라트 교수는 보험산업을 평가하기 위해서 필요한 보험 경제학 분야나 보험 업무에서 학문적 업적을 이룬 것이 없다는 사실과 개인보험 회사들은 독일의 보험산업을 재조직하기 위한 근거로서 라트 교수가 작성할 평가를 받아들이지 않을 것이라는 점"에 모두가 동의했음을 날카롭게 지적했다.39)

---

37) Gerald D. Feldman, *Allianz and the German Insurance Business, 1933-1945* (New York: Cambridge University Press, 2001)에 그 배경 설명이 나온다. 이 이야기에서 라트의 역할에 대한 펠드먼의 설명은 333-39를 보라.

38) Dr. Eduard Hilgard to Prof. Dr. Raiser, *Rektor*, January 28, 1949, in the fild on Klaus-Wilhelm Rath, Nds. 171 Hild. 9223, NSA, 79ff. 이 기간에 대학 정교수 연봉은 11,000 RM에서 13,000 RM 사이였다. 라트는 자신이 5만 RM을 받았다는 주장을 반박했지만 전적으로 신뢰할 만한 주장은 아니었다. 그는 제국 보험위원회 고문으로서 최소한 32,000 RM을 받았다(1941-1944년까지 연봉 8천 RM). 이것은 그가 자신의 질문지에서 인정한 액수다.

지역 당대표 슈웨드는 힐가드에게 답신을 보내면서, 자신이 적절한 나치 교육국 총무에게 "보험에 관한 투쟁적 국가사회주의 학자를 추천해달라고 요구했더니, 나에게 라트 박사 교수를 자격자로 추천해 주었다"40)고 보고했다. 개인보험 산업을 보호하려는 그의 희망의 관점에서 볼 때 "투쟁적"이라는 말은 힐가드를 기쁘게 하기 위한 단어는 아니었을 것이지만, 슈웨드는 단어 선택에서 예민하려고 노력하지는 않았다. 그는 단순히 힐가드가 라트를 받아들이기를 희망했다. 그러나 힐가드는 다시 답신을 보내, 자신은 나치 당국이 역할을 수행하는 줄 몰랐으며, 개인적으로 라트를 반대하지 않는다고 말했다. 그러나 라트의 출판물을 검토하면서 그는 두 권의 저술과 몇몇 논문을 발견했지만, 그것들 중 보험에 관한 것은 하나도 없었고 단지 보험 교육에 관한 작은 논문 하나만을 발견했다. "만일 귀하가 그것을 키슈, 로르벡, 뮐러, 그로스 같은 사람들의 활동과 비교해 보면, … 본인은 최고의 선의를 갖고 본다 하더라도, 보험산업처럼 매우 복잡한 조직에 대한 평가를 학문적 업적이 … 우리 분야보다는 금융과 일반 경제학 분야에 관해 훨씬 많은 학자에게 어떻게 맡길 수 있을지 모르겠습니다"41)라고 답신을 보냈다.

슈웨드는 답신을 통해 힐가드에게 어느 문제가 중요한지, 그리고 힐가드가 권력 관계에서 어디에 속하는지를 이해시키려 했다. 라트를 임명하는 것은 **"제국 경제부와 협력하여** 결정되었는데, 이 사실만으로도 귀

---

39) Eduard Hilgard, Leiter der Reichsgruppe Versicherungen, to Schwede-Coburg, Der Vorsitzer des Reichsversicherungsausshuss, July 8, 1941, in response to Schwede-Coburg to Hilgard, June 30, 1941, in the file on Klaus-Wilhelm Rath, Nds. 171 Hild. 9223, NSA, 86-87.
40) Schwede-Coburg to Hilgard, July 16, 1941, in the file on Klaus-Wilhelm Rath, Nds. 171 Hild. 9223, NSA, 87.
41) Hilgard to Schwede-Coburg, July 23, 1941, in the file on Klaus-Wilhelm Rath, Nds. 171 Hild. 9223, NSA, 88.

하는 그 임명에 대해 전적인 존경을 표해야만 합니다. 그뿐 아니라 연관된 당 교육국 총무도 라트 교수를 선발하는 데 참여했다는 점에서 본인이 업무를 수행한 방식을 귀하에게 보여줍니다."힐가드 자신과 동료들이 라트의 잠재능력을 신뢰하지 않았다는 불평에 대해, 슈웨드는 "출판물은 한 개인과 그의 업무를 판단하는 데서 결정적이지 않고, **오히려 그의 국가사회주의 행동을 통해 증명된 그의 의지와 능력이** … 본인은 다시 한번 제국 보험위원회에서 동지들이 함께 작업할 것을 기대한다는 것을 강조합니다. 본인은 이 중요한 도전에 우리가 최고의 가치를 두고 있음을 알고 있습니다"42)라고 말했다.

슈웨드가 개인보험 회사들을 좋아하거나 신뢰하지 않았으며, 그들 역시 그를 좋아하거나 신뢰하지 않았다는 것은 분명하다. 또한 슈웨드는 점차 보험을 개인 회사들에 맡겨두기보다 나치 국가 아래 두고 싶어 했을 가능성이 매우 컸던 것처럼 보인다. 그것이 바로 라트의 분석이 승인했던 것이다. 왜냐하면 그는 많은 금액이 개인보험 쪽에서 낭비되는 것을 발견했기 때문이다. 더군다나, 그 작업 문서에는 "전쟁 경비"에 대한 언급이 있는데, 이것은 보험산업을 완전히 국가 통제 아래에 두면, 엄청난 자원을 확실하게 전쟁 경비로 충당할 수 있다는 것을 함축했다. 라트의 업무는 힐가드에게 저주였다. 왜냐하면 라트는 개인보험을 비판했기 때문에, 나치의 공무원 슈웨드가 듣고 싶어 한 것을 제공한 것처럼 보이기 때문이다. 왜 나치당이 라트의 업무에 대해 **처벌하겠는가**?

힐가드는 1949년 4월, 괴팅겐에서 검사에게 자신의 관점을 분명하게 밝혔다. "그 계획은 개인회사들을 공적 체제 아래 둠으로써 당이 슈웨드를 통해 전적으로 통제하고, 그럼으로써 당의 목적을 위해 복무하도록

---

42) Schwede-Coburg to Hilgard, July 31, 1941. in the file on Klaus-Wilhelm Rath, Nds. 171 Hild. 9223, NSA, 89-90 (강조는 원문에).

만들려는 것이었습니다. 당연히 전쟁 자금 조달은 당의 목표들 가운데 가장 중요한 것으로서, 이 과제는 개인회사들이 가능한 한 피하려 했던 것입니다."43) 라트가 업무상 받은 억압에 관해서 힐가드는 그것이 단지 그의 견해가 인쇄되어 나치 신문에 폭넓게 폭로된 이후였다고 말했다. 문제의 민감성과 정당들 사이의 논쟁 때문에, 헤르만 괴링은 개인보험 회사들과 공적보험 체제 사이의 휴전을 명령했다. 그러나 일단 슈웨드가 라트의 입장을 꺼내자, 차후 논의에 대한 모든 금지가 뜻한 것은 개인보험산업이 라트의 주장과 증거를 비판할 수 없게 되었다는 것이다. 이런 점에서 라트의 업무에 대한 공적 논의가 억압당했다는 것은 호기심을 자아낸다. 왜냐하면 그가 당에 쓸모가 있었기 때문에, 그는 맡겨진 업무를 수행했기 때문에 억압당했다는 것은 처벌도 아니었고, 마음에 안 들었기 때문도 아니었다. 라트가 그의 질문지에서 인정한 것처럼, 제국 보험위원회에서 1944년까지 2년 더 계속 일했고, 매년 8천 라이히스마르크를 받았다는 사실은 주목할 가치가 있다. 그가 실질적 교수 봉급에 더하여 이처럼 62%의 보너스를 받았다는 것은 그가 나치 국가에 의해 처벌받았다는 것을 암시하지 않기 때문이다.

  1950년에 라트의 최종 항소에서 문제가 되었던 또 다른 문제는 편지들과 관련된 것으로서, 그 편지는 그가 나치 관리들과 친밀했으며 또한 나치의 목표를 열렬히 지지했음을 확실히 보여주는 것이었다. 라트는 이런 편지들을 공격하면서, 1943년에 "누군가" 자신의 편지를 검열하며 게슈타포와 비밀경찰이 자신에 대한 사건을 만드는 중이라고 알려주었다고 주장했다. 그는 이런 경고에 근거해서 나치의 열렬한 지지자인 척 하는 여러 통의 편지를 쓰기 시작했다고 주장했다. 그가 이렇게 한 것은

---

43) Hilgard to Public Prosecutor, April 18, 1949, in the file on Klaus-Wilhelm Rath, Nds. 171 Hild. 9223, NSA, 80ff.

단지 자신과 가족을 보호하려는 속임수였다고 주장했지만, 그에게 경고해 준 사람의 이름이나 이처럼 편리한 이야기의 실체를 보강할 증거를 아무것도 제시하지 않았다.44)

라트가 비밀경찰과 게슈타포의 수사에 대한 경고를 듣고 가짜 편지들을 썼다고 주장할 필요가 있었던 이유는 유죄의 증거가 될 편지들을 숨겨두었다가, 그 재판의 마지막 단계에서 법정에서 알게 된 편지들 때문이었을 것이다. 이 복잡한 이야기에 관련된 인물은 리차드 파소인데, 그는 법정치학과의 나이 많은 교수로서, 경제학과의 라트와 여타 젊은 교수들이 그를 너무 자유주의적이라고 간주하여 교수직에서 몰아낸 사람이었다. 1938년에 한 사소한 사건이 파소의 적들에게 기회를 제공했다. 그는 학생들에게 자신이 "바이히만Weichmann"이 아니라고 말했다. 그 말은 단순히 "연약한 사람"이라는 뜻이지만, 그의 나치 동료인 발터 웨이그만Walter Weigmann을 공격하는 말장난으로 보였다. 발터 웨이그만은 사람을 보내 파소에게 도전했다. 다른 나치 교수들이 웨이그만을 편들어, 그 말은 동료 교수의 명예에 대한 모욕이라고 주장했고, 학생들은 파소의 강의를 보이콧하겠다고 위협했다. 파소는 웨이그만에게 사과 편지를 보냈지만, 소용이 없었다. 이런 사소한 농담이 결국에는 1938년 8월, 그의 적들에게 그를 내쫓는 구실을 제공했다.45) 그는 그 후 6년 동안 자신의 해직에 대해 싸웠는데, 몇 가지 전술적 승리를 얻었지만, 1945년 4월까지 괴팅겐의 교수직으로 돌아가지는 못했다. 파소는 라트

---

44) 라트가 이런 주장을 한 것은 1950년 6월인데, 소송이 시작된 지 거의 2년 후였으며, 다음에 언급할 "파소 파일"에서 나왔을 유죄의 증거가 될 편지들에 대한 대응에서 나왔다. 1950년 6월 23일 자 재판기록은 in the fild on Klaus-Wilhelm Rath, Nds. 171 Hild. 9223, NSA, 220-30에서 볼 수 있다.

45) Mattias Gross, "Die nationalsozialistische 'Umwandlung' der ökonomische Institute," in Becker, Dahms, and Wegeler, 171-72를 보라.

를 대신했는데, 라트는 전쟁 막바지에 군복무를 위해 몇 주 전에 떠났다. 파소의 교수직 복귀는 중요한 홈커밍으로 판명되었다.

파소가 경제연구소의 한 책상을 열었을 때, 그는 라트의 방대한 편지 파일들을 발견했다. 이 "파소 파일"은 1949년 봄에 파소의 아들이 검사에게 제출했고, 적어도 그 편지와 문서 일부는 라트가 열렬한 나치주의자였음을 확인할 수 있게 해주어, 라트가 1949년 8월의 항소에서 패배하여 범주 3에 남도록 하는 데 도움을 주었다. 라트의 변호사는 이 자료들을 다양한 방식으로 공격했는데, 편지들이 프라이버시라고 주장하고, 그 정확성에 의문을 제기하고, 그 편지들이 실제로 발송된 편지 사본들인지, 그리고 그 인용문이 문맥에서 따로 떼어낸 것은 아닌지 하는 등의 방식이었다.46) 그는 또 라트가 썼던 편지들 상당수는 게슈타포의 의심을 피하기 위한 속임수였다는 주장을 이용했다. 그러나 매우 전형적으로 라트의 변호사는 파소가 진짜 나치였지 라트는 아니었다고 주장하기도 했다. "파소는 교수 집단에서 부당하게 쫓겨난 불쌍하고 박해받은 자유주의적 민주주의자가 결코 아니었습니다. 그는 자신이 국가사회주의에 실제로 복무한 것을 매우 분명하게 설명했습니다."47) 이 지점에서 변호사는 파소가 1944년에 쓴 편지 한 대목을 읽었다. 자신의 교수직을 되찾기 위해 그는 자신의 정치학이 결코 부적절했던 것이 없었고, 자신

---

46) Van der Bergh to Hauptausschuss Hildersheim, June 14, 1950, in the file on Klaus-Wilhelm Rath, Nds. 171 Hild. 9223, NSA, 227. 또한 1950년 6월 23일 재판기록도 220-30에서 보라. 미국법 기준으로는 이런 파일을 사용하는 것이 언뜻 보기에 의문을 제기할 수 있는 것처럼 보인다. 비록 검사에게는 가치 있는 자료이지만, 라트의 프라이버시를 침해한 것으로 볼 수 있어서 "비합리적인 수색과 압수"의 경우에 해당될 수 있을 것이다. 그러나 미국법은 경찰에 의해서만 영장 없는 수색과 압수를 금지한다. 파소는 그런 역할을 하지 않았기 때문에, "파소 파일"을 사용한 것은 아마도 검열을 통과할 것이다.

47) 1950년 6월 23일 재판기록, in the file on Klaus-Wilhelm Rath, Nds. 171 Hild. 9223, NSA, 220-30.

은 비밀경찰뿐 아니라 히틀러의 총리실에 의해서도 검사를 받았고 또한 승인받았다고 항변했다. 물론 누가 진짜 나치였는지에 관한 가장 결정적 증거는 파소가 1938년부터 1945년까지 광야에서 살면서 자신의 교수직을 되찾기 위해 노력했지만, 라트는 승승장구했다는 사실이다.

라트의 항소가 1950년 여름 그 결론에 도달할 즈음, 오직 세 명의 증인만 채택되었다. 두 명은 피고측에서 새로 선택했고, 세 번째 증인 루돌프 스멘드(전후 첫 총장) 역시 마찬가지였을 것이다. 스멘드는 대학에서 정치적 억압의 시기를 "극히 침통하게" 기억한다고 증언했는데, 그것은 주로 1939년, 즉 라트가 아직 정교수가 되기 전에 벌어진 일이었다. 그 후에 그들은 함께 협력해서 일했다. 그는 자신이 라트에 대한 초기 증언에서 가혹했던 것에 관해서는, 자신이 그 당시 표현했던 것보다 "재판기록에는 훨씬 날카롭게 적혀 있다"고 설명했다. 라트의 변호사가 몇 구절을 읽자, 스멘드는 그것이 "매우 뉘앙스를 지닌 답변을 매우 불충분하게 설명한 것"이라고 지적하고, "본인은 오늘 스스로를 강하게 질책하고 있습니다"라고 덧붙였다. 그는 전쟁 직후에 증언했었고, 자기의 초기 증언에서 "당시에 우리가 사태를 파악하고 있었는지"를 보고했다고 말했다. 이것은 1950년까지 독일에서 탈나치화에 대한 생각이 변한 것을 강하게 인정하는 것처럼 보인다. 그는 또 라트가 증거와 달리 1933년 전에는 "무명인"이었다는 매우 의심스러운 주장에 대해서도 신빙성을 인정했다. "본인은 그가 아직 정교수가 아니었다는 것을 생각하지 못했습니다"[48]라고 스멘드는 말했다.

---

[48] 1949년 6월 23일의 이 법정 기록은 양면으로 11페이지에 달한다. 스멘드는 라트가 자신이 중요하지 않은 인물이었고 취약했다는 문제에서 얼버무린 것을 받아들인 것처럼 보인다. 라트는 자신이 1939년 7월에 정교수로 임명되기 전까지는 종신교수도 아니었고 직업적 안정성도 없는 "완전히 알려지지 않은" "무명인"이었다고 주장했다. 사실상 그는 1937년 11월부터 종신직 부교수였지만, 이미 그해에 학과의 부과장으로 임명되었고, 그의 파일에 들어 있는 자료들은 그가 당시에 상당한 영향

재판기록은 그 사태가 진행되는 방향에 대해 검사가 점차 불만을 품게 되었음을 보여준다. 그는 파소를 증인으로 불렀을 것이지만, 파소는 그 첫 항소 기간에 증언하기에는 너무 병이 깊었고, 최종 재판 이전에 사망했다. 파소가 증언할 수 없게 되자, 라트의 변호사는 잠시 예민한 문제를 다룰 수 없게 되었음을 인정한 후, 곧바로 공격을 시작했다. "고인에 대해 안 좋게 말하는 것이 불유쾌하지만, 이 고인은 계속해서 살아 있는 사람을 공격합니다." 라트의 변호사가 계속 파소를 공격하자, 검사는 그가 쫓겨날 수 있음을 경고했다. 심사위원회 의장은 더 이상 파소의 성격을 언급하지 말라고 지시했다. 그러자 라트의 변호사는 방을 나가겠다고 위협했다.[49] 그러자 양측이 모두 잠시 잠잠해졌는데, 그날의 재판은 다른 문제들에 관해 계속되었다. 그러나 한 달 후 최종 재판에서는 라트의 변호사가 파소에 대한 공격을 허락받았고, 그는 믿을 수 없는 주장을 했다. 즉 파소는 비밀경찰과 밀접하게 연결된 진짜 나치였으며, 전쟁 후에는 자신을 민주주의자이며 "나치의 희생자"로 둔갑시킨 "시샘꾼"이었다고 주장했다. 그런 지위를 이용해 자기의 적에게 복수하면서, 파소는 라트를 "고발했고" 그 목표를 달성했기 때문에, 라트는 "소명의 기회도 없이, 세부사항에 대한 검사도 없이, [교수직에서] 쫓겨났습니다."[50] 라트가 1945년에 교수직에서 쫓겨났고, 1949년에 처음 범주 3 평결을 받은 것은 전적으로 그 자신에 대한 평판에 근거한 것임을 주목할 필요가 있다. 영국 당국자와 스멘드가 일정한 역할을 했으며, "파소

력을 행사한 것을 시사한다.
49) 1950년 6월 23일 재판기록, in the file on Klaus-Wilhelm Rath, Nds. 171 Hild. 9223, NSA, 220-30.
50) 1950년 7월 8일 재판기록, in the file on Klaus-Wilhelm Rath, Nds. 171 Hild. 9223, NSA, 249-53. 비록 이 재판기록은 7월 8일부터 시작하지만, 실제 청문 기록은 1950년 7월 31일 자로 되어 있다.

파일"은 두 차례의 최종 항소가 열리기 전에는 심지어 검사측에서도 몰랐었다.

1950년 7월이 되자, 탈나치화 항소 심사위원회가 이 사건을 종결하고 싶어 한다는 것이 분명해졌다. 검사는 특히 유대인들에 대한 라트의 태도 문제를 분석하기 위해 시간이 더 필요하다고 항변했다. 라트는 자신이 독일 경제학에서 "유대인 사상"을 제거할 것을 주장했다고 인정했는데, 그의 많은 출판물에서 "유대인 영향력을 깨뜨리기"라는 말이 제목에 나오기 때문에, 그가 인정하지 않을 수 없었다. 라트의 변호사는 그 문제가 해결되었다고 생각했다. 유대인에 관한 라트의 논문을 읽은 한 증인이 그 논문에는 반유대적 편견이 없다고 주장했기 때문이다. 라트 자신도 자신의 연구는 "항상 유대인 이데올로기, 즉 특정한 사상 유형만 다루었기 때문에 인종 갈등 문제와는 상관이 없었으며" 또한 국가사회주의와도 상관이 없었다고 주장했다.51) 이런 무죄 주장을 받아들일 마음이 없었던 검사는 심사위원회가 이미 라트를 범주 3에 머물도록 준비한 것이 아니라면, 라트의 반유대주의 문제를 추적하기 위해 기간을 연장해달라고 요청했다. 그러나 이 요청은 받아들여지지 않았다.

1950년 8월, 심사위원회는 라트를 범주 4로 결정했다. 이것은 검사가 주장한 범주 3도 아니고, 라트가 간청했던 범주 5의 완전한 사면도 아니었다. 그는 "본인은 … 본인의 목숨을 위해 싸우고 있습니다"라고 말했다.

> 본인의 정신적 힘은 완전히 소진되었습니다. 본인에게 허락된 것은

---

51) Rath, "Zur Frage der Behandlung des Judentums in der Nationalökonomie," a statement with no date, in the file on Klaus-Wilhelm Rath, Nds. 171 Hild. 9223, NSA, 209-10.

힘든 중노동뿐입니다. 그러나 본인은 심각한 전쟁의 부상 때문에 장애를 입어 그런 중노동을 할 수 없습니다. 본인에게 유일한 가능성은 학문적 작업을 하는 일입니다. 본인이 범주 5를 위해 싸운 것은 보다 나은 집단에 속하게 된 것을 자랑할 수 있기 위한 것이 아니었습니다. … 본인에게 남은 짧은 목숨을 학문적 작업에 헌신하고 싶습니다. 본인은 매달 싸우고 있습니다. 본인이 다른 범주에 속해야만 하는 것은 달리 살아갈 방법이 없기 때문입니다. 본인은 민주주의를 건설하는 작업에 전심전력할 각오가 되어 있습니다. 돕고 싶습니다. 그러나 본인이 할 수 있는 일은 지적 노동자의 역할뿐입니다.52)

최종 재판 직전에, 니더작센주 문화부 장관실이 힐데스하임의 검사에게 편지를 보냈다. "긴급"이라는 제목 아래, 그는 가능한 한 빨리 라트의 재판 결과를 알려달라고 요청했다. 그는 또 판결문 사본과 재판기록도 보아야만 장관에게 알려줄 수 있겠다고 했다.53) 독일의 바뀐 분위기에서 라트의 완강하며 기발한 변론에 지쳐서 생긴 정치적 압력 때문인지, 아니면 그의 주장에 실제로 설득당해서 때문인지, 심사위원들은 최종 판결에서 라트의 여러 주장을 특이할 정도로 받아들였다. 그들은 또 학생들이 라트는 "결코 나치당 정치를 강요하지 않았고 … 유대인 학자에 대한 비평이나 저술에서 선동적 경향을 보인 적이 없다"는 증언도

---

52) Ibid. 라트는 전쟁 막바지에 몇 주 동안 징집되어, 1945년 5월 1일 베를린에서 부상을 당했다. 수류탄 파편 다섯 개가 그의 오른쪽 다리 아랫부분에 박혔다. 그의 질문지를 보라. in the file on Klaus-Wilhelm Rath, Nds. 171 Hild. 9223, NSA, 13. 그는 전쟁 부상 50% 장애판정을 받았는데, 이 부상은 라트와 그 변호사가 재판 중에 수시로 언급한 것이다. 자신에게 "짧은 목숨"이 남았다는 그의 말은 48세 때의 말이었지만, 31년을 더 살아 1981년에 죽었다.

53) Nds. Kultursminister to Public Prosecutor, Hildesheim, June 29, 1950, in the file on Klaus-Wilhelm Rath, Nds. 171 Hild. 9223, NSA, 255.

받아들였다. 그들은 "그가 전혀 반유대주의자가 아니었다"는 것도 덧붙였다. 그들이 어떻게 알았는가? 그가 유대인 교수 밑에서 교수 자격 취득 논문을 끝마쳤기 때문이다(비록 그것은 1933년 5월의 일이었지만). 그들은 보험산업에 대한 논의를 금지한 것에 대한 그의 이야기를 전부 받아들여, 그의 책에 대한 논의를 금지한 것이 박해였고, 그 책 자체는 "국가사회주의 정치경제학의 방향"에 대한 공격이라고 보았다. 그들은 또 그가 "좋은 친구로부터" 편지를 열어놓는 것을 배웠다는 것도 받아들였다. "자신과 가족이 더 이상 알 수 없는 결과로 인한 손해를 입지 않도록 보호하기 위해 위장하는 방법을 택해야만 했으며, 그래서 당 사무국과 편지를 주고받았습니다."

심사위원회는 만일 라트가 그런 위장술로 편지를 쓴 이유를 밝힐 수 없었다면, 그 편지들은 "중대한 유죄 사유"가 되었을 것이라는 점을 받아들였다. 그러나 "뚜렷하게 확신시키는" 것으로 판단된 그의 이 새로운 주장은 라트에 대한 탈나치화 재판을 "완전히 다른 빛 가운데"로 몰아갔다. 그로 인해 심사위원들이 그가 1943년에 쓴 편지들에 관한 그의 주장을 받아들였고, 또한 그 편지들 자체는 무시했다. 이런 결정을 더 보강하기 위해 심사위원회는 그의 이전 항소에서 라트에게 주어진 타협을 주목했다. 비록 범주 3에 속하는 것을 확정했지만, 그는 "올바로 생각하는 점잖은 사람으로서, 당의 폭력적 방법을 배격했다"[54]고 판정되었다. 그러나 이 모든 칭찬의 말에도 불구하고 심사위원들은 라트에게 범주 5를 허락하지 않았다. 그들은 단지 그가 유대인들에 반대한 글을 쓴 것을 무시하고 싶지 않았기 때문에, 라트는 "최소한 인종 정치학 분야에서 국가사회주의 이데올로기를 지지했는데, 나치 국가가 유대인종에 대

---

54) Entnazifizierungs-Entscheidung, signed August 30, 1950, in the file on Klaus-Wilhelm Rath, Nds. 171 Hild. 9223, NSA, 253-54.

한 박해 조치를 이미 시작한 시점에 그렇게 했다는 점이 결정적입니다"55)라고 결론지었다.

라트의 파일을 몇십 년 뒤에 읽어보면, 이런 혼합된 결과가 특히 관대한 것처럼 보인다. 예를 들어, 라트는 괴팅겐에 거의 처음 왔을 때부터 그의 법정치학과에서 비밀경찰(SD)을 위한 스파이 *V-mann*로 복무했다.56) 그는 또 제국강사협회 총회 위원회에 들어가 독일 전역의 경제학 교수 채용에 관해 조언했다. 그가 1939년부터 제국강사협회 총회장인 슐츠에게 쓴 편지가 그것을 잘 보여준다. 그는 자신과 자신의 위원회가 충분히 주목받지 못하고 있으며, 자신이 모든 교수 채용에 추천서를 써줄 것으로 기대받지 못하는 것에 대해서도 불평했다. 그는 슐츠에게 비공식적인 '너*Du*'라는 말을 사용하면서, 자신에게 모든 채용 자리와 모든 후보자 명단, 그리고 이미 제출된 추천서들을 달라고 요청했다. 그렇게 하면 그는 아무것도 없는 데서부터 추천서를 쓸 필요가 없이, 단순히 이미 제출된 자료 내용을 검토하여 자신의 추천서를 쓸 수 있기 때문이었다. 특히 그는 제국강사협회와 각 대학의 나치 스파이가 동일한 강사를 교수로 추천해야만 하며, 그렇지 않으면 자신들의 추천서가 혼란을 일으켜 그 영향이 약화된다고 주장했다.57) 논란의 여지가 없는 1939년의 이 편지는 나치 학자들의 정치적 채용에 관한 그의 국가적 영향력을 보여주는 것으로서, 나중에 자기는 당시에 "무명인"에 불과했다고 주장한 사람이 쓴 것이다.

---

55) Ibid.
56) 예를 들어, 괴팅겐의 강사회에 나오는 다양한 장교 명단을 보라, in the file on Klaus-Wilhelm Rath, Nds. 171 Hild. 9223, NSA, 273.
57) 이 편지는 분명히 라트가 쓴 것이지만 서명은 없고, 제국강사협회 회장인 W. 슐츠 박사에게 1939년 6월 29일에 보낸 것으로, in the file on Klaus-Wilhelm Rath, Nds. 171 Hild. 9223, NSA, 74에 있다. 이 편지 다음에는 곧바로 파소 파일에 대한 언급이 나오는데, 아마도 그 서류 묶음 안에서 발견된 편지의 사본일 것이다.

1930년대 후반과 1940년대 초반의 라트의 행동을 살펴보면, 그는 나치의 목표를 "실질적으로 진척시킨" 인물이 아니었다고 보기는 어렵다. 1940년 강사협회 총회장 슐츠가 라트에게 보낸 편지는 그가 "[우리의] 선전을 지원하는 학문적 작업"에서 경제학자 중에 지도자로 복무할 준비를 갖춘 것에 감사를 표시하고 있다. 비공식적인 '너'라는 말을 사용하면서 그는 라트에게 그가 함께 일할 수 있다고 생각하는 동지들 명단을 요청했다.58) 1944년 6월, 제국 교육부 장관이 괴팅겐 담당관에게 쓴 편지에는 라트의 군복무를 연기할 것을 요청하는 이런 내용이 들어 있다. "당 총리실과 소통한 것처럼 … 라트 교수는 괴팅겐 경제학과에서 국가사회주의 관점을 뒷받침하는 주도적 인물로 생각합니다. 그를 징집하면 그 분야에서 국가사회주의 활동에 상실이 될 것입니다. 따라서 그의 징집 유예 연장을 국방군 최고사령부에 요청해 주십시오."59)

1943년에 라트가 쓴 편지 중 하나는 정말 어쩔 도리 없이 유죄를 증명하는 것처럼 보인다. 보험산업에 관해 쓴 그의 책이 개인보험회사 분야의 지도자 한 사람으로부터 "편향된" 것이라고 비판을 받자, 그는 자기 책을 변호하면서 이렇게 썼다.

> 본인의 책은 일정한 방향, "경향성"을 갖고 있습니다. … 본인이 서문에서 쓴 것처럼, 보험산업은 민족의 경제학 안에서, 민족의 요구와 들어맞는지를 보고 검증받아야 합니다. 아마도 귀하가 놀란 것은 본인이 "경향성"을 주장할 뿐 아니라 그것을 공개적으로 주장하는 것을 기뻐하기 때문일 것입니다. 명백히 객관적 학문이 민족의 삶으로

---

58) Schultze to Rath, "top secret," January 22, 1940, in the file on Klaus-Wilhelm Rath, Nds. 171 Hild. 9223, NSA, 274.
59) Reich Minister f. Wissenschaft, Erziehung und Volksbildung to Kurator, June 28, 1944, in the file on Klaus-Wilhelm Rath, Nds. 171 Hild. 9223, NSA, 266.

부터 추상화되어 너무 쉽게 민족의 권리에 눈감게 될 수 있던 시대는 지났습니다. 아돌프 히틀러의 독일에서 우리 학자들은 마침내 공개적으로 "경향성"이야말로 독일 민족을 위한 것임을 주장할 수 있게 되었고, 이런 "경향성"의 의미에서 우리는 진리를 연구하고 또한 말할 수 있습니다.60)

라트의 재판 전체를 통해서 그는 자신이 단지 진리 Wahrheit를 추구하고 진리를 말할 욕망을 갖고 있을 뿐이라고 선언했다. 여기서 우리는 학자의 진리가 히틀러의 독일에서 민족에 복무하는 것이라는 그의 정의를 보게 된다. 같은 편지에서 그는 유대인 학문에 대한 자신의 태도를 명료하게 밝혔다.

유대인 마네스가 수십 년 동안 독일 보험학계의 교황으로 있으면서 독일 보험산업의 풍부한 지원을 누린 이래로, … 아마도 경쟁에 기초한 경제체제의 상태에 관한 학자들의 진술은 귀하를 놀라게 했을 것입니다. 그러나 귀하는 그것을 참아야 했을 것입니다. 마네스, 베를리너, 골드슈미트 같은 유대인들과 그들의 앵무새들이자 그들을 영광스럽게 생각하는 사람들의 시대는 과거에 속하며, 학문도 마찬가지입니다.61)

라이프치히의 발터 그로세 교수는 유대인이 아니었지만 1933년 이전에 알프레드 마네스 교수와 함께 일했었다. 지역 당대표 슈웨드-코부

---

60) Rath to Generaldirektor Dr. K. Schmitt, Vorsitzer des Vorstandes der Münchner Rückversicherungs-Gesellschaft, March 12, 1943, in the file on Klaus-Wilhelm Rath, Nds. 171 Hild. 9223, NSA, 271.
61) Ibid.

르크는 제국보험위원회 의장의 역량으로 그로세가 ≪보험 용어≫ 집필에 참여한 것을 비판했는데, 이 책은 마네스가 편집했고 열다섯 명의 유대인 기고자들이 집필했다. 슈웨드는 1943년에 작센주 지역 당대표에게 그로세가 자신의 사상을 "다윗의 별 아래에서" 전파했으며, 또한 "그가 이제는 당원으로서 스와스티카 아래, 매우 폭넓은 대중에게 전파할 수 있게 되었다고 생각하는 것"[62]에 대해 불만을 토로했다. 제국강사협회는 라트에게 그로세에 대한 평가, 특히 슈웨드의 비판에 비추어서뿐 아니라 다른 교수들의 추천서가 적극적이었다는 점에 비추어 평가할 것을 요청했다. 라트는 지역 당대표의 편을 들어 이렇게 평가했다.

그로세가 1930년에 마네스를 비롯한 많은 유대인과 일했다는 것은 사실입니다. … 유대인들이 받아들이는 동역자들은 그 견해를 받아들일 수 있고 [자신들에게] 위험하지 않은 사람들이라는 것은 확실합니다. 본인은 이제까지 그로세 교수가 [당시에] 발표된 견해들을 공격했다는 말을 듣지 못했습니다. 분명히 그는 그 책에서 객관적 학문으로 제시된 기본 생각들을 갖고 있었는데, 그런 글을 유대인이 썼든지 아리안이 썼든지 하는 문제는 중요하지 않습니다. 그러나 지역 당대표님이 반대하신 요점은 정확히 이것입니다. … 이 분야의 전문가이신 지역 당대표님은 보험체제에서 유대인들의 전염을 명확히 파악하고 계신다는 점을 본인이 강조하고 싶습니다. … 지역 당

---

[62] Schwede-Coburg to the Gauleiter of Saxony in mid-1943. 이 구절을 인용한 것은 파소가 1945년 11월 27일, 발터 그로스 교수로부터 1945년 10월 28일 자 질문에 대한 답변에서 인용되었다. 그로세는 타인을 통해, 파소가 자신에 대한 라트의 음모에 대한 정보를 갖고 있다는 말을 들었다. 파소는 그에 대응하여 슈웨드의 편지를 인용했는데, 파소는 그 편지 사본을 괴팅겐 경제학연구소 파일에서 발견했다(앞에 언급한 "파소 파일"). 그 파일은 Klaus-Wilhelm Rath, Nds. 171 Hild. 9223, NSA, 278에서 볼 수 있다.

대표님이 적극적으로 요구하시는 것은 과거 유대인들이 소위 보험 학계에 대한 유대인들의 지도력 아래 만들어진 것을 깨끗이 제거하라는 것입니다. 지역 당대표님의 이런 요구는 학문적 근거에서 철저히 정당한 것임을 지적하고 싶습니다. … 만일 우리가 유대인들이 "객관적 학문"이라는 말로 과거에 퍼뜨린 것에서 벗어나기를 원한다면, 유대인들의 영향 아래 퍼뜨려진 모든 것을 가능한 한 철저하게 검토하는 것이 절대적으로 필요합니다.63)

라트가 1943년에 이런 편지들을 쓴 것이 단지 자신과 가족을 보호하기 위한 위장술이었다는 어처구니없는 주장은 많은 점에서 무너진다. 그가 1943년 이전에 쓴 많은 편지도 나치에 대한 그의 열성을 증언해 준다. 그뿐 아니라 그는 자신이 1942년부터 "박해"를 받았다고 주장하지만, 1943년에도 제국강사협회에 밀착되어 있었고, 지역 당대표 슈웨드와도 밀접한 동지 관계였던 것으로 보인다. 또한 나치당은 1944년 6월에 그가 괴팅겐 경제학과에서 나치의 관점을 유지하는 데 절대적으로 필요한 인물로 지명했다. 이것은 당시에 "환영받지 못하는 인물"이었다는 그의 주장과 전적으로 **일치하지 않는다**. 끝으로 라트가 1943년에 쓴 이런 편지들에서 주장한 학문 형태는 나치 이데올로기와 전적으로 일치할 뿐 아니라, 그의 초기 입장, 즉 훌륭한 학문은 민족에게 유익한 학문이라는 입장과도 일치한다. 더욱 중요한 점은 유대인 학문에 대한 그의 혹독한 비난이 나치 세계관 전체에 잘 들어맞고, 또한 그가 1930년대 후반에 쓴 글들, 즉 독일 경제사상에서 유대인들의 사상과 영향력을 제거하기 위해 고안된 학문과도 잘 들어맞는다는 점이다. 그러나 1950년,

---

63) Rath to Reichsdozentenbundsführung, November 5, 1943, in the file on Klaus-Wilhelm Rath, Nds. 171 Hild. 9223, NSA, 279ff.

라트의 항소 법정은 그가 실제로 나치였던 적이 없었으며, 실제로는 나치 사상에 반대했고 또한 나치의 희생자라는 주장을 펼치도록 허락했다.

1950년이 되자, 탈나치화 법정은 무죄를 주장하는 거의 모든 주장을 신뢰할 준비가 되어 있어서, 일종의 죄를 경감해 주는 상황이 개인들을 범주 3에서 범주 4나 5로 바꾸어주었다. 프리드리히 노이만(1889-1978)은 1927년에 독일문학 교수가 되었고, 1933년부터 1938년까지 괴팅겐 대학교 총장이었다. 이 위치에서 그는 유대인 교수들을 추방하고, 정치적 임명을 통해 대학을 나치화하는 일을 총괄했다. 그의 모든 저술은 나치 이데올로기에 대한 찬양 일색이었다. 그는 1945년 영국 점령 당국에 의해 교수직에서 쫓겨났다. 1946년에 그가 항소했을 때, 그는 "열정적 나치 지지자"로 판정받아, 지위상 나아진 것이 없었다. 그랬음에도 불구하고 1949년 2월의 탈나치화 심사위원회는 그의 죄를 줄여줄 사실들을 찾아냈다. 그를 비롯한 몇몇 사람이 진짜 문제는 아르투르 슈르만이었다고 증언했으며, 노이만은 자신이 그 어려운 시기에 가능한 한 많이 학문적 기준을 방어했다고 주장했다. 심사위원회는 그를 범주 4로 판정했다. 그가 나치당 안에서 활동했고, 나치 시대 내내 나치 이데올로기를 주장했다는 사실은 부인할 수 없다. 그러나 이런 공모로 인한 "열성적 지지자"라는 초기의 판정이 떨어져 나갔다. 그는 자신이 "대학의 생명을 공격으로부터 보호하는 데만" 당 멤버십을 이용했다고 주장했고, 심사위원들은 그의 주장을 받아들였다.[64] 그는 나치당의 초기 지지자가 되었는데, 심사위원들의 말로는 "당시에는 합리적인 국가사회주의의 발전을 여전히 기대할 수 있었던 때"였다. 따라서 그가 총장이 되었을 때, "그가 나치당에 가입한 것은 지방강사협회장 슈르만에 맞서지

---

64) Friedrich Neumann to Entnazifizierungs-Hauptausschuss, Göttingen, March 14, 1948, in Nds. 171, Hildesheim, 18915, Friedrich Neumann, NSA, 23.

않고, 나치강사아카데미를 지지할 것으로 단순히 이해되던" 때였다. 이런 행동이 그를 범주 3으로 판정하게 된 강한 이유였을 것이지만, 심사위원회는 그의 이상주의와 기타 정상을 참작할 상황들을 살피지 않았다고 보았다. "국가사회주의의 진정한 본질을 그가 오해했고, 괴팅겐의 대표적 나치는 슈르만이었으며, [나치당의] '초기 질병'은 극복될 수 있다는 그의 믿음을 통해, 그는 어떤 의미에서 국가사회주의의 희생자로 간주할 수 있다. 그것에 근거해서 그에게 판정할 죄는 적극적 행동보다는 그의 인내에 있다고 보여, 심사위원회의 판단으로는 그가 실질적 진척을 시킨 것으로 볼 것이 아니라 오히려 광범위한 지지를 한 것으로 본다."[65]

시간이 지나면서 열성적 나치들에 대한 다른 판정들도 이와 비슷한 물타기를 보여준다. 발터 힌츠(1906-1992)는 1934년부터 제국 교육부에서 일한 후 1937년에 동양언어학 교수로 임명되었다. 그의 임명은 정상적 절차가 아니라 교육부의 개입을 통해 이루어졌다. 그는 즉시 철학과 과장이 되었고 나치의 믿을 수 있는 교수가 되었다. 그가 1945년에 쫓겨난 것은 "열성적 나치"로 간주된 때문이다. 그러나 1948년 9월의 탈나치화 판결은 그를 범주 5로 판정했다.[66] 한스 플리슈케(1890-1972)는 1929년에 괴팅겐에 민속학 *Völkerkunde* 교수로 왔다. 이 분야는 나치당의 급진적 사상에 쉽게 맞았고, 플리슈케는 1933년 나치당에 가입하고 대학 내 다양한 조직을 지원하면서, 나치당에 완전히 순응하는 교육과 저술을 했다. 그는 1934-1935년에 학과장으로, 1941년부터 1943년까지는 총장으로 복무했다. 영국 점령 당국은 1946년 1월에 그를 해임하고,

---

65) Entnazifizierungs-Entscheidung, February 8, 1949, in Nds. 171, Hildesheim, 18915, Friedrich Neumann, NSA.
66) Entnazifizierungs-Entscheidung, September 27, 1948, in Nds. 171, Hildesheim, 11916, Walter Hinz, NSA.

1947년 2월에 그는 범주 3으로 판정되었다. 그에 대한 많은 증거에도 불구하고, 그의 동료들은 그를 지지했다. 그들은 1935년까지 그가 나치 이데올로기에 대한 생각을 바꿨다고 주장했다. 그 후 그는 당의 멤버십과 대학 내 위치를 이용해서 슈르만처럼 열성적 나치들에게 반대해서 대학을 보호했다고 주장했다. 1948년 9월, 플리슈케는 범주 5를 받았다.[67] 한스 하이제(1891-1976)는 1933년 나치당에 가입했다. 그는 1936년 괴팅겐에 철학 교수로 왔는데, 교수진은 그의 임명을 반대했지만 총장 노이만과 학과장 플리슈케의 영향으로 임명되었다. 하이제는 1945년 7월 영국 점령 당국에 의해 쫓겨났고, 1947년 7월에 범주 3 판정을 받았다. 그러나 1948년 12월에는 범주 5로 판정되었다.[68] 한스 드렉슬러는 한스 하이제를 위해 증언했다. 드렉슬러는 하이제가 이미 1940년에 슈르만의 행동에 대한 반대를 사적으로 말했다고 주장했다.[69]

성공적인 사면에서 공통적으로 나타난 것은 아르투르 슈르만(1903-1985)을 진짜 나치로 지적한 것과 분명히 연관되어 있다. 이런 점에서 슈르만의 사건을 살펴보는 것은 매우 흥미롭다. 1903년에 태어난 그는 1934년에 괴팅겐에서 농업정치학 강사직을 받았고, 1년 후에 교수 자격 취득 논문을 마쳤다. 그는 또 1935년에 니더작센주 나치 강사협회 지도자로 정치적인 임명을 받았다.[70] 1945년에 슈르만은 영국 점령 당국에

---

67) Entnazifizierungs-Entscheidung, September 28, 1948, in Nds. 171, Hildesheim, 8936, Hans Plischke, NSA.
68) Entnazifizierungs-Entscheidung, December 13, 1948, in Nds. 171, Hildesheim, 9084, Hans Heyse, NSA, 168ff.
69) 한스 드렉슬러의 1946년 10월 2일 자 진술, in Nds 171 Hildesheim, 9084, Hans Heyse, NSA, 68.
70) 1949년 1월 11일 자로 서명된 질문지, Nds 171 Hild, 20265, Artur Schürmann, NSA. 그 지역의 당시 명칭은 Süd-Hannover-Braunschweig였고, 7개 대학교를 포함했다.

의해 교수직에서 쫓겨났다. 1949년 2월, 그는 범주 3으로 판정받았다. 그는 10월의 항소에서도 또다시 범주 3 판정을 받았다. 그의 변호사 폰 발도우는 1949년 12월에 또다시 항소하려 했다. 그는 슈르만이 첫 번째 재판에 참석하지도 않았다고 항변했다.71) 더 나아가, 두 번째 재판에서는 여러 증인이 자신들의 증언을 수정했다. "특히 증인 스멘드 교수는 피고인이 없는 상태에서 진술했던 것을 유지할 수 없다고 주장했다." 폰 발도우는 또 최근의 라트 사건을 지적했는데, 그 사건은 탈나치화 재판기록이 정확한 것으로 신뢰할 수 없음을 보여주었다. 끝으로 그는 독일의 다른 지역에서는 개인들이 심지어 슈르만처럼 지방강사협회장 직책을 가졌어도 범주 5를 받고 있다고 불평했다.72) 폰 발도우의 노력에도 불구하고 괴팅겐에서의 슈르만의 평판과 역할은 단지 너무 극단적이었기 때문에, 탈나치화 심사위원회는 그의 사건을 재심할 분명한 증거나 이유를 찾지 못했다.73)

이런 소송 기간에 슈르만은 자신이 대학에서 진짜 나치가 아니었다는 전형적 주장을 펼쳤다. 그는 자기가 당 멤버십과 당직을 이용해서 단지 진짜 나치들에 맞서 대학의 가치를 보호하려 했으며, 그 결과로 자신이 박해를 받았고 희생자가 되었다고 주장했다. 흥미롭게도 슈르만은 1942년에 지방강사협회장에서 쫓겨났고 1943년에는 교수직에서도 쫓겨났다는 것을 실제로 보여줄 수 있었다. 그는 이런 곤경을 겪은 것이 자신이 나치 세계관에 철저하지 않은 교수들에게 너무 점잖고, 정치적

---

71) 이것은 폰 발도우가 계획한 전략이었던 것처럼 보인다. 슈르만은 1949년 1월 11일의 재판 출석 통지를 받았고, 1949년 1월 21일에는 첫 변호사를 폰 발도우로 바꾸었으며, 1949년 2월 1일 재판에 출석하지 않기로 결정했다. Nds 171 Hild 20265, Artur Schürmann, NSA, 44, 52, 54, 57.
72) Von Waldow to the Haupt-Ausschuss, December 6, 1949, in Nds 171 Hild, 20265, Artur Schürmann, NSA.
73) Letter to von Waldow, January 3, 1950, in Nds 171 Hild, 20265

가치보다 학문적 가치를 지키는 데 너무 열심이라고 생각한 열성적인 나치들 때문이었다고 주장했다. 그의 변호사 폰 발도우는 범주 5로 면제받지 않은 교수들이야말로 대학에서 진짜 나치들이었고, 그중에는 루돌프 스멘드도 포함된다고 주장했다.

슈르만이 1942년과 1943년에 그 직위들을 잃었을 때, 당시 총장 플리슈케와 지역의 나치강사협회 회장 한스 드렉슬러 같은 동료들은 실제로 그에게 불리하게 증언했다. 한 차례 명예법정에서 그에 대한 혐의는 표절 문제였다. 흥미롭게도 슈르만 자신도 그 이야기의 핵심 요소, 즉 그가 연구 조교의 논문을 자기 이름으로 출판했다는 것을 반박하지 않았다. 그와 그를 지지한 동료 교수들은 그것이 단순히 독일 교수들이 보통 하는 행동이라고 주장했다. 연구 조교는 교수가 출판할 자료를 제공하는 사람이라는 것이다. 그러나 다른 증인들은 슈르만이, 벨지움 학자로서 콩고에서 오랫동안 연구한 헨리 반 스틴베르허의 필생의 연구를 부당하게 훔쳤다고 증언했다. 슈르만의 연구소에서 대학원생이자 강사로 활동하던 스틴베르허는 아프리카의 식민주의에 관한 책을 준비하던 중이었다. 슈르만이 전에 출판한 책들은 루르 지방의 암소와 우유 생산에 관한 책들이었다. 그가 갑자기 아프리카의 식민주의에 관한 책을 출판한 것은 자신의 학자적 평판을 쌓고, 또한 나치 독일이 새로 아프리카에 식민지를 계획하는 데 참여하고 싶은 희망 때문이었다. 슈르만은 이 목적을 위해 스틴베르허의 자료를 도용함으로써 그의 학문적 기회를 망쳐놓았다. 그는 자신이 전문가라고 주장할 근거 자료를 빼앗겼기 때문이다.[74] 명예법정은 동의했고, 슈르만은 나치당과 괴팅겐대학교에서 그

---

74) 예를 들어, Wolf-Jürgen von Engelhardt의 증언을 보라, in "Öffentliche Sitzung des Entnazifizierungs-Hauptausschusses, Stadt Göttingen," February 1, 1949, in Nds 171 Hild, 20265, Artur Schürmann, NSA, 57-60.

권력의 지위를 잃게 되었다.75)

슈르만이 자기는 희생자라는 주장에도 불구하고, 그에 대한 불리한 다른 증거들은 탈나치화 심사위원들을 확신시켜서 그를 범주 3에 머물도록 판정했다. 한 증인은 슈르만이 나치 강사협회 회의에서 발언한 다음과 같은 속기록을 제시했다. "우리는 누구나 우리 편이거나 아니면 몰아낼 때까지 일할 것입니다. … 과거[바이마르 시대]가 하나 좋았던 것은 누가 누구인지를 정확히 알았다는 점입니다. 누군가 머리를 들려고 하면, 내가 그 머리를 부숴버릴 겁니다. 내가 그 자유주의자 개들을 없애버릴 겁니다. 누구든 나에게 맞서면, 내가 없애버릴 겁니다."76)

슈르만의 변호사가 하노버의 탈나치화 장관에게 직접 불평을 표시하자,77) 괴팅겐의 검사 베커 박사는 불공정하다는 비난에 대해 응답할 것을 요청받았다. 첫째로, 베커는 슈르만에 대한 불리한 증언들이 불공정했다거나 개인적 복수에 근거했다는 것을 부인했다. 그와는 반대로, 그는 이렇게 말했다. "재판이 길어질수록, 교수들은 과거 동료에게 불리한 증언을 계속하는 것을 별로 마음 내켜 하지 않는다. 이것은 [과거의] 비판적 증언이 부정확했기 때문이 아니라, 실제로 아무리 투명하다 할지라도 공개적인 장소에서 동료를 비판하지는 말아야 한다는 감정이 점차 퍼졌기 때문이다." 그와 대조적으로 지지하는 증언들은 이제 "말로 표현하기 어려운 뉘앙스"가 될 정도로 많아졌다. 슈르만의 재판과 관련해서 베커는 "그가 나치 교수들의 우두머리였다고 판결했을 때, 그것은 절대

---

75) Heinrich Becker, "Von der Nahrungssicherung zu Kolonialiträumen: Die land-wirtschaftlichen Institute im Dritten Reich," in Dahms, Becker, and Wegeler, 647–48을 보라.
76) 1949년 2월 1일 재판에서 모텐슨 교수의 증언, Nds 171 Hild, 20265, Artur Schürmann, NSA, 59.
77) Von Waldow to Minister for Denazification, Hannover, December 6, 1949, Nds 171 Hild, 20265, Artur Schürmann, NSA, 367.

적 실체를 보여준 것이다. 당시 상황을 조금이라도 알던 온건한 정신의 소유자라면 아무도, 또한 나치 집단에 속했던 교수 가운데 아무도 사실상 다르게 생각하지 않는다. 심지어 이런 표현을 완전히 드러내는 데서 오는 염려와 책임을 지지 않으려는 소심함이 있다 하더라도 마찬가지다"라고 썼다.[78] 베커의 견해가 우세했다. 탈나치화 장관은 "전체 파일을 검토한 결과 … 판결을 번복할 근거가 없다"고 결정했다. 그러나 첫 번째 심사위원회와 두 번째 심사위원회는 "피고발인이 [나치의 목표를] 실질적으로 진척시킨 사람으로 간주해야 한다는 것에 법적인 잘못이 없다는 결론에 도달했습니다"[79]라고 판결했다.

탈나치화의 마지막 구김살은 카를 지커트(1901-1988)의 재판에서 볼 수 있는데, 그는 "테러 집단"에 속했던 또 한 사람이었다. 그는 1933년에 법학 교수로 괴팅겐에 왔다. 곧이어 법정치학과 과장으로 임명되었고, 나치가 괴팅겐을 지배하는 데서 라트와 슈르만과 더불어 영향력 있는 실세로 폭넓게 알려졌다. 그래서 그는 1945년 영국 점령 당국에 의해 교수직에서 쫓겨났고, 1949년 3월에는 범주 3으로 판정받았다. 1949년 8월, 그는 범주 4를 받았지만, 제한이 있었다. 그 후 그의 사건이 전개된 과정은 1950년대 초기까지 독일에서 분위기와 법적 상황 모두가 바뀐 것을 보여준다. 니더작센주는 1949년 6월, 주법을 통과시켜서 범주 4를 판정받은 사람은 1년 내에 범주 5로 바뀌도록 했다. 이 법은 본질적으로 탈나치화 전체가 불법적이었다는 믿음, 즉 사상의 자유와 학문의 자유를 위배한 것이라는 믿음을 보여주었다. 이런 법은 탈나치화 프로젝트 전체를 효과적으로 파괴했다. 1951년 말에 통과된 또 다른 법은 교수직

---

78) Dr. Becker to Public Prosecutor, Berufsauschuss, Hildesheim, January 6, 1950, in Nds 171 Hild, 20265, Artur Schürmann, NSA, 375.
79) 니더작센의 검사가 힐데스하임의 검사에게 보낸 보고서, in Nds 171 Hild, 20265, Artur Schürmann, NSA, 377.

에서 쫓겨났지만 아직 은퇴할 나이가 아닌 교수들을 "재취업이 가능한 대학교수들"이라는 새로운 범주 속에 넣었다.80)

그러나 교수의 복직 과정은 여전히 복잡할 수 있었다. 무엇보다, 교수 자리가 비어 있어야 했다. 둘째로, 정상적인 교수 임용 절차에서처럼 학과 교수들의 판단을 고려해야 했다. 지거트는 1952년에 이런 새로운 상황을 알아보았는데, 당시 괴팅겐의 법정치학과에는 적절한 빈자리가 있었다. 지거트는 그 자리에 임명되기를 희망했다. 그러나 샤프슈타인 교수를 임시로 임명한 것이 그의 계획에 방해가 되었다. 튀빙겐의 새로운 조직인 "강제해직 교수협의회"가 즉각 이 싸움에 뛰어들었다. 이 집단의 회장은 1953년 7월, 니더작센의 문화부 장관에게 속달 편지를 보냈다. 샤프슈타인이 영구적으로 그 교수직에 임명될 가능성이 클 것을 염려하여, 이 집단은 "1951년 12월 24일 자로 통과된 법 20조에 따르면, 그 자리는 괴팅겐의 z.Wv.(복직 가능) 지거트 교수에게 우선적으로 제공되어야만 합니다. 그러나 그러지 않았습니다. 따라서 다른 어느 교수를 임명하는 것은 의회가 결정한 법을 위반하는 것입니다"81)라고 썼다. 이런 도전은 이미 밀실에서 벌어지던 소동을 부채질했다. 하노버의 문화부 장관, 하노버의 니더작센 의회의 문화위원회, 그리고 괴팅겐의 법정치학과는 몇 달 동안 골치 아픈 카를 지커트 문제를 어떻게 처리할 것인지를 두고 씨름을 계속했다.

---

80) "Gesetz zur Regelung der Rechtsverhältnisse der unter Artikel 131 des Grundgesetz fallenden Angehörigen des öffentlichen Dienstes im Lande Niedersachsen," passed by the *Landtag* in Lower Saxony, Dec. 24, 1951을 보라.
81) Verband der Nicht-Amtierenden (Amtsverdrängten) Hochschullehrer, Tübingen, to the Minister of Culture, Lower Saxony, July 10, 1953, in Siegert, Karl, Nds. 401, 85 I, Beiaken 4, NSA, 3. 지거트 교수에게 적용한 "z.Wv."라는 명칭은 탈나치화로 해직되었지만 이제는 복직 권리를 갖게 된 교수를 가리킨다. "zur Wiederverwendung" 즉 복직 가능한 교수들로 이름 붙여진 사람들은, 예를 들어 명예교수(professors *emeritus*)와 구분되었다.

문화부 장관은 문화위원회에 자신의 법 해석을 이렇게 설명했다. 즉 해직된 교수들은 빈자리를 위해 고려할 것이지만, 임용을 보장하는 것은 아니다.82) 문화부 장관과 대학에는 재량이 허용된다. 지거트에 관해 문화부는 이미 법정치학과 교수들의 판단을 문의했고, 베버 학과장은 의심 없이 "우리 학과 교수진은 지거트 씨를 빈자리에 임용하는 것을 단호하게 반대합니다"라고 답했다. 베버는 1943년 10월의 보고서를 포함했는데, 그 보고서는 당시 총장이었던 열성적 나치 한스 드렉슬러가 지거트의 행동이 너무나 가혹하고 비협조적이어서 다른 훌륭한 교수들로 하여금 등을 돌리게 만든다고 판단했다. 베버는 만일 지거트가 복귀하면 똑같은 문제들이 벌어질 것이라고 주장했다.83)

1953년 4월, 괴팅겐 담당관 보중가는 지거트를 반대하는 싸움에 개입하여, 문화부 장관에게 교수들이 지커트의 복귀를 반대하는 이유를 강조하기 위한 다양한 자료 사본들을 보냈다. "본인은 사실을 은폐하는 것을 피하기 위해 이런 사본들이 필요하다고 생각합니다. 1945년 **이전부터의**[강조는 원문에] 문서들은 지거트 교수가 당연히 강조한 힐데스하임의 탈나치화 심사위원회의 1950년 9월 22일 자 결정이 당시의 상황에 대해 완전히 모른 채 결정된 것임을 매우 분명하게 보여줍니다." 보중가는 특히 심사위원회의 결론, 즉 파소 교수와 바이그만 교수 사이의 언쟁(이 언쟁 때문에 지거트가 파소를 공격하게 되었다)은 "결코 서로 다른 정치적 견해 때문이 아니라, 전적으로 개인적 차이에서 비롯된 것"이라는 결론에 대해 개탄했다. 그와는 반대로 그것은 전적으로 정치적이었

---

82) To the Verband der nicht-amtierenden (amtsverdrängten) Hochschullehrer, August 1, 1953, in Siegert, Karl, Nds. 401, 85 I, Beiakten 4, NSA, 1.

83) Der Dekan der Rechts- und Staatswissenschaftlichen Fakultät to Ministerialrat Müller, Niedersächsisches Kultusministerium, Hanover, January 8, 1953, in Siegert, Karl, Nds. 401, 85 I, Beiakten 3, NSA, 11.

다고 보증가는 주장했다. 지거트가 파소를 제거하려고 강경하게 행동한 이유는 파소가 나치에 열성적이지 않기 때문이었으며, 이것은 지거트가 "나치 학생 지도자들과 나치 강사협회 지도자들이 이 늙은 동료를 반대한다"84)고 외친 것으로 증명된다.

하노버의 정치인들은 지커트 사건을 놓고 오랫동안 논쟁했는데, 특히 니더작센주 의회 문화위원회 회의에서, 또한 특히 그 위원회에 참석한 맹렬한 민족주의 정치인 레온하르트 슐뤼테르의 영향 때문이었다.85) 슐뤼테르는 지거트의 주장을 옹호하는 과정에서, 그것이 전적으로 전직 동료들 사이의 개인적 적대감 때문이라고 비난했다. 이어서 그는 두 명의 최종 후보자는, 나치 시대에 반유대인 저술을 한 죄가 있는 법학 교수와 샤프슈타인인데, 샤프슈타인은 1933년에 법의 자유주의적 원칙들을 공격하고 권위주의적 나치 사상을 옹호한 글을 썼다고 지적했다. "슐뤼테르 의원, 특이할 정도의 정치적 부담을 안고 있는 두 명의 후보자가 최종 후보로 선정될 것인데 그중에 정치적으로 죄가 덜한 지원자가 개인적 이유로 제외된다는 것은 상상할 수 없다고 선언했다."86)

슐뤼테르는 지커트의 편으로서, 지커트의 당연한 복귀를 가로막는 것이 단순히 개인적 적대감이라고 믿었을 수 있다. 그러나 법정치학과

---

84) Kurator Bojunga to the Minister of Culture, Lower Saxony, April 21, 1953, in Siegert, Karl, Nds. 401, 85 I, Beiakten 3, NSA, 23ff.

85) 레온하르트 슐뤼테르에 관해서는 익명으로 편집된 책 *Die Grosse Hetze: Der Niedersächsische Ministersturz -ein Tatsachenbericht zum Fall Schlüter* (Göttingen: Göttingen Verlagsanstalt, 1958)을 보라. 이 책 7페이지는 이렇게 시작된다. "1955년 6월 11일, 독일의 한 장관이 사임했다. 우리의 혼란기에서조차 전례가 없을 정도의 맹렬한 조직적 선동이 니더작센 문화부 장관 레온하르트 슐뤼테르로 하여금 이런 사임을 하도록 밀어붙였다." (이 책을 출판한 괴팅겐출판사는 슐뤼테르가 소유한 출판사로서 우파, 반공산주의 자료를 출판하는 곳으로 알려졌다).

86) "Niederschrift über die 44. Sitzung des Kultusausschusses am 13. Oktober 1953," p. 20, in Siegert, Karl, Nds. 401, 85 I, Beiakten 4, NSA, 26.

교수들은 생각이 달랐다. 그들은 지거트가 나치 이데올로기를 뒷받침한 책동이 그의 복귀를 허락하기에는 너무나 정력적이었고 해로웠다고 판단했다. 지커트의 복귀를 거부한 교수들은 3년 후에 그가 단순히 강의 계약을 맺으려 했던 시도마저 부결시켰다. 지거트가 65세에 강제 은퇴 나이가 되자, 교수들은 그에게 "명예교수" 호칭을 허락했지만, 한 논평자에 따르면, 그가 1988년에 사망할 때까지 교수들은 그를 "비인간non-person"으로 취급했다.87) 라트의 운명도 비슷했다. 그는 마침내 1951년의 법에 의해 사면받았지만, 법정치학과의 경제학 분야 교수들은 그의 복귀를 허용하지 않았다. 그들은 또 그에게 "명예교수" 호칭을 주는 것도 거부해서, 1957년, 그는 하노버기술대학교에서 그 호칭을 받았다.88)

지거트와 라트의 운명은 전쟁 후 괴팅겐의 일반적 탈나치화의 모습을 보여준다. 많은 열광적 나치는 강의실로 되돌아갈 길을 찾았다. 그러나 가장 심하게 휩쓸렸던 개인들, 예를 들어 노이만 총장과 드렉슬러 총장, 그리고 슈르만 교수와 지거트 교수, 그리고 라트 교수는 복귀하지 못했다. 신학과의 에마누엘 허쉬 교수는 탈나치화를 피했고 재빨리 의료 은퇴를 주장함으로써 수입을 잃지 않았다. 그러나 그가 이런 책략에 지겨움을 느껴 강단에 복귀하려 하자, 신학교 교수진은 단순히 그의 복귀를 거부했다. 아이러니하게도 그가 의료 은퇴를 받았기 때문에, "정치적" 이유로 해직된 교수들, 즉 나치였기 때문에 해직된 교수를 사면하기

---

87) Frank Halfmann, "Eine 'Pflanzstätte bester nationalsozialistischer Rechtsgelehrter': Die juristische Abteilung der Rechts- und Staatswissenschaftlichen Fakultät," in Becker, Dahms, and Wegeler, 134.

88) Mattias Gross, "Die nationalsozialistische 'Umwandlung' der ökonomischen Institute," in Becker, Dajms and Wegeler, 174를 보라. Aniko Szabo, *Vertreibung, Rückkehr, Wiedergutmachung: Göttinger Hochschullehrer im Schatten des Nationalsozialismus* (Göttingen: Wallstein Verlag, 2000), 299, n. 140도 보라.

로 정한 1951년의 조치는 그에게 적용되지 않았다. 그는 분노에 사로잡힌 채 회개하지 않고 살다가 1972년에 죽었다.89) 교수직에 대한 학문적 자격이 없이 매우 정치적으로 임명되었던 사학과의 보첸하르트와 독일 민속학의 마티아트는 결코 복귀하지 못했다. 마티아트는 교회에 다시 취업했는데, 그것은 매우 전형적인 쉬운 길이었다. 그의 경우가 더욱 아이러니했던 것은 브루노 벤페이 목사가 "비아리안족"이라는 이유로 괴팅겐에서 목회 사역지를 박탈당했었는데, 그가 마티아트를 위해 청원한 것이 성공적으로 받아들여졌다는 점이다. 벤페이 목사는 부켄발트 수용소에서 잔인한 대접을 받아 30% 장애를 입었기 때문에 그가 전쟁 후에 괴팅겐 교구에서 목회할 때 조수가 필요했고, 마티아트는 기꺼이 그의 조수가 되었다.90)

탈나치화의 중요한 결과 중 하나는 일부 열광적인 나치들이 사실상 대학에 복귀하지 못했다는 것과 관련된다. 예를 들어, 괴팅겐의 철학과 교수진 가운데 12명이 영국 점령 당국에 의해 해직되었고, 그중 7명은 결코 복귀하지 못했다.91) 이 비율은 적어도 나치 이데올로기를 열광적으로 지지했던 사람들이 전후에 그 대가를 치렀다는 일종의 교훈을 주었다. 더욱 중요한 점은 탈나치화 과정을 통틀어 나타났던 거짓말들은 불가피하게 일종의 핑계로 작용했다는 점이다. **모든** 교수가 자신이 진짜 나치였음을 부인했고, 아르투르 슐리만까지도 그랬다. 모든 교수가 그런 주장을 한 것은 모든 반대 증거, 즉 나치당에서의 모든 위치와 나치 체

---

89) Ericksen, *Theologians under Hitler*, 191-93을 보라.
90) Benfey 목사가 1950년 7월 15일, 1950년 10월 1일 자로 탈나치화위원회에 보낸 편지들을 보라, in Nds. Hild, 20039, August-Eugen Mattiat, NSA.
91) Einar Brynjolfsson, "Die Entnazifizierung der Universität Göttingen am Beispiel der Philosophischen Fakultät," a Master's thesis in Historisch-Philologische Wissenschaft, Göttingen University, 1996, 100.

제를 찬양하는 모든 강연과 출판물에도 불구하고 그런 주장을 했다는 사실은 단순히 필요한 위장술로서 남몰래 반대했다는 주장을 허용하도록 만들었다. 이런 주장들은 진지하게 다룰 수 없는 것들이다. 그것들은 분명히 의식적이며 집요한 거짓말을 보여준다. 그러나 이런 거짓말이 뜻했던 것은 교수직에 복귀한 모든 독일 교수가 자신이 나치였던 적이 결코 없다거나, 아니면 적어도 나치 체제의 죄를 초기에 파악했다는 거짓말이 그들의 복귀에 관건이었다는 뜻이다.

전후 독일에서 심각한 "재나치화"는 없었다는 것을 주목하는 것이 중요하다. 아돌프 히틀러를 옹호하는 네오 나치, 그리고 홀로코스트를 부인하는 사람들은 항상 극소수였으며 폭넓게 비난받는 변두리 사람들이었다. 이것이 뜻하는 사실은 어떤 방식으로든 독일의 "청산 작업"이 이루어졌다는 점이다. 여기에는 많은 이유가 있다. 독일이 전쟁으로 인해 완전히 피폐해졌다는 사실이 히틀러가 죽은 후 그를 결코 영예롭게 보지 않도록 만들었다. 그는 변명 없는 성공의 철학―연약한 이웃을 밟을 때 부드럽지 말라―을 설파했지만, 그와 독일은 끝도 없는 나락을 겪었다. 죽음의 수용소 사진들과 다큐멘터리가 보여주는 참상 역시 중요한 역할을 하여, 독일인들은 자신들의 과거에 대해 자부심을 느끼기보다 부끄러워하도록 가르쳤다. 전후 경제적 성공은 서독 사람들에게 나치의 정치에 대한 관심을 단념하도록 도왔으며, 연합국이 급하게 냉전 체제에 돌입한 것은 미국과 영국 당국으로 하여금 전후 독일인들에 대한 처벌을 완화하도록 만들었다는 뜻이다. 이런 모든 요인이 전후 독일에서 재교육이 특별히 성공한 이유를 설명하는 데 도움을 준다. 그 성공에는 서부 유럽에서 장기적인 우방국을 만들고, 또한 유럽연합에서 무장한 국경선이 완전히 사라지게 만든 것도 포함된다.

전후 독일이 성공한 모든 이유 가운데, 많은 비난을 받은 탈나치화 과정은 적어도 작은 부분을 차지한다. 최근의 학계는 "나치화"가 독일을 전염시켰다는 연합국의 주장이 옳았음을 보여주었다. 1945년 이후 현재까지 독일인들이 인정한 것보다 훨씬 더 많은 독일인이 나치 체제를 좋아했고 지지했다. 독일인 대다수가 공모했기 때문에 나치 체제의 홀로코스트와 여타 약탈행위가 가능했다. 오직 극소수 나치 지도자들만이 나치 범죄에 책임이 있다는 전후에 넓게 퍼진 주장은 이제 표적이 훨씬 넓다는 것을 보여준다. 그러나 전쟁이 끝난 다음 과거에 관해 거짓말을 했던 모든 독일인, 즉 자신이 나치였던 적이 없다고 부인한 독일인은 대중들의 마음속에 나치 이데올로기와 나치 체제에 대한 유독한 실체를 깨닫게 하는 데 도움을 주었다. 이런 부인은 1950년, 1955년 또는 그 이후에도 개인들이 나치 이데올로기를 찬양하거나 진척시키는 작업에 되돌아가는 것을, 완전히 불가능하게는 아니라 해도, 어렵게 만들었다. 과거와 연결된 포착하기 힘든 줄은 여러 세대 동안 이어졌고, 역사에 대해 정직하며 열린 마음을 갖기를 꺼리는 마음도 이어졌다. 그러나 스와스티카 나치 문양을 열심히 흔들려는 독일인은 거의 없다. 자기 아이 이름을 아돌프라고 짓는 사람도 거의 없다.

8장

함축적 의미들

이 책에서 말한 상당수 이야기를 쓰기까지는 오랜 시간이 걸렸다. 전후 독일 교회와 교회 지도자들은 1945년에 연기가 피어오르는 죽음의 수용소들과 산더미처럼 쌓인 시신들의 참상을 세계가 보게 되고, 또한 그 암흑 속에서 빛을 찾으려는 인간의 욕망을 통해 지원을 받았다. 따라서 그들은 자신들이 나치 국가에서 용감했으며 오랫동안 고난을 겪은 도덕적 반대자들이었으며 또한 희생자들이었다는 신화를 만들어낼 수 있었다. 이런 신화는 1980년대까지 지속되었고, 일부 영역에서는 여전히 남아 있다. 그러나 학자들의 초기 세대, 즉 존 콘웨이, 클라우스 숄더, 궨터 루이, 에른스트 헬름라이히 같은 학자들은 그 조작된 이야기의 표면에 구멍을 뚫기 시작했다. 1980년대 이후 두 세대 동안 학자들은 이 책에서 교회에 관해 주장한 것들을 뒷받침하는 엄청난 자료들을 쏟아냈다. 나는 게르하르트 베시에, 클레멘스 볼날스, 하르트무트 레만, 만프레드 가일루스, 수잔나 헤셸, 도리스 버겐, 도날드 디트리히, 마이클 페이어, 빅토리아 바네트, 케빈 스파이서 같은 학자들의 연구에 나 자신의 연구를 포함한다. 다행스럽게도 학자들 목록은 계속되며, 우리는 어두운 구석들을 향한 빛을 통해 계속 덕을 보고 있다.

독일 대학들의 역사에서도 비슷한 패턴을 발견할 수 있다. 독일 대학들의 교수진은 전쟁 후 한 세대 또는 그 이상 역사학을 지배하여, 나치 체제에 대한 연구가 대학 외부의 보다 안전한 주제들에 초점을 맞추었다. 독일 학자들은 재빨리 죽어 사라진 인물들과 기관들, 즉 아돌프 히틀러, 하인리히 힘러, 나치 체제 자체, 친위대와 돌격대 등에 관해 훌륭한 역사연구를 생산했다. 그들은 자신들에게 시선을 맞추지 않았기 때문에, 대학의 역사와 학문의 역사가 1980년대까지는 별다른 영향력을 받지 않았다. 그러나 그 이후 점차 많은 젊고 정직한 학자들이 이 책에서 설명한 대학 내의 문제들을 살피기 시작했다.

교회들이든 대학들이든, 모두의 경우에서 내가 주장하는 것은 대서양 양편에서 현재 분출하고 있는 학문의 흐름 안에서 주장하는 것이지, 그 흐름에 반대해서 주장하는 것이 아니다. 그 이야기는 간단히 말해서, 아돌프 히틀러에 크게 열광했던 "착한 독일인들"이 전에 생각했던 것보다 훨씬 많았다는 점이다. 나의 의도는 두 가지다. 첫째로, 나는 나치 시대 동안의 교회들과 대학들에 관한 현재의 학문 결과를 강조하고 싶다. 그런 결과에 근거한 이야기는 일부 사람들에게 새롭게 보일 수 있지만, 나는 그것이 새로운 이야기라고 주장하지는 않겠다. 둘째로, 나는 이 이야기를 쓰면서 한쪽 눈은 그 함축적 의미를 향한 채 쓰려고 했다.

그 함축적 의미에 관한 질문에는 두 가지 측면이 있다. 한편으로는 독일인들에 관한 질문, 그들의 공모와 책임에 관한 질문이다. 도대체 어떻게 독일인들이 홀로코스트를 자행할 수 있었는지를 우리가 이해하려면, 그들이 현대의 매우 높은 교육 수준의 민족으로서 많은 존경할 만한 업적을 이룬 민족으로 살았다는 사실을 인정해야만 한다. 독일은 20세기 초까지 서양 사회 전통 안에 확고히 자리 잡고 있었다. 여전히 귀하게 간직하고 있는 서양의 가치들—기독교 가치들과 그 밖의 다른 가치들—에 독일은 참여했고, 기여했고, 또한 고백했다. 대규모로 자행된 무자비한 학살이라는 생각은 우리 대부분을 창백하게 만든다. 그러나 그런 대규모 학살은 모든 종족학살에서 볼 수 있다. 그러나 그 학살자들이 바로 우리와 매우 비슷한 사람들이라는 것을 발견하기 때문에 더욱 곤혹스럽게 만든다고 나는 생각한다.

나는 우리와 닮은 그 학살자들이 바로 그들의 교회들과 대학들로부터 학살 면허증a license to kill을 받았다고 주장한다. 이것이 바로 목사들과 교수들이 공모했다고 내가 주장하는 근거다. 이런 주장은 너무 멀리까지 밀어붙이는 주장인가? 목사들과 교수들이 실제로 나치 국가의 범죄에 공모했다고 간주하려면, 적어도 부분적으로는 광범위한 학살에 책임이 있다는 말인가? 이들 "착한 독일인들"은 도대체 어떻게 그런 참극이 벌어질 수 있었는지에 대한 질문의 답변 중 일부인가? 우리가 이 질문에 대한 대답을 찾기 시작할 방법은 유대인들을 학살한 평범한 독일인들의 마음 상태를 상상해보는 방법이다. 만일 그들이 교회에서 가르친 것에 주의를 기울였다면, 만일 종교교육 수업 시간 동안 귀를 기울였다면, 또는 그들이 교회 신문을 읽었다면, 무엇을 배웠을 것인가? 만일 그들이 대학에서의 교육에 주의를 기울였고, 강의를 열심히 들었거나, 교과서를 읽었다면, 무엇을 배웠을 것인가? 증거가 암시하는 것은 교회와 대학 모두 독일인들에게 히틀러의 책동에 자신들이 수행할 역할에 대해 허락해 주었다는 점이다. 두 기관 모두 1933년에 아돌프 히틀러에 대한 찬양에 열을 올렸다. 나치 사상에 대한 이런 찬양을 공개적으로 철회하지도 않았으며, 나치의 정책이 특히 유대인들에 대한 학대에서 그 잔인성을 높여갈 때, 심각하게 도전하지도 않았다. 나치 체제가 유대인들을 향해 공개적으로 잔인한 의도를 천명하고, 불의와 학대의 나사를 더욱 조여갈 때, 교회와 대학은 모두 그 체제를 찬성함으로써 독일인들에게 잔인한 정책을 수행하도록 허락했다.

이것은 1945년 이후 첫 10년 동안 말했던 이야기가 아니다. 소수의 나치 지도자가 악마화될 때, "나치"라는 말과 "독일인들"이라는 말은 마치 서로 거의 배타적인 말처럼 사용되었다. 즉 "나치"는 범죄를 자행했고, "독일인들"은 그것을 중단시킬 수 없었다는 식이었다. 학자들은 이제 분명한 현실을 명백하게 밝히고 있다. 즉 나치들은 독일인들이었지, 독일 영토에 내려왔던 외계인들이 아니었다는 점이다. 그뿐 아니라 독일인들 상당수가 나치였다. 일부는 나치 당원이었고, 많은 사람은 자신들의 희망과 열망을 나치당에서 찾았다는 점에서 나치였다. 우리가 유념할 것은 특히 제1차 세계대전부터 바이마르 공화국을 거치는 동안의 역사적 상황이 독일인들을 준비시켜서 히틀러의 권력 장악에 대해 박수갈채를 보내고, 이어서 그의 야만적인 생각과 잔인한 행동에 참여하도록 만들었다는 사실이다. 엄청나게 실망하게 하는 사건들이 목사들과 교수들에게도 작용했다. 따라서, 그들은 히틀러가 제공한 것들의 상당수를 좋아했다. 그들은 민족주의적인 감정에 매몰되었는데, 그런 감정은 독일이 세계 무대에서 자기 위치를 회복하기 위해서는 강력한 행동을 할 필요가 있다고 확신하도록 만들었다. 그들은 또 유대인들이 문제이며, 심지어 적이라는 전형적인 반유대주의적 편견도 받아들였고, 그처럼 몰려오는 이데올로기와 새로 등장한 사악한 국가로부터 유대인들을 보호할 마음을 거의 보여주지 않았다.

교회들과 대학들은 모두 나치 국가에서 매우 비슷한 처지였기 때문에 1933년에는 나치 국가를 반대할 준비가 되어 있지 않았다. 오히려 그들은 자신들의 기관 안에서 나치 국가를 받아들일 동기를 찾았다. 그들은 심지어 스스로 나치 국가에 협조하여, 히틀러와 나치 이데올로기로 대표된 시류에 영합했는데, 그 시류는 국가적 통일성과 힘, 에너지와 기쁨을 강조하고, 전통적 가치들에 새롭게 주목하고 국가적 재탄생에 헌신할 것을 강조하는 시류였다. 교회들과 대학들은 이 운동의 추진력을 늦추기를 원하지 않았기 때문에, 과거 자신들의 가치를 약간씩 침해하거나 과거 관행에 약간씩 새로 부과한 것에 대해 항의하지 않았다. 물론 우리가 보기에는 이것이 결코 약간씩의 침해와 부과가 아니다.

교회들과 대학들이 이처럼 히틀러에게서 본 것을 상당수 좋아했기 때문에, 그 보따리 속에 함께 온 잔인한 정책들과 바뀐 가치들에 대해 저항하기 어려웠다. 대신에 그들은 합리화하는 것을 배웠고, 또한 혀를 깨물면서 받아들이는 것을 배웠다. 아마도 가장 중요한 합리화는 잔인성과 관련될 것이다. 인권, 시민권, 정치적 권리는 항상 "공공선을 위해" 일정한 제한을 받았다. 전쟁 자체는, 학살을 믿지 않는 사람들, 예컨대 기독교인들에게 학살할 자유를 주는 수단이다. 질문은 항상 이것이다. 즉 문제의 종류나 정도가 어떤 것인가 하는 것이 행동에서 어떤 종류의 일탈을 허락하는가 하는 점이다. 1933년의 애국적인 독일인들은 문제들이 국가적 치욕, 경제 위기, 비효율적인 정치 등으로 이루어진 극단적인 위기 상태라고 파악했다. 많은 독일인이 받아들였던 것은 우리가 지금 단죄하는 잔인한 대응들로서, 강제수용소, 혐의 없는 체포, 재판 없는 투옥, 그리고 그 모든 것에 스며 있는 것으로서 독일 안에서 유대인들과 그 영향력을 조직적으로 제거한 것이었다. 1939년에 전쟁이 시작되자, 착한 독일인들은 독일의 공격과 전쟁으로 인한 비인도적 행동을 합리화하는 것을 받아들였다. 교회 지도자들과 대학교수들은 이런 가치와 행동의 변화 물결에 휩쓸렸다. 만일 보통의 일반적인 독일인들이 자신들의 목사들이나 교수들에게서 도덕적 조언을 찾았다면, 그들은 방아쇠를 당기지 않을 이유, 명령에 따라 학살을 자행하지 않을 이유를 전혀 발견하지 못했을 것이다.

이 이야기의 두 번째 함축적 의미는 비독일인들을 위한 것이다. 우리는 나치의 경험으로부터 무엇인가를 배울 수 있으며, 또한 배워야 하는가? 그 경험이 우리와 연관되는가? 홀로코스트는 우리가 멈춰서서 생각할 인간의 문제이거나, 아니면 안전하게 우리의 세상 바깥에서 벌어진 독일의 문제인가? 훌륭한 역사가들은 홀로코스트를 역사 바깥이 아니라 역사 안에서 벌어진 일, 인간 가족 바깥이 아니라 인간 가족 안에서 벌어진 일로 보게 한다. 나치들은 결코 화성에서 온 사람들이 아니었다. 그들은 일탈자들이 아니라, 1933년 독일인들에게 영향을 끼친 특수한 역사적 상황에서 나타난 자들이다. 이것이 바로 홀로코스트를 독일인의 문제가 아니라 인간의 문제로 만든다. 그러나 이런 결론은 우리에게 상당히 어려운 해석상의 질문들을 남겨준다.

우리의 도덕적 균형을 잡아주는 행동

비록 독일인들이 바이마르 공화국 기간에 겪었던 역사적 압박감과 많은 위기를 우리가 인정한다 하더라도, 나치 국가가 자행한 범죄들을 물타기 하거나 잊어버리지 않는 것이 중요하다. 뉘른베르크 재판에서 헤르만 괴링은 자신에 대한 혐의가 "승리자의 정의"이므로 기각을 원했다. 그는 단지 연합국이 승리했기 때문에 독일인들이 재판에 회부되었고, 인도에 반한 죄로 기소되었다고 주장했다. 만일 독일이 승리했다면, 자신들도 똑같이 연합국의 범죄에 대해 기소했을 것이라는 주장이었다. 홀로코스트를 부인하는 사람들도 똑같은 밭을 갈고 똑같은 의심의 씨앗을 심고 싶어 한다. 그러나 홀로코스트를 부인하는 사람들은 증거를 의식적으로 부정직하게 해석한다. 대표적인 부인론자 데이비드 어빙(영국의 역사가)이 특히 2000년 런던의 재판에서 패배한 사건은 좋은 본보기를 보여준다.[1] 홀로코스트 부인론자들이 ≪시온 장로 의정서≫를 이용하려는 노력 역시 그들의 부정직함으로 판명되었다. 그 책은 날조된 것이다. 그것이 역사적 실체가 아니라 19세기의 허구에 근거해서 유대인들에 대한 의심, 분노, 증오심으로 채워진 환상에 불과하다는 것은 쉽게 밝힐 수 있다.[2] 홀로코스트 부인론자들은 다른 터무니없는 거짓 주장들도 펼친다. 예를 들어, 홀로코스트에 대한 모든 사진과 기타 물리적 증거들은 유대인들과 미국인들이 전쟁 후에 음모를 통해 만들어낸 것이며, 또한 모든 홀로코스트 생존자의 증언과 그것을 뒷받침하는 가해자들의 증언은 단지 똑같은 음모에 불과하다는 주장이다. 이런 주장은 어느 것도 진지한 역사적 탐구로 볼 수도 없고 보아서도 안 된다. 홀로코스트 부인론자들은 항상 반유대주의자들로서 그들의 일차적 관심은 유대인들에 대한 자신들의 증오심을 불타오르게 만드는 것이다. 그들은 또한 아돌프 히틀러의 팬들이다. 그들이 원하는 것은 히틀러를 단죄할 인물이 아니라 존경할 인물로 그의 명예를 회복하는 일이다.

그러나 홀로코스트를 부인하는 과정에서 이들은 자신들이 연합국과 도덕적으로 동등했다는 주장을 뒷받침하기 위해 연합국의 구체적 행동을 지적하기를 좋아한다. 예를 들어, 그들은 일부 미군이 부켄발트 강제수용소를 본 후에, 또는 독일인들의 다른 범죄 증거를 본 후 분노에 사로잡혀 독일인 전쟁포로들을 벌주거나 심지어 죽인 일을 지적한다. 그들은 러시아 군인들이 베를린을 향해 최종 공격작전을 펼치는 동안 독일 여성들을 강간한 사례들도 든다. 또한 미군과 영국군이 독일 시민들

---

1) 예를 들어, Richard J. Evans, *Telling Lies about Hitler: The Holocaust, History, and the David Irving Trial* (London: Verso, 2002); Deborah E. Lipstadt, *History on Trial: My Day in Court with a Holocaust Denier* (New York: Harper Perennial, 2006)을 보라. 넷플릭스에서 "나는 부인한다/Denial"로 나온다.
2) 예를 들어 미국 홀로코스트 박물관 영구소장실에 전시된 ≪의정서 Protocols≫를 보라.

을 폭격한 것, 특히 1945년 2월에 드레스덴에 소이탄 폭격을 하여 도시를 불태운 것을 지적한다. 이런 사례는 흥미로운 역사를 갖고 있다. 리처드 에반스가 처음 매우 분명하게 밝힌 것처럼, 드레스덴 폭격 같은 무자비한 폭격이 데이비드 어빙에게는 그의 부정직한 수정주의적 어젠다의 초기 본보기로 보였을 수 있을 것이다. 특히 어빙은 드레스덴 폭격으로 최소한 10만 명, 아마도 20만 명의 희생자가 발생했다는 생각을 일반 대중의 마음속에 각인시켰다. 에반스는 그 숫자가 25,000명이었을 가능성이 크며, 어빙이 사용한 정보는 요제프 괴벨스가 1945년 3월에 선전기구를 통해 만든 거짓 정보였다고 주장한다. 어빙은 이런 자료를 사용함으로써 바보가 되었지만, 그 정보가 괴벨스의 날조된 선전이라는 것을 알게 된 이후에도 계속 사용했다.3) 1990년대 드레스덴 도시박물관은 소이탄 폭격과 관련하여 어빙과는 다르고 보다 적절한 메시지를 보여주는데, 그것은 이 사건이 연합국이 초래한 것이 아니라, 오히려 아돌프 히틀러와 나치 국가가 초래한 사건임을 기억하라는 메시지다.4)

우리는 소이탄 폭격을 비판한다 해도, 드레스덴 도시박물관의 이런 메시지 진술을 승인할 수 있다. 누가 전쟁을 시작했는지, 누가 국경선을 짓밟고 넘어갔고, 국제 질서와 국가 간의 권리 개념을 유린했는지를 기억하는 것이 중요하다. 나치들은 문자적으로 힘이 정의라고 주장했다. 그들은 정글의 법칙에서는 독일인이 주인 인종master race이며 그에 맞게 행동할 수 있다고 주장했다. 영국, 소련, 미국이 독일의 약탈행위에 맞서 싸울 때, 그것은 명백히 자기방어였으며, 미군의 경우에는 부당하게 침

---

3) Evans, *Telling Lies about Hitler*, 157-92.
4) 나는 1992년 방문에서 읽은 메시지를 달리 표현한다. 드레스덴 도시박물관은 완전히 새로 건설되었고 1945년 2월 폭격을 재현한 것을 전시하고 있지만, 여전히 전쟁 동안 드레스덴이 입은 피해의 책임이 독일인들에게 있다는 전반적인 평가를 계속 전해주고 있다.

략당한 무고한 국가들을 방어하는 행위였다는 것이 분명했다. 독일의 행동은 그런 주장을 하지 못한다. 더 나아가, 특히 죽임의 공장들(멸절 수용소)을 비롯해서 전체 종족학살 기구를 만든 것은 독일인들이 전쟁을 하던 **동안**이었지, 전쟁의 의미 있는 행동 **방식**이 아니었다. 이런 모든 이유로, 전쟁 기간 독일인들의 행동과 연합국의 행동을 비교하는 것은 의미가 없다.5) 그러나 나치 시대 동안 "착한 독일인들"이 택한 입장이 나에게 중요한 이유는 정확히 서로 비교할 점 때문이며, 또한 우리가 배울 수 있는 교훈 때문이다.

제2차 세계대전이 끝나 독일인들의 도덕적 세계와 평판이 무너질 때까지, 착한 독일인들은 아마도 자신들의 입장과 태도가 정당화될 것으로 생각했을 것이다. 대부분은 자신들이 6백만 명의 유대인과 5백만 명의 기타 무고한 희생자들을 학살한 것에 공범으로 고발될 것이라고는 추호도 생각하지 않았을 것이다. 교회 지도자들과 대학교수들 대부분은 적대적 세계 안에서 독일에 대한 많은 위협을 파악했다. 그들은 독일 내 극소수 유대인들이 독일의 힘과 통일성에 위협이 된다고 확신했으며, 독일의 문제들에 대한 아돌프 히틀러의 대응 조치를 옹호할 준비가 되어 있었다. 심지어 그의 조치가 당시 비독일인들과 후대 사람들에게 비난거리가 될지라도 옹호할 준비가 되어 있었다. 게르하르트 키텔은 문자적으로 "우리는 전 세계가 우리에게 야만주의와 과거의 수정을 외친다는 이유로 스스로 절름발이가 되어서는 안 된다"6)고 말했다. 그는 틀렸다. 독일인들은 제1차 세계대전의 여파로 역경에 직면했으며, 국가의

---

5) 이것은 스탈린의 잔혹 행위를 부인하려는 것이 아니다. Timothy Snyder, *Bloodlands: Europe Between Hitler and Stalin* (New York: Basic Books, 2010)은 스탈린의 잔혹 행위를 강조한다. 그러나 나는 나치 독일에 비해서는 차이가 있다고 주장하며, 특히 서방 연합국과 비교해서는 더욱 그렇다고 주장한다.
6) Gerhard Kittel, *Die Judenfrage* (Stuttgart: Kohlhammer, 1933), 39.

힘과 안보를 재확립하기 위한 노력에서 자신들의 가치를 타협할 준비가 되어 있던 것으로 입증되었다. 그런 태도는 잘못이었을 뿐 아니라 재앙적이었다. 그것이 독일을 파멸로 이끌었고, 독일인들이 두 번째 세대와 세 번째 세대에서도 계속해서 수치와 죄의식을 겪도록 만들었다.[7]

1945년까지 태어나지 않은 독일인이나 당시의 어린아이들은 나치 범죄에 죄가 있는 것으로 간주할 수 없다. 그러나 현재 독일 인구의 이런 연령적 균형은 모든 책임을 히틀러와 그의 측근에게만 돌릴 수 없게 만든다. 우리는 히틀러의 마력에 압도되어 그를 추종했던 모든 사람에게서 잘못을 찾을 권리가 있다. 그럼에도 불구하고, 그렇게 손가락질하는 것은 어디에서 **우리의** 발걸음이 길을 잘못 들 수 있는지에 대한 염려를 갖게 해야 마땅하다. 나치 독일을 자세히 살피는 것은 우리가 위기에 어떻게 대응할 것인지에 관해 무엇인가를 우리에게 가르쳐 주어야만 한다. 우리가 역경에 직면할 때, 인권, 시민권, 국제법과 같은 우리의 기본 가치들을 타협하지 말도록 경고한다. 히틀러에 압도당한 독일인들이 우리와 같은 인간들이었음을 인식해야만 한다. 착한 독일인들과 악한 행동에 대한 진정한 교훈은 국가에 대한 헌신이 자신에게 편하고, 그리고 휘몰아치는 바람에 따라 당연히 구부리게 되는 경향이 자신의 입장에 대한 도덕적 함의에 눈이 멀게 만들 수 있다는 교훈이다. 그것은 후대 사람들이 단죄할 불의에 대해 눈이 멀게 만들 수 있다. 우리가 받아들일 수 있는 행동과 사상에 대해 다음 세대가 우리를 단죄하는 것을 피할 수 있다고 확신할 수는 없다. 그러나 우리가 노력할 수는 있다. 나치 독일에서 착한 독일인들의 경험과 입장은 우리의 인식을 훨씬 더 예민하

---

7) 예를 들어, Stefan Aust and Gerhard Spörl, eds., *Die Gegenwart der Vergangenheit. Der Lange Schatten des Dritten Reichs* (Munich: Deutsche Verlag-Anstalt, 2004)을 보라.

게 만든다. 그것은 우리에게 정확히 어디에 우리의 불의가 있는지를 보여줄 수는 없다 하더라도, 적어도 불의를 합리화하는 것이 얼마나 위험한지를 우리에게 분명히 보여준다.8)

---

8) 역자주: 전쟁이 끝난 후 나치의 전쟁 범죄자들 대다수는 처벌을 받았다. 유럽의 법정들에서 약 10만 명, 연합국 법정에서 8,812명, 미국 법정에서 1,030명, 소련 법정에서 나치 26,000명과 지역의 부역자 11,000명, 서독 법정에서 6,479명, 동독 법정에서 12,861명이 재판을 받고 형을 선고받았다. 마트하우센 수용소의 독일 요원들 48명이 1947년 5월 말에 이틀 동안 다카우에서 처형되기도 했다. 그러나 악명높은 전쟁 범죄자들 가운데 멩겔레, 아이히만 등 남미로 탈출한 180여 명을 비롯해 상당수 전범들이 탈출 루트를 통해 스페인, 아르헨티나, 브라질 등 해외로 탈출하도록 가장 크게 도운 것은 가톨릭교회였다. (연합국의 첩보부대도 나치 과학자들의 탈출을 도왔다.) 나중에 교황 바오로 6세가 된 몬시뇨르 지오반니 몬티니는 그 학살자들에게 새로운 신분증과 여행 문서를 제공했고, 오스트리아인으로서 신학교 학장이었던 알로이스 후달 주교는 요제프 멩겔레(아우슈비츠에서 가스실에 보낼 사람들을 결정하고 가스실을 운영하고, 생체실험을 한 "죽음의 천사"), 아돌프 아이히만(친위대 수장으로 유대인 학살 총책임자), 에두아르드 로슈만(악명높은 리가 게토 사령관), 에리히 프리프케(이탈리아인 335명을 학살한 전범), 프란츠 슈탕글(유대인 20만 명 이상을 살해한 소비보르 수용소와 87만 명 이상을 학살한 트레블링카 수용소 소장), 구스타프 바그너(소비보르 수용소 부소장), 발터 라우프(가스 트럭 발명가) 등의 탈출을 도왔다. 로마의 크로아티아 출신 사제 크루노슬라브 드라가노비치 역시 "리옹의 도살자" 클라우스 바르비(리옹의 친위대를 위한 고문, 프랑스 저항운동을 진압), 안테 파벨리치(나치 독일의 괴뢰 정권인 크로아티아 국가 원수로서 유고슬라비아에서 75만 명 이상을 학살한 주범) 등의 탈출을 도왔다. 나치 시대에 극악무도한 학살에 대해 침묵을 지켜 "히틀러의 교황"이라고 비난받았던 교황 비오 12세가 전쟁 후에는 "사목적 책임"을 강조하면서 전범들에게 자비를 베풀 것을 계속 간청했으며, 대다수 독일 주교들은 전범 재판이 불공정하다고 주장했다. 점령지 독일의 교황청 대표로 복무한 니더작센 출신의 미국인 주교 알로이시우스 뮌치가 사목 서신에서 표현한 것처럼, "그리스도의 사랑의 법"은 "눈에는 눈이라는 모세의 법"과 대조된다는 주장이었다. Peter Hayes, *Why? Explaining the Holocaust*, 306-15.

참고문헌

Archives

Evangelisches Zentralarchiv in Berlin
Landeskirchlichesarchiv in Hanover
Niedersächsisches Hauptstaatsarchiv in Hanover
Universitätsarchiv in Göttingen
Universitätsarchiv in Tübingen

Bibliography

Allen, Garland E. "The Ideology of Elimination: American and German Eugenics 1900–1945." *Medicine and Medical Ethics in Nazi Germany: Origins, Practices, Legacies*, ed. Francis R. Nicosia and Jonathan Huener. New York: Berghahn Books, 2002, 13–39.
Allgemeine Evangelisch-Lutherische Kirchenzeitung (AELKZ) 66, ed. Wilhelm Laible. Leipzig: 1933, various issues.
Althaus, Paul. *Die deutsche Stunde der Kirche*, 3rd ed. Göttingen: Vandenhoek & Ruprecht, 1934.
Althaus, Paul, and Werner Elert. "Der Ansbacher Ratschlag." Reprinted in *Die erste Bekenntnissynode der Deutschen Evangelischen Kirche zu Barmen*, vol. 1, ed. Gerhard Niemöller. Göttingen: Vandenhoek & Ruprecht, 1959, 142 ff.
Aly, Götz. *Hitler's Beneficiaries: Plunder, Racial War, and the Nazi Welfare State*. London: Picador, 2008.
"Theodor Schieder, Werner Conze oder, Die Vorstufen der physischen Vernichtung." *Deutsche Historiker im Nationalsozialismus*, 2nd ed, ed. Winfried Schulze and Otto Gerhard Oexle. Frankfurt: Fischer, 1999, 163–82.
Aly, Götz, and Susanne Heim. *Architects of Annihilation: Auschwitz and the Logic of Destruction*. Princeton: Princeton University Press, 2003.

"Theologisches Gutachten über die Zulassung von Christen jüdischer Herkunft zu den Ämtern der deutschen evangelischen Kirche." *Theologische Blätter* 12/11 (Nov. 1933).

Amery, Carl. *Die Kapitulation oder, Der real existierende Katholizismus.* Munich: Süddeutscher Verlag, 1988. See also, Die Kapitulation oder, Deutscher Katholizismus heute. Reinbek bei Hamburg: Rowohlt, 1963.

Aronsfeld, C. C. *Wanderer from my Birth.* London: Janus, 1997.

Aust, Stefan, and Gerhard Spörl, eds. *Die Gegenwart der Vergangenheit. Der lange Schatten des Dritten Reichs.* Munich: Deutsche Verlag-Anstalt, 2004.

Baranowski, Shelley. *The Confessing Church, Conservative Elites, and the Nazi State.* New York: Edwin Mellen, 1986.

Barnes, Kenneth C. "Dietrich Bonhoeffer and Hitler's Persecution of the Jews." *Betrayal: German Churches and the Holocaust*, ed. Robert P. Ericksen and Susannah Heschel. Minneapolis: Fortress, 1999, 110–28.

Nazism, Liberalism, and Christianity: Protestant Social Thought in Germany and Great Britain, 1925–1937. Lexington: University of Kentucky Press, 1991.

Barnett, Victoria J. *Bystanders: Conscience and Complicity during the Holocaust.* Westport, CT: Greenwood Press, 1999.

For the Soul of the People: Protestant Protest Against Hitler. New York: Oxford University Press, 1992.

Bartov, Omer. *Hitler's Army: Soldier, Nazis, and War in the Third Reich.* New York: Oxford University Press, 1992.

Baur, Erwin, Eugen Fischer, and Fritz Lenz. *Menschliche Erblichkeitslehre und Rassenhygiene.* Munich: Lehmann, 1921.

Becker, Heinrich. "Von der Nahrungssicherung zu Kolonialträumen: Die Landwirtschaftlichen Institute im Dritten Reich." *Die Universität Göttingen unter dem Nationalsozialismus*, 2nd ed, ed. Heinrich Becker, Hans-Joachim Dahms, and Cornelia Wegeler. Munich: K. G. Saur, 1998, 630–56.

Becker, Heinrich, Hans-Joachim Dahms, and Cornelia Wegeler, eds. *Die Universität Göttingen unter dem Nationalsozialismus*, 2nd ed. Munich: K. G. Saur, 1998.

Bentley, Eric. *The Storm over the Deputy.* New York: Grove Press, 1964.

Bentley, James. *Martin Niemöller 1892–1984.* Oxford: Oxford University Press, 1984.

Berg, Nicolas. *Der Holocaust und die westdeutschen Historiker. Erforschung und Erinnerung.* Berlin: Wallstein, 2003.

Bergen, Doris. "Catholics, Protestants, and Christian antisemitism in Nazi Germany." *Journal for Central European History* 27/3 (1994).

"German Military Chaplains in the Second World War and the Dilemma of Legitimacy." *The Sword of the Lord: Military Chaplains from the First to the Twenty-First Century*, ed. Doris Bergen. Notre Dame, IN: University of Notre Dame Press, 2004.

"'Hosanna or Hilf, O Herr Uns': National Identity, the German Christian Movement, and the 'Dejudaization' of Sacred Music in the Third Reich." *Music and German National Identity*, ed. Celia Applegate and Pamela Potter. Chicago: University of Chicago Press, 2002.

"Nazism and Christianity: Partners and Rivals? A Response to Richard Steigmann-Gall, *The Holy Reich: Nazi Conceptions of Christianity*." *Journal of Contemporary History* 42/1 (2007), 25-33.

Twisted Cross: The German Christian Movement in the Third Reich. Chapel Hill: University of North Carolina Press, 1996.

Berghahn, Volker. *Der Stahlhelm. Bund der Frontsoldaten 1918-1935*. Düsseldorf: Droste Verlag, 1966.

Besier, Gerhard. *The Holy See and Hitler's Germany*. London: Palgrave Macmillan, 2007.

Die Kirchen und das Dritte Reich: Spaltungen und Abwehrkämpfe 1934-1937. Berlin: Propyläen, 2001 (meant to be a continuation of the two volumes under this title written by Klaus Scholder).

"Selbstreinigung" unter britischer Besatzungsherrschaft. Die Evangelisch-Lutherische Landeskirche Hannovers und ihr Landesbischof Marahrens 1945-1947. Göttingen: Vandenhoek & Ruprecht, 1986.

Besier, Gerhard, and Gerhard Sauter. *Wie Christen ihre Schuld bekennen: Die Stuttgarter Erklärung 1945*. Göttingen: Vandenhoek & Ruprecht, 1985.

Beushausen, Ulrich, Hans-Joachim Dahms, Thomas Koch, Almuth Massing, and Konrad Obermann. "Die Medizinische Fakultät im Dritten Reich." *Die Universität Göttingen unter dem Nationalsozialismus*, 2nd ed, ed. Heinrich Becker, Hans-Joachim Dahms, and Cornelia Wegeler. Munich: K. G. Saur, 1998, 183-286.

Beyerchen, Alan D. *Scientists under Hitler: Politics and the Physics Community in the Third Reich*. New Haven: Yale University Press, 1977.

Biddescomb, Perry. *The Denazification of Germany 1945-1950*. Stroud, UK: Tempus Publishing, 2006.

Birnbaum, Walter. *Zeuge meiner Zeit: Aussagen zu 1912 bis 1972*. Göttingen: Vandenhoek & Ruprecht, 1973.

Bizer, Ernst. "Der Fall Dehn." *Festschrift für Günther Dehn*, ed. Wilhelm Schneemelcher. Neukirchen: Neukirchen Verlag.

Blackbourn, David, and Geoff Eley. *The Peculiarities of German History*. New York: Oxford University Press, 1985.

Boehling, Rebecca. *A Question of Priorities: Democratic Reform and Economic Recovery in Postwar Germany*. New York: Berghahn Books, 1996.

Bonhoeffer, Dietrich. "The Church and the Jewish Question." *Dietrich Bonhoeffer Works*, vol. 12, ed. Larry L. Rasmussen. Minneapolis: Fortress, 2009, 361-70.

Boockmann, Hartmut, and Hermann Wellenreuther, eds. *Geschichtswissenschaft in Göttingen. Eine Vorlesungsreihe*. Göttingen: Vandenhoek & Ruprecht, 1987.

Botzenhart, Erich. *Die deutsche Revolution 1806/1813*. Hamburg: Hanseatischer Verlag, 1940.

Bower, Tom. *The Pledge Betrayed: America and Britain and the Denazification of Postwar Germany*. New York: Doubleday, 1984.

Brandi, Karl. *Versailles 28. Juni 1919: Rede vor der Göttinger Studentenschaft*. Göttingen: Göttinger Studentenschaft, 1929.

Brednich, Rolf Wilhelm. "Volkskunde—die völkische Wissenschaft von Blut und Boden." *Die Universität Göttingen unter dem Nationalsozialismus*, 2nd ed, ed. Heinrich Becker, Hans-Joachim Dahms, and Cornelia Wegeler. Munich: K. G. Saur, 1998, 491-98.
Brown-Fleming, Suzanne. *The Holocaust and Catholic Conscience: Cardinal Aloisius Muench and the Guilt Question in Germany*. Notre Dame, IN: University of Notre Dame Press, 2006.
Browning, Christopher R. *Ordinary Men: Reserve Police Battalion 101 and the Final Solution in Poland*. New York: Harper Collins, 1992.
The Origins of the Final Solution: The Evolution of Nazi Jewish Policy, September 1939 – March 1942. Lincoln: University of Nebraska Press, 2004.
The Path to Genocide: Essays on Launching the Final Solution. New York: Cambridge University Press, 1995.
Brynjolfsson, Einar. "Die Entnazifizierung der Universität Göttingen am Beispiel der Philosophischen Fakultät." Master's thesis, Historisch-Philologische Wissenschaft, Göttingen University (1996).
Buettner, Ursula, ed. *Die Deutschen und die Judenverfolgung im Dritten Reich*. Hamburg: Hans Christians Verlag, 1992.
Burleigh, Michael. *Death and Deliverance: "Euthanasia" in Germany, 1900-1945*. Cambridge: Cambridge University Press, 1994.
Ethics and Extermination: Reflections on Nazi Genocide. Cambridge: Cambridge University Press, 1997.
Germany Turns Eastwards: A Study of Ostforschung in the Third Reich. Cambridge: Cambridge University Press, 1988.
Burleigh, Michael, and Wolfgang Wippermann. *The Racial State: Germany 1933-1945*. Cambridge: Cambridge University Press, 1991.
Buselmeier, Karin, Dietrich Harth, and Christian Jansen, eds. *Auch eine Geschichte der Universität Heidelberg*. Mannheim: Edition Quadrat, 1985.
Cantor, Norman. *Inventing the Middle Ages*. New York: William Morrow and Co, 1991.
Chickering, Roger. *The Great War and Urban Life in Germany: Freiburg, 1914-1918*. Cambridge: Cambridge University Press, 2009.
Cochrane, Arthur C. *The Church's Confession under Hitler*. Philadelphia: The Westminster Press, 1962.
Conway, John S. *The Nazi Persecution of the Churches, 1933-1945*. London: Weidenfeld and Nicolson, 1968.
Cornwell, John. *Hitler's Pope: The Secret History of Pius XII*. New York: Viking Penguin, 1999.
Dahms, Hans-Joachim. "Einleitung." *Die Universität Göttingen unter dem Nationalsozialismus*, 2nd ed, ed. Heinrich Becker, Hans-Joachim Dahms, and Cornelia Wegeler. Munich: K. G. Saur, 1998, 29-74.
"Philosophie." *Kulturwissenschaften und Nationalsozialismus*, ed. Jürgen Elvert and Jürgen Nielsen-Sikora. Stuttgart: Franz Steiner, 2008, 19-51.
"The Professionalization of National Socialist Jewish Statistics: Preparation for the Holocaust." Unpublished paper, 1987.

Davidowicz, Lucy. *The War Against the Jews, 1933–1945*. New York: Holt, Rinehart and Winston, 1975.

Davis, Belinda. *Home Fires Burning: Food, Politics, and Everyday Life in World War I Berlin*. Chapel Hill: University of North Carolina Press, 2000.

Dehn, Günther. *Die alte Zeit, die vorigen Jahre: Lebenserinnrungen*. Munich: Christian Kaiser Verlag, 1962.

Der jüdische Einfluss auf den Deutschen Hohen Schulen. Ein Familienkundlicher Nachweis über die jüdischen und verjudedeten Universitäts- und Hochschulprofessoren. Heft 1, Universität Göttingen. Göttingen: Kreis der Freunde und Förderer der Deutschen Auskunftei, 1928.

Deutsche Reden in schwerer Zeit, 2 vols. Berlin: Carl Heymanns, 1915.

Die Grosse Hetze: Der Niedersächsische Ministersturz – ein Tatsachenbericht zum Fall Schlüter. Göttingen: Göttinger Verlaganstalt, 1958.

Diephouse, David J. *Pastors and Pluralism in Württemberg, 1918–1933*. Princeton: Princeton University Press, 1987.

Dietrich, Donald J. *Catholic Citizens in the Third Reich: Psycho-Social Principles and Moral Reasoning*. New Brunswick, NJ: Transaction Publisher, 1988.

 ed. *Christian Responses to the Holocaust: Moral and Ethical Issues*. Syracuse: Syracuse University Press, 2003.

Doblmeier, Martin, dir. *Bonhoeffer*. Journey Films, 2003.

Domarus, M. *Hitler, Reden von 1932–1945*, vol. II. Wiesbaden: Löwit, 1965.

Dumbach, Annette, and Jud Newborn. *Shattering the German Night* (1986), reissued as *Sophie Scholl and the White Rose*. Oxford: Oneworld, 2006.

Earl, Hilary. *The Nuremberg SS-Einsatzgruppen Trial, 1945–1958: Atrocity, Law, and History*. New York: Cambridge University Press, 2010.

Elvert, Jürgen, and Jürgen Nielsen-Sikora, eds. *Kulturwissenschaften und Nationalsozialismus*. Stuttgart: Franz Steiner, 2008.

Ericksen, Robert P. "Die Göttinger Theologische Fakultät im Dritten Reich." *Die Universität Göttingen unter dem Nationalsozialismus*, 2nd ed, ed. Heinrich Becker, Hans-Joachim Dahms, and Cornelia Wegeler. Munich: K.G Saur, 1998, 75–101.

 "Hiding the Nazi Past: Denazification and Christian Postwar Reckoning." *A Lutheran Vocation: Philip A. Nordquist and the Study of History at Pacific Lutheran University*, ed. Robert P. Ericksen and Michael J. Halvorson. Tacoma, WA: Pacific Lutheran University Press, 2005, 137–56.

 "Kontinuitäten konservativer Geschichtsschreibung am Seminar für Mittlere und Neuere Geschichte: Von der Weimarer Zeit über die nationalsozialistische Ära bis in die Bundesrepublik." *Die Universität Göttingen unter dem Nationalsozialismus*, 2nd ed, ed. Heinrich Becker, Hans-Joachim Dahms, and Cornelia Wegeler. Munich: K. G. Saur, 1998, 427–53.

 "Protestants." *The Oxford Handbook of Holocaust Studies*, ed. John K. Roth and Peter Hayes. Oxford: Oxford University Press, 2010, 250–64.

 "The Question of Complicity." *Glaube – Freiheit – Diktatur in Europa und den USA: Festschrift für Gerhard Besier zum 60. Geburtstag*, ed. Katarzyna Stoklosa and Andrea Strübind. Göttingen: Vandenhoek & Ruprecht, 2007, 93–112.

"Religion und Nationalsozialismus im Spiegel der Entnazifizierungsakten." *Kirchliche Zeitgeschichte* 7/1 (1994).
"Theologian in the Third Reich: The Case of Gerhard Kittel." *Journal of Contemporary History* 12 (1977), 595–622.
Theologians under Hitler: Gerhard Kittel, Paul Althaus and Emanuel Hirsch. New Haven: Yale University Press, 1985.
"Wilhelm Niemöller and the Historiography of the Kirchenkampf." *Nationalprotestantische Mentalitäten. Konturen, Entwicklungslinien und Umbrüche eines Weltbildes*, ed. Hartmut Lehmann and Manfred Gailus. Göttingen: Vandenhoek & Ruprecht, 2005, 433–51.
ed. *Christian Teachings about Jews: National Comparisons in the Shadow of the Holocaust. Kirchliche Zeitgeschichte* 16/1 (2003).
Ericksen, Robert P., and Susannah Heschel, eds. *Betrayal: German Churches and the Holocaust.* Minneapolis: Fortress, 1999.
"The Churches and the Holocaust." *The Historiography of the Holocaust*, ed. Dan Stone. London: Palgrave Macmillan, 2004, 296–318.
Evans, Richard. *The Coming of the Third Reich.* London: Penguin, 2004.
In Defense of History. New York: Norton, 1999.
Telling Lies about Hitler: The Holocaust, History, and the David Irving Trial. London: Verso, 2002.
The Third Reich in Power. London: Penguin, 2006.
The Third Reich at War: 1933–1945. London: Penguin, 2009.
Farias, Victor. *Heidegger and Nazism.* Philadelphia: Temple University Press, 1991.
Feldman, Gerald D. *Allianz and the German Insurance Business, 1933–1945.* New York: Cambridge University Press, 2001.
Fishburn, Matthew. *Book Burning.* New York: Palgrave Macmillan, 2008.
Fischer, Fritz. *Germany's Aims in the First World War.* New York: Norton, 1967.
Fischer, Klaus P. *Nazi Germany: A New History.* London: Constable, 1995.
Fleischner, Eva, and Michael Phayer. *Cries in the Night: Women who Challenged the Holocaust.* New York: Sheed & Ward, 1997.
Frei, Norbert. *Vergangenheitspolitik. Die Anfänge der Bundesrepublik und die NS-Vergangenheit.* Munich: Beck, 1996.
Friedlander, Henry. *The Origins of Nazi Genocide: From Euthanasia to the Final Solution.* Chapel Hill: University of North Carolina Press, 1995.
Friedländer, Saul. *Nazi Germany and the Jews, vol. I: The Years of Persecution, 1933–1939.* New York: Harper Collins, 1997.
Nazi Germany and the Jews, 1939–1945: The Years of Extermination. New York: Harper Collins, 2007.
Pius XII and the Third Reich: A Documentation. New York: Knopf, 1966.
Fritzsche, Peter. *Germans into Nazis.* Cambridge, MA: Harvard University Press, 1998.
Gailus, Manfred. *Kirchliche Amtshilfe: Die Kirche und die Judenverfolgung im "Dritten Reich."* Göttingen: Vandenhoek & Ruprecht, 2008.
Mir aber zerriss es das Herz: Der stille Widerstand der Elisabeth Schmitz. Göttingen: Vandenhoek & Ruprecht, 2010.

Protestantismus und Nationalsozialismus: Studien zur nationalsozialistischen Durchdringung des protestantischen Sozialmilieus in Berlin. Cologne: Böhlau, 2001.
Gay, Peter. *Weimar Culture: The Outsider as Insider*. New York: Norton, 1961.
Gellately, Robert. *Backing Hitler: Consent and Coercion in Nazi Germany*. New York: Oxford University Press, 2001.
The Gestapo and German Society: Enforcing Racial Policy 1933–1945. New York: Oxford University Press, 1990.
"Georgia Augusta – Universität im Dritten Reich." *Politikon: Göttinger Studentenzeitschrift für Niedersachsen* 9 (April 1965).
Gerlach, Wolfgang. *And the Witnesses were Silent: The Confessing Church and the Persecution of the Jews*. Trans. and ed. Victoria J. Barnett. Lincoln: University of Nebraska Press, 2000.
Giles, Geoffrey. *Students and National Socialism in Germany*. Princeton: Princeton University Press, 1985.
Giziowoski, Richard. *The Enigma of General Blaskowitz*. New York: Hippocrene Books, 1997.
Goda, Norman J. W. "'Black Marks': Hitler's Bribery of his Senior Military Officers during World War II." *Journal of Modern History* 72/2 (2000), 413–52.
Goebel, Klaus. "Theologen, die Hitler unterstützten: Über Gerhard Kittel, Paul Althaus, Emanuel Hirsch." *Frankfurter Allgemeine Zeitung* 127 (June 5, 1986), 11.
Goldhagen, Daniel Jonah. *Hitler's Willing Executioners: Ordinary Germans and the Holocaust*. New York: Alfred A. Knopf, 1996.
A Moral Reckoning: The Role of the Church in the Holocaust and its Unfulfilled Duty of Repair. New York: Vintage, 2003.
Griech-Polelle, Beth A. *Bishop von Galen: German Catholicism and National Socialism*. New Haven: Yale University Press, 2002.
Gross, Matthias. "Die nationalsozialistische 'Umwandlung' der ökonomische Institute." *Die Universität Göttingen unter dem Nationalsozialismus*, 2nd ed, ed. Heinrich Becker, Hans-Joachim Dahms, and Cornelia Wegeler. Munich: K. G. Saur, 1998, 156–82.
Haar, Ingo, and Michael Fahlbusch, eds. *German Scholars and Ethnic Cleansing, 1920–1945*. New York: Berghahn Books, 2005.
Halfmann, Frank. "Eine 'Pflanzstätte bester nationalsozialistischer Rechtsgelehrter': Die juristische Abteilung der Rechts- und Staatswissenschaftlichen Fakultät." *Die Universität Göttingen unter dem Nationalsozialismus*, 2nd ed, ed. Heinrich Becker, Hans-Joachim Dahms, and Cornelia Wegeler. Munich: K. G. Saur, 1998, 102–55.
Hartshorne, Edward Yarnell, Jr. *The German Universities and National Socialism*. Cambridge, MA: Harvard University Press, 1937.
Hastings, Derek. *Catholicism and the Roots of Nazism: Religious Identity & National Socialism*. New York: Oxford University Press, 2010.
Hausmann, Frank-Rutger, ed. *Die Rolle der Geisteswissenschaften im Dritten Reich 1933–1945*. Munich: Oldenbourg, 2002.
Haynes, Steven. "Who Needs Enemies: Jews and Judaism in Anti-Nazi Religious Discourse." *Church History* 71/2 (2002).

Heiber, Helmut. *Universität unterm Hakenkreuz. Teil 1, Der Professor im Dritten Reich*. Munich: K. G. Saur, 1991.
Walter Frank und sein Reichsinstitut für Geschichte des neuen Deutschlands. Stuttgart: Deutsche Verlag-Anstalt, 1966.
Helmreich, Ernst Christian. *The German Churches under Hitler: Background, Struggle, and Epilogue*. Detroit: Wayne State University Press, 1979.
Herf, Jeffrey. *Divided Memory: The Nazi Past in the Two Germanies*. Cambridge, MA: Harvard University Press, 1997.
Reactionary Modernism: Technology, Culture, and Politics in Weimar and the Third Reich. New York: Cambridge University Press, 1986.
Hermle, Siegfried. *Evangelische Kirche und Judentum – Stationen nach 1945*. Göttingen: Vandenhoek & Ruprecht, 1990.
Herzog, Dagmar, ed. *Sexuality and German Fascism*. New York: Berghahn Books, 2005.
Heschel, Susannah. *Abraham Geiger and the Jewish Jesus*. Chicago: University of Chicago Press, 1998.
The Aryan Jesus: Christian Theologians and the Bible in Nazi Germany. Princeton: Princeton University Press, 2008.
"Nazifying Christian Theology: Walter Grundmann and the Institute for the Study and Eradication of Jewish Influence in German Church Life." *Church History* 63/4 (1994), 587–605.
"When Jesus was an Aryan: The Protestant Church and Antisemitic Propaganda." *Betrayal: German Churches and the Holocaust*, ed. Robert P. Ericksen and Susannah Heschel. Minneapolis: Fortress, 1999.
Hetzer, Tanja. *"Deutsche Stunde": Volksgemeinschaft und Antisemismus in der politischen Theologie bei Paul Althaus*. Munich: Alitera Verlag, 2009.
Heuss, Theodor. *Hitlers Weg: Eine historisch-politische Studie über den Nationalsozialismus*. Stuttgart: Union, 1932.
Hirsch, Emanuel. *Das Alte Testament und die Predigt des Evangeliums*. Tübingen: Katzmann Verlag, 1936.
Hochhuth, Rolf. *The Deputy*. New York: Grove Press, 1964.
Hockenos, Matthew D. *A Church Divided: German Protestants Confront the Nazi Past*. Bloomington: Indiana University Press, 2004.
Hoenicke Moore, Michaela. *Know Your Enemy: The American Debate on Nazism, 1933–1945*. New York: Cambridge University Press, 2009.
Hürten, Heinz. *Kurze Gechichte des deutschen Katholizismus, 1800–1960*. Mainz: Matthias Grunewald, 1986.
Jantzen, Kyle. *Faith and Fatherland: Parish Politics in Hitler's Germany*. Minneapolis: Fortress, 2008.
Jarausch, Konrad H. *After Hitler: Recivilizing Germans, 1945–1995*. Oxford: Oxford University Press, 2006.
The Unfree Professions: German Lawyers, Teachers, and Engineers, 1900–1950. New York: Oxford University Press, 1990.
Kaehler, Siegfried A. "Wehrverfassung und Volk in Deutschland von den Freiheitskriegen bis zum Weltkriege. Rede zur Reichsfeier am 30. Januar 1937, gehalten in der Aula der Georgia Augusta," *Mitteilungen des Universitätsbundes Göttingen* 18/2 (1937).

Kaplan, Marian. *Between Dignity and Despair: Jewish Life in Nazi Germany.* New York: Oxford University Press, 1998.
Kaplan, Thomas Pegelow. *The Language of Nazi Genocide: Linguistic Violence and the Struggle of Germans of Jewish Ancestry.* New York: Cambridge University Press, 2009.
Kater, Michael H. *Doctors under Hitler.* Chapel Hill: University of North Carolina Press, 1989.
Studentenschaft und Rechtsradikalismus in Deutschland 1918–1933. Eine sozialgeschichtliche Studie zur Bildungskrise in der Weimarer Republik. Berlin: Hoffmann und Campe, 1975.
Kershaw, Ian. *Hitler, 1889–1936: Hubris.* London: Norton, 1998.
Hitler, the Germans, and the Final Solution. New Haven: Yale University Press, 2008.
Kershaw, Ian, and Moshe Lewin, eds. *Stalinism and Nazism: Dictatorships in Comparison.* Cambridge: Cambridge University Press, 2005.
Kertzer, David I. *The Popes Against the Jews: The Vatican's Role in the Rise of Anti-Semitism.* New York: Knopf, 2001.
Kirchliches Jahrbuch 1933–1944. Gütersloh: Gütersloh Verlagshaus, 1948.
Kittel, Gerhard. "Die ältesten Judenkarikaturen. Die 'Trierer Terrakotten'." *Forschungen zur Judenfrage* 4 (Hamburg, 1940), 250–59.
"Die Behandlung des Nichtjuden nach dem Talmud." *Archiv für Judenfragen* 1/A1 (Berlin, 1943).
Die Judenfrage. Stuttgart: Kohlhammer, 1933, 1934.
Meine Verteidigung (June 1945) and *Meine Verteidigung*, expanded version. (Nov/Dec 1946). The first typescript was kindly shown to me by the late Dr. Herman Preus, Luther Seminary, St. Paul, MN, and the second is in the Tübingen University Archive.
Kittel, Gerhard, and Eugen Fischer. "Das antike Weltjudentum. Tatsachen, Texte, Bilder." *Forschungen zur Judenfrage* 7 (Hamburg, 1943).
Klee, Ernst. *Euthanasie im NS-Staat: Die Vernichtung lebensunwerten Lebens.* Frankfurt am Main: Fischer, 1985.
Persilscheine und falsche Pässe: Wie die Kirchen den Nazis halfen. Frankfurt: Fischer, 1991.
Klee, Ernst, Willi Dressen, and Volker Riess, eds. *"The Good Old Days:" The Holocaust as Seen by Its Perpetrators and Bystanders.* Old Saybrook, CT: Konecky & Konecky, 1991.
Klemperer, Victor. *I Will Bear Witness: A Diary of the Nazi Years, 1933–1941.* New York: Random House, 1998.
Kocka, Jürgen. "Zwischen Nationalsozialismus und Bundesrepublik. Ein Kommentar." *Deutsche Historiker im Nationalsozialismus*, 2nd ed, ed. Winfried Schulze and Otto Oexle. Frankfurt: Fischer, 2000, 340–57.
Koonz, Claudia. *Mothers in the Fatherland: Women, the Family, and Nazi Politics.* New York: St. Martin's Press, 1987.
The Nazi Conscience. Cambridge, MA: Harvard University Press, 2003.
Krondorfer, Björn, Katharina von Kellenbach, and Norbert Reck. *Mit Blick auf die Täter. Fragen an die deutsche Theologie nach 1945.* Gütersloh: Gütersloh Verlagshaus, 2006.

Laible, Wilhelm. "Nationale Revolution." *AELKZ* 66/18 (May 5, 1933), 424.
ed. *The Truth of the Apostles Creed: An Exposition by Twelve Theologians of Germany*. Trans. Charles E. Hay. Philadelphia: The Lutheran Publication Society, 1916. Rpt. 2008.
Lang, Berel. *Heidegger's Silence*. Ithaca: Cornell University Press, 1996.
Lehmann, Hartmut. *Protestantische Weltsichten. Transformationen seit dem 17. Jahrhundert*. Göttingen: Vandenhoek & Ruprecht, 1998.
Lehmann, Hartmut, and Otto Gerhard Oexle, eds. *Nationalsozialismus in den Kulturwissenschaften, Band 1: Fächer – Milieus – Karriere*. Göttingen: Vandenhoek & Ruprecht, 2004.
Lehmann, Hartmut, and Otto Gerhard Oexle, eds. *Nationalsozialismus in den Kulturwissenschaften, Band 2: Leitbegriffe – Deutungsmuster – Paradigmenkämpfe. Erfahrungen und Transformationen im Exil*. Göttingen: Vandenhoek & Ruprecht, 2004.
Leipoldt, Johannes. "Antisemitismus in der alten Welt." *AELKZ* 66/21 (May 26, 1933), 482–90.
"Antisemitismus in der alten Welt, II. Die Gründe." *AELKZ* 66/22 (June 2, 1933), 512–14.
"Antisemitismus in der alten Welt, III." *AELKZ* 66/23 (June 9, 1933), 534–36.
"Antisemitismus in der alten Welt, VII."*AELKZ* 66/27 (July 7, 1933), 632–34.
Lewy, Guenter. *The Catholic Church and Nazi Germany*. New York: McGraw-Hill, 1964.
Lifton, Robert Jay. *The Nazi Doctors: Medical Killing and the Psychology of Genocide*. New York: Basic Books, 1986.
Lindemann, Gerhard. *"Typisch jüdisch:" Die Stellung der Ev.-luth. Landeskirche Hannovers zu Antijudaismus, Judenfeindschaft und Antisemitismus 1919–1949*. Berlin: Duncker & Humblot, 1998.
Lipstadt, Deborah E. *History on Trial: My Day in Court with a Holocaust Denier*. New York: Harper Perennial, 2006.
Littell, Franklin H., and Hubert G. Locke, eds. *The German Church Struggle and the Holocaust*. Detroit: Wayne State University Press, 1974.
Locke, Hubert G., ed. *The Barmen Confession: Papers from the Seattle Assembly*. Lewiston Queenston: The Edwin Mellen Press, 1986.
Longerich, Peter. *Holocaust: The Nazi Persecution and Murder of the Jews*. Oxford: Oxford University Press, 2010.
MacMillan, Margaret. *Paris 1919: Six Months that Changed the World*. New York: Random House, 2003.
Marks, Sally. *The Illusion of Peace: International Relations in Europe, 1918–1933*. New York: Palgrave Macmillan, 2003.
Marrus, Michael. *The Holocaust in History*. Hanover, NH: University Press of New England, 1987.
Marshall, Barbara. "Der Einfluss der Universität auf die politische Entwicklung der Stadt Göttingen." *Niedersächsisches Jahrbuch für Landesgeschichte*, 49 (1977), 271 ff.
Marten, H.-G. *Der niedersächsische Ministersturz. Protest und Wiederstand der Georg-August-Universität Göttingen gegen den Kultusminister Schlüter im Jahre 1955*. Göttingen: Vandenhoek & Ruprecht, 1987.

Martin, Steven, dir. *Theologians Under Hitler*. VitalVisuals, Inc., 2005.
Matheson, Peter, ed. *The Third Reich and the Christian Churches*. Grand Rapids MI: William Eerdmans, 1981.
Mazower, Mark. *Dark Continent: Europe's Twentieth Century*. New York Vintage, 2000.
McGovern, William Montgomery. *From Luther to Hitler: The History of Fascist Nazi Political Philosophy*. NewYork: Houghton Mifflin, 1941.
Mendelsohn, John, and Donald S. Detweiler, eds. *The Holocaust: Selected Documents in Eighteen Volumes*, 17. New York: Garland Publishing, 1982.
Morsey, Rudolf. "Die deutsche Zentrumspartei." *Das Ende der Parteien 1933 Darstellung und Dokumente*, ed. E. Matthias and R. Morsey. Düsseldorf Droste, 1960.
Müller, Hans. *Katholische Kirche und Nationalsozialismus: Dokumente 1930-1935*. Munich: Nymphenburger, 1963.
Müller, Ingo. *Hitler's Justice: The Courts of the Third Reich*, trans. Deborah Lucas Schneider. Cambridge, MA: Harvard University Press, 1991.
Naimark, Norman. *The Russians in Germany: A History of the Soviet Zone of Occupation, 1945-1949*. Cambridge, MA: Harvard University Press, 1995.
Neuhäusler, Johannes. *Kreuz und Hakenkreuz. Der Kampf der Nationalsozialismus gegen die katholische Kirche und der kirchliche Widerstand*. Munich: Verlag der Katholische Kirche Bayerns, 1946.
Nicosia, Francis R, and Jonathan Huener, eds. *Medicine and Medical Ethics in Nazi Germany*. New York: Berghahn Books, 2002.
Niemöller, Wilhelm. "Entweder-Oder. Gedanken zur Methode der Kirchengeschichte." *Junge Kirche* 26, Beiheft zu Heft 12 (1965), 3-15.
Die Evangelische Kirche im Dritten Reich. Handbuch des Kirchenkampfes Bielefeld: Bechauf, 1956.
Kampf und Zeugnis der Bekennende Kirche. Bielefeld: Bechauf, 1948.
"The Niemöller Archives." *The German Church Struggle and the Holocaust* ed. Franklin H. Littel and Hubert G. Locke. Detroit: Wayne State University Press, 1974.
Wort und Tat im Kirchenkmpf. Beiträge zur neuesten Kirchengeschichte. Munich: Kaiser, 1969.
ed. *Die vierte Bekenntnissynode der Deutschen Evangelischen Kirche zu Bad Oeynhausen*. Göttingen: Vandenhoek & Ruprecht, 1960.
Niethammer, Lutz. *Die Mitläuferfabrik. Die Entnazifizierung am Beispiel Bayern*. Berlin: Dietz, 1982.
Noakes, Jeremy, and Geoffrey Pridham, eds. *Nazism: A History in Documents and Eyewitness Accounts, 1919-1945*, 2 vols. New York: Schocken Books, 1988.
Oberkrome, Willi. *Volksgeschichte: Methodische Innovation und völkische Ideologisierung in der deutschen Geschichtswissenschaft*. Göttingen: Vandenhoek & Ruprecht, 1993.
Ott, Hugo. *Martin Heidegger: A Political Life*. New York: Basic Books, 1993.
Paul, Rainer. "Psychologie unter den Bedingungen der 'Kulturwende'. Das Psychologische Institut 1933-1945." *Die Universität Göttingen unter dem Nationalsozialismus*, 2nd ed, ed. Heinrich Becker, Hans-Joachim Dahms, and Cornelia Wegeler. Munich: K. G. Saur, 1998, 499-522.

Pendas, Devin. *The Frankfurt Auschwitz Trial, 1963–65: History, Genocide and the Limits of the Law.* Cambridge: Cambridge University Press, 2006.
Phayer, Michael. *The Catholic Church and the Holocaust, 1930–1965.* Bloomington: Indiana University Press, 2000.
Pius XII, the Holocaust, and the Cold War. Bloomington: Indiana University Press, 2007.
Prolingheuer, Hans. *Wir sind in die Irre Gegangen: Die Schuld der Kirche unterm Hakenkreuz.* Cologne: Pahl-Rugenstein, 1987.
Rabinbach, Anson, and Wolfgang Bialas, eds. *Nazi Germany and the Humanities.* Oxford: Oneworld Publications, 2007.
Raguer, Hilari. *Gunpowder and Incense: The Catholic Church and the Spanish Civil War.* Abingdon, UK: Routledge, 2006.
Rath, Klaus-Wilhelm. *Konkurrenzsystem, Organisationsform und Wirtschaftlichkeit im Versicherungswesen.* Leipzig: Meiner, 1942.
Rein, Adolf. *Die politische Universität.* Hamburg: Boysen, 1934.
Remy, Steven P. *The Heidelberg Myth: The Nazification and Denazification of a German University.* Cambridge, MA: Harvard University Press, 2002.
Repgen, Konrad. *Hitlers Machtergreifung und der deutsche Katholizismus: Versuch einer Bilanz.* Saarbruchen: Raueiser, 1967.
Ringer, Fritz K. *The Decline of the German Mandarins: The German Academic Community, 1890–1933.* Cambridge, MA: Harvard University Press, 1969.
Rosenberg, Alfred. *The Myth of the Twentieth Century.* Munich: Hoheneichen, 1930.
Rosenow, Ulf. "Die Göttinger Physik unter dem Nationalsozialismus." *Die Universität Göttingen unter dem Nationalsozialismus,* 2nd ed, ed. Heinrich Becker, Hans-Joachim Dahms, and Cornelia Wegeler. Munich: K. G. Saur, 1998, 552–88.
Rüegg, Walter, ed. *A History of the University in Europe. Vol. III: Universities in the Nineteenth and Early Twentieth Centuries (1800–1945).* Cambridge: Cambridge University Press, 2004.
Ruff, Mark. "The Nazis' Religionspolitik: An Assessment of Recent Literature." *Catholic Historical Review* 92/3 (2006), 252–67.
Saller, Karl. *Die Rassenlehre des Nationalsozialismus in Wissenschaft und Propaganda.* Darmstadt: Progress, 1961.
Sauder, Gerhard, ed. *Die Bücherverbrennung 10. Mai 1933.* Berlin: Ullstein, 1985.
Saye, Emanuel. *Heidegger: The Introduction of Nazism into Philosophy in Light of the Unpublished Seminars of 1933–1935.* New Haven: Yale University Press, 2009.
Schappacher, Norbert. "Das Mathematische Institut der Universität Göttingen." *Die Göttinger Universität unter dem Nationalsozialismus,* 2nd ed, ed. Heinrich Becker, Hans-Joachim Dahms, and Cornelia Wegeler. Munich: K. G. Saur, 1998, 523–51.
Schjorring, Jens-Holger. *Theologische Gewissensethik und politische Wirklichkeit: Das Beispiel Eduard Geismars und Emanuel Hirschs.* Göttingen: Vandenhoek & Ruprecht, 1979.
Schmidt, Jürgen. *Martin Niemöller im Kirchenkampf.* Hamburg: Leibniz, 1971.

Schoen, Johanna. *Choice and Coercion: Birth Control, Sterilization, and Abortion in Public Health and Welfare.* Chapel Hill: University of North Carolina Press, 2005.

Scholder, Klaus. *The Churches and the Third Reich, Volume 1: Preliminary History and the Time of Illusions 1918–1934.* Philadelphia: Fortress Press, 1988.

The Churches and the Third Reich, Volume 2: The Year of Disillusionment: 1934 Barmen and Rome. Philadelphia: Fortress Press, 1988.

A Requiem for Hitler and Other New Perspectives on the German Church Struggle. London: SCM Press, 1989.

Scholl, Hans and Sophie. *At the Heart of the White Rose: Letters and Diaries of Hans and Sophie Scholl.* New York: Harper & Row, 1984.

Schulze, Winfried, and Otto Gerhard Oexle, eds. *Deutsche Historiker im Nationalsozialismus*, 2nd ed. Frankfurt: Fischer, 2000.

Schulze, Winfried, Gerd Helm, and Thomas Ott. "Deutsche Historiker im Nationalosozialismus: Beobachtungen und Überlegungen zu einer Debatte." *Deutsche Historiker im Nationalsozialismus*, 2nd ed, ed. Winfried Schulze und Otto Gerhard Oexle. Frankfurt: Fischer, 1999, 11–48.

Schumann, Peter. "Die deutschen Historikertage von 1893 bis 1937. Die Geschichte einer fach-historischen Institution im Spiegel der Presse." Diss. phil., Marburg (1974). Self-published by the author (1975) and available in the Göttingen University Library.

Siegele-Wenschkewitz, Leonore. *Nationalsozialismus und Kirchen. Religionspolitik von Partei und Staat bis 1935.* Düsseldorf: Droste, 1974.

Neutestamentliche Wissenschaft vor der Judenfrage: Gerhard Kittels theologische Arbeit im Wandel deutscher Geschichte. Munich: Christian Kaiser, 1980.

Siegele-Wenschkewitz, Leonore, and Carsten Nicolaisen, eds. *Theologische Fakultäten im Nationalsozialismus.* Göttingen: Vandenhoek & Ruprecht, 1993.

Snyder, Timothy. *Bloodlands: Europe Between Hitler and Stalin.* New York: Basic Books, 2010.

Spicer, Kevin. *Hitler's Priests: Catholic Clergy and National Socialism.* DeKalb: Northern Illinois University Press, 2008.

Resisting the Third Reich: The Catholic Clergy in Hitler's Berlin. DeKalb: Northern Illinois University Press, 2004.

Spotts, Frederick. *The Churches and Politics in Germany.* Middletown, CT: Wesleyan, 1973.

Steigmann-Gall, Richard. *The Holy Reich: Nazi Conceptions of Christianity, 1919–1945.* New York: Cambridge University Press, 2003.

Steinacher, Gerald. *Nazis on the Run: How Hitler's Henchmen Fled Justice.* New York: Oxford University Press, 2011.

Steinmetz, George. "German Exceptionalism and the Origins of Nazism: The Career of a Concept," *Stalinism and Nazism: Dictatorships in Comparison*, ed. Ian Kershaw and Moshe Lewin, 251–84. Cambridge: Cambridge University Press, 2005.

Steinweis, Alan. *Studying the Jew: Scholarly Antisemitism in Nazi Germany.* Cambridge, MA: Harvard University Press, 2008.

Stoltzenberg, Dietrich. *Fritz Haber: Chemist, Nobel Laureate, German Jew: A Biography*. Philadelphia: Chemical Heritage Foundation, 2005.
Stone, Dan, ed. *The Historiography of the Holocaust*. London: Palgrave Macmillan, 2004.
Szabo, Aniko. *Vertreibung, Rückkehr, Wiedergutmachung: Göttinger Hochschullehrer im Schatten des Nationalsozialismus*. Göttingen: Wallstein, 2000.
Tal, Uriel. "On Modern Lutheranism and the Jews." *Leo Baeck Yearbook* (1985).
Tent, James F. *In the Shadow of the Holocaust: Nazi Persecution of Jewish-Christian Germans*. Lawrence: University of Kansas Press, 2003.
——. *Mission on the Rhine: "Reeducation" and Denazification in American-Occupied Germany*. Chicago: University of Chicago Press, 1984.
Thacker, Toby. *The End of the Third Reich: Defeat, Denazification, and Nuremberg, January 1944 – November 1946*. Stroud, UK: The History Press, 2009.
Theweleit, Klaus. *Male Fantasies*. Minneapolis: University of Minnesota Press, 1987.
Verbrechen der Wehrmacht: Dimensionen des Vernichtungskrieges 1941–1944: Ausstellungskatalog. Hamburg: Hamburger Institut für Sozialforschung, 2002.
Vermes, Geza. *The Religion of Jesus the Jew*. Minneapolis: Fortress, 1993.
Volk, Ludwig. *Das Reichskonkordat vom 20. Juli 1933: Von den Ansätzen in der Weimarer Republic bis zur Ratifizierung am 10. September 1933*. Mainz: Matthias Grunewald, 1972.
Vollnhals, Clemens. *Evangelische Kirche und Entnazifizierung, 1945–1949. Die Last der nationalsozialistischen Vergangenheit*. Munich: Christian Kaiser Verlag, 1989.
Wegeler, Cornelia. "Das Institut für Altertumskunde der Universität Göttingen: Ein Beitrag zur Geschichte der Klassischen Philologie seit Wilamowitz." *Die Universität Göttingen unter dem Nationalsozialismus*, 2nd ed, ed. Heinrich Becker, Hans-Joachim Dahms, and Cornelia Wegeler. Munich: K. G. Saur, 1998, 337–64.
Weinreich, Max. *Hitler's Professors: The Part of Scholarship in Germany's Crimes against the Jewish People*. New York: YIVO, 1946; New Haven: Yale University Press, 1999.
Weitz, Eric. *Weimar Germany: Promise and Tragedy*. Princeton: Princeton University Press, 2009.
Welzer, Harald, Sabine Moller, and Karoline Tschuggnall. *"Opa war kein Nazi": Nationalsozialismus und Holocaust im Familiengedächtnis*. Frankfurt: Fischer, 2002.
We Remember: A Reflection on the Shoah. Prepared by the Commission for Religious Relations with the Jews, at the request of Pope John Paul II (1998).
Wildt, Michael. *An Uncompromising Generation: The Nazi Leadership of the Reich Security Main Office*, trans. Tom Lampert. Madison: University of Wisconsin Press, 2009.

Wittmann, Rebecca. *Beyond Justice: The Auschwitz Trial*. Cambridge, MA: Harvard University Press, 2005.
Wundt, Max. "Das Judentum in der Philosophie," *Forschungen zur Judenfrage* 2 (Hamburg, 1937).
Zoellner, D. Wilhelm. "Die Bedeutung der Reformation für das deutsche Volkstum." *AELKZ* 66/16 (April 21, 1933), 367.
Zucotti, Susan. *Under His Very Windows: The Vatican and the Holocaust in Italy*. New Haven: Yale University Press, 2000.

옮긴이의 말

이스라엘이 팔레스타인 원주민들에 대해 종족학살을 벌이는 현실은 그들이 6백만 명의 희생에도 불구하고 80년이 지나도록 "생명 경외"를 거의 배우지 못했다는 증거다. 전 세계적으로도 난민 증가, 고물가 때문에 난민 반대와 기후정책 폐지를 주장하는 극우파가 득세하고 있다. 이런 학살과 "분노의 소음" 가운데, 생명계는 폭염, 가뭄, 사막화, 병충해로 인해 "침묵 속에" 죽어가고 있다. 지구 전체 육지의 54%를 차지하는 목초지의 절반이 이미 파괴되었고, 열대림뿐 아니라 한대림도 빠르게 파괴되는 중이다. 바다도 고온, 산소 부족, 산성화로 인해 점차 생명이 살기 어렵게 되는 "열대화" 시대다. 섭씨 50도에 육박하는 폭염, 가뭄, 산불, 홍수로 인해 많은 가난한 사람뿐 아니라 나비, 개구리, 박쥐, 원숭이, 산호초, 펭귄, 돌고래, 가문비나무숲, 삼나무숲조차 속절없이 죽어갈 만큼, 지구의 생명사는 전대미문의 붕괴와 소멸 위기를 맞이했다.

제임스 핸슨에 따르면, "현재 매일 히로시마 원폭 40만 개씩 폭발하는 열이 지구에 추가되고 있다." 그러나 파리협약 후에도 세계 대형은행들은 화석연료에 7조 달러를 투자했고, 정부들도 매년 수조 달러의 보조비(2023년 7조 달러)를 지급하여, 2030년까지 탄소배출 절반 감축은커녕, 2050년까지 매년 200억 톤씩 초과생산할 계획이다. 지구 평균기온 상승에 가속도가 붙어 산업화 이전 대비 2도 상승이 2060년이 아니라 2030년이 될 수 있다는 게 제임스 핸슨의 경고다. IPCC에 참여한 기후과학자 380명의 응답에 따르면, 77%는 2100년까지 최소 2.5도 상승을,

42%는 3도 이상 상승을 예측했다(*The Guardian*, 5/8/2024). 마이클 만 (2023)에 따르면, 역사상 거의 모든 문명 붕괴는 기후변화로 인한 식량난 때문이었고, 3도 상승 이전에 사회와 문명이 붕괴할 것이다. 2도 상승하면 세계 농업의 붕괴가 본격화할 것이며, 2040년대부터는 "북반구에서 동시다발적 식량폭동이 발생할 것"(나오미 오레스케스)이기 때문이다.

이런 전대미문의 붕괴와 소멸, 두려움의 시대에 무엇을 할 것인가? 조만간 "자연의 테러"와 "역사의 테러"가 중첩되어 나타날 현실 앞에서, 자녀들의 생존을 위해 무엇을 대비할 것인가? 조너선 색스는 유대인들의 오랜 생존 지혜를 요약했다. 하늘/신을 탓하거나 달래려 하지 말고, 절대로 이성을 잃지 말고, 종교 전통을 재해석하고, 25년 앞을 내다보며, 최악의 사태에 대비하라고 충고했다("Why Civilizations Die, TZAV").

전 세계적인 정치와 종교의 극우화 현상이 세상을 어디로 이끌어갈 것인지를, 1930년대 나치 체제 경험에 비추어 볼 필요가 있다. 혈통과 "정글의 법칙"만 믿는 극우 민족주의자가 나치라면, 긴축정책과 부자 감세를 통한 양육강식, 승자독식의 "자본 질서"(클라라 마테이)는 나치 체제와 닮았다. 예수는 참새와 들꽃의 은총, 그리고 변두리에서 고통당하는 이들에게서 하느님의 고통을 절감했다. 생명사는 자본의 무한 파괴에도 불구하고 "신의 생명사"라는 인식이 "정치적 이성"(한병철)의 기초이며, "정글의 법칙" 아래 어머니 나무(수잔 시마드)의 "양생의 원칙"이 있고, 모든 생명이 신의 창조의 영의 산물로서 존귀하며, 모든 생명이 하나이며, 서로를 살리는 길을 체득하는 것이 회복력에 필수적이다.

충격적 사실은 1933년 당시 독일 가톨릭 신자가 2천만 명, 개신교인이 4천만 명이었고, 독일 기독교(DC) 운동에 참여한 사람들이 60만 명을 넘지 않아 전체 개신교인의 2% 미만이었다는 점이다. 당시 고백교회(CC)에 속한 교인은 전체 개신교인의 20%에 달했다. 이처럼 개신교회 전체의 2% 미만의 독일 기독교 운동이 그 열 배가 넘는 고백교회보다 훨씬 큰 영향력을 끼쳤다는 사실은 조만간 우리 사회에 여러 위기가 중첩되어 나타날 때, 동성애 반대와 창조과학을 주장하는 비이성적 교회 지도자들과 서북청년단 같은 광신자들을 매우 경계해야 하는 이유다.

한국 사회는 진영 사이의 적대감이 매우 위험한 상태에 도달했다. 그러나 대다수 교회는 성소수자, 무슬림에 대한 혐오와 차별에 앞장서고 있다. 성소수자들에 대한 기독교인들의 혐오는 히틀러의 유대인 혐오와 닮았다. (1) 그들은 우리와 다르다(different). (2) 그들은 우리를 불편하게 만든다(discomfort). (3) 그들은 가정과 교회, 사회를 파괴하는 위험한(dangerous) 자들이다. (4) 그들을 보이지 않게 만들 조치를 취해야 한다(doing something). (5) 그런 극단적 조치를 취하는 것은 신앙심과 애국심을 가진 사람들의 거룩한 의무(duty)다(Peter Hayes, 2017). 한국에서 성소수자를 반대하는 교회는 개신교회의 90%가 넘을 것이다. 문자주의 성서해석, 여성과 물질과 몸과 자연을 멸시하는 탈육신 신학, 초자연주의 신론, 승리주의 기독론, 4영리와 번영의 신학에 매몰된 채 질문하지 않고, 비판하지 않으면, 식량폭동, 파시즘, 전쟁 같은 역사적 재앙 앞에 독일 기독교(DC)와 서북청년단처럼 광기의 칼춤을 추기 십상일 것이다.

이 책은 위기가 중첩되는 시대에 동성애 반대, 창조과학, 배타주의를 가르쳐 무비판적이며 반지성적인 "무사유thoughtless" 광신자들을 양산하는 교회 지도자들이 조만간 무슨 짓들을 벌일지, 무엇이 참 교회인지, 성직자들은 어떻게 자신에 대한 성찰과 현실에 대한 분별력을 잃지 않을 수 있는지를 묻는다. 나치 시대 성직자들과 대학교수들의 배반에도 불구하고, 죽임의 질서에 맞서 생명을 구하는 데 목숨을 걸었던 "남은 자들" 이야기(Nechama Tec, Michael Phayer, Mellisa Raphael)로 이어갈 계획이다. 시대를 거스르며, 차이를 존중하는 성도들의 용감한 이야기로!